## DIANE DUCRET

Diane Ducret est une journaliste, philosophe et historienne née à Anderlecht en Belgique. Après des études de philosophie à la Sorbonne et à l'École normale supérieure, elle collabore à la rédaction de documentaires historiques pour la télévision et est aussi chroniqueuse occasionnelle sur Europe 1 dans l'émission de Laurent Ruquier, *On va s'gêner*. Son premier livre, *Femmes de dictateur,* a paru en 2011 aux éditions Perrin.

# FEMMES DE DICTATEUR

# DIANE DUCRET

# FEMMES DE DICTATEUR

PERRIN

Le papier de cet ouvrage est composé de fibres naturelles, renouvelables, recyclables et fabriquées à partir de bois provenant de forêts plantées et cultivées durablement pour la fabrication du papier.

© Perrin, 2011
ISBN : 978-2-266-22004-0

« Je t'aimais inconstant ; qu'aurais-je fait fidèle ?
Et même en ce moment où ta bouche cruelle
Vient si tranquillement m'annoncer le trépas,
Ingrat, je doute encore si je ne t'aime pas. »

Jean Racine, *Andromaque*, acte IV, scène v.

Lettres d'amour à un dictateur

## *Führer adoré*

*« L'Etat succombe précisément parce que vous laissez succomber les femmes. Cher Hitler, les femmes attendent un futur meilleur*[1]*... »* Emmy Hoffmann, Dresde, 1932.

Comme un avertissement, une inconnue ouvre le bal de la correspondance privée d'Adolf Hitler à la chancellerie du Reich. Les Allemandes espèrent un futur meilleur, et exigent d'Hitler qu'il le leur bâtisse. L'intrépide chef de file du parti nazi s'en laissera-t-il conter par une provinciale ? Les élections qui l'amèneront au pouvoir sont pour l'année suivante. Hitler a su écouter et inclure les femmes dans son programme. Pour les Allemands il est le nouveau chancelier du Reich. Pour les Allemandes, il est l'Homme providentiel, le Surhomme.

Dès lors, les lettres qui arrivent à la chancellerie privée ne répondent pas, loin s'en faut, au protocole habituel. Félicitations, conseils bien intentionnés et déclarations d'amour pour le moins passionnées affluent chaque jour. Si beaucoup d'hommes de tout corps de métier écrivent à Hitler, ce sont les femmes qui livrent les correspondances les plus intimes. Elles ne s'adressent pas au chef d'Etat ni à l'idéologue, mais à l'homme Hitler, dont elles espèrent des sentiments en retour.

« *Mon Führer chéri,*

*Chaque jour je suis obligée de penser à vous, chaque heure et chaque minute. J'irais volontiers à Berlin et viendrais à vous ! Ai-je le droit de faire ça ? Quoi qu'il advienne, ma vie vous appartient. J'aimerais bien savoir ce que tout cela signifie. Je ne peux plus travailler, car je pense toujours à vous. Je ne peux aimer d'autres personnes plus que vous. Espérons que mon souhait se réalise. Ecrivez-moi s'il vous plaît, si j'ai le droit de venir.* »

Difficile d'imaginer le dictateur à la petite moustache dans la peau d'un sex-symbol. Dérangeant surtout. Pourtant, Adolf Hitler reçut plus de lettres de fans que Mick Jagger et les Beatles réunis [2]. L'afflux constant des lettres à la chancellerie privée du Reich suit sa courbe de popularité : en 1925, les textes sont traités par un seul archiviste. De janvier à avril 1933, il en reçoit plus de 3 000. A la fin de l'année, on en totalise 5 000. En 1934 arrivèrent au moins 12 000 lettres, et en 1941 plus de 10 000. A la chancellerie, on s'organise. Les lettres seront stockées dans l'« Archive A », créée à cet effet, où l'on met celles « griffonnées par des femmes ». Parmi ces milliers de lettres, entre 1935 et 1938, plus une seule carte de critiques ou de remontrances. L'admiration est uniforme.

La consigne donnée aux officiers chargés du courrier est claire : on ne répond pas aux amoureuses et dévotes d'Hitler. A moins que l'expéditrice n'annonce son intention de venir prochainement à Berlin pour embrasser personnellement son Führer adoré. Le directeur de la chancellerie privée signale alors la groupie aux autorités policières. Une réponse laconique met fin à tout espoir d'idylle :

*« Madame, Monsieur,*

*Par la présente, j'accuse réception de votre lettre adressée au Führer et je vous communique que celui-ci, par principe, ne s'impliquera dans aucune affaire privée.*

*Un salut allemand, Albert Bormann. »*

Ces milliers de lettres de femmes désinhibées mettent le leader nazi très mal à l'aise : les déclarations d'amour abstraites le tétanisent. En stratège, il reconnaît pourtant l'importance d'une telle correspondance en provenance du peuple. C'est son « baromètre de l'opinion publique ». Il se tient ainsi toujours informé du contenu des milliers de lettres reçues. Rudolf Hess, chargé de la correspondance jusqu'en 1931, puis Albert Bormann lui préparent des résumés, pour lui en faciliter la lecture.

La correspondance privée d'Hitler, archivée à Moscou, offre ainsi un miroir des « séduites » du national-socialisme jusque dans leur chair. Elle dévoile un caractère méconnu des systèmes dictatoriaux : leur pouvoir repose sur le potentiel de séduction du dictateur, autant que sur la coercition. Le lien entre Hitler et son peuple est fait aussi de désir. L'argument peut choquer. Il est simplement humain.

Mme Klose souhaite ainsi participer à l'expansion du mythe Hitler. Elle lui dédie un poème en 1933, en espérant pouvoir le diffuser dans la presse :

*« Nous acclamons tous Hitler,*

*Qui nous donne la paix et l'espérance,*

*O toi ! Notre sauveur !*

*Les charges et les reproches tu supportes, sans oublier ton but !*

*Vive Adolf Hitler !*

*Heil Hitler, crie le monde entier.*

*Illustre et aimé héros, ta loyauté est nôtre.*

*Louons-le tous en chœur, levons les bras et crions réunis "Heil Hitler".* »

Elle reçoit la réponse inattendue que voici :

« *Chère Madame Klose! Le Führer vous transmet un remerciement cordial pour votre lettre. Malheureusement, nous ne pouvons vous donner l'autorisation de reproduire ce poème, puisque le Führer refuse, par principe, toute forme de glorification de sa personne.* »

L'hiver suivant, Mme von Heyden, de Plötz, lui envoie un gros paquet de miel, avec des recommandations pour sa santé, lui expliquant comment faire réchauffer soigneusement le nectar, afin qu'il ne soit pas trop liquide, et ne perde ainsi son « délicat arôme ».

« *Mon Führer, j'ai été comblée de savoir que vous aviez reçu mon miel... Et je voudrais encore vous en envoyer de temps en temps, afin de participer ainsi un peu à vos déjeuners... Quel plaisir que ce produit naturel de notre terre de Poméranie contribue à entretenir votre énorme dépense d'énergie physique et mentale. Avec admiration et sentiments,*

*Mme von Heyden, Plötz.* »

Pour certaines de ses admiratrices, il serait inconcevable et éminemment dommageable que tant d'énergie ne serve qu'à la politique. Nombreuses sont celles qui ont d'autres suggestions à faire. Hartmannsdorf, le 23 avril 1935 :

« *Cher Führer Adolf Hitler!*

*Une femme de la Saxe aimerait beaucoup avoir un enfant de vous. C'est pour sûr un fort désir très particulier, et la seule pensée que vous ne devez pas avoir d'enfant m'obsède. Voilà donc le souhait que je tenais à vous exprimer dans cette lettre.*

*Une lettre est une affaire de patience. On peut la lire et la mettre de côté. On peut la laisser résonner en soi, tout comme une jolie mélodie. On peut aussi la recevoir en tant que lettre et la suivre.*

*Mes désirs se mêlent à mes craintes. La lettre pourrait ne pas vous parvenir. Vous n'auriez pas le temps pour un enfant. Vous vous sentiriez trop vieux pour un enfant et auriez, depuis longtemps déjà, dissipé cette idée comme étant impossible. Malgré tout, un enfant de vous devrait encore vraiment voir le jour. Ceci est mon plus grand souhait, que j'aspire à accomplir avec toute la force de mon cœur.*

*Friedel S. »*

Le 21 avril 1938, trois femmes de Ludwigsfelde, au sud de Berlin, manifestent par écrit leur émotion après l'avoir simplement entr'aperçu :

« *Mon Führer,*

*Le hasard nous a conduites à la station de Ludwigsfelde le jour du plébiscite. A l'approche du train de 13 h 20, nous vîmes dans la locomotive un camarade du parti en uniforme. Cela nous fit nous douter que notre Führer était dans ce train. Et nous ne nous sommes pas trompées. Trois femmes radieuses de bonheur purent apercevoir leur Führer, si joyeusement élu, et reçurent en récompense un salut amical de la main. Par la présente, les trois femmes extrêmement heureuses remercient de tout leur cœur leur Führer, et sollicitent un autographe pour chacune d'entre elles, en souvenir de cet instant si merveilleux et inoubliable.* Sieg und Heil !

*Merci à notre Führer chéri !*

*Martha Imse, Anna Loppien, Elisabeth Pässler. »*

A la fin des années 1930, l'admiration vouée à Hitler est à son comble. Les projections romantiques n'ont plus de limites : « *… considère ce qu'un Sagittaire peut faire d'un Bélier. L'éternelle femelle vous a attiré !! Alors exulte, ô mon cœur, et laisse-toi enlacer par les étoiles ! Et dis-moi encore une fois, ô jeune femme, ma jeune femme comme je vous aime. Comment m'aimes-tu ? Tu es les fleurs des champs. O les marguerites* [3] *! »*

« *Pourquoi être si timide et agir par des voies*

secrètes ? *Je ne peux pas deviner tes pensées. J'étais hier jusqu'à 11 h 30 au local de la société de tir de la ville, mais malheureusement, je ne t'y ai pas vu. Tu cherches une femme, je cherche un homme. Nous pourrions déjà vivre ensemble depuis deux ans, si tu n'agissais pas si secrètement.* »

« *Je n'attends pas une réponse de vous depuis seulement deux ans, approximativement, mais j'attends depuis sept ou huit ans.* »

Alexandrie, Egypte, 21 novembre 1938 :

« *Monsieur Hitler,*

*Je ne sais pas trop bien comment commencer cette lettre. Nombreuses, nombreuses furent les années de difficultés, angoisses et préoccupations morales, de méconnaissance de moi, de recherche de quelque chose de neuf... Mais tout cela prit fin, en un instant, quand je compris que je l'avais en vous, monsieur Hitler. Je sais que vous avez une personnalité grande et puissante, et que je suis une simple femme insignifiante qui vit dans un pays lointain, duquel probablement elle ne reviendra jamais, mais vous devez m'écouter. Grand est le bonheur quand enfin on rencontre l'objectif de sa vie, quand un rayon de lumière traverse les nuages, et que tout s'éclaire ! C'est ce qui m'arrive... Tout a été illuminé par un amour si grand, l'amour pour mon Führer, mon maître, que parfois je voudrais mourir avec votre photo face à moi pour ne jamais plus rien voir d'autre que vous. Je n'écris pas au maître chancelier d'un grand Reich, j'écris simplement à l'homme que j'aime et que je suivrai jusqu'à la fin de ma vie...*

*Vôtre jusqu'à la mort, Baronne Elsa Hagen von Kilvein.* »

Précisons qu'aucune de ces femmes ne connaît personnellement le Führer.

Berlin, le 10 septembre 1939 :

« *Mon cher et délicieux Adolf,*

14

*Je dois t'écrire, car je suis si seule. Chez moi, les garçons sont tous deux partis se promener, Lenchen est chez son ami et je suis assise à faire du travail manuel. Je raccommode par exemple les chaussettes et je fais la lessive. Je voulais descendre, mais il pleut, et j'ai tant de choses à faire ; toujours travailler, n'est-ce pas, mon chéri. […] Je regarde toujours des photos de toi et je les pose devant moi, avant de les embrasser. Oui, oui, mon amour, mon chéri, mon bon Adolf, l'amour est véritable comme l'or. […] Et puis, désormais, mon chéri, je suppose que tu as reçu mon colis avec le gâteau, et qu'il t'a également bien plu. Ce que je t'envoie, c'est entièrement par pur amour. Je vais maintenant conclure. Mon amour, mon chéri, mon bon Adolf, sois salué et embrassé plusieurs milliers de fois par ta chère bonne Miele. »*

Des admiratrices pressées d'en finir et de prendre le Führer dans leurs filets lui transmettent ni plus ni moins des contrats de mariage :

*« Par la présente attestation signée, Mademoiselle Anne-Marie R. vous prend officiellement pour époux. »* Peut-être espéraient-elles vraiment se voir retourner l'acte augmenté de la signature de leur cher Adolf…

Dagmar Dassel, elle, ne reçut jamais aucune réponse d'Hitler, mais continua de lui envoyer de nombreuses lettres enthousiastes et prolixes, 250 pages au total. Premier envoi le 25 février 1940, à l'occasion du 20e anniversaire de la fondation du parti nazi. La vénération extrême va augmentant, jusqu'à la lettre du 11 mai 1941 :

*« Mon Führer, aujourd'hui je peux affirmer mon vœu de loyauté et d'amour absolu, mes idées et mes sentiments n'appartiennent qu'à vous, mon Führer, mon homme tant aimé, le plus noble, le plus grandiose, le plus merveilleux, unique et génial, envoyé de Dieu, seulement à vous, mon Führer, seulement à vos mission et*

*rédemption pacifiques, seulement à vous, fils élu, oint, couronné et aimé de Dieu, céleste messager de paix, exécuteur de la volonté divine sur terre, votre peuple et votre Reich pangermanique, et votre magnifique armée de héros, seulement pour vous, mon Führer, premier soldat et chef suprême de cette superbe armée, le général et stratège le plus génial et le plus grandiose de tous les temps, le chef d'Etat le plus génial, l'Allemand le plus grand, seulement pour vous, mon Führer, le héros le plus auguste, le grand vainqueur d'aujourd'hui et de toujours, seulement pour vous, mon Führer, l'homme le plus pur le plus sublime, j'œuvre, de tout cœur, pour votre amour joyeux et celui de notre peuple et du Reich pangermanique... mon âme se réjouit pour toujours. Mon Führer, Frau Dagmar Dassel. »*

Berlin, le 17 juillet 1941 :

*« Cher Adi !*

*Tu vas sûrement te languir quelque peu de moi. Je veux encore t'envoyer une photographie, comme symbole de mon amour. Je t'en joins donc une petite de moi. Ici je ressemble à une Madone dans le ciel. Parfois je suis très triste. Le 23 VII je vais dans mon pays natal. Tu étais déjà bien à Karlsbad... De là-bas je penserai à toi plus souvent.*

*De fervents baisers à toi, ma sale bête.*

*Ritschi. »*

Certaines semblent laisser aller leur plume et décharger leur cœur de leurs soucis à mesure qu'elles rédigent une missive au guide de l'Allemagne. Bad Kreuznach, le 30 septembre 1941 :

*« Mon bien-aimé,*

*Mon fidèle chéri, notre grand Führer et général de génie "Salut à la Victoire", "Salut à la Victoire", "Salut à la Victoire". La plus grande opération d'extermination de l'histoire touche à sa fin dans la plus brillante victoire. "Salut à la Victoire", notre grand et génial*

*Führer et général, mon cher Führer et fidèle amour.
Laisse-moi, aujourd'hui, te presser contre mon cœur et
surtout te remercier pour tout ton travail, ton application et ta pensée. Je ne peux que prier pour mon chéri
et supplier le Seigneur pour toi mon amour et pour la
bénédiction de ta grande œuvre. Tous tes efforts et tes
soins ne sont que pour nous et notre si grande et belle
patrie. [...]*

*Penses-tu aussi beaucoup à ta Jose ? Oui ? Oui ?
Garde-moi bien, mon fidèle amour, je te reste éternellement fidèle et bonne et ne te soucie guère de moi.
Aujourd'hui nous avons encore une fois fait une belle
sortie à cheval et en voiture à Spreitel. C'est une jolie
maison forestière dans les bois. Sur le trajet nous avons
tous chanté de belles chansons, il y avait encore une
place libre dans la voiture et je me serais réjouie, si
mon amour avait pu être des nôtres. Mais réjouissons-
nous de la guerre. Oui ? Oui ? Mon chéri. Je te remercie
aussi pour tout ce qui est amour et fidélité, pour tout ce
qui est beau. Tu es si adorable et bon envers moi. Cela
me rend si riche et heureuse, mon grand, fidèle amour.
Cela me désole tant et souvent que toi, mon chéri, tu
aies tellement de travail, mais après la guerre, cela ira
alors mieux pour toi aussi, mon amour. [...] Désormais
nous devons à nouveau mettre un terme à cette petite
heure de causette, mon amour. Je t'ai encore tout
raconté, laisse-toi fortement presser contre mon cœur et
accepte les plus sincères et cordiales salutations, mon
fidèle amour, Adolf Hitler.*

*Jose, ta gamine ».*

U. Grombach, le 29 mars 1943 :

« *Très cher Monsieur le ministre de l'empire !*

*... Mon mari m'est devenu étranger, simplement du
fait que je porte en mon cœur le Meilleur. Il voulait
partir en vacances le 20 mars, mais cela a été reporté,
à quand, je ne sais pas encore, seulement c'était encore*

*et toujours mon idée, s'il ne vient pas, c'est que cela ne va plus, plus le temps passe, moins mon mari et moi sommes en harmonie. Même si je ne vous connaissais pas, ce serait la même chose. Dès la première heure où j'ai entendu parler d'Adolf Hitler, ce fut l'envoi d'une nouvelle foi, de la force, de la puissance, de l'amour. Il est le modèle dans ma vie jusqu'à ce que mes yeux se ferment pour toujours, je veux donc me quereller et lutter pour lui jusqu'à la fin... J'aimerais tout d'abord insister sur ce dont j'ai parlé la nuit dernière avec la jardinière. Cela me fut fort pénible qu'elle me demande ce que je pensais de la situation de guerre. Je répondis seulement qu'avec nos U-Boote, cela devrait bien se terminer et que l'Amérique serait un jour battue.*

*[...] Je ressens déjà tant pour toi, et entre nous deux, l'amour est déjà si profondément ancré. Tu me donnes continuellement tant de choses à comprendre que je connais chaque signe. Je te prie dorénavant, par-dessus tout, de ne plus avoir de doutes. Je ne veux être qu'à toi. [...] J'ai toujours dans mon cœur le désir sacré que notre bon Führer, notre sauveur soit toujours en bonne santé et que nous le gardions encore vraiment long-temps, car sans lui, nous ne sommes rien.*

*Avec dévouement et fidélité, je te salue du "Heil Hitler".*

*Madame Rosa M.* »

Berlin, le 6 mars 1944 :

« *Cher Monsieur le chancelier de l'empire !*

*Comme vous n'avez donc pas eu d'intérêt ni d'amour pour moi et que mon écriture ne vous a pas conquis, ma confiance en vous ne peut plus s'accroître. Ecrivez-en-moi tout de même les raisons, s'il vous plaît. Et pourquoi n'avez-vous pas confiance en moi ?? Sans cela, notre rapport n'a vraiment pas de but. Un homme qui aime une jeune femme fait aussi des progrès et tout se déroule bien. Avec vous hélas non, vous m'êtes un mystère. Ce serait mieux pour nous, si nous pouvions en parler de vive voix. Cependant vous ne m'avez encore jamais écrit, ni dit de venir. Je dois donc supposer que je ne suis pas votre heureuse élue.*

*Je vais maintenant conclure et vous laisse avec de tendres salutations.*

*Anna N. »*

### L'inconscient, stade suprême de la séduction

La séduction d'Hitler sur les femmes est donc extrêmement prégnante. Elles lui écrivent, s'engagent pour lui et sa cause, partagent sa vision de la nation allemande. Mais quel stade plus abouti de la séduction, de la subjugation sexuelle, que d'atteindre l'inconscient ? L'Allemagne étant pionnière en matière de psychanalyse, elle nous offre un matériau précieux, qui nous révèle la liaison intime d'Hitler et de la psyché féminine : les rêves racontés par des patientes à leur psychothérapeute [4] :

*« Je rêve très souvent d'Hitler ou de Göring. Il me veut et je ne lui dis pas "mais je suis une femme honnête" mais "mais je ne suis pas nazie" et je lui plais encore plus. »*

Une employée de maison de 33 ans :

*« Je suis au cinéma, très grand, très sombre. J'ai peur, en réalité je n'ai pas le droit d'être là, seuls les camarades du parti ont le droit d'aller au cinéma. Puis Hitler arrive et j'ai encore plus peur. Or non seulement il m'autorise à rester, mais il s'assied à côté de moi et passe son bras autour de mes épaules. »*

Une ménagère :

*« En rentrant des commissions je vois qu'on va danser dans la rue – comme en France pour fêter la prise de la Bastille – parce que c'est jour de fête pour*

*commémorer l'incendie du Reichstag. On voit partout des feux de joie. Des carrés ont été délimités par des cordes et les couples y pénètrent en passant sous les cordes comme les boxeurs... Je trouve cela très laid. Alors quelqu'un m'attrape par-derrière de ses mains puissantes et m'entraîne sous une corde sur le parquet. Quand nous commençons à danser je reconnais Hitler et je trouve que tout est très beau. »*

Une autre femme au foyer :

*« De longues tables sont dressées sur Kurfürstendamm, une foule habillée en brun s'y presse. Par curiosité je m'assieds à mon tour, mais à l'écart, à l'extrémité d'une table inoccupée et séparée. C'est alors qu'Hitler apparaît, à l'aise dans son frac, avec de gros paquets de tracts qu'il distribue vite et négligemment, il jette un paquet au bout de chaque table et ceux qui sont assis autour se les répartissent ensuite. Il semble que je ne reçoive rien. Soudain, tout à l'opposé de ce qu'il pratiquait jusqu'alors, il pose le paquet délicatement devant moi. Puis d'une main il me tend un tract tandis que de l'autre il me caresse, des cheveux jusque dans le dos. »*

D'une main Hitler distribue de la propagande, de l'autre il caresse.

## Pour l'amour du Duce

Le Duce est pour les femmes un dieu à adorer, un souverain ; l'homme idéal. Comtesses, paysannes, nonnes ou putains lui écrivent pour lui soumettre mille requêtes, et lui narrer leurs moindres désirs. Il est le père, le conseiller, le directeur de conscience, celui qui veillera sur leur honneur. Il reçoit ainsi entre 30 000 et 40 000 lettres par mois, qui sont conservées dans l'archive d'État de *l'Eur*, au secrétariat particulier du Duce. Quelques-unes sur des pages arrachées à de misérables cahiers, d'autres sur de précieuses cartes faites à la main.

Un lien très fort unit les Italiennes à leur Duce. Et contrairement à Hitler, Mussolini se prend au jeu. Il donne le change, leur répond, tente de satisfaire leurs désirs. Certaines de ces admiratrices enthousiastes et ouvertes furent gratifiées de quelque rapide effusion qui les fit arriver au Palais Venezia, où elles purent connaître le Duce plus intimement.

D'elles seules il accepte des reproches formulés contre sa politique ou ses agissements, des reproches signés de leur nom. Eussent-elles été des hommes, n'auraient-elles pas été arrêtées dans l'instant ? Mussolini accepte des femmes ce qu'il n'accepterait pas des hommes ; il reçoit leur amour, leurs témoignages de désir comme leur haine, et y souscrit. Les lettres envoyées au Duce sont ainsi une véritable Carte du tendre des sentiments féminins.

## La joie

Modène, 6 juillet 1929 [5] :

« *Excellence,*

*Je me trouve tout embarrassée et tremblante de vous écrire. Mais songeant à vos mots, avoir courage et ne jamais reculer, me voilà décidée à vous écrire, avec la foi que ce misérable billet sera lu par vous. Ecrivant, j'ai la foi et je m'illusionne que vous lirez ceci, et je me sens vraiment très heureuse... J'espère qu'un jour, lorsque vous serez fatigué et aurez besoin de deux heures de repos, vous voudrez bien m'accorder dix minutes d'audience. Si cela advenait, je serais la femme la plus heureuse du monde... Je vous serais reconnaissante d'avoir la gentillesse de me faire prévenir quelques jours à l'avance, que je puisse m'arranger*

*pour le voyage. Confiante, pleine d'espérances au cœur,
de la part de votre plus dévote soumise,*

*Adele R.* »

Florence, 8 mai 1936 :

« *Duce, en ce jour de communion, journée particulièrement solennelle pour moi, ma pensée se tourne vers
vous que j'ai toujours considéré comme mon deuxième
père. J'aurais voulu en ce moment solennel où j'ai
reçu Jésus, que ce soient vos mains bénies qui me
l'apportent! Je me suis imaginé que c'était vous! Moi,
si jeune, avec tant de défauts... Si égoïste : pouvoir vous
recevoir en même temps que Jésus! Entrer dans ma
langue, vous poser sur mon sein, vous reposer sur mon
pauvre cœur! Comme ce serait bon!*

*Margherita V.* »

Ferrare, samedi 2 juin 1934 :

« *Duce,*

*Une personne qui possède de nombreux écrits
autographes m'a demandé, étant donné ma longue
expérience en ce domaine, de procéder à une analyse
graphologique... Je me suis ainsi prononcée :*

*Le mouvement à droite, l'écriture extravertie sont
le témoignage de ce qui est audace, ardeur et force de
caractère. Dans l'écriture, à la grande intelligence et
humanité s'unissent, et c'est la première fois en tant
d'années que je peux en être le témoin, les signes du
courage physique (avec le mouvement à droite qui
signifie volonté de déchaîner sur le monde sa propre
force), du courage psychique (la dilatation des formes
et mouvements centrifuges des lettres finales), du
courage moral (lignes régulières et traits vifs sur le T,
toujours longs).*

*Imaginez mon émotion, O Duce, quand il me révéla
que le bref écrit que j'avais examiné provenait de votre
main. Je dois vous confesser que l'instinct féminin avait
eu l'intuition, secrètement au fond de moi, qu'un seul*

*Etre serait capable de tracer de telles lettres : le Duce !*
*Je vous en supplie, faites avoir à une humble femme une*
*seule autre de vos lignes autographiées. Que je puisse*
*en tirer courage et foi intrépide dans votre œuvre !*
 *Salut fasciste,*
 *Agostina B. »*


## La dévotion

Rome, 29 juillet 1923 :
« *Excellence Mussolini,*
*Aujourd'hui c'est votre anniversaire. Lorsque mon*
*papa était encore en vie, à chaque anniversaire je lui*
*préparais une belle petite lettre, et je faisais en sorte*
*qu'il la trouve cachée sous son bol, ou sous sa ser-*
*viette. Aujourd'hui papa n'est plus, maman est partie,*
*et grand-mère me dit souvent dans les moments de*
*découragement que vous êtes notre père, l'ange et le*
*tuteur de notre grande et belle famille qu'est l'Italie :*
*ainsi je vous souhaite un bon anniversaire. Je vou-*
*drais que vous trouviez cette lettre comme mon père*
*la trouvait à table : alors il me regardait, il souriait et,*
*lisant, ses yeux devenaient tout rouges, il se levait et*
*m'embrassait. Je ne sais quand vous lirez la mienne,*
*mais si vous pouviez exaucer ma prière et m'envoyer*
*une photo, ce serait comme si papa me souriait encore.*
*Des photos de vous, découpées dans les journaux, j'en*
*ai déjà rempli tout un album. Mais une photo par vous*
*dédicacée remplira un vide laissé depuis trois ans dans*
*notre maison. Ersilia R. »*

Reggio Emilia, 14 février 1935 :
« *Duce de l'Italie*
*Admiration, foi sans limites en vous depuis le fati-*
*dique 1919, la vision nette, la lumière de l'Italie de*
*demain, m'inspirent, à moi, jeune femme, de vous*
*écrire. Aujourd'hui que votre rêve titanesque et divin*

*est devenu réalité, je me permets de vous envoyer en hommage un Lirica Dux de ma composition, même si je ne suis pas à la hauteur du thème abordé, pourtant pleine d'un cœur ardent, d'un cœur reconnaissant d'une Italienne qui voit en vous un être surnaturel envoyé de Dieu sur la terre pour le bien de l'humanité. Je vous fais allégeance. Wera B.M. Via don Giuseppe Andreoli 2, Reggio Emilia.*

*DUX*

*A cheval, puissant : dressé et fier,*
*Le visage viril, de Romain antique,*
*Sculpté dans le bronze, les yeux rayonnants*
*Grands, impérieux, ceux d'un chef,*
*Le front lumineux, haut, d'un génie,*
*La bouche et la mâchoire volontaires : il Duce !* »

Commentaire de Mussolini : « Voilà qui me semble admirable ! »

Venegono Superiore, 13 janvier 1940 :

« *Duce,*

*Etant une jeune fasciste je veux avoir, si possible, l'honneur d'une seule de vos paroles en ce jour prochain si important. Excellence, c'est peut-être trop, ce que je désire, mais j'espère tellement que vous répondrez positivement. J'ai 20 ans, et je me marie le 3 février prochain. J'aurais voulu venir à Rome pour pouvoir au moins vous voir avant, mais ne pouvant pas, je vous envoie mes bonbons et je veux au moins un mot de vous qui me donnera le courage pour entamer ma vie future dont je veux qu'elle soit digne d'une femme fasciste... Ayez la gentillesse de satisfaire une de vos filles lointaines qui ne pouvant venir vous voir se contente d'une ligne de vous, d'un mot. R. Severina.* »

Note de la main du Duce : « Elle a envoyé une bonbonnière de métal blanc avec des bonbons. Pas de bonbons, la boîte semble vide. »

*Le désespoir*

Falconara, 9 août 1942 :

« *Duce, je me trouve dans une bien triste situation, et je me tourne donc vers votre immense bonté, vous considérant comme mon ange gardien.*

*Diverses vicissitudes de ma famille m'ont privée de la machine à coudre qui me permettait de me procurer de quoi vivre, si bien que pour continuer à gagner mon pain j'ai dû en venir à travailler dans une fabrique de beurre. Mais chaque fois que je dois y aller j'ai envie de pleurer, à l'idée que je ne peux pas faire mon métier, qui est ma passion.*

*… Je suis une fille du peuple, et vous faites tellement de bien au peuple, vous nous aimez tant. La demande est énorme, et seulement une énorme nécessité me donne le courage de la formuler : offrez-moi une machine à coudre et je bénirai encore plus, si tant est que cela soit possible, votre nom. Votre dévouée, Jole A., Palazzo Ferrovieri, Falconara.* »

Note de Mussolini : « Prendre des renseignements pour une machine à coudre. » Il lui fait apporter en mains propres par le préfet d'Ancône une machine à coudre de type « Necchi ».

Acquacalda (Lucques) :

« *Excellence,*

*Je suis la femme fasciste G. Maria Paolina di Oliviero, résidant à S. Cassiano à Vico, ouvrière à Acquacalda où je travaille depuis presque vingt ans, observant toujours une bonne conduite. Il y a dix-neuf ans je me fiançai avec le fasciste P. Angelo, lui aussi résidant à Vico, lequel après deux ans s'enrôla dans l'armée des carabiniers royaux, où il se trouve toujours.*

*Il répéta plusieurs fois sa demande en mariage pour pouvoir nous unir après dix-neuf ans de fiançailles, mais celle-ci est toujours refusée. Aujourd'hui il ne* nous est plus possible d'atteindre le but de notre vie, sinon par un acte de grande clémence. Les supérieurs de mon fiancé ne veulent pas nous laisser nous marier. [...] Pardonnez mon ardeur ! Vous pouvez comprendre l'infinie douleur qui m'oppresse le cœur. Depuis dix-neuf ans j'attends de pouvoir fonder une famille ! [...] Mais j'ai 35 ans, et si j'attends pour me marier, mon mari sera mis à la retraite et je devrai renoncer au bonheur d'être mère ! Avec un simple acte de clémence et d'humanité vous pouvez me délivrer un titre de grâce...

G. Maria Paolina. »

Note de la secrétaire : « Ci-joint un certificat de bonne conduite. »

Rome, 1935 :

« A Son Excellence chef du gouvernement,

Je n'ai pas eu le courage ni le temps de me jeter sous les roues de votre automobile, ce matin à Piazza Venezia, au moment de l'entrée de l'auto dans le célèbre palais homonyme.

Excellence, enseignante remplaçante avec un enfant orphelin de père, et deux frères militaires en Afrique, sans salaire depuis juin, on nous prend notre maison. Où irais-je ? Que faire ? M. Ilmenia. »


*La jalousie*

Sienne, 14 décembre 1925 :

« Duce, je vous ai vu hier lors de votre tumultueuse visite à notre antique ville. Nos regards se sont croisés : je vous ai dit mon admiration, ma dévotion, et révélé mes sentiments. Moi, dans le sein, j'ai un vrai cœur qui bat, et pas une espèce d'éponge ramollie comme ces filles de jeunes femmes qui vous ont accueilli sur la place, mettant presque votre vie en péril. Arriver à casser les carreaux de votre voiture pour vous toucher : sottes assassines, comme je les déteste !

*Jusqu'à votre arrivée en ville j'étais la femme la plus malheureuse du monde. Mal mariée à un homme froid comme une corde serrée autour du cou, je craignais de ne jamais connaître l'amour de ma vie. Aujourd'hui je sais que je vous aime. Dans les journaux je lis que vous lévitez plus que vous ne vivez : vous donnez tout à l'Italie, vous ne mangez pas, vous ne buvez pas, vous ne dormez pas. Eh bien, je lévite moi aussi : depuis que je vous ai vu, moi non plus je ne mange pas, ne bois pas, ne dors pas. Hier j'ai tant couru pour ne pas vous perdre des yeux.*

*Anxieuse, je me sentais défaillir, et en même temps, avant de perdre pied, j'ai su que je vous avais touché au plus profond de votre cœur : l'expression chaleureuse avec laquelle vous m'avez regardée me le dit.*

*Ici, en terre de Sienne, il y a une fleur qui attend d'être cueillie. Ne la laissez pas faner, car si vous l'approchez, vous découvrirez un jardin tout à la fois passionné, dévoué, discret.*

*Michela C. »*


## La ruse

Pise, 14 novembre 1927 :

« *Honorable Duce,*

*Ne connaissant pas l'adresse du petit Romano, je vous envoie à vous directement un humble don pour votre fils, W. Avec toute mon estime, Florina D. »*

Si Mussolini ne goûte pas toujours les sollicitations de ces dames, il est en revanche attentif aux cadeaux. Commentaire de Mussolini à la secrétaire : « Il est arrivé ? »

Persévérante, usant du cadeau comme cheval de Troie, le 10 janvier suivant, prenant soin de changer d'initiales, Florina fait parvenir une nouvelle demande à Mussolini, plus offensive : « *Duce, je voudrais tant faire votre connaissance et en serais si honorée. Quand pouvez-vous me recevoir ? Vive Mussolini ! Votre dévouée. Florina de F. »*

## La colère

Trente, 15 juin 1940 :
*« Dans votre discours du 16/05, vous avez précisé qu'en politique "il ne doit pas y avoir de sentiments. En politique compte le seul intérêt". Eh bien, vous devez savoir que le peuple italien ne s'est jamais laissé guider par le vil intérêt. Le peuple italien se bat pour l'honneur. Duce, la déclaration de guerre à la France est une action ignoble. Un homme d'honneur ne tue pas un blessé. Vous passerez à l'histoire couvert d'infamie…*
*Lina Romani. »*

## La sagesse

Rapallo, 3 octobre 1934 :
*« Duce, votre télégramme de félicitations pour ma centième année vient de m'arriver, et je jouis de la lecture sans devoir même porter de lunettes, puisque Dieu a posé sa main protectrice sur ma vie, la faisant s'écouler facilement entre les difficultés toujours dépassées avec le courage et la joie du cœur…*
*Chacune de vos journées sera plus légère si, avant de vous coucher, vous absorbez un verre de ratafia de raisin blanc, comme j'ai pris l'habitude de le faire depuis quatre-vingts ans. […] Puisque le ratafia est meilleur plus il vieillit, je vous fais parvenir en hommage une centaine de bouteilles jalousement conservées par mes soins, qui, si elles n'ont pas mon âge, n'en ont guère beaucoup moins, puisque nous les préparâmes avec mon mari le jour où Rome se fit capitale. […]*
*Vous devez laisser macérer pendant dix jours, dans*

un flacon de bon jus de raisin, de la cannelle, des clous de girofle et de la coriandre. Puis on secoue bien le flacon quotidiennement, ainsi les drogues se mélangent et macèrent parfaitement. Au dixième jour, on achète une belle grappe de raisin blanc, mature, avec de gros grains, dont on enlève les pépins dans une casserole à feu doux : on mélange continuellement le tout en prenant soin de ne pas écraser les grains, ils finissent bientôt par éclater tout seuls. C'est le moment de les passer au tamis, et après en avoir recueilli le jus, on les laisse refroidir.

Pour un demi-litre d'infusion, on ajoute un demi-litre de jus, dans le flacon, où l'attendent les drogues immergées dans le liquide alcoolique. Ainsi le ratafia est presque prêt, mais pas encore. A un mois de distance, on le filtre et puis on y ajoute du sucre. Plus l'attente sera longue, plus la saveur raffinée ! Et chaque verre fait gagner un jour à qui le boit. Ainsi, je vous souhaite d'atteindre vous aussi les cent ans !

Votre obligée, Carmen G. »

Comment expliquer un tel capital de séduction sur les femmes éduquées et indépendantes que sont les Européennes du début du XXe siècle ? Certes, le dictateur sait se faire agneau et montrer patte blanche. Il donne l'image d'un orateur puissant et courtois, à la fois solide et à l'esthétique soignée. Il est inenvisageable pour Adolf comme pour Benito de sortir décoiffé ou mal rasé. Mais ce serait faire insulte à l'intelligence des femmes que de réduire leur comportement politique à l'approbation d'une belle mise en plis.

Car dans la route pour la conquête du pouvoir, les dictateurs ont très vite compris qu'ils n'avanceraient guère sans gagner avant tout les femmes à leur cause, sans les unir à leur destin. Et pour conquérir le pouvoir et s'y installer, chacun d'eux va s'appuyer sur les femmes.

Filles de noce ou grandes bourgeoises intellectuelles, simple passade ou amour passionné, elles sont omniprésentes dans la vie des dictateurs. Ils les violentent ou les adulent, mais se tournent systématiquement vers elles.

Elles s'appellent Magda, Clara, Nadia, Elena… Tour à tour épouses, compagnes, égéries, admiratrices, elles ont en commun d'avoir été dirigeantes en tout, officielles en rien, gouvernant même parfois sous l'égide de leur Pygmalion qu'elles accompagnent jusque dans la mort.

Ils sont cruels, violents, tyranniques et infidèles. Et pourtant, elles les aiment. Trompées avec d'innombrables rivales, sacrifiées à la dévorante passion de la politique, épiées, critiquées, enfermées, elles résistent. Parce qu'ils les fascinent. Parce qu'ils ont besoin d'elles.

L'auteur s'est donc mis en tête l'idée saugrenue de disséquer les liens obscurs et puissants de ces couples. Entre drame individuel et dialectique du pouvoir, nous y découvrons des hommes ayant perdu tout contrôle sur eux-mêmes, esclaves de leurs pulsions plus encore que de la diplomatie. L'obsession de séduire leur a donné tout pouvoir sur les femmes, mais a rongé tout le reste. Tel est pris qui croyait prendre. On n'acquiert vraisemblablement tout pouvoir sur les autres qu'en renonçant à tout pouvoir sur soi-même.

# 1

## Benito Mussolini,
## la Duce Vita

*« Malheur à l'homme d'une seule idée,
spécialement lorsqu'il s'agit d'une femme. »*

Margherita Sarfatti.

### *Un révolutionnaire aux organes irrésistibles*

#### *Alerte à Riccione*

Riccione, la perle de l'Adriatique, est agitée chaque été par une surprenante exhibition rituelle : une vague d'admiratrices déferle sur la plage, courant derrière un homme qu'elles veulent admirer sans uniforme. Benito Mussolini se prépare à la baignade. Il est suivi jusque dans l'eau par cette nuée de femmes de tous âges, insouciantes des habits qu'elles n'ont pas eu le temps d'ôter. Il n'y a pas que des Italiennes venues contempler le Duce dans son seyant costume de bain. Selon Quinto Navarra, l'un de ses domestiques [1], les plus fanatiques sont les Allemandes, les Yougoslaves et les Hongroises, qui ne manquent pas d'exprimer à haute voix leurs appréciations sur les « formes athlétiques du Duce ». La rumeur d'une maladie avait circulé cette année-là. Mussolini sortant des eaux décide alors de s'exposer et, devant leurs yeux ébahis, se lance dans une série d'exercices équestres. Il clôt le spectacle se dressant sur ses étriers et lance : « Et maintenant, allez dire que je suis malade ! » Le peuple ne pouvait douter de la vitalité de son chef, ni les femmes de sa virilité.

Riccione, dans la Romagne natale du Duce, est le lieu privilégié de ses baignades estivales et de sa propagande balnéaire. La nouvelle manière de faire de la politique inaugurée par Mussolini met en avant la force et la vigueur de la « nouvelle élite » qui doit régénérer le pays. Point avare de sa personne, Mussolini sait que sa musculature et l'impression de puissance qui se dégage de sa silhouette donnent au peuple le sentiment d'être conduit par un héros, un surhomme. Il sait que le plus évident de ses arguments politiques est son corps.

En 1933, le chancelier d'Autriche Engelbert Dollfuss cherche une protection contre la menace nazie. Il vient quérir l'appui de Mussolini à Riccione. La rencontre officielle des deux hommes, en présence de la presse, a lieu sur la plage : Dollfuss, de très petite taille, y apparaît en chemise et cravate, tandis que Mussolini, à son habitude, bombe son torse nu. Alors que l'Autriche est sur le point d'être annexée par l'Allemagne d'Hitler, les pourparlers vont bon train dans cette ambiance décomplexée. La manœuvre est habile, l'effet immédiat. Dollfuss est ébloui par le *Corpus Mussolinii* : « Pour être un Mussolini, un lutteur qui doit gouverner et durer, il faut être bâti comme le Duce. […] Regardez sa poitrine et son cou ; observez la tête tournée vers l'homme qui est à sa gauche et vous trouverez une ressemblance parfaite avec les anciens Romains, tels que les marbres les montrent [2]. »

Chercher des défauts à Mussolini, c'est un peu en chercher au *Moïse* de Michel-Ange. La diplomatie comme la politique n'échappent pas à la loi essentielle du Duce : impressionner et séduire.

Ses partisans sont admiratifs devant cette mâchoire « magnifiquement napoléonienne » qui inspire des jugements tranchés : un homme semblable ne peut aboutir qu'à la victoire ou à la mort [3]. Dans les rangs des faisceaux, on disserte à l'infini sur les traits virils du leader.

Après la mâchoire, ses lèvres sont l'objet de toutes les attentions. Des lèvres « proéminentes, dédaigneuses qui font une moue arrogante et agressive devant tout ce qui est lent, pédant, pinailleur et pleurnicheur », nous dit Filippo Marinetti, artiste futuriste et membre fondateur du parti.

Que n'a-t-on glosé sur ses yeux ! Ses yeux dont on dit qu'ils transpercent tous les interlocuteurs, ce regard vif et aigu, « dont les prunelles très claires ont la rapidité de celles du loup ». De l'avis de tous, le charme qu'ils exercent, on le subit, même si on veut lui résister.

Tous les détails de son visage sont donc interprétés et disséqués, même les plus anodins : Mussolini marche « vers les sommets avec toute la fierté de son caractère imprimé dans l'arc accusé des sourcils [4] ».

Les premières victimes de ces organes irrésistibles sont les femmes. Lorsque Benito s'adresse à elles, « elles sentent leurs faiblesse devenir force [5] », notent les proches collaborateurs de Benito. Pis encore, il suffit à l'observateur de les regarder attentivement pour déceler en elles l'influence d'un magnétisme qui les décide à tout. « Combien d'entre nous en ont-ils vu tomber à genoux sur son passage ? »

Aucune, en effet, ne ressort avec tous ses esprits de l'imposant Palais Venezia où trône le Duce. La grande comédienne Cécile Sorel, pensionnaire sulfureuse de la Comédie-Française, est en représentation à Rome où elle joue *Le Misanthrope* de Molière. La très pompeuse salle de la Mappemonde et son maître sont alors le passage obligé du « Grand Tour » de Rome pour les femmes en vue. Le tête-à-tête est prévu à 5 heures de l'après-midi. Laissons-la nous confesser l'épisode : « Le Duce m'attendait. Dans l'immense salle presque sacrée, je ne vois d'abord que ses yeux. Ils brillent et brûlent d'un feu intérieur qui révèle une volonté indomptable, la certitude absolue du triomphe. »

Le charme agit instantanément, par sa simple présence. Voyons ensuite s'il est habile séducteur : « A peine avait-il commencé à me parler, à m'écouter, que déjà je me passionnais à l'étude de ses traits. Immobile, concentré, mystérieux, il observe et ne dévoile rien de lui. Mais si son visiteur ou ses idées l'intéressent, ses pensées sculptent tout de suite son visage et on le voit, tour à tour, grave, ironique ou tragique presque dans le même instant. Il est mille hommes à la fois, et mille hommes sont en lui, qu'il a du mal à dominer, et il ne s'en libère qu'après un mouvement dédaigneux de la bouche et un exercice de volonté qui aboutit à un éclat de rire. »

Le jeu est semblable à celui d'un acteur, dont la mobilité du visage rend plus évidente la sobriété des gestes. L'entretien dure une bonne heure. Mussolini promet de venir la voir jouer au théâtre le soir même. Dans un dernier sursaut d'esprit critique, la comédienne l'interroge sur ce qui motive la ferveur des Italiens pour le nouveau guide. « Ils savent que je les regarde… Ils savent que j'aime ma patrie. On ne gouverne que par l'amour », répond-il dans une tirade bien rodée. Franchissant les grilles du Palais, Cécile Sorel n'a qu'une pensée en tête : le sourire de Mussolini est la chose la plus fascinante du monde.

Les plus hautes aristocrates européennes ressortent impressionnées de la salle de la Mappemonde. La princesse Paula de Saxe-Holstein, après avoir été reçue au moins deux fois par le Duce, ne boude pas son plaisir : « Il est bon ! L'ogre, le tyran est bon ! Un homme qui sourit ainsi ne peut être que bon… Je sentais ses yeux me suivre dans l'ombre, tandis que je m'éloignais en emportant la douceur profonde de ce regard, secrètement renfermée dans mon cœur. »

Les intellectuelles y passent aussi. Ellen Forest, femme de lettres hollandaise, écrit de manière plus que suggestive que Mussolini « est comme une coupe de cristal pleine de vin capiteux ». La métaphore est osée, suffisamment pour être filée : « On ne voudrait pas perdre une goutte et on ne voudrait pas non plus, par crainte d'en verser, tout déguster en une seule fois. On voudrait savourer en gourmet ce vin, cette amitié, avec toutes ses facultés, au moment où rien ne troublera notre recueillement. »

Point d'orgue de toutes ces louanges féminines, l'écrivain Margarita Fazzini ose la comparaison ultime, Napoléon. Mussolini aurait hérité des qualités du grand Corse, de sa volonté indomptable, de ses expressions. Le président, comme le Premier Consul, est un grand charmeur de foule et de l'éternel féminin, « qui se sent toujours attiré par la force, quand elle est séduisante, du moins chez les hommes. La foule aussi est féminine, et comme une femme, elle reconnaît l'homme, l'homme véritable [6] ».

Elle pressent ce que Mussolini a compris depuis ses débuts, et dont il fera un principe politique. S'adressant non à un peuple mais à une foule, il doit se montrer aussi sûr de lui et entreprenant qu'il le serait avec une femme : « La foule, comme les femmes, est faite pour être violée », écrit-il.

Aussi va-t-il développer une sexualité omniprésente, qu'il nourrit en véritable boulimique. Ses débuts en amour comme en politique sont marqués par ce désir incontrôlable qui le pousse à prendre possession de l'autre. Il a connu son premier échec sentimental au tout début des années 1900, avec une jeune fille nommée Vittorina, la sœur d'un camarade du collège. Il lui faisait parvenir des lettres pleines d'enthousiasme juvénile accompagnées de charmants bouquets de violettes. L'assaut tourna à la débandade lorsqu'il connut son baptême du feu. Après avoir attendu l'objet de sa langueur devant la sortie de son travail, il ne parvint pas même à articuler le plus banal des compliments, et battit en retraite piteusement. Il décide alors que plus jamais une femme ne lui coûtera ce genre d'humiliation.

Une des premières victimes de sa méthode de séduction encore très expéditive est la malheureuse Virginia B. Nous sommes en 1901, dans son village natal de Dovia, il a 17 ans. Il croise cette jeune voisine qui a éveillé en lui un de ses premiers émois. La forteresse ne lui semble pas imprenable. Un jour que le village est désert, il tente sa chance. La suite, il nous la raconte lui-même : « Je la pris le long de l'escalier. Je la jetai dans un coin, derrière une porte, et je la fis mienne. Elle se releva pleurnichante et humiliée, et m'insulta à travers ses larmes. Elle disait que je lui avais volé son honneur. Je ne le nie pas. Mais de quel honneur parle-t-on[7] ? »

Il faut dire que le premier rapport qui a fait de Mussolini un homme avait laissé peu de place à l'altérité du désir de sa partenaire. Son déniaisement a été vénal. Il a eu lieu à Forli, l'année précédente, dans le quartier des prostituées, où l'avait traîné un de ses compagnons, Benedetto Celli. Le camarade le mena dans une maison innommable où le tarif en vigueur était alors de 50 centimes. Ce qu'il obtint contre cette somme fut la possession temporaire du corps d'une femme d'un certain âge : « M'ayant pris sur ses genoux, elle commença à m'exciter avec des baisers et des caresses. C'était une femme grisonnante qui perdait son lard de tous les côtés. » Benito quitte la maison de passe la tête basse, vacillant comme un homme pris de boisson. « J'avais l'impression d'avoir commis un délit », retient-il. Ce fut le premier raid qu'il mena à bien, même s'il en retira peu de gloire.

Benito a alors 18 ans et ne songe qu'à prendre ses distances avec sa région natale. Né le 29 juillet 1883 à Dovia-Predappio, au cœur de la Romagne socialiste, il y est le fils du forgeron. Jeune coq de village, Benito fréquente assidûment les cafés et les bals populaires, où il peut tenter ses premières approches du sexe faible. Lorsqu'il termine le collège, il choisit la même voie que sa mère, décédée quelques années plus tôt : il entre à l'école normale pour devenir instituteur. En février 1902, il trouve son premier poste, dans un village proche. Il est alors ténébreux, se plaît à se vêtir entièrement de noir, ne quittant que rarement son chapeau à large bord et sa grande cape. Il remarque que cette apparence austère ne laisse pas indifférent, en particulier les femmes.

C'est l'époque des saouleries quotidiennes et forcenées qui le placent dans des situations parfois cocasses. Se liant avec les autres socialistes du village, on le retrouve souvent en leur compagnie, étendu sur la place de l'église, au petit matin, cuvant les quantités formidables d'alcools divers ingurgitées pendant la nuit. Il s'adonne aussi à sa passion d'enfance pour le pugilat qu'il assouvit en adoptant un comportement provocateur et violent dans les bals qui rythment les fins de semaine. Il ne s'y rend d'ailleurs jamais sans son poing américain.

Les mœurs du jeune instituteur font scandale dans le village : après l'avoir remarquée dans un bal, il a séduit Giulia F., âgée d'environ 20 ans mais déjà mère de famille, dont le mari est éloigné par le service militaire. Ils ont, selon ses mots, « sympathisé » et une correspondance a démarré. La liaison devait rester secrète, et leur premier rendez-vous fut clandestin. Mussolini en garde un souvenir de délectation : « Julia m'attendait sur le pas de la porte. Elle avait un corsage rose qui se détachait dans la pénombre. Nous montâmes l'escalier, et pendant deux heures, elle fut mienne. Je rentrai à la maison, ivre d'amour et de volupté. »

Le jeu de la volupté ne sera pas sans conséquences pour l'infidèle Giulia. Le mari cocu, mis au courant de l'affaire en même temps que le reste du village, fait chasser du domicile son épouse par ses parents depuis son poste de garnison. Giulia loue alors une chambre, où elle peut se laisser aller à sa passion pour Benito. « Alors nous fûmes plus libres. Tous les soirs, j'allais la retrouver. Elle m'attendait à la porte. Ce furent des mois enchanteurs. » Mussolini jouit particulièrement de l'emprise totale qu'il exerce sur cette femme qui lui fait découvrir le pouvoir irrationnel de sa séduction.

En effet, après avoir quitté son mari pour lui et se retrouvant seule avec enfant à charge, Giulia lui obéit sans condition, et il dispose d'elle durant ces mois selon son bon plaisir. Ce qu'il ne dit pas, c'est que de nombreuses disputes éclatent pourtant entre eux. Un jour, il la blesse avec son couteau. Un autre, après qu'elle lui eut désobéi en se rendant seule au bal, il l'agresse dans la rue et la mord au bras.

Pour Mussolini, le cœur d'une femme est un objet dont il doit disposer totalement. Les bras de la belle Giulia ne peuvent seuls suffire à contenir l'homme.

### Les maîtresses juives du fascisme

Mars 1904, Angelica Balabanoff prononce à Lausanne un discours pour le trente-troisième anniversaire de la Commune de Paris. L'événement est organisé par le Parti socialiste italien, et a pour public les très nombreux ouvriers qui ont choisi la Confédération helvétique pour fuir la misère des campagnes italiennes de ce début de siècle.

Cette révolutionnaire de 36 ans, née dans la grande

aristocratie ukrainienne, a fait ses études à l'université libre de Bruxelles. Intellectuelle de haut vol, à l'aise dans de nombreuses langues, elle fréquente des personnalités du gotha communiste mondial. C'est une femme libérée, une brune piquante, étendard de la pensée féministe de ce début de siècle, qui prend la parole devant les ouvriers. Elle est gênée par un homme dans l'assemblée, dont la présence s'impose aux sens. Bien qu'un certain Vladimir Ilitch Oulianov assiste lui aussi au meeting, c'est un autre qui retient son attention, un jeune homme qu'elle n'a jamais vu auparavant. Sa mine agitée, ses vêtements en désordre et surtout l'odeur qui s'en dégage le distinguent des autres ouvriers. « C'était la première fois que je voyais un être humain avec un air aussi pitoyable[8]. » N'ayant pas trouvé de travail, Mussolini vit en effet alors comme un vagabond. Il dort sous un pont. La curiosité la pousse à se renseigner sur l'homme mystérieux. « Il paraît qu'il était maître d'école, mais on dit qu'il buvait beaucoup trop, qu'il était terriblement malade, et qu'il n'arrêtait pas de s'attirer des ennuis. » Piteuse première impression, aggravée par les premiers mots échangés. « Il raconte qu'il est socialiste, mais il n'a pas l'air d'en savoir long sur le socialisme. »

Fuyant la petite carrière d'instituteur qui s'ouvrait devant lui, et peu réjoui par la perspective du service militaire, Mussolini a décidé en 1902 de s'exiler. Il a alors envisagé de nombreuses destinations, notamment la France, les Etats-Unis, et même Madagascar, avant de choisir la Suisse, plus proche, beaucoup plus riche, et où il pourrait s'intégrer dans la communauté italienne bien fournie. Il est arrivé là démuni, maîtrisant encore mal le français, et a occupé de petits emplois de maçon, manutentionnaire, commis chez un marchand de vins, garçon boucher. Mal nourri par ces petits extra, il intègre les syndicats de travailleurs immigrés où il se fait remarquer par sa verve.

Il est de plus en plus sollicité dans les conférences et les réunions de syndicats dans toute la Confédération. Très vite, il devient secrétaire du mouvement et publie des articles dans l'organe de presse du parti, *L'Avvenire del Lavoratore*, le tout sans connaître grand-chose en matière de théorie sociale. Mais il fait preuve d'un ton mordant. La Suisse y est ainsi définie comme « une république de marchands de saucisses gouvernée par de la racaille protestante ».

Ce début d'ascension fut selon Mussolini lui-même d'une importance capitale. Il confiera plus tard à des journalistes : « Ce fut peut-être la seule période de ma vie où je ne me suis pas senti seul. » Peut-être la présence d'Angelica y est-elle pour quelque chose. Elle a tout de suite été prise sous le charme de ce militant de quinze ans plus jeune qu'elle. Tous les témoignages, à commencer par les leurs, concordent pour décrire leur grande complicité intellectuelle et le rôle de formatrice exercé par Angelica :

« Peut-être parce qu'il savait dans quel milieu j'avais vécu et en partie aussi parce que j'étais une femme avec laquelle il n'avait nullement besoin de "prouver" qu'il valait autant ou même plus que les autres, il ne semblait pas s'irriter de mes conseils ou de mes reproches, même quand il refusait de s'y conformer. Avec moi, il n'essayait pas de dissimuler sa faiblesse. […] Durant tout le temps que dura notre collaboration, je lui gardais constamment mon amitié, parce que je savais que j'étais la seule personne avec laquelle il pouvait être lui-même, la seule avec laquelle il n'avait pas à faire l'effort de bluffer. »

Angelica a su percer à jour la faiblesse intime de Benito qui fera la force de Mussolini : « Il avait besoin de quelqu'un qui dépende de lui, mais sa vanité n'aurait jamais supporté le contraire. » La femme d'expérience qu'elle est saura ainsi manœuvrer ce besoin d'exclusivité affective de Mussolini avec une femme, sans jamais abandonner la moindre parcelle de son indépendance. Pour la première fois de sa vie, il rencontre une femme qui ne se résume pas à un objet de désir. Pour la première fois aussi, quelqu'un qui le domine intellectuellement. Cet être est une femme, et il en est le premier surpris. Peut-être jamais ne parlera-t-il d'une compagne en termes aussi élogieux :

« Je le répète, je dois à Angelica beaucoup plus qu'elle ne pense que je lui dois. Elle détenait la sagesse politique. Elle était fidèle aux idées pour lesquelles elle combattait. Pour les défendre, elle avait abandonné sa riche demeure, sa famille de tradition bourgeoise. Sa générosité ne connaissait pas de limites, de même que son amitié, et son inimitié. Si le socialisme pouvait admettre une liturgie, des rites religieux, sainte Angelica du Socialisme devrait avoir une place de premier plan dans un empyrée politique ayant Marx pour créateur de la terre et du ciel. Si je ne l'avais pas rencontrée en Suisse, je serais resté un petit activiste de parti, un révolutionnaire du dimanche [9]. »

Les bienfaits d'Angelica envers Mussolini sont en effet ceux d'une pietà désintéressée. Elle le sauve, selon elle, de « l'hystérie, la misère et le désespoir » en lui ouvrant les voies du socialisme. La vérité est peut-être plus prosaïque : Mussolini s'avoue peu attiré par cette « pygmalionne » au physique trop grossier. « Si je me trouvais dans un désert, et que la seule femme présente fût Angelica, je préférerais faire la cour à une guenon », dira-t-il plus tard à son épouse. Est-ce grâce à ce manque de désir que Mussolini arrivera à entretenir une relation de presque dix ans avec elle ?

Angelica ne laisse pas son empreinte que sur l'esprit de Benito. Elle transforme également son style. Dans les années 1910, en effet, la tenue vestimentaire de Benito s'améliore, arborant faux col dur et canotier. Revenu en Italie après deux ans et demi d'un exil suisse formateur, il est finalement incorporé pour une année dans un régiment de bersagliers. Les enseignements d'Angelica ont porté leurs fruits : son destin est désormais d'être journaliste.

Après avoir inondé toutes les feuilles socialistes de ses chroniques et de ses billets, il décroche enfin, en 1912, un poste à responsabilité : directeur de la rédaction de *L'Avanti !*, le quotidien du Parti socialiste italien. Mais face à la nouvelle intelligentsia milanaise, l'ancien maçon est un bouseux. Son style pourtant efficace laisse encore à désirer. Mussolini doute-t-il de lui au moment de ce passage à l'échelle nationale ? Une de ses conditions pour accepter le poste est qu'Angelica occupe celui de rédactrice en chef adjointe. Il a besoin d'être soutenu et rassuré par la présence de sa formatrice. Celle qui lui a appris patiemment à Lausanne les premiers rudiments de l'écriture journalistique, l'a aidé à choisir ses lectures et à consolider sa pensée le rejoint à Milan. Ils sont ensemble à la tête du journal socialiste le plus lu d'Italie.

Dans ses pages, il se fait prophète du socialisme. Le style est accusateur. Benito ne perd pas une occasion pour fustiger les crimes du pouvoir, et les thèmes radicaux du fascisme apparaissent déjà dans ses articles : les concepts dégénérés de Nietzsche ou de Bergson associés à un darwinisme social primaire aboutissent à une critique toujours renouvelée de la foule « moutonnière et femelle ».

Si la reconnaissance de Mussolini le journaliste est presque immédiate, celle de l'orateur décolle plus lentement. Son intervention au congrès de Milan de 1910 a suscité l'hilarité. On lui trouve une voix de baryton efféminé. Sur scène, il est tout seul, Angelica n'est pas auprès de lui pour canaliser sa débordante énergie.

Lorsqu'il apparaît à la tribune, ses propos sont décousus, autant que sa cravate noire portée de travers. Une barbe de trois jours assombrit son visage coiffé d'un crâne prématurément chauve, ne prêtant guère de crédibilité à son propos. Il a quelque chose entre l'épouvantail et le champion de la justice sociale. « C'est un fou ! » murmure-t-on dans l'assemblée.

Ses camarades peuvent bien voir en lui un fou, un chauve, un épouvantail ; les femmes perçoivent une tout autre réalité. Elles apprécient son style rebelle et provocant. Sa manière de s'adresser à la foule en lançant des accusations outrancières et en se posant en justicier indéfectible attire dans son sillage les amazones de ce début de siècle. A Milan, pour la première fois, deux femmes sont venues assister à son discours en pantalon, faisant scandale.

## Les charmes de l'Orient

Lors d'un discours en mars 1913, la très originale Leda Rafanelli est victime elle aussi des irrésistibles organes mussoliniens. Elle publie un article le décrivant comme « le socialiste des temps héroïques… il sent encore, croit encore, avec un élan plein de virilité et de force ». Sa conclusion est de la même sobriété : « C'est un homme. »

Mussolini lui fait transmettre un petit mot de remerciements, auquel elle répond par une invitation. Il ne s'y oppose pas, du moment que la rencontre restera secrète. Chez cette femme dont il ne sait encore rien, Benito arrive dans une tenue très distinguée : redingote, bottines, chapeau melon. Son hôte, personnage sensuel « d'allure provocante, aux lèvres épaisses et aux formes voluptueuses », est assez marginale dans cette Italie d'avant guerre. Convertie à l'islam, elle a adopté le mode de vie oriental et se coiffe d'un turban, porte de larges bracelets d'argent et de lourdes boucles d'oreilles. Son intérieur, tout aussi orientalisant, se compose exclusivement de meubles et d'objets venus d'Egypte.

Pour couronner le tout, la pièce embaume le parfum et l'encens exotiques, et en son centre un brasero entretient un très odorant café à la turque. Benito se sent mal, ne trouve pas ses mots et doit prendre congé sans avoir pu tenter la moindre approche.

Il s'excuse dans une lettre quelques jours plus tard, arguant de sa timidité et de son « extrême sensibilité aux parfums de l'Orient ». Peut-être a-t-il revécu à ce moment-là les difficiles messes du dimanche de son enfance, où l'encens liturgique l'indisposait au point de s'évanouir à plusieurs reprises. Il sait trouver les mots justes : « J'ai passé trois heures délicieuses. Nous aimons la solitude. Vous la recherchez en Afrique, moi parmi la foule d'une ville tumultueuse. Mais le but est identique. Quand je voudrai faire une parenthèse je viendrai vous voir. Nous lirons Nietzsche et le Coran. »

La jeune femme accepte et ne lui tient pas rigueur de cette défaillance. Ils se revoient à plusieurs reprises pour des tête-à-tête, dans lesquels Mussolini ne parviendra pas à briser la résistance de sa proie. Pour tenter de la dompter, il se lance dans une grande entreprise de séduction, et se procure un costume complet de bédouin. Il porte burnous, tarbouch et collier d'ambre. Il lui ment bien sûr au sujet de son état civil, prétendant ne pas être marié, et joue la partition du don Juan au cœur de pierre qui attend la femme parfaite : « Tout homme, voyez-vous, qui ressent en lui la force d'entreprendre une vie difficile, non commune, a besoin d'une inspiratrice, d'une consolatrice. Vous me comprenez ? » L'enjôleur sait flatter l'ego féminin. Il dit chercher une inspiratrice, pas seulement une amante. « Je voudrais être compris d'elle jusqu'au fond de mon âme, je voudrais pouvoir me confier à elle, être aussi stimulé, conseillé, désapprouvé si je fais des erreurs, vous me comprenez ? »

Or Leda en a entendu d'autres. Elle ne croit pas en la femme inspiratrice, l'argument fait chou blanc. Répétant

44

à nouveau qu'il est libre comme l'air, Mussolini trouve une parade : « Il y a deux femmes qui sont follement amoureuses de moi », lui dit-il sur le ton de la confidence. Il se défend de les aimer. « L'une est plutôt laide, mais elle a une âme généreuse et noble. L'autre est belle, mais elle a une nature rusée et avide : elle est même avare. C'est normal, c'est une Juive. »

La première, c'est la fidèle Angelica. La seconde est la responsable de la rubrique artistique de *L'Avanti!*. Il l'a rencontrée à son arrivée au journal. Sa beauté et son intelligence l'ont tout de suite rendue indispensable.

« La belle avare, roublarde autant que la première est sincère, est l'écrivain Margherita Sarfatti.

— La femme de l'avocat ?

— Oui, elle me poursuit de son amour, mais jamais je ne pourrai l'aimer. Sa mesquinerie me dégoûte. Elle est riche et habite un grand palais sur le Corso Venezia.

— Alors vous ne voyez pas en elle l'inspiratrice dont vous rêvez ?

— Non, jamais je ne la laisserai entrer dans ma vie. »

Exit la rebelle et trop encensée Leda. Voilà donc l'état des lieux que dresse Benito de sa vie amoureuse en 1913. La vérité, on s'en doute, est différente. Qui est donc cette autre amoureuse de Mussolini, cette femme de l'avocat ?

## La belle Vénitienne

Revenons quelques années en arrière, à Venise, en 1905. En tant qu'intellectuelle russe, Angelica Balabanoff est invitée à faire un tableau de la pauvreté de son peuple, dont on parle beaucoup en Europe depuis l'échec de la révolution cette même année. Une jeune Vénitienne de 25 ans, Margherita, a été attirée dans l'auditoire par curiosité pour l'oratrice venue de l'Est, cette prophétesse dont elle connaît les prises de position féministes. « Je vis alors cette femme, cette bavure de la typographie céleste où s'impriment les caractères cyrilliques, se transfigurer par le truchement de l'esprit et de la parole [10]. » Margherita est happée par ses yeux humides et brillants qui s'agrandissent au point de dévorer son pitoyable visage gris.

Rencontre inaugurale entre Angelica et Margherita, deux femmes qui changeront le destin de Benito, faisant de l'impétueux instituteur romagnol un leader politique affirmé. Margherita est à la fois fascinée par l'aisance et la conviction qui émanent d'Angelica, en même temps qu'elle est horripilée par son physique négligé. Une pointe de jalousie féminine vient parfaire la rencontre. « Sa voix stridente et fêlée, se réchauffant d'étranges intonations gutturales, vous écorchait jusqu'au fond des viscères, avec la force de persuasion des mystiques et des hystériques. » L'inimitié des premiers instants ne peut cacher les points communs des deux femmes : toutes deux sont juives, issues de la grande bourgeoisie, éduquées aristocratiquement et ont rompu avec leur milieu, ses codes et ses valeurs politiques. Margherita a depuis quelques années déjà délaissé la politique modérée et libérale des commerçants vénitiens, séduite par les idées radicales et généreuses prônées par les « socialistes », ces nouveaux sans-culottes.

Angelica évoque dans son allocution la mère Russie, la « Sainte Russie » qui souffre et espère alors passionnément un avenir meilleur. Elle s'abat, épuisée, sur sa chaise, toute pâle, en larmes. « Autour de la table nous pleurions tous, bouleversés et pâles aussi », note Margherita.

La vive impression laissée par cette journée à Venise a été trop forte pour rester sans suite. Angelica, après avoir défendu les travailleurs immigrés italiens en Suisse, se fixe à Milan, où elle est rapidement élue au comité de direction du Parti socialiste italien. Elle y a l'occasion d'entretenir ses chamailleries avec Margherita.

En 1912, une troisième amazone figure du féminisme naissant, Anna Kuliscioff, leur donne l'occasion de se réunir autour de leur engagement commun. Elles fondent toutes trois *La Difesa delle Lavoratrici* (« la défense des travailleuses »), un magazine destiné à éveiller les Italiennes à la chose politique. Margherita assure une grande partie du financement de ses propres ducats.

La petite revue abrite ainsi trois des femmes les plus influentes du Parti socialiste italien. Toutes convergent sur un point, leur admiration pour un jeune leader de province : un tumultueux tribun à l'accent prononcé et aux gestes impulsifs. Voilà comment Mussolini s'est retrouvé nommé à la tête de *L'Avanti!*. Sa personnalité bien trempée, son sens de la formule, son infatigable verve et ses yeux hypnotisants ont convaincu les trois femmes, qui ont mis de leur côté les dirigeants du PSI. Mussolini est nommé directeur de la rédaction du journal. L'impression et la véritable séduction qu'il a opérées sur elles n'y sont pas pour rien. Formé par Angelica, qui l'assiste à son nouveau poste, le pied mis à l'étrier par trois intellectuelles, Benito grimpe les échelons.

Entre les trois amazones, cependant, l'entente est tout sauf cordiale. Les comités de rédaction tournent vite en séances de crêpage de chignons. Margherita escomptait légitimement placer ses articles dans les colonnes de la revue, et en soumet plusieurs à ses adjointes. Mais la participation financière n'assure pas de traitement privilégié à ces jeunes femmes idéalistes et intransigeantes. Les articles sur le vote des femmes sont tout bonnement refusés. En raison de son insistance, Margherita est même chassée de la rédaction par Anna Kuliscioff : « Elle me fit, devant toute la rédaction stupéfaite, une scène méchante et mesquine, de tsarine avec knout contre le moujik insubordonné. Je m'en allai en serrant sur mon cœur les morceaux d'un idéal brisé. »

Après son éviction du magazine féministe, Margherita

n'aura de cesse de chasser Angelica de la place qu'elle occupait dans le cœur et l'esprit de Benito. Car au-delà des traits qui les rapprochent, les deux militantes ont des caractères diamétralement opposés. Les airs de moine franciscain itinérant d'Angelica ne trouvent aucune grâce aux yeux de la raffinée Madone de Venise. Elle la devine d'une intelligence foudroyante, mais « petite et difforme ». Angelica est un drôle d'élixir à ses yeux : « Ayant embrassé Marx et le marxisme comme une religion fétichiste et monomaniaque, elle diffusait le verbe du maître dans de nombreuses langues, avec cette chaleur communicative qui est propre aux fois irraisonnées, et qui est contagieuse comme la scarlatine. Je l'imagine très bien, dans les processions du Moyen Age, ou bien à la grotte de Lourdes, donnant du fouet pour enfanter le miracle [11]… »

Le petit groupe se délite. La rivalité idéologique est devenue une rivalité amoureuse. Bien décidée à faire paraître ses articles, Margherita va frapper à la porte du nouveau directeur de la rédaction de *L'Avanti !* à la toute fin de l'année 1912. La voluptueuse blonde aux yeux émeraude s'est préparée pour la rencontre, revêtant un long manteau noir évasé et au distingué col d'hermine, relevé par une toque de fourrure. Arrivée au journal, qu'elle finance également, elle se rend directement dans le bureau de Mussolini. Frappant et entrant sans attendre d'y être invitée, elle le trouve en pleine relecture d'épreuves. Levant les yeux et découvrant cette créature inconnue, il se précipite pour tendre une chaise et prier la charmante visiteuse de s'asseoir. Elle veut une proposition de collaboration régulière dans la rubrique culturelle. L'entretien va dépasser toutes les anticipations de la Vénitienne en fourrure. Déroulant son laïus habituel destiné à défendre la place des arts dans un journal de combat, elle lui déclare : « L'art d'aujourd'hui, qui est l'expression de la modernité, peut être un excellent vecteur de l'action politique… » Mussolini n'est pas dupe, et interrompt tout de suite la ritournelle : « L'art n'est pas un argument socialiste. Quant aux articles politiques, dans le journal que je dirige, je les écris moi-même. »

Dès les premiers échanges, elle n'a plus la main. Elle tente fébrilement la comparaison avec un autre journal socialiste, *La Voce*, qui accorde, lui, une large place à l'actualité culturelle. Là encore, la réponse est brève et sèche : « Je ne lis que les articles politiques et de philosophie. » Margherita est décontenancée. Elle se laisse mener dans la discussion qui dérive maintenant sur les grands intellectuels qui ont influencé le jeune Benito, tels que Georges Sorel ou Frédéric Nietzsche. Enfin, dévisageant cette dame du haut monde qui a fait irruption dans son bureau, Mussolini lui lance une formule magique qu'il a longuement mûrie : « Je suis un homme qui cherche. »

La conversation s'oriente bientôt sur sa conception du rôle des femmes et de l'usage que l'homme peut en faire. Margherita peine à décrire l'intensité de l'échange, le poids que prirent alors les mots, et le tressaillement profond qui agita son âme. Elle est simplement, elle aussi, impressionnée par ses grands yeux jaunes et lumineux qui tournent rapidement dans leurs orbites, par « sa bouche volontaire qui avait quelque chose de cruel, par ses citations nietzschéennes et son air énergique ».

La phrase cache à peine la tension érotique qui s'installe dès les premières minutes entre ces deux êtres. Margherita, qui n'est pas habituée à céder le dernier mot, termine la conversation par une sentence énigmatique : « La pudeur des belles femmes est fortifiée par la conscience de leur beauté physique. » Il lui propose d'écrire quelques articles, « gratos », précise-t-il. « Je n'écris pas gratos, je veux trente lires par article [12] », lui répond-elle sans sourciller.

Quelques jours à peine après l'entrevue dans les bureaux de *L'Avanti!*, Margherita assiste à un concert. Elle sent comme une présence, quelqu'un la déshabille du regard : « Deux grands yeux ardents me brûlaient et me transperçaient, avant même que j'eusse compris que c'était ceux de Mussolini. » La passion pour Benito a commencé de la consumer. Les deux militants sont bientôt amants et commence une relation intellectuelle privilégiée. Lors de leurs interminables tête-à-tête, elle s'échine à corriger son style, à le rendre moins brutal, à affiner sa rhétorique et sa culture. La Vénitienne n'est plus cantonnée à la rubrique culturelle, elle codirige à présent le journal, chapeautant la rédaction et veillant à la cohésion idéologique des contributions.

Elle est tous les jours auprès de lui pour élaborer et diffuser la première version de la doctrine fasciste. Leurs relations intimes sont pourtant intermittentes. Margherita s'absente souvent pour de longs séjours à l'étranger où elle entretient ses réseaux mondains.

A Paris, elle réside avenue Kléber et fréquente l'avant-garde des intellectuels. Au Salon des indépendants elle croise Duchamp, Léger, Delaunay. Se mêlant à cette faune du Paris artiste, elle fréquente un monde de fêtes exubérantes et de modes insolentes, à la pointe de la provocation. Le spectacle qu'elle donne au Théâtre des Champs-Elysées mêle à la danse la peinture, la musique, le chant, la poésie et le cinéma. Puis elle sort au bras de l'écrivain et danseuse Valentine de Saint-Point avec qui elle forme un couple saphique, l'une habillée en homme portant haut-de-forme et costume trois pièces, l'autre revêtant la toge grecque. A côté de cette ambiance fin de siècle décadente, elle rend visite rue de la Sorbonne à Charles Péguy dont elle avait financé une précédente publication, dans sa modeste boutique des *Cahiers de la Quinzaine*.

Margherita laisse ainsi Benito seul à sa passion du

stupre. Il a de nombreuses maîtresses, et voit sa progéniture enfler. En 1913, une militante juive russe rencontrée à Trente, Fernanda Oss, donne naissance à Benito Rebel, qu'il refusera de reconnaître, malgré les demandes incessantes de la pauvre mère. Imperméable à toute émotion à son égard, il ne fera pas le moindre geste lorsque le bambin âgé de 2 ans tombera gravement malade. Apprenant que ce fils illégitime est finalement décédé, son cœur de pierre n'est nullement atteint. Au contraire, il dira à Margherita que ce dénouement a été pour lui « un grand soulagement ».

## Laisse les fascistes à Venise

Peu importent les incartades de Benito, pour Margherita il est cet homme d'action intégral, celui qui saura faire triompher ces idées socialistes d'avant-garde. Elle croit en son avenir politique autant qu'il a besoin d'elle pour le réaliser.

Au grand dam d'Anna Kuliscioff, les idées du couple Mussolini-Sarfatti triomphent : « Ces appels, dit-elle, sont ceux d'un irresponsable et d'un fou. Ce Mussolino (écrit-elle en référence à un bandit sicilien du XIXᵉ siècle) est une dangereuse tête brûlée. Et dire que toute cette folie est maintenant à la tête du parti. C'est un cauchemar. » Le divorce est déjà consommé avec les alliés d'hier. Il ne sera officialisé qu'au moment de la déclaration de guerre.

A l'automne 1914, l'Italie s'interroge. Doit-elle s'engager aux côtés de l'Allemagne et de l'Autriche-Hongrie ? Ou doit-elle se rapprocher de la France et de l'Angleterre afin de récupérer les dernières terres italiennes sous contrôle autrichien ? En mai 1915, l'Italie penche finalement pour l'alliance latine et déclare la guerre à l'Autriche. Benito n'est plus journaliste, il devient soldat. Il est enrôlé en septembre 1915 sur le front alpin, où l'armée italienne tente de tenir les cols face aux Autrichiens. Le soldat Mussolini reste sous les drapeaux pendant deux ans, sur lesquels il ne passera qu'un mois au front, et quelques jours seulement dans les tranchées. Lors de ses missions, il se bat courageusement, férocement même. Et il fera en sorte que tout le monde le sache, veillant à l'élaboration de sa propre légende. En février 1917, lors d'un exercice d'artillerie, l'obus qu'il place dans sa Bettica explose, tuant cinq des hommes sous sa responsabilité et le touchant sévèrement. Les éclats se logent à divers endroits de son corps. Il subit plusieurs opérations, il est même menacé par la gangrène. Pour sauver sa jambe, on cure les tissus infectés, les avivant jusqu'aux os. L'opération le plonge dans une catatonie qui dure plusieurs semaines. Margherita se rend à son chevet.

Sorti de l'hôpital en août de la même année, leur relation reprend, avec cependant quelques ratés. Mussolini l'impudique racontera plus tard à une maîtresse un épisode édifiant. Un soir de 1918, à Milan, par un brouillard si dense que l'on ne voyait rien, il accompagne Margherita à un taxi. « Vous n'avez jamais pensé que je pouvais vous aimer ? Parce que moi je vous aime », lui avoue-t-elle.

Aux mots, Benito répond par des actes : « Nous montâmes dans le taxi […]. Après, il advint ce soir-là quelque chose de terrible dans la chambre de l'hôtel. Je ne pus rien lui faire, je pensais que c'était la position, j'en changeais plusieurs fois. Rien, impossible. C'était certainement l'odeur de sa chair[13]. »

Les deux amants passent désormais la plupart de leur temps ensemble, au journal comme dans les endroits à la mode de Milan. Plus que jamais elle a besoin de l'attention et de l'affection d'un homme. 1918 est en effet pour Margherita une année difficile, celle des séparations. Angelica, l'amie des premières amours socialistes, quitte l'Italie pour rejoindre un autre homme, un autre leader charismatique, Lénine. Margherita ressent la défection comme une trahison. « Elle n'avait pas le sens de l'humour, nous dit-elle, ni celui du beau – pour son bonheur –, sinon elle se serait jetée dans le puits le plus proche, encore qu'elle eût bien peu de familiarité avec l'eau. » Impossible pourtant d'oublier cette camarade dont elle fut si proche. Margherita persifle toujours, comme seule une rancœur féminine sait être si tenace, évoquant sa silhouette informe, son buste mou, ses jupes traînant dans la poussière, et ses cheveux gras, « hébergeant tous les insectes de la création ». Elle n'aura de cesse de rappeler, pour tout argument, sa « plate laideur kalmouke ».

Surtout, Margherita a perdu son fils en janvier 1918, dans les tranchées. Elle a appris la nouvelle en recevant une de ses mèches rousses, envoyée par un de ses frères d'armes. Les mots de réconfort ont afflué de toute part. Gabriele D'Annunzio, héros de l'aviation italienne et futur rival de Mussolini à la tête du mouvement fasciste, lui a envoyé un billet :

« J'ignorais cette mort sublime. Parlant aux jeunes recrues, là-haut, ne lui parlais-je pas aussi ? Ne m'entendait-il pas ? Pourquoi ne l'ai-je pas rencontré ? Je l'aurais certainement reconnu entre mille. Je ne veux pas consoler. Moi-même je ne me console jamais. Mais n'est-il pas présent maintenant, d'une présence continue, plus vivante que lorsque vos doigts ravivaient ses beaux cheveux ? »

Margherita connaissait D'Annunzio depuis une dizaine d'années, et faisait partie de ses admiratrices. Le patriote et poète avait su marquer son esprit par ses prouesses dans les airs comme dans les tranchées. Sa popularité étant au plus haut après guerre, elle décide de jouer les entremetteuses entre le rude Benito et le chevaleresque Gabriele. La rencontre a lieu en juin 1919. La jalousie naît instantanément entre ces deux penseurs de la révolution nationale qui se prépare. De plus, Benito a fort peu goûté la proposition de D'Annunzio à Margherita de s'envoler avec lui pour la première liaison Rome-Tokyo. Elle meurt d'envie de l'accompagner, tandis que Benito ronge son frein, lui qui n'en est qu'à ses premières leçons de pilotage. A la lutte pour la suprématie politique s'ajoutent donc des motifs plus personnels. Le projet tombe finalement à l'eau.

D'Annunzio a d'autres occupations. Le 11 septembre, en effet, il prend le contrôle de la ville de Fiume à la tête de compagnies d'anciens combattants. Le traité de Versailles entérinant la fin de la Première Guerre mondiale n'a pas rendu à la mère patrie cette ville peuplée d'Italiens. Mussolini, pris de court par cette initiative, ne peut faire autrement que d'apporter son soutien à son rival. Il promet dans son journal de lever des fonds à son intention, ainsi que de lui rendre visite au plus vite. Il s'embarque pour Venise avec Margherita, sous prétexte de se rendre clandestinement à Fiume la rebelle, proclamée cité-Etat.

Une fois tous deux dans la ville de Margherita, le couple, encore dans sa première passion, est happé par les multiples distractions qu'offre la cité des Doges. Se sachant surveillés par la police, ils passent leur temps à semer les agents du gouvernement dans les ruelles et les petits canaux que Margherita connaît sur le bout des doigts. Mussolini apprécie beaucoup de jouer au chat et à la souris avec cette compagne téméraire, et retarde son embarquement pour Fiume. Alors qu'on lui propose de prendre place sur un navire de guerre, puis un hydravion, il refuse en prétextant tantôt du mauvais temps, tantôt d'autres dangers. Il ne veut plus maintenant que prolonger ce séjour transformé en véritable voyage de noces et refuse même de se rendre en voiture auprès de D'Annunzio. L'objectif a été détourné, il ne s'agissait que de se divertir avant la campagne législative qui s'annonce.

La fourmi ayant vociféré tout l'été est ridiculisée dans les urnes à ces législatives de novembre 1919. Mussolini prend sa première claque politique. Il plonge dans un de ses états dépressifs aigus. Il présente à Margherita les étranges reconversions qu'il envisage alors : « Avant tout je peux être maçon, je suis un très bon maçon ! […] Ou bien je peux faire le tour du monde avec mon violon : magnifique métier que celui de musicien ambulant ! […] me voilà acteur et auteur ! Mon drame en trois actes, la "Lampe sans lumière", est déjà prêt, je n'ai plus qu'à l'écrire. »

Ces élucubrations d'homme perdu tombent dans l'oreille de l'énergique Margherita. Elle va s'atteler dans les mois qui suivent à redonner le moral à Benito en le traînant aux quatre coins de l'Italie et en mettant au point les grandes lignes de la révolution que le mouvement fasciste appelle. Elle l'emmène à Naples au bord de la mer, puis à nouveau quelques jours à Venise, chez les antiquaires du ghetto, au théâtre Goldoni, ou se prélasser au luxueux hôtel Danieli.

L'année 1920 commence pour Mussolini avec un nouvel objectif et un moral d'acier : prendre le pouvoir, grâce au mouvement d'anciens combattants groupés au sein des Arditi et des Fasci. A ses côtés, Margherita est la véritable orfèvre de l'idéologie dont il a besoin.

Car sa chère « Vela », loin de se contenter de lui offrir un soutien moral, a un véritable plan pour propulser Benito sur le devant de la scène politique. Ils doivent tout d'abord multiplier les voies de diffusion de leur credo. Ils créent ainsi, en plus du quotidien *Il Popolo d'Italia* fondé fin 1914, la revue politique *Gerarchia* (« hiérarchie ») dont Margherita assure la direction. C'est elle qui choisit les contributeurs parmi ses proches et y accorde une grande place aux questions culturelles.

Elle fédère nombre d'artistes futuristes, comme Mario Sironi. Le fascisme doit être un parti d'avant-garde, dans tous les sens du terme.

Mais encore faut-il les moyens financiers pour alimenter la machine fasciste qui se met en place sous sa direction. Qu'à cela ne tienne, elle y pourvoira elle-même en prêtant un million de livres au Parti national fasciste.

Voulant récupérer sa mise et voyant que le moment propice est arrivé et ne se représentera peut-être plus, Margherita pousse Benito à forcer le destin et à organiser la marche sur Rome. Mussolini ne veut pas d'un pouvoir gagné par le sang. Pour que son succès soit total, il veut être légitime et se voir confier les rênes du pays par la voie légale. Le gouvernement vient de tomber, mais le roi hésite à confier le pouvoir au Duce du fascisme. Margherita, comme ses hommes, l'incite alors à maintenir la pression, en organisant des démonstrations de force de ses « faisceaux » dans les grandes villes. Alors qu'il hésite à lancer ses légions sur la capitale, elle le persuade en lui lançant une réplique inspirée de l'impératrice byzantine Théodora : « *Ou marcher ou mourir*, mais je suis sûre que tu marcheras. »

Lorsqu'il apprend que l'insurrection fasciste a commencé, c'est surtout vers l'étranger que Benito veut marcher. Le soir du 26 octobre, alors que ses troupes arrivent aux portes de Rome, les deux amants sont au théâtre du Verme. Pendant la représentation, un coup de fil le prévient que l'opération a commencé. Abasourdi, Benito se lève et quitte sa loge en déclarant : « Nous y sommes, adieu. » Margherita le suit. Il lui confie sa peur d'arriver au pouvoir par un putsch, l'étreint avec force et lui glisse : « Allons au Soldo, et passons quelques jours en Suisse, histoire de voir ce qui se passe. » La blonde lui lance un regard noir. Il est hors de question de fuir maintenant. Se réfugier à l'étranger pendant que l'on se bat pour lui le couvrirait de honte. Ne sachant que dire à son énergique maîtresse, il regagne sa loge en silence. Regonflé par le regard de cette femme qui voit en lui le chef de l'Italie, il rédige un éditorial en couverture de son journal réclamant les pleins pouvoirs. Le 29 octobre 1922, il reçoit par télégramme l'annonce de son accession à la présidence.

Margherita avait eu l'intuition du moment propice et sut le persuader de faire front, malgré ses doutes et sa mélancolie qui laissaient alors le champ libre au très aimé D'Annunzio. Le rival est écarté. Elle vient pourtant de précipiter les événements qui l'éloigneront de Benito. Ses nouvelles fonctions l'appellent à Rome sans tarder. Il partira le soir même, par le dernier train de 20 heures. Après un après-midi de parade dans les rues de Milan, le couple se retrouve dans la limousine de Margherita, qui l'accompagne à la gare. Alors qu'au-dehors la foule est venue nombreuse acclamer son départ, les deux amants se séparent avec une émotion contenue. Le temps de la complicité quotidienne est révolu.

## *Mussolini Roma*

Les premiers temps de sa vie à Rome sont menés tambour battant. Pendant près de deux mois, il est complètement absorbé par sa tâche. Seules les fêtes de fin d'année lui donnent l'occasion de retrouver Milan et les bras de Margherita. A peine arrivé, son chauffeur privé reçoit l'ordre de l'emmener chez la Vénitienne :

« Le Duce, à une heure assez tardive, m'ordonna de l'accompagner au Corso Venezia : je m'arrêtai devant un portail qu'il m'indiqua. Il descendit, me demandant de l'attendre. Je restais à conjecturer sur ce qui pouvait l'intéresser dans cette maison, car déjà dans la journée, il m'avait fait arrêter à cette adresse […], lorsque je vis apparaître la bonne qui était descendue faire ma connaissance. [...] Elle m'annonça sans réticence que ce type de visite, il y en aurait beaucoup, et que la vraie maison de Mussolini, c'était celle-là... celle de Madame S. Elle me prévint à la fin que le lendemain, nous irions dans une villa sur le lac de Côme. De fait, le lendemain, Mussolini passa la matinée à la préfecture et l'après-midi, conduisant lui-même l'auto, nous nous dirigeâmes vers le lac de Côme, dans une modeste villa, propriété de Madame S. [...] Nous restâmes là deux jours. [...] La bonne me raconta plusieurs épisodes de la vie des deux amants, me disant que le mari de Madame S. sortait de la maison à chaque fois que Mussolini y entrait. Elle voulut également me mettre au courant de ce qui se passait dans l'alcôve des deux amoureux, des choses que je ne peux retranscrire, dignes d'un lupanar[14]. »

Témoin précieux de la vie sentimentale de son patron, Ercole Borrato, chauffeur de Mussolini de 1922 à 1943, juge, suivant ses déplacements, que celui-ci est arrivé au pouvoir avec certes un peuple entier à gouverner, mais surtout une quantité de femmes à aimer et à combler. « Pour lui, nous révèle-t-il dans son journal intime, le premier désir à satisfaire, à peine sorti d'un ministère, était de rencontrer une de ses amantes et accomplir son devoir extraprofessionnel. »

Les escapades éclairs de Benito à Milan ne suffisent pourtant pas à satisfaire Margherita, qui se languit du Duce. De plus, elle sait que Benito ne peut contenir ses élans de vitalité et qu'il a forcément des aventures. Pour elle, le risque est de perdre sa place de choix dans le cœur du nouveau chef de l'Italie.

Une femme surtout, Romilda Ruspi, aiguise sa jalousie. Elle sait qu'elle est sa maîtresse à Rome. Margherita compte sur quelques jours de vacances en tête à tête sur la côte à Castel Porziano, dans la villa dont le roi le fait profiter, pour le détourner de cette gourgandine. Ensemble, ils se baignent et lézardent au soleil, renouant avec une simplicité amoureuse disparue avec le temps des responsabilités. Pourtant, les maîtresses s'introduisent jusque dans cette retraite et ôtent la tranquillité à Margherita. Le chauffeur de Mussolini raconte :

« Un jour que le Duce était occupé avec la R., je fus averti par téléphone que la S. était au portail et se dirigeait vers la plage. [...] Je décidai de résoudre la situation de mon mieux, allant à sa rencontre pour la repousser. Je tentai de lui faire comprendre qu'il était impossible de voir le Duce, celui-ci étant en entrevue avec un fonctionnaire des Affaires étrangères venu pour une affaire urgentissime. Je vis tout de suite qu'elle ne me croyait pas [...]. Elle me demanda le nom du visiteur et je dus lui mentir une seconde fois, prétendant ne pas le connaître. Elle me demanda finalement si ce n'était pas la demoiselle R. Et à ma réponse négative, sur un coup de colère, elle fit faire demi-tour à la voiture et repartit en pestant contre moi. »

Les soupçons de Margherita sont fondés. Ses pires inquiétudes vont bientôt prendre forme sous ses yeux : « J'ai pris d'autres femmes sous son nez. Par exemple Ester Lombardo, ou encore Tessa. Oui, je les ai prises là, comme ça. Et elle, elle était là. Elle m'a vu carrément dans l'acte, et elle s'est contentée de jeter une poignée de graviers contre le balcon [15] », raconte Mussolini, que l'anecdote met en joie.

Margherita prépare une contre-offensive à ces tromperies trop exposées. En mars 1923, elle fait emménager Mussolini, qui résidait jusqu'alors au Grand Hôtel, au Palais Tittoni, via Rasella. La chambre de Mussolini, comme le reste de l'appartement, est relativement lugubre, rehaussée d'une tapisserie rouge et noire. Le lieu était déjà meublé. A côté du lit de l'ancien socialiste anticlérical trônent même un prie-Dieu et une petite vitrine remplie de médailles pieuses. La manœuvre est habile : Margherita lui adjoint comme gouvernante la stricte et énergique Cesira Carocci, qui a été un temps au service de D'Annunzio. Margherita choisit personnellement cette personne de confiance, avec pour fonction de repousser les assauts de toutes les autres prétendantes. Lorsque Benito fait tout de même venir des filles dans son lit, elle en est aussitôt informée par cette véritable taupe domestique.

Margherita règne en ces années sur la vie privée du nouveau maître de Rome. Elle apparaît de plus en plus comme la concubine officielle. Rachele, la femme de Benito, réside toujours à Milan. Cesare Sarfatti est mort en mai 1924, et plus rien ne s'oppose à leur vie commune. Son statut quasi officiel et connu de tous lui vaut les honneurs. Lorsqu'elle rentre dans une salle de spectacles ou dans un musée, la foule se lève pour acclamer la favorite. La reine Elena l'a nommée dame de compagnie et se vante d'être son amie. Elle est régulièrement l'hôte du palais royal du Quirinal, où elle assiste à chaque cérémonie officielle.

Mussolini avait besoin que l'on mette de l'ordre dans sa vie privée. Son existence à Rome est un casse-tête quotidien, et il est écrasé par sa charge de travail de président du Conseil. Il est confronté chaque jour à ses adversaires, qui ont droit de parole et de contestation dans ce gouvernement qu'il n'a pas choisi et où les fascistes sont en minorité. De plus, il s'est octroyé les ministères de l'Intérieur et des Affaires étrangères, voulant signifier qu'il est la véritable locomotive au-dedans comme au-dehors du pays. Ce n'est pas encore la dictature, loin de là. Cependant l'enlèvement en plein jour et la mise à mort cruelle du chef de l'opposition Giacomo Matteotti choquent profondément la population en cette année 1924. C'est forcément ce Mussolini, ce Romagnol irascible à la vie dissolue. Mis à mal par l'affaire, isolé, lâché par ses soutiens modérés comme extrémistes qui ne voient plus clair dans son jeu, il doit soit démissionner, soit s'imposer par la force. Il se tourne alors vers Margherita. La conversation du jour est solennelle :

« Comment vas-tu ?

— Comment veux-tu que j'aille, chère Vela ?

— Rien de nouveau ?

— Rien. Désormais aucun acte ne m'étonne plus. Pas même le plus absurde, le plus infâme. Ce qui me peine surtout, c'est que je ne sais rien de ce que pensent mes amis-ennemis. Ceux qui m'ont trahi !

— Tu verras que tout s'arrangera ; mais je te conseille de garder ton calme, de ne pas te laisser entraîner par les nerfs. Tu ne dois pas te laisser emporter.

— Ce n'est pas une question de nerfs ; je n'ai de haine contre personne, je n'ai aucune rancœur ! Hélas, le destin a joué sa carte en faveur de mes ennemis, et en cas de perte presque certaine de la partie, il n'y aura même pas moyen de faire la belle !

— Mais tu as toujours montré que tu étais un joueur habile, et tu sais bien que beaucoup de parties qui semblent perdues au départ finissent par se retourner au dernier moment, ou à la dernière main[16]. »

La mise est risquée. L'enjeu d'importance : il faut reprendre le pouvoir aux opposants. Mussolini, jusqu'alors président du Conseil des ministres, se transforme en Duce du fascisme en janvier 1925. Toute l'année durant il assoit son pouvoir personnel, imposant de nouvelles lois à son image. Mais comment la population percevra-t-elle cette mise au pas mussolinien du pays ? Le nouvel édifice politique a besoin d'une propagande à la hauteur de l'ambition du nouveau Duce.

C'est Margherita qui joue ce rôle de directrice de communication pour Benito. Elle doit faire aimer cet homme à un peuple qui ne l'apprécie guère. Il faut créer un mythe, celui du surmâle. Mussolini le joueur habile, Margherita le fin stratège. La révolution nationale est en marche. Il est l'homme qui travaille quinze heures par jour, doté d'un pouvoir de concentration et d'une force physique hors du commun, veillant sans cesse aux destinées de l'Italie. Un homme qui ne s'épanouit qu'en se dédiant corps et âme à son pays. Du moins est-ce ce que Margherita a décidé de mettre en scène. Elle rédige à cette intention une biographie détaillée de la vie et des actes de Benito Mussolini, développant à loisir les hauts faits de son homme, qui devient sous sa plume une idole. Benito avait bien tenté, quelques années auparavant, d'écrire lui-même son autobiographie, profitant d'un séjour en prison. Le résultat fut peu convaincant, et il se rendit compte ainsi qu'à 28 ans, on a peu à raconter sur soi.

Margherita use de procédés novateurs. Le livre contient d'abord nombre d'images montrant Benito dans diverses situations : on le voit jeune, en uniforme fasciste, ou encore dompteur avec sa lionne, ou bien à cheval, saluant la foule. Benito ne sait pourtant pas tenir sur une monture, malgré les efforts quotidiens de son maître écuyer ; quant à sa lionne, après avoir vécu un temps dans son appartement, elle l'accueillait généralement toutes griffes dehors. Margherita a compris un point essentiel : au-delà de la qualité d'orateur de Benito, il a un corps, une présence physique magnétique. Il faut donc le montrer, tout le temps, partout, dans toutes les postures. On montre également des côtés inhabituels d'un chef politique, ouvrant la voie de l'intime : Margherita ne se prive pas de dépeindre les petites faiblesses de son amant, rendant le personnage touchant d'humanité, par ses colères homériques ou ses moments d'abattement.

La première édition paraît non pas en italien mais en anglais, à Londres. Car c'est d'abord au monde entier qu'elle a choisi de faire aimer Mussolini. Son plan de communication est efficace. Le livre est un énorme succès de librairie, on compte bientôt une vingtaine de traductions allant jusqu'au turc ou au japonais.

Margherita va être victime du succès de son idée : elle a réussi à donner de Benito, l'ancien détenu et éternel coureur de jupons, une image régénérée, celle d'un homme providentiel aux mœurs rangées. Dans ce tableau impeccable, la présence d'une maîtresse ainsi officialisée fait tache.

Les choses venaient de changer. Elle ne peut plus être désormais la favorite de son Duce. Le temps du concubinage au vu et au su de tous est révolu. Margherita n'est pourtant pas prête à renoncer à Benito. Ils devront être plus prudents, et les visites plus espacées. Quelques problèmes de logistique viennent à se présenter : « L'habitation du Duce de la rue Rasella ne se prêtait pas trop à recevoir des personnes discrètement. Alors la S. proposa au Duce de déménager villa Torlonia », nous révèle Ercole le chauffeur.

Elle se charge en personne d'en discuter les conditions avec le propriétaire des lieux, le prince Torlonia. Le loyer est fixé symboliquement à 50 centimes par mois. Margherita, qui a enfin donné un logis décent à Benito, décide à son tour de s'installer définitivement à Rome, espérant par cette nouvelle proximité géographique recréer l'intimité des années passées, échapper au délitement de leur histoire que la politique et certainement quelque lassitude imposent.

Elle s'installe via Nomentana. Elle fait apporter de Milan tout ce dont elle ne disposait pas dans son modeste pied-à-terre romain : ses tableaux, sa collection de livres rares, tous ses objets d'art, ainsi que son luxueux mobilier. Elle est ainsi à deux pas de la villa Torlonia dont elle pense pouvoir profiter du parc, avec ses écuries et son manège, ses bosquets, ses volières, ses lacs abritant cygnes et canards, ses terrains de tennis.

Les premiers temps de son installation à Rome, Margherita pense avoir retrouvé Benito : « Parfois, le soir, Mussolini allait chercher la S. chez elle, et ils allaient dîner ensemble à la Casina Valadier, ou se promener en voiture dans les rues de Rome. »

Cependant, cette configuration idyllique ne dure pas. Mussolini fait rapidement modifier sa demeure afin de réserver à son seul usage le corps principal. Il est distant. Jamais ils n'ont géographiquement été si proches, pourtant, désormais, la distance entre eux est incommensurable.

En juin 1934, le Duce rentre de Venise où il a rencontré Hitler. Elle revient des Etats-Unis, où elle a eu un entretien avec Roosevelt. Jusqu'alors, chaque fois qu'elle revenait d'un voyage, il l'assaillait de sa curiosité. « Mussolini était pour moi l'auditoire le plus attentif, le plus désireux de m'écouter […]. De plus, je pouvais être certaine de retrouver d'ici peu, repiquées dans un discours ou un de ses écrits, quelques-unes de mes observations, rehaussées et brillant comme des diamants », dit-elle.

Cette fois, un changement s'était opéré et il commence à ne plus écouter que lui-même et ses intuitions. Impatiente de relater à Benito son entretien à la Maison Blanche, elle trouve un homme muet et sourd : « J'attendis, mais il ne me posa aucune question. Alors, je me lançai. Ce fut peine perdue. Le travail d'Hitler faisait déjà son chemin. Lui qui avait su très froidement le juger, il était maintenant le premier à se laisser contaminer. Mussolini n'écoutait pas. Mais à peine avais-je dit quelques mots qu'il prit son chapeau et son agenda, comme pour se retirer. » Faisant mine de ne pas percevoir cet agacement, elle tente de le retenir : « Vous ne voulez donc rien entendre à propos de l'Amérique ? […] Roosevelt est au courant de beaucoup de choses sur l'Italie, il m'a dit, pour que je vous le transmette, une chose importante, au sujet de son vaste plan de redressement économique. Il propose que… » Ses propos l'ennuient, il l'interrompt brusquement et botte en touche : « Oui…, oui, très bien, mais il est tard. Il faut que je m'en aille. D'ailleurs, ça ne m'intéresse pas. L'Amérique n'a militairement aucune importance. Ni son armée, ni sa flotte ne valent un pépin ! » Elle ne reconnaît plus l'homme qu'elle aime. « Je me jetai, anéantie, sur le sofa de mon bureau, et je pleurai amèrement. [...] il avait tellement changé, il était tombé si bas, j'étais horrifiée [17]. »

La politique, qui les avait réunis, va maintenant les séparer tout à fait. L'attirance réciproque nourrie toutes ces années avait presque fait oublier que Margherita, avant d'être fasciste, était juive. Etranger à l'antisémitisme jusqu'aux années 1930, Mussolini se laisse finalement gagner par la mode venue d'Allemagne et de France, qui stigmatise ces ennemis de l'intérieur. Benito tranche dans le vif, sans ménagement d'affect : « J'ai pris des mesures pour me libérer d'elle. Je l'ai fait licencier du *Popolo d'Italia*, et de la direction de *Gerarchia*, avec les indemnités légales bien sûr », confie-t-il en 1938 à un collaborateur, quelques jours avant les premières mesures de persécution contre les Juifs. Après la création du Comité de la démographie et de la race, les Juifs naturalisés depuis 1919 sont privés de leur nationalité et expulsés. Quelques mois encore, et les Juifs italiens de souche seront exclus de l'enseignement, des académies, des fonctions publiques, et ne pourront pas posséder de biens immobiliers. Elle est chassée par l'homme qu'elle aime et qu'elle a éduqué intellectuellement et socialement, exclue des journaux qu'ils ont fondés ensemble, du fruit de leur relation. Elle est expropriée de leur histoire, plus rien ne lui appartient.

Quitter l'Italie. Voilà ce qu'il reste à Margherita, qui a perdu toute influence sur Benito et sera bientôt menacée par les lois antisémites. Mais elle ne peut partir sans offrir également une demeure décente au deuxième homme de sa vie, son fils, enterré à Stoccareddo dans une fosse commune. Margherita veut pour le héros un monument grandiose, dominant les monts alpins. Le tombeau se présente comme un massif bloc de pierre coupé en deux par un escalier en haut duquel figure une stèle commémorative à la mémoire du haut fait d'armes dans lequel Roberto Sarfatti laissa la vie à seulement 17 ans. Elle doit mener à bien cette mission avant de tirer un trait sur Benito et l'Italie. Le roi est présent le jour de l'exhumation du corps de Roberto, signe de soutien silencieux à Margherita, qui s'est muée par ce geste en opposante. Ayant montré la pureté de ses sentiments patriotiques, elle peut désormais prendre la route de l'exil après cet ultime geste de défi à l'égard du fascisme et de son chef. Elle ira jusqu'en Uruguay, puis en Argentine, pour l'oublier.

Restent pourtant les centaines de lettres échangées, témoignage de leur liaison. Dix ans plus tard, Margherita dit définitivement adieu à Mussolini en les vendant à un chirurgien esthétique, prenant soin auparavant de laisser une trace de rouge à lèvres sur l'enveloppe qui les contenait. La photographie paraît dans les journaux. Une femme feuillette le canard avec une jalousie usée. L'épouse de Mussolini. Car, depuis toujours, Benito est un mari et un père de famille.

## La femme et la poule, une fable mussolinienne

### Une longue nuit de fiançailles

« Je vous préviens, Rachele est encore mineure. Si vous ne la laissez pas tranquille, je déposerai une plainte, et vous irez en prison !

— Bien[18]. »

Automne 1909, en Romagne. Benito sort de la pièce feignant l'acceptation. La veuve Guidi pense avoir eu raison du prétendant obstiné de sa fille. Cette voisine de la maison du père de Benito avait dû se relever dans la nuit pour venir régler l'incident : Benito avait surpris Rachele au bal avec un autre homme et comptait en découdre. La jeune femme de 16 ans sert au bar du père Mussolini depuis quelque temps. Tout le monde veut être servi par la petite blonde. Benito ne l'entend pas ainsi.

Son patron, Alessandro Mussolini, lui a proposé de venir voir son fils qui tient un meeting. « Nous l'écouterons, puis je t'emmènerai danser », a-t-il dit. Rachele, qui connaît Benito depuis leur tout jeune âge, sait qu'il déteste qu'elle vienne le voir parler en public – « Je n'arrive plus à parler quand je sais que tu es là », s'était-il justifié. Qu'elle aille au bal, en plus ! Mais l'envie était trop grande. Pendant tout le discours, elle prend grand soin de ne pas se faire repérer par Benito. Rachele est fière et galvanisée par cette foule scandant le nom de celui qui la courtise en secret. Les mots font place à la musique, et elle se laisse entraîner dans une valse. Un jeune homme l'invite aussitôt. Catastrophe : « A peine avions-nous esquissé quelques pas que je tombai nez à nez avec Benito. Il me foudroya du regard. » D'un geste rageur, il l'arrache des bras de son cavalier, il la prend dans les siens, et lui fait finir la valse, d'une manière endiablée, « en me roulant de gros yeux ».

Benito n'est pas homme à en rester là. La provocation de Rachele a déchaîné sa passion ce soir-là. Il lui faut trancher la question une bonne fois pour toutes. Cela fait plusieurs mois qu'il fait sa cour à la jeune fille de paysan qui illumine le bistrot de son père. Il n'en peut plus de la voir sourire ainsi aux clients, offrant à leur regard « ses seins magnifiques ». Il l'a vue le premier. Après de vagues promesses de mariage et de tout aussi vagues refus, elle ne lui échappera plus, c'est décidé. Il a changé de méthode depuis quelques semaines, et est passé des séances de persuasion par le charme et la douceur aux menaces avec des tirades telles que : « Si tu ne veux pas de moi, je me jette sous un tram », ou mieux encore : « Si tu me repousses, je t'entraîne avec moi sous un tram. » La fin de soirée s'annonçait donc mouvementée.

Benito entraîne dehors celle qu'il estime être sa promise, et appelle un fiacre. Sur le chemin du retour, il ne lui adresse pas la parole. « Moi, je me faisais toute petite, dans mon coin, et lui ne cessait de me pincer le bras. »

Une fois à l'auberge, le grand numéro commence : Benito reproche aux parents d'avoir laissé leur fille aller au bal. Il ne veut écouter aucune explication. C'est devant cet entêtement brutal autant qu'incompréhensible que la veuve Guidi a haussé le ton et l'a mis en garde. Tous ont été étonnés de voir Benito se résigner si facilement. C'était mal le connaître.

Le forcené amoureux revient quelques instants plus tard, revolver au poing. Il n'a quitté la pièce que pour aller chercher l'arme de son père, qu'il brandit maintenant devant leurs yeux : « Alors moi aussi je vous préviens. Vous voyez ce revolver, madame Guidi. Il contient 6 balles. Si Rachele me repousse encore, il y aura une balle pour elle et 5 pour moi. A vous de choisir ! »

Ainsi va la méthode Mussolini : forcer le destin comme les femmes, sans écarter les moyens les plus brutaux. En deux minutes tout est décidé : l'indécise accepte de se fiancer. Elle semble même ravie de la tournure des événements : « Depuis l'âge de 10 ans, je crois que je devais être amoureuse de lui. Il me fallait tout simplement un petit coup de pouce pour surmonter mes hésitations. »

Petit coup de pouce, le braquage de sa famille à l'arme de poing par son soupirant ? Doit-on y voir une métaphore ? Rachele nous aurait-elle tout dit quant à ce qui la décida réellement à épouser Benito ? Voyons la version inédite que confia l'intéressé de l'événement à l'une de ses maîtresses, près de vingt ans plus tard : « Cette fille était à la maison : elle était en fleur, bien-portante, avec des seins magnifiques, belle. Paysanne mais belle. Je lui courais après, je la courtisais, elle me plaisait. Et un jour, je la jetai sur un fauteuil, et je la dépucelai… avec ma violence habituelle. Les choses continuèrent comme ça pendant un bout de temps, jusqu'à ce qu'un jour elle me dise : "Benito, je suis enceinte." "Eh bien, nous nous marierons [19]." »

La veuve Guidi n'a pas pu dire non, sur le coup, face au revolver. Dès le lendemain, ayant retrouvé ses esprits, elle prend soin d'« exiler » Rachele chez sa sœur Pina, dans un village à une dizaine de kilomètres de là. La tentative d'éloignement renforce plus encore la détermination de Benito. Chaque jour, il parcourt à bicyclette la distance qui le sépare de sa promise. Comme il convient, ils se prennent la main, échangent quelques baisers, mais Rachele remarque déjà que quelque chose cloche : « Nous étions loin des amoureux transis qui se regardent les yeux dans les yeux pendant des heures, ou qui se roulent dans l'herbe, comme je l'ai vu faire l'autre jour non loin de ma maison. »

Benito est frustré. Il décide rapidement de mettre un terme à la pantalonnade familiale, les kilomètres à vélo ne lui permettant pas de satisfaire ses ardeurs. Une fin d'après-midi de janvier 1910, arrivant anormalement tôt, il déclare à la sœur de sa fiancée sur un ton badin qu'il a trouvé un appartement pour eux deux. « Je veux qu'elle vienne vivre avec moi et qu'elle soit la mère de mes enfants. » La suite vous prémunit contre tout romantisme : « Dis-lui de se dépêcher car j'ai d'autres choses à faire… »

Pina fond en larmes. Rachele ramasse quelques affaires et suit son homme qui l'attend de pied ferme. Une paire de chaussures vieille de trois ans, deux mouchoirs, une chemise, un tablier et sept sous, la vie à deux commença ainsi.

Benito confiera par la suite qu'il n'avait séduit Rachele que parce qu'on avait essayé de l'en empêcher, et que « plus on veut t'empêcher, et plus tu insistes ». Les jeunes fiancés font ainsi le compte de ce qu'ils ont : rien.

Ils décident d'aller à l'hôtel, et de trouver de l'argent en route. Ils croiseront bien quelqu'un à qui en emprunter ! Ainsi, elle, débraillée, sans chapeau, et lui avec un pardessus court et clair, marchent vers Forli. Ils y trouvent un bon samaritain ainsi qu'une auberge. Ce fut la première nuit où ils dormirent ensemble. Enfin dormir, si l'on peut dire… « A un certain moment, il devait être 3 heures, ma femme me dit : "Benito, t'as pas l'impression qu'il y a quelque chose de bizarre dans ce lit ?" "Allume la lumière", je lui fais. Nous regardons et il y avait des punaises grandes comme ça. Elle hurlait après les punaises, moi je ne les avais pas de mon côté, mais je ne pouvais pas dormir à cause de ses cris. »

L'épreuve des parasites finit de décider ce couple à épouser la vie à deux. Pas question pour autant pour un militant socialiste engagé de respecter les conventions bourgeoises, en particulier celle du mariage. Leur couple sera une union libre, sans bénédiction ni contrat.

Leur première rencontre, déjà, avait donné le ton de leur relation : charnelle, brutale. Elève dans la classe de la mère de Benito, Rosa Maltoni, Rachele, à 11 ans, était une élève turbulente. Alors que sa maîtresse était malade, c'est son fils Benito, 18 ans, qui vint la remplacer. En train de faire on ne sait quelle bêtise, elle ne vit pas venir le coup de règle asséné sur ses doigts. « Partagée entre les larmes et la colère, je portai ma main à la bouche lorsque mon attention fut happée par deux yeux noirs immenses, profonds, desquels émanait une volonté telle que, sans comprendre ce que me disait l'instituteur, je me calmai sur-le-champ. » Par la suite, elle trouva un adjectif à ses yeux : ils étaient « phosphorescents ».

Pendant sept ans, l'écolière fut incapable d'oublier ce maître dont elle n'avait plus de nouvelles. En 1908, alors qu'elle travaillait dans une ferme près de Forli, une Gitane lui fit une prédiction sibylline : « Tu connaîtras les plus grands honneurs, tu seras l'égale de la reine. Puis tout s'écroulera sous tes pieds et des deuils te frapperont. » La Gitane lui mit une petite pierre dans la main, et ajouta : « Garde-la, mais donne-moi un sac de farine. » Rachele, aux anges, avait cédé sans réfléchir, et fut sévèrement punie par ses patrons qui goûtèrent peu le coût de ce présage. A peine quelques jours plus tard, en sortant de l'église, quelqu'un l'appela parmi la foule : Benito, le jeune instituteur. Portant moustache et petite barbe, un costume noir élimé, une lavallière et un chapeau également noir enfoncé sur la tête : « Je vis surtout ses yeux, encore plus grands, avec les mêmes lueurs qui les traversaient. » Pour l'orateur qu'il devait être plus tard, l'entrée en matière ne fut pas originale : « Bonjour Chiletta, tu as grandi. Tu es une demoiselle maintenant. »

Ces retrouvailles gênées marquent le début de leur relation. Les deux jeunes gens commencent à se fréquenter. Voici comment, un jour du printemps 1908, Benito proposa à Rachele de venir travailler à l'auberge paternelle. Elle lui répond laconiquement : « Je vais voir. » Elle se précipite dès le lendemain à l'auberge d'Alessandro Mussolini, qui l'engage.

La veille du départ de Benito pour Trente, en février 1909, le vin coule et les violons sanglotent dans le bistrot familial. Benito fait une étrange promesse à la jeune femme : « Demain je pars, mais à mon retour, vous deviendrez ma femme. Vous devez m'attendre. » Croyant à la plaisanterie, elle répond : « Et si vous ne reveniez pas ? » Il achève, sérieux : « Vous verrez que je reviendrai. » Ce n'était pas un projet, une hypothèse, une suggestion, mais une décision prise pour deux. Dans son esprit, tout est déjà réglé. Mais allez demander à une jeune fille de 16 ans d'attendre ! « Cause toujours, me suis-je dit, pour le moment, tu pars, on verra après ! » Et sitôt la tête sur l'oreiller, Rachele ne pensa plus à ces projets matrimoniaux.

Jusqu'au jour de la demande en mariage revolver au poing, l'année suivante. Une fois installés ensemble, elle comprend avec quel animal elle aura désormais à traiter chaque jour. Son fiancé est sans cesse fourré dans des réunions clandestines où les carabiniers chargent volontiers sabre à la main. Elle craint qu'il ne finisse un jour en charpie : « C'est ce que je crus une nuit. Je l'avais attendu jusqu'à l'aube. La tête dans les mains, je sanglotai, certaine qu'il était déjà en prison ou à la morgue. » La jeune femme entend alors un vacarme dans l'escalier. En tremblant elle ouvre la porte et découvre le spectacle : deux inconnus soutiennent Benito, livide, les yeux hagards. « Ne vous inquiétez pas, madame, ce n'est rien. Il a beaucoup parlé cette nuit, et sans s'en rendre compte, il a bu une quantité incroyable de verres de café et de cognac », lui déclarent-ils.

Après un bref soulagement mêlé de consternation, Rachele doit faire face à un fou furieux. « Il se mit à tout casser, hurlant comme un possédé. » Tout y passe : les meubles, le peu de vaisselle… jusqu'au miroir. Affolée, elle réveille une voisine, et elles appellent un médecin. Celui-ci les aide à l'attacher sur le lit, et petit à petit il se calme. Dégrisé, Mussolini eut peine à croire qu'une telle destruction fût son œuvre.

Penaud, il essuie la colère de sa fiancée : « Mets-toi bien une chose dans la tête. Je n'accepterai jamais d'avoir un alcoolique pour mari. J'ai déjà eu une tante qui buvait, quand j'étais gosse, et j'en ai assez souffert. Je sais que tu as de grandes qualités, et je suis même prête à passer sur les histoires de femmes, mais alors si tu reviens encore une seule fois dans cet état, je te tue. » Benito n'a pas le monopole de la menace. L'énergique paysanne sut éviter un destin à la Gervaise. A part quelques occasions mondaines où il dut tremper ses lèvres dans un verre de vin, Benito ne but plus jamais. Cette nuit-là était née la légendaire sobriété du Duce.

Les débuts de la vie à deux furent ainsi rocambo-lesques. Chassés par leurs familles et démunis, on suppose une intense passion amoureuse entre ces deux êtres maintenant soudés l'un à l'autre. A en croire Benito, la réalité était autre : « Avec elle, il n'y a presque jamais eu d'amour. Juste quelque chose de physique. Parce qu'elle était une belle fille, pulpeuse, bien faite et, comme on dit, un beau brin de fille. Juste des sens, seulement ça. Il n'y a jamais eu de compréhension ni de communication. »

Pour Benito, il ne s'agissait donc que d'une attraction physique, une passion qui aurait pu se consumer rapide-ment avec le temps. D'autant que Mussolini multiplie les aventures. Rachele est sevrée de tendresse. Il commence son ascension de journaliste avec à ses côtés une com-pagne conciliante qui ferme les yeux sur ses absences répétées et ses frasques de don Juan. Certaines maî-tresses sont pourtant bien plus encombrantes.

## La captive de Benito

Comme cette Ida Dalser, cette Autrichienne rencon-trée à Trente. Après une brève relation en 1909, elle avait ouvert à Milan un institut de massage baptisé « Salon oriental d'hygiène et de beauté de Mlle Ida ». Alors que la guerre est déjà commencée et que Mussolini est pris dans le tourbillon interventionniste, il découvre un amour pur et désintéressé, une véritable idolâtrie de la part de la jeune femme prête à tout pour le bonheur de son amant. Les murs de son appartement de la via Foscolo sont recouverts de photos de « Ben », et alors qu'elle l'accompagne dans ses déplacements, elle s'est jetée sur lui pour le protéger du poignard d'un militant socialiste qui l'accusait de trahir son ancienne cause. Lors d'un meeting, elle n'a trouvé d'autres moyens pour faire taire les mugissements d'un militant hostile que de lui asséner une paire de gifles retentissante. Mais le drame la conduisit bien plus loin. Lorsque Mussolini fonda *Il Popolo d'Italia*, son besoin de capitaux était pressant. Ida, aveuglée au point d'aller vendre ses bijoux, brada son salon de beauté et quitta son appartement pour une chambre à la petite semaine. En contrepartie, « Ben » promit qu'il viendrait bientôt vivre avec elle. Elle apprit alors que la place était déjà occupée. Elle décida de ne plus le voir et d'oublier ce beau parleur. « Je te prie ardemment de ne pas précipiter les choses, tu seras encore belle, heureuse, adorable. Tu sais comment vont les choses. Pourquoi ce découragement ? Pourquoi cette désespérance ? », lui écrit-il. Il dut appuyer ses paroles par des actes. Il lui trouva un petit appartement et lui faisait parvenir « un peu de mitraille » avec ses lettres. Mussolini vécut donc une quasi-double vie peu avant d'être appelé sous les drapeaux. Un enfant, Benito Albino, naquit alors qu'il se battait dans les Alpes. Lorsqu'il fut hospitalisé pour un accès de typhus, Ida se rendit à son chevet et lui présenta le bébé qu'elle lui demanda de reconnaître, lui rappelant au passage quelque chose qu'il avait sûrement oublié : sa promesse de l'épouser au retour de la guerre. Les deux vies devenaient inconciliables, mettant Benito face à un choix. Epouser la groupie autrichienne, ou l'écarter en épousant enfin Rachele. Mussolini demanda conseil à une troisième maîtresse… Margherita Sarfatti, rencontrée en 1912 et devenue sa collaboratrice.

Elle le poussa à choisir la fidèle paysanne de son village, voyant en celle-ci, qu'elle jugeait « ignorante et grossière », tout sauf une rivale.

L'hôpital militaire de Treviglio vit donc le 16 décembre 1915 la célébration officielle du mariage civil entre Rachele Guidi et Benito Mussolini. Hystérique, Ida porta l'affaire devant les tribunaux. Elle exigea du géniteur de Benito Albino de reconnaître l'enfant, ce qu'il fit devant un notaire milanais un mois plus tard. La fureur d'Ida était inextinguible. Elle commença à se faire passer pour Mme Mussolini auprès des autorités, ce qui lui permit de toucher une maigre allocation de la mairie de Milan. Démobilisé, Benito dut subir à nouveau les assauts de la femme bafouée. Un nouveau procès le condamna à une pension mensuelle de 200 lires. Il eut la surprise de l'entendre un soir depuis la fenêtre de son bureau au journal. Ida était là, son bébé dans les bras, et l'insultait copieusement. Excédé, Mussolini choisit, à son habitude, la manière forte. Il sortit sur le balcon, un pistolet à la main, la menaçant. Il fut immédiatement maîtrisé par ses collaborateurs. Ida fut conduite au commissariat. On tenta de lui ôter l'envie de récidiver au moyen d'un long et pénible interrogatoire. Elle ne lâchait toujours pas prise, et Mussolini ne parvint pas à la faire cesser. Jusqu'à son accession au pouvoir du moins. Il s'arrangea alors pour obtenir de la part d'un médecin consentant un diagnostic la déclarant démente, et elle fut enfermée dans un hospice à Venise. Elle ne retrouvera jamais la liberté, et mourra comme captive de Benito en 1937, après avoir gravé le nom de son ancien amant sur les murs. L'enfant fut placé en institution, et son adoption fut accélérée, afin de le priver au plus vite de son illustre patronyme. Envoyé en Chine pendant la guerre, il ne survécut aux combats que pour atterrir lui aussi dans un asile où il mourra en 1942.

Rachele a gagné la bataille : elle possède, officiellement, le cœur de Benito. Pourtant, une fois débarrassée d'Ida, il y a toujours Margherita Sarfatti. Rachele doit faire face aux rumeurs les plus nauséabondes lancées par l'aristocrate vénitienne. Sûrement déçue après son veuvage de ne pas concrétiser sa relation de longue date avec Benito, Margherita tenta d'atteindre Rachele. Elle mit perfidement en doute la sincérité de l'attachement réciproque du mari et de l'épouse en affirmant que Rachele n'était autre que la demi-sœur du Duce. Afin d'étayer le ragot,

elle affirmait l'avoir entendu déclarer mystérieusement :
« Les liens du sang renforcent celui du mariage. »

Ce ne sont pas en tout cas ceux de la paternité qui resserrent le mariage entre Rachele et Benito. Elle vit à Milan, seule avec ses enfants, tandis qu'il hante les rues et les palais de Rome. Il y a bien des années que Benito ne fait plus cas d'elle que pour les cérémonies officielles et son image de bon père de famille relayée par la propagande. Elle n'est bientôt plus qu'une femelle à ses yeux.

Dès la naissance de leur troisième enfant, en 1918, une aigreur certaine perce dans leurs rapports. Frustré de ne pas avoir assisté au précédent accouchement, il met en garde sa femme avant de s'absenter pour la journée, la menaçant du regard : « J'espère que tu ne vas pas profiter de mon absence pour mettre au monde le petit. J'en ai assez d'être le dernier informé de la naissance de mes enfants. » De retour le soir même dans les locaux du *Popolo d'Italia*, l'administrateur l'accueille avec un grand sourire. C'est un garçon, Rachele se porte bien. Mais elle doit subir la colère du futur guide : Benito saute dans un taxi, grimpe l'escalier à toute vitesse, et avant même de regarder le bébé lui dit sévèrement : « Je t'avais dit de m'attendre, pourquoi ne l'as-tu pas fait ? »

Les choses vont aller de mal en pis. Une dizaine d'années plus tard, en 1929, pour la naissance de leur dernier enfant, les époux jouent à un drôle de jeu vexatoire, celui du « rira bien qui rira le dernier ». Rachele compte mettre Benito face à son absence, sa défection lors de sa grossesse. « Je lui avais dit que l'accouchement était prévu pour plus tard que la date réelle. » Ainsi, sans le gynécologue ni la sage-femme, Rachele fait le travail toute seule, puis appelle Benito à Rome :

« Elle est née, lui dit-elle tranquillement.

— Qui ?

— Eh bien, la petite.

— Quelle petite ?

— La nôtre. Maintenant trouve le nom. »

Un dialogue plein de tendresse et d'émotion… Rachele, qui pensait avoir joué un bon tour à son mari, subit la riposte le lendemain : « J'ouvris les journaux, et appris que j'avais donné naissance à une petite Anna-Maria. Benito m'avait eue à son tour, mais cela me fit plaisir : Anna-Maria était le prénom de ma mère… »

Cette dernière attention ne doit pas nous tromper. Son désintérêt pour elle est total. Rachele n'est pas dupe : « Les conquêtes féminines de mon mari, c'était mon problème. Je reconnais que trois d'entre elles m'ont fait du mal : Ida Dalser, Margherita Sarfatti et Clara Petacci. » On connaît le destin des deux premières. Benito Mussolini arrive au pouvoir menant double vie, d'un côté avec Rachele Guidi, son épouse, de l'autre avec Margherita Sarfatti, la belle et intellectuelle Vénitienne. Une troisième femme va bientôt venir compliquer cet équilibre fragile.

## La fille de la mer

Le 24 avril 1932, Benito prend le volant de son Alfa Romeo décapotable depuis Rome, en direction de la mer. Il est au niveau d'Ostie quand il est rattrapé par une Lancia Imperia immatriculée au Vatican. Elle appartient à la famille Petacci. A son bord, Claretta et son fiancé, Ricardo Federicci, la petite Myriam et la mère. Mussolini est dissimulé derrière de grosses lunettes de soleil et un blouson sport, mais la jeune femme de 20 ans le reconnaît. « C'est le Duce !!! » crie-t-elle, le saluant de son chapeau avec fougue. Elle ordonne au chauffeur de suivre la voiture du Duce. S'engage alors une course-poursuite. Mussolini s'arrête finalement au rond-point d'Ostie ; cette fille tout excitée l'intrigue. Clara descend, les jambes tremblantes.

« Pardonnez-moi, Duce, je suis Clara Petacci. Et voici mon fiancé… » Elle rougit. Lui l'étudie en silence, l'ausculte. La nature a été généreuse avec la jeune femme : courbes avantageuses, visage clair, yeux mélancoliques et surtout une poitrine opulente. Sa simple robe blanche légère, accompagnée d'un large chapeau de paille florentin, lui donne un air angélique.

Il feint le détachement et répète en la fixant dans les yeux : « Clara Petacci… hein ? » Elle enchaîne : « Duce, je vous ai envoyé des poèmes il y a quelque temps », d'une voix d'un coup plus assurée. « Des poèmes… hein ? Je pense m'en souvenir. Il y avait beaucoup d'âme dans vos vers, beaucoup de sentiments[20]. » Il lui ment, avant de s'excuser. Il doit reprendre la route, il est attendu. « Duce, ç'a été une telle joie de vous voir… » Tandis qu'elle veut prendre congé, sa robe s'accroche à une branche. Il l'aide à se libérer. L'attraction est immédiate. Elle a 20 ans, il en a 49, mais elle l'a rajeuni en un regard. Cette fille est spéciale.

Le soir, à la table des Petacci, Claretta ne peut trouver d'autre sujet de conversation : « Quel homme ! Quels yeux ! Une chance comme celle-là, ça arrive rarement dans la vie… » Depuis plusieurs années, elle dort avec la photo de Benito sous l'oreiller.

Le lendemain, tandis qu'elle peint une marine dédiée à son Duce, les archivistes du Palais Venezia sont mis à contribution. En guise de poésie, on trouve un paquet de lettres ampoulées et enflammées. Sur l'une de celles qu'il avait lues au hasard, Mussolini avait laissé la mention : « Mais qui est cette folle ? » L'attraction ce jour a pourtant été plus forte : le 26, dans l'après-midi, Benito téléphone à la maison familiale des Petacci.

« La demoiselle est là ? demande-t-il.

— Quelle demoiselle ? répond Myriam, 9 ans.

— La demoiselle Clara.

— Qui la demande ?

— Dites-lui que c'est le monsieur d'Ostie. »

Alors qu'elle prend le combiné, il glisse simplement « Palais Venezia. A 19 heures. » Une invitation qui sonne comme un ordre.

Le jour de la naissance de Clara Petacci, le 28 février 1912, le socialiste révolutionnaire Benito Mussolini, âgé de 29 ans, était détenu dans la prison de Forli. Elle naît dans une famille bourgeoise et respectable du quartier du Lungotevere, à Rome. Le père est médecin personnel de Pie XI au Vatican, ce qui leur donne un statut très privilégié en ce début de siècle. Hypocondriaque, Clara craint les maladies et la douleur physique autant que le Duce. Elle est boulimique de chocolat, qui constitue presque son seul aliment, au grand désespoir de sa mère. Elève peu studieuse et sans volonté, elle aime plutôt la musique, violon et piano, qui entretiennent son caractère évaporé. Elle adore Leopardi et Chopin. Toute petite, elle décore les tartes que fait sa mère avec le mot « Dux » écrit dessus.

Bientôt 19 heures, le 29 avril 1932. Clara, le cœur serré, s'approche du Palais Venezia. Il l'attend dans la salle de la Mappemonde avec en tête mille questions sur sa passion pour la peinture, la littérature et la musique. Il lui confesse solennellement un amour pour Pétrarque et Leopardi. En bas, maman se ronge les sangs dans la voiture. La rencontre reste platonique, comme beaucoup d'autres par la suite. Pendant plusieurs mois, ces tête-à-tête sont l'occasion de confidences intimes. « Sens-tu le printemps ? Moi je le ressens très fort, dans cette ville où, malgré tout, je vis seul et sans un ami », se plaint-il. Il lui parle encore de la fuite inexorable du temps, de son père décédé. Il l'appelle « *Piccola* », « petite » ou « gamine », la traite avec délicatesse et respect, fait sans précédent chez ce prédateur.

Une sorte de liturgie s'installe entre eux, dans un

jeu de séduction non équivoque : tous les jours, elle lui envoie des billets enflammés.

22 février 1933 : « J'ai rêvé de vous, et dans mes membres engourdis, est passé un souffle de vie et de beauté. Vous me parlez en rêve, et votre voix a la douceur d'une mélodie, et votre sourire, la chaude caresse du soleil... ne m'en voulez pas, je pense à vous... je vous désire. »

Elle lui promet d'attendre son coup de fil tous les jours chez elle, entre 17 et 18 heures. Mussolini prend la chose à la lettre :

« Ah, vous êtes là ? Bien ! Je vous ai téléphoné pour voir si vraiment vous attendiez toujours entre 17 et 18 heures, comme vous l'aviez dit.

— Vous voyez que je suis là, et que je suis toujours là entre 5 et 6. Pourquoi ne m'avez-vous pas crue ?

— Il ne faut jamais croire personne. On ne sait jamais.

— Vilain !

— Ah !... Donc, je crois qu'on peut se voir cette semaine. »

Dès le lendemain, elle vient le retrouver au Palais Venezia. Après quelques salutations anodines, il lui demande :

« Comment va ton fiancé ?

— Ces choses-là dépendent de Votre Excellence.

— De moi ? Non ! Tu sais déjà que c'est impossible. »

Benito continue d'appeler tous les jours à la maison Petacci. Il se défend pourtant de toute implication sentimentale avec la jeune femme.

« Pourquoi tu es venue ? C'est absurde. Vous êtes ridicule.

— Mais... vous m'aviez promis dans la semaine. Et puis, rien. Pourquoi ? C'est une torture, vous savez.

— Mais qu'est-ce que vous venez faire ? Moi je suis vieux, et toi une gamine.

— Et si j'étais mariée ?

— Alors, ce serait différent.

— Alors, mariez-moi ! » lui lance-t-elle, pensant qu'il s'insurgera contre cette perte. Il accepte pourtant.

« Vous pleurez, maintenant vous pleurez ! Pourquoi vous pleurez ? Vous êtes vraiment bizarre. Pourquoi tu pleures ? Qu'est-ce que tu as, tu m'aimes ou quoi ? Qu'est-ce que tu trouves chez moi ? Dis-moi, qu'est-ce que tu trouves en moi ? Moi, je ne sais pas. Tu es folle, ou tu dois être stupide. […] Si j'étais un jeune homme, si j'étais libre. […] Au contraire, je suis un esclave. »

Clara épouse donc son fiancé, Ricardo Federicci le 27 juin 1934, à l'église San Marco, juste en face du Palais Venezia. Mussolini n'est pas là, mais obsède l'esprit de la jeune mariée. Lui non plus n'a pas oublié la jeune fille du bord de mer. Les noces sont luxueuses, mais la lune de miel amère, Clara et Ricardo ne s'entendent pas. Après la séparation, à peine deux ans plus tard, Benito fait convoquer la mère de Clara au Palais, en octobre 1936. Il la reçoit en uniforme de caporal de la milice, pour lui faire une demande bien formelle : « Madame, me permettez-vous d'aimer votre fille ? » Depuis sa première demande à la mère de Rachele, il a appris à apprivoiser les belles-mères.

Il s'était pourtant passé du consentement maternel pour nouer des relations plus intimes avec la jeune femme. Quelques mois auparavant, le 6 mai 1936, Benito n'a pas conquis que l'Ethiopie, il a aussi fait de Clara sa maîtresse.

## L'amour fou

L'hypocondriaque Claretta commence ainsi sa journée : « Mama ! Qu'est-ce que je vais mettre[21] ? » Comme à son habitude, elle traîne au lit, prend son petit déjeuner, se maquille avec soin dans sa salle de bains élégante, ne lésinant ni sur le blush ni sur le rimmel, se vernit soigneusement les ongles et s'ébouriffe savamment les cheveux. Enfin prête pour le premier des douze appels quotidiens du Duce, elle fume sa première cigarette et s'étend sur le canapé, dans l'attente. Elle s'est fait installer juste à côté un petit téléphone rose au très long fil, qui est réservé aux communications avec « lui ». « Sa vie a été une longue attente », dira sa mère. Entre eux naît une forte intimité psychologique et physique. Mussolini a mis à sa disposition au Palais Venezia l'appartement Cybo, avec la chambre du Zodiaque, dont le plafond voûté est peint entièrement en couleur ciel, décoré des symboles en or des douze constellations.

Clara l'attend là, ponctuelle, à 15 heures, chaque après-midi, arrivant à bord d'un side-car rouge que les gardes appellent « la motocyclette de l'amour ». Elle laisse ici ses dessins, ses disques, ses miroirs. Elle a transféré son petit univers étriqué dans l'alcôve de Benito. Il finit toujours par arriver, vers les 7 ou 8 heures, parfois 9. Il est affamé d'elle et ils s'unissent intensément jusqu'à ce que la nuit tombe. « Ma consolation consistait à pouvoir défaire les rides de l'inquiétude sur son front. » Mais le plaisir est bref ; Benito est rattrapé par le temps. Il doit rentrer à la villa Torlonia, où Rachele l'attend de pied ferme.

A 10 heures, elle est chez elle, dîne rapidement, met à jour son journal, attend son dernier coup de fil.

Début 1937, l'agenda amoureux du Duce, tenu par Clara, est extrêmement chargé. Pour le mois de janvier, l'emploi du temps est limité : « 20 : tu es venu à 3 heures, et tu m'as voulue avec toi… Nous sommes restés ensemble jusqu'à 6 h 21 : nous sommes restés ensemble matin et après-midi. 22 : seulement le matin. A 2 heures tu es parti pour Rome. 23, soir : je t'ai vu à l'opéra. Tu étais beau mon amour. 24 : je suis venue chez toi, nous avons fait l'amour. […] 27 : nous faisons l'amour pour la première fois chez moi. Je n'oublierai jamais ton émotion. Tu me dis que tu es ému comme un jeune homme. »

Pourtant, dès le début de la relation, Clara pressent qu'elle n'est pas la seule en jeu et qu'elle aura fort à faire avec les autres courtisanes du Duce.

Son épouse est venue le rejoindre à Rome, pour mettre un frein à sa vie de célibataire. Les rapports, déjà distendus à la fin des années 1920, sont maintenant glaciaux. Rachele l'aurait trompé. C'est ce que Benito confie à Clara : « Bien sûr qu'elle a tout nié. Je lui ai pardonné, pour les enfants, pour ne pas faire de scandale. J'ai voulu la croire. Mais depuis lors je l'ai détestée, comme je la déteste en ce moment. Les années 23 à 27, ma femme ne peut les regarder sans rougir, ni éprouver un profond dégoût d'elle-même. Rien que d'en parler, ça me réveille l'ulcère. » Bien étrange confession faite à sa maîtresse. « Ma femme ne m'a jamais considéré comme un grand homme, n'a jamais pris part à ma vie. Elle s'est désintéressée de moi complètement en tout. Oui, elle m'a trahi, inutile de mentir. Tout le monde le savait. On ne fait pas dormir un homme dans sa maison, quand il n'y a pas de raison. »

L'homme en question, Corrado Valori, servait alors d'administrateur et d'aide aux enfants. Mussolini pense tenir la preuve du méfait : « Je te raconte un des épisodes. A Noël, nous étions assis à table. Toute la famille, et il y avait aussi ma sœur Edwige. Je ne sais comment, à un moment, un des enfants prononce le nom de ce monsieur, Corrado Valori. […] Ma femme devint rouge, tellement rouge que cela embarrassa tout le monde. »

Le chauffeur de Mussolini, Ercole Borrato, nous confirme les soupçons de ce mari meurtri. Il se rend bien vite compte que dans cette maison, même la compagne légitime de Mussolini n'est pas très fidèle aux rapports conjugaux, rendant la monnaie de sa pièce, évidemment, à son mari : « J'en eus la preuve un jour alors que, parti à l'improviste de Rome en voiture, nous arrivâmes à la villa Carpena – la maison de Mussolini près de Milan – vers minuit. Je n'avais pas compris le motif de ce départ intempestif, mais j'en eus l'explication le lendemain, par une des bonnes bien informée. Elle me confia que peu de minutes avant notre arrivée, un mystérieux coup de fil avertit Donna Rachele que son mari se dirigeait vers la villa, donnant à un certain V. le temps de s'échapper et d'éviter une désagréable rencontre. » L'amant n'arrangea pas ses affaires, puisqu'on découvrit qu'en même temps que lui avait disparu le fusil de chasse du Duce. Ce dernier le chercha désespérément partout, sans se douter que Donna Rachele l'avait intentionnellement donné à son cher ami.

De cette passion des sens, qui au moins l'unissait à Rachele, il ne restait à présent que de l'aversion, un dégoût physique. Poussant la confidence jusqu'à la perversion, il donne tous les détails à Clara : « J'ai été avec ma femme jusqu'à neuf heures moins le quart. Et je te dirais que j'en avais un vague désir. Mais quand je suis allé vers elle je l'ai trouvée… tu ne devines pas ?… dans son bain, et alors là, tout est tombé. Plus rien ! Fini. Ça m'a passé l'envie. »

Mussolini semble pourtant souffrir de la dissolution de leurs liens et du désintérêt de Rachele. Il voudrait être le seul à la mal aimer, et c'est encore à la compatissante Clara qu'il s'en plaint : « Elle reste même indifférente quand je la prends, tu sais, sept ou huit fois l'an. Je crois qu'elle n'éprouve plus rien avec moi, ou presque. Tout désir sexuel est éteint, au moins avec moi. Ça me fait penser à ce couple qui, tandis que lui la prenait, elle, lisait *Vogue*. Elle se mettait assise sur un fauteuil, pendant que lui à genoux, etc., et elle, elle lisait une revue. Une chose dégoûtante. Sauf que ma femme, elle, ne sait pas lire. »

Soudain un éclair de lucidité, bien vite réprimé :

« Bien sûr, je me suis très mal conduit envers elle. J'ai eu des enfants hors mariage, des amantes. Mais j'ai des circonstances atténuantes. Au fond, un homme comme moi, avec tant d'occasions… Comment suivre une ligne droite ? Tous les hommes trahissent leur femme, même les fils de barbier. Tous sans une justification. Moi, au moins, la justification, je l'ai. »

L'année 1937 est pourtant entre Clara et Benito une saison d'amour idyllique qui les porte jusqu'à l'été. Clara confie minutieusement chacun de leurs faits et gestes à son journal intime : « Nous allons manger. De temps en temps, il me caresse, m'embrasse, puis il se lève et crie : "J'aime Clara." Puis plus fort : "Moi, j'aime Clara. Tu m'entends, mon amour ? Je t'aime. […] Tu ne voudrais quand même pas faire l'amour une fois par semaine, comme les bons bourgeois, alors que je t'ai habituée, et je suis habitué, à des relations plus fréquentes. J'espère que tu ne veux pas changer le rythme des choses." On parle encore un peu, et on finit par faire l'amour follement. Nous faisons une petite promenade avant qu'il ne s'en aille, et à 4 h 20 il part, après que je l'ai, comme d'habitude, aidé à s'habiller. » Mussolini rappelle toutes les deux heures, jusqu'à ce qu'il aille se coucher.

Il lui confie : « Tu es la dernière page de mon cœur, tu clos divinement ma carrière amoureuse. » Elle arrive à extorquer quelques concessions : lui faire boire du thé, qu'il déteste, et lui faire mettre des fleurs sur la table, ce qu'il déteste encore plus. Des modifications insignifiantes de son environnement pour lui, mais la marque concrète du terrain gagné pour celle qu'il appelle « mon beau printemps ».

Les dialogues entre les deux tourtereaux sont parfois dignes des films de Roger Vadim. Il lui demande : « Tu l'aimes, mon corps ? On m'a dit que c'était un des plus beaux d'Italie. » « Qui l'a dit ? » lui fait-elle. Lui répond : « Un homme sur la plage m'a dit : "Mussolini, tu as le torse le plus parfait de la plage", et moi je lui ai répondu "non, d'Italie". Mais mes jambes tordues gâchent le tout. Cette c… de Margherita disait qu'elles étaient moches. »

Au milieu de tant de femmes d'un instant, il a trouvé une femme spéciale, à la fois consolatrice et confidente. Clara nous livre les seuls témoignages de tendresse que l'on connaisse de Mussolini : « Il me regarde, puis il pose sa bouche sur mon cou, sa tête sur mon épaule, il ferme les yeux. »

La tendresse, oui. Mais la fidélité, ça non ! Il lui dit :

« Tu finiras par m'aimer encore plus, tu deviendras folle de moi, si bien que quand nous vivrons ensemble, je serai tellement sûr de toi et de ton amour que je te tromperai.

— Non, tu ne me trahiras pas, dis-moi que tu ne le feras pas.

— C'est vrai, ça n'en vaut pas la peine. Et toi, tu ne me trahiras jamais, n'est-ce pas ? Je ne sais pas combien de femmes m'ont vraiment aimé. Maintenant, avec du recul, je vois que de l'amour, je n'en ai reçu d'aucune. »

Clara est une femme qui sait faire taire son propre égoïsme pour capter son besoin de tendresse. Elle a su voir ce que Benito cache le mieux au monde, sa solitude. « C'était un homme profondément seul, sans amis, ennuyé par ses courtisans. J'ai essayé de regarder en lui, à la recherche de tout ce que la vie lui avait toujours refusé… Je vis en lui une solitude désespérée, l'amertume terrible de vivre entre des murs opaques[22]. »

Alors que Mussolini est à l'apogée de sa popularité et de son pouvoir, Clara a l'impression de partager l'intimité d'un géant. Nous sommes en octobre 1937, au moment de l'anniversaire de la marche sur Rome. Clara trouve Benito galvanisé par la présence de la plèbe qui se masse devant le palais, plus sûr de lui que jamais. Il lui fait voir une photographie prise par un Américain :

« Regarde. Quelle mâchoire forte, volontaire ! Je comprends qu'une femme puisse tomber amoureuse d'un homme comme ça, qu'elle puisse dormir avec une photo de moi sous son oreiller, comme tu le fais. Ce n'est pas de la vanité si je dis que c'est vraiment beau. Regarde ce nez, cette bouche. Dis-moi, une femme peut tomber amoureuse d'un homme comme ça ? »

Clara s'exécute : « Mais moi je t'aime.

— Non pas toi, une femme.

— Moi je t'aime, et je crois qu'elles pourraient t'aimer.

— Cache-toi dans le coin, je me mets à la fenêtre. »

Il appelle Quinto Navarra, son majordome, qui ouvre la fenêtre. Les cris deviennent frénétiques, jusqu'au délire. Les chapeaux et les mouchoirs volent, les visages s'illuminent. Quand il rentre à l'intérieur, il est apaisé. Clara tremble. La ferveur de la foule l'ébranle jusqu'au tréfonds de son être, elle est prise d'un vertige. Jamais elle n'avait pris conscience d'être avec l'homme le plus puissant d'Italie, peut-être même d'Europe : « Viens sur ma poitrine puissante, serre-toi contre ton géant, mon petit et grand amour. […] Je suis ton aigle, qui te couvre de sa grande aile et qui te protège. »

Mais les déclarations et les mots ne lui suffisent pas pour prouver son amour. Pour Benito, la preuve d'amour réside ailleurs : « Mais tu penses à moi tout le temps ? Chaque heure, chaque instant ? Et aussi quand tu fais pipi ? » Mussolini semble voir un rapport dialectique entre l'amour et l'urine : « En dehors de la politique, je dois être guidé en tout, et pour tout. J'ai besoin d'une femme qui me dise "maintenant mange, couvre-toi, bois ça, va faire pipi". Parce que sinon, je garde le pipi jusqu'à deux ou trois heures, et j'oublie d'y aller. » Pour le Duce du fascisme, c'est là où on ne peut pas aller à sa place qu'il faut l'accompagner : « Je ne fais que penser à toi. Par exemple, si la nuit je me réveille et que je descends faire pipi, et que parfois, tellement assommé, je fais par terre, il me vient à l'esprit : "Si elle était là et qu'elle faisait avec moi, ça ne serait pas mignon ?" »

Pour Clara, la vraie preuve d'amour serait la fidélité. Mussolini l'a prévenue depuis le début de ses habitudes volages : « Combien j'en ai pris ? Les premiers temps que j'étais à Rome, c'était un vivier continu de femmes à l'hôtel. J'en prenais quatre par jour. » Le 12 mai 1938, lorsque Clara arrive au palais, elle trouve une ceinture de femme marron. Pas de commentaires, de cris, ni de questions, elle se contente de le regarder fixement dans les yeux. Benito tente de se justifier en mentant maladroitement : « Je ne sais pas du tout ce que ça peut être. Quelqu'un a dû la mettre là exprès. » Devant l'insistance de ce regard qui ne vacille pas, il se ravise. « Si tu n'avais pas tant souffert pour moi, je n'aurais pas réussi à être seulement tien. L'idée d'appartenir à une seule femme était inconcevable. Il y a même une période où j'avais 14 maîtresses, et je les prenais l'une après l'autre. [...] Ça te donne une idée de ma sexualité. Je n'en aimais aucune, je les prenais juste pour le plaisir. Si tu n'avais pas été si coriace et que tu n'aies pas tant supporté, peut-être tu prendrais encore ton tour comme avant, même si je t'aimais. »

Son amour inconditionnel a su infléchir le vieux lion. Clara a tout ce qu'elle désire. Le bonheur et l'amour exclusif du Duce semblent proches. Mais les fantômes de Benito la rattrapent. « Je suis double, lui a-t-il dit un jour, et le numéro deux est mauvais. » Jaloux et posses- sif, il lui fait subir des interrogatoires, mais ne lui tire que des larmes. Son amour est avant tout une violence, à vivre comme à subir. « Je t'aime follement... et je voudrais te dévaster, te faire mal, être brutal avec toi. Pourquoi mon amour se manifeste-t-il avec cette vio- lence ? J'ai un besoin de t'écraser, de te mettre en pièces, une impulsion violente. Je suis un animal sauvage. »

« Tu as des petites pattes de lion », le rassure-t-elle. « Pense à moi, à ton lion, à ton loup », surenchérit-il, flatté d'être le roi des animaux, en plus des hommes. Un après-midi, juste après avoir fait l'amour, il se laisse aller à glorifier la puissance dont il vient de l'honorer : « Le taureau est un animal effrayant. Le spectacle de son coït est à voir pour se faire une idée de la nature… Il s'approche de la vache, lui saute dessus avec ses pattes antérieures et lui plante un engin presque long comme un bras. En quelques secondes, tout est fini. […] Il redescend tout de suite, penaud comme si on l'avait battu. »

Jaloux, destructeur, Mussolini est surtout un menteur professionnel. Entre sa femme, Rachele, sa favorite, Clara, et quelques régulières occasionnelles, Mussolini doit redoubler d'ingéniosité pour concilier ses vies privées parallèles. Un cache-cache quotidien se joue dans les rues de Rome pour éviter que ses femmes ne se croisent et ne se crêpent le chignon.

Depuis quelque temps, Rachele mène une campagne de représailles à la Casa Mussolini. « Il y a cinq ans, j'avais une ligne privée à la maison. Et une fois que j'appelais tranquillement, je sentis une main se poser sur mon épaule, et ma femme me dit : "Arrête de téléphoner à cette p… de Sarfatti. A cette heure-là, elle aura envie de dormir." […] Et ainsi, elle m'enleva le téléphone privé. »

Une fois la Sarfatti hors jeu, c'est contre les appels nocturnes à la Petacci que Rachele veille. « Hier soir, je croyais qu'elle était au lit, et j'étais sur le point de te téléphoner, lorsqu'elle est arrivée à l'improviste dans la chambre. Elle était en peignoir rose, et moi, par chance, je n'avais l'air de rien, je lisais les journaux. […] Je me suis levé, et me suis mis en peignoir et comme ça elle est partie. J'ai entendu un grand bruit d'eau dans la salle de bains. "Qu'est-ce que tu fais, tu prends un bain ?"

lui ai-je fait. "Non, je ne peux pas, j'ai mes…" "Ah, d'accord. Ciao Ciao." J'ai attendu qu'elle aille au lit et je t'ai appelée. J'avais une peur terrible. Si elle s'en était rendu compte, elle m'aurait encore retiré le téléphone. »

Les scènes sont parfois rocambolesques, du vaudeville. Une fois encore, son chauffeur en est le témoin privilégié : « Un jour que le Duce est en compagnie de cette fameuse Claretta, arrive le chauffeur d'une haute personnalité, la princesse de S., qui désirait être reçue par Mussolini et me pria de l'annoncer. Mussolini l'accueillit immédiatement et fit cacher Clara et toutes ses affaires personnelles dans le cabinet de douche. L'entretien dura presque deux heures et je laisse imaginer dans quel état Claretta sortit de sa cachette, exposée en plein soleil pendant tout ce temps. Elle était trempée de sueur. […] La princesse revint très souvent visiter le Duce et je compris que ces visites avaient un caractère intime. Elle arrivait en manteau, qu'elle ôtait immédiatement pour rester en maillot de bain. »

Mais la vraie ennemie intime de Clara, c'est celle dont elle ne se méfie pas, sa propre sœur, encore mineure. Elle confie ses doutes à son journal intime : « Mimi était là, lui s'arrête pour lui parler et la regarde avec un air différent, de mâle, comme jamais avant. Je suis un peu perplexe. Reprenant la promenade, il a un drôle de comportement, d'un homme qui pense plaire et avoir qui il veut. Son sourire se fait malicieux. Puis, se doutant que j'ai compris, il se met à galoper, sautant des petits fossés. »

Les inquiétudes de Clara sont fondées. Le chauffeur a remarqué le manège : « Les soirs où Clara se sentait indisposée, c'était Myriam qui égayait les heures nocturnes de Mussolini. Et, comme m'en référait la propriétaire de l'hôtel, elle sortait le matin avant l'aube, se substituant ainsi à sa sœur. »

Septembre 1938 marque l'automne de ces deux années de passion de chaque instant. Jusque-là aveugle et sourde à toute considération politique, Clara se trouve confrontée à un changement intime de son amant : sa volte-face contre les Juifs. Très impressionné par Hitler, Mussolini développe les lois antijuives. « Avec la Sarfatti [...] même la seconde fois, je n'y suis pas arrivé. Je ne pouvais pas à cause de l'odeur, l'odeur dégoûtante qu'ils ont sur eux. [...] Ils profitent de nous, nous détestent, ils sont sans patrie et sans Dieu. Aujourd'hui ils sont polonais, demain turcs, ou français. Ils sont où bon leur chante, et ils te pressent. C'est une race maudite. [...] Je ne leur ferai aucun mal, mais ils doivent vivre séparés de nous, comme des étrangers. »

A peine un mois plus tard, pourtant, le ton a changé. « Ah ! Ces Juifs ! Je les détruirai tous. [...] Ce sont de vrais porcs... je les tuerai tous, tous », confie-t-il à Clara. Elle, s'opposant pour la seule et unique fois de sa vie au Duce : « Ce serait la plus grande erreur, la tache la plus sombre sur toi. » La radicalisation de cette haine envers les Juifs n'est pas un acte isolé. En un mois, c'est toute la personnalité de Benito qui s'est obscurcie.

Le vieux lion n'est plus dans la force de l'âge. Il tente d'exorciser le temps qui passe, sans y parvenir : « Toi tu es jeune et tu me laisseras [...]. Je vieillis, tu seras tellement jeune et tu diras "au fond, je lui ai donné ma jeunesse". Tu deviendras la maîtresse d'un jeune, chevelu et gaillard. Et tu lui diras : "Désolé, chéri, tu sais, je dois aller voir ce vieux. Il s'en contente, désormais il n'a plus que des caprices. Il est ennuyeux, je sais, maintenant c'est toi que j'aime." Et tu viendras me voir, mais je te dégoûterai. »

La nuit, c'est son inconscient qui agite Benito. Il fait des cauchemars dans lesquels il rêve qu'on le tue.

« Quelqu'un me tirait dessus. Deux coups, pam, pam. Un dans la tête, un dans le dos. Et je me suis écroulé sur la voiture. J'ai vraiment ressenti les coups. Qu'est-ce que tu penses que ça puisse vouloir dire ? »

L'absence de sommeil de cet homme qui était bon vivant et fin jouisseur commence à atteindre sérieusement ses nerfs. Les scènes deviennent terribles, et presque quotidiennes : « Pourquoi tu fais la moue, hein ? Je ne vais avec personne d'autre. C'est vrai, si je le voulais, je le ferais, mais je ne le veux pas. » Il s'exalte, donne des coups à une chaise, des coups de pied dans les journaux. Clara assiste désabusée à ce déchirement intérieur : « Je cherche inutilement à le calmer, mais c'est une furie déchaînée qui n'a plus de freins. Il me fait peur, je pleure. » Elle rentre chez elle. A 21 heures, Benito appelle pour continuer la scène. « Qu'est-ce que tu me veux ? Ça ne peut plus continuer comme ça, ce n'est plus de l'amour, c'est du poison. Je suis fatigué. Je t'avertis que la prochaine fois que j'éclate comme ça, tu n'entreras plus au palais. Oui, je conviens que tu ne m'as rien dit de mal. Mais à partir de 20 heures, j'ai les nerfs massacrés, liquidés, et tu ne dois rien faire d'autre que sourire. [...] Tu dois être plus douce, plus affectueuse, plus accueillante. Je ne peux plus vivre de cette manière. »

Alors que l'année 1938 arrive à sa fin, « Ben » sombre dans une dépression profonde. « Je suis oppressé d'une tristesse infinie. Je me sens comme si j'étais déjà mort », lui dit-il. Il est devenu hermétique à toute chose. Et dans cet abîme, la seule à le toucher encore, c'est Clara. Elle est la seule à avoir accès à cette affectivité enfouie. Elle aussi vieillit, peut-être prématurément. « Je suis content que toi aussi tu aies des cheveux blancs, ça m'incite à t'aimer encore plus », lui dit-il.

Alors qu'ils sont ensemble un après-midi, à la radio passe *La Bohème*. Il a les larmes aux yeux et s'écarte un peu. Clara le rejoint, il feint de lire les journaux. Il s'émeut plus encore jusqu'à ce qu'il lève les yeux et qu'elle voie couler de grosses larmes sur ses joues. « Je le prends dans mes bras, et nous pleurons ensemble. »

## De la marche nuptiale à la marche funèbre

Chambre du Zodiaque, Palais Venezia, fin du printemps 1939. Peu de jours séparent l'Europe de la guerre. Clara a besoin de lui parler, elle a besoin de se rassurer. Benito lui coupe la parole, tranchant : « Bêtises de femmes. » Elle se tait, humiliée et lui écrit : « Dans ta vie intime domine l'instinct. Comme un félin qui frappe, tu blesses et laisses agoniser ta proie, peu soucieux du mal que tu procures. » Peu importe que son amant prépare activement l'avènement du nouvel Empire romain, il ne peut se soustraire à ses exigences romantiques. Après trois ans, l'amour le plus clandestin d'Italie s'est délité. Benito est accaparé par la situation internationale. Il est silencieux, frénétique, violent, émotif.

Le 10 juin 1940, Mussolini est encore plus tendu. Il a eu une nuit difficile : ce n'est pas tous les jours qu'on déclare la guerre. Deux coups de fil à Claretta dans la matinée, l'un pour se quereller, l'autre pour se rabibocher. Il éprouve une euphorie maladive, un besoin de communiquer, qu'il satisfait en s'adressant à plusieurs centaines de milliers d'Italiens venus entendre son discours. Clara, inconsciente, lui demande : « Qu'est-ce que tu as ? Tu ne m'aimes plus ? Tu n'es plus à moi ? » Lui décharge sur elle la tension d'une journée qui s'annonce compliquée, et, pour une fois, il n'a pas tous les torts : « Mais, n'est-ce pas Dieu possible de parler de semblables débilités quand, d'ici peu d'heures, le sort de l'Italie sera en jeu ! »

Il raccroche brusquement. Clara pleure. Puis, pris de remords, il la rappelle, radouci. Il la rappellera encore dans l'après-midi, une demi-heure avant l'annonce officielle. Il tombe sur Myriam, à qui il indique de manière inopportune : « Dans une demi-heure je déclarerai la guerre. » Choquée, la jeune fille lui demande : « Mais elle sera courte ? » et s'entend répondre : « Non, elle sera longue. »

L'Italie lance ses armées sur la France, la Yougoslavie, ainsi que sur l'Egypte anglaise depuis la Libye. Le même jour, Clara a aussi une grande nouvelle à annoncer. Elle attend un enfant. Les soldats du Duce sont battus sur tous les fronts. C'est un piteux début de guerre pour Mussolini. L'été de Claretta est bien plus léger. En villégiature au très chic Grand Hôtel de Rimini, avec sa famille, elle est enfin heureuse. Mussolini l'appelle tous les jours, et il est pressant comme au temps de leur première passion. Hélas, le 18 août, elle est prise de fortes douleurs. Elle se tord sur son lit. Le diagnostic sonne comme un coup de poignard : grossesse extra-utérine. Elle est opérée en urgence, le 27 août, à Rome. « J'ai prié pour toi », lui dira simplement Mussolini. Leur idylle s'était étiolée au fil du temps.

Elle n'est plus anonyme, mais doit continuer à se cacher. Elle est l'autre femme du Duce, celle que tous détestent. On l'appelle « l'entretenue », « le vautour » ou « la petite Pompadour ». Elle n'est pas dupe du sort qui l'attend : « Je mourrai d'amour. Je me tuerai, ou ils me tueront. Tous me voient ou croient me voir à leur manière. Il me semble me voir reflétée dans un de ces miroirs déformants des fêtes foraines, qui font les personnes maigres, petites ou tordues. La Pompadour ? Et pourquoi pas la Cléopâtre ? Qu'est-ce qu'ils savent de moi ? »

Clara ne se raccroche plus à présent qu'à un homme, Benito, qui n'est plus qu'une ombre, traversant de temps en temps au pas de charge la chambre du Zodiaque. Mussolini est devenu taciturne à l'extrême, ne répondant plus que par monosyllabes. Enfin, c'est le coup de grâce.

Son fils Bruno, âgé de 23 ans, meurt en vol au-dessus de Pise, en août 1941. Ce déchirement porte un grand coup au moral de Mussolini, qui ne sait plus réagir au destin.

Après les revers sur le front russe de l'année 1942, il se sent humilié, et en perte de confiance. L'amour de Clara l'étouffe à présent. Il n'en peut plus de ses dévotions, de ses larmes, de ses bras qu'elle lui jette toujours autour du cou. Pour lui, le rêve est fini, elle n'arrive même plus à le rassurer. Il veut la quitter, la chasse plusieurs fois du palais, mais toujours Claretta s'accroche dans sa petite cage bleu et or.

« Je t'ai sacrifié douze années de ma vie », lui écrit-elle, amère, le 1er avril 1943, après un coup de fil glacial dans lequel il lui assène : « J'ai besoin de rester seul. » Clara comprend que son printemps ressemble à celui du régime, fait de présages sombres. Elle écrit : « Tu m'as toujours trompée. Mon amour est de plomb et ma vie est éteinte… Je me demande ce qui vaut la peine de vivre, ce qui vaut la peine d'aimer. » Le 1er mai, alors que l'Italie perd le dernier bout d'Afrique, Benito donne à Quinto Navarra un ordre strict : « Je désire que cette femme n'entre plus au Palais Venezia. » Il déchire toutes ses photos.

A un ami, elle déclare : « Il m'a ruiné la santé avec sa cruauté. » Le 20 juillet, Clara réussit à pénétrer au palais et remet une lettre de menace de suicide : « Je t'avertis, Ben, pour éviter des tragédies qui compliqueraient ta vie, ne m'humilie pas. Si tu me fais un autre affront, cette fois, je ne sortirai pas vivante d'ici. J'y resterai pour toujours, en tant que cadavre. »

Après trois jours d'hésitations, Ben la convoque. L'entretien est bref autant que pathétique. Les dignitaires du Parti national fasciste complotent contre lui et préparent sa chute pour le lendemain. Il a besoin d'elle. Le 24 juillet 1943, il est destitué par le Grand Conseil fasciste. Il rentre à son bureau et appelle Clara. Il est 3 h 45 du matin.

« Comment ça s'est passé ?

— Comment voulais-tu que ça se passe ?

— Tu me fais peur.

— Il n'y a plus de quoi avoir peur. Nous sommes arrivés à l'épilogue, au plus grand tournant de l'Histoire, l'étoile s'est obscurcie. […] Tu dois te mettre à l'abri. »

Le 25 à midi, il rappelle Clara, pour la dernière fois depuis le Palais Venezia. Il lui dit que le roi sera forcément avec lui et qu'il compte aller le voir dans l'après-midi. Clara a l'intuition d'un danger : « N'y va pas. A ta place je ne m'y fierais pas. Et puis, fais attention, [ils te mettront] en cage comme une souris. Je ne voudrais pas qu'ils jouent à la balle avec ta tête. » Benito rit. Il a tort. Lorsqu'il arrive à la villa Savoie, le roi le fait immédiatement arrêter.

Le 12 août, la famille Petacci est arrêtée également, par ordre du nouveau régime. La seule chose qu'elle a pu garder avec elle est un pendentif portant ces mots : « Clara, je suis toi, et tu es moi. Ben. » Elle est libérée le 17 septembre, après l'évasion aérienne de Mussolini. Ils se retrouvent seulement le 28 octobre à Gardone, près du lac de Garde, où ils sont otages des Allemands. C'est la fin d'un long tunnel. « Il » est revenu. Mussolini vit les derniers chapitres de sa vie, et Clara est auprès de lui. Cette pugnacité lui tire une marque d'empathie. Cette pauvre femme, alors que tant de fascistes n'ont pas trouvé mieux que de détaler, a été présente comme personne d'autre. « C'est une créature fragile qui m'est restée fidèle… J'ai une dette envers elle. »

Clara est elle aussi prisonnière des Allemands, qui lui ont trouvé une villa à quelques kilomètres de celle de Benito. Faisant preuve d'un aveuglement frisant la folie, elle recrée le rituel de la chambre du Zodiaque. Chaque matin, elle s'habille élégamment, se maquille et attend l'arrivée de celui qui reste son homme.

Mustapha Omari, l'astrologue des salons chic

romains, lui avait prédit : « Vous devez vous protéger d'un destin tragique, en vous contentant des simples plaisirs de la bourgeoisie. Votre destin est lié de manière indissoluble à celui de votre homme. »

Où est donc passée Rachele ? Elle sait que c'est une autre, cette poule de Petacci, qui partage l'isolement de son mari. Le 18 octobre 1944, elle pénètre dans sa maison en l'insultant et lui fait une scène. Entre hurlements, insultes et larmes, il n'est plus question de jalousie ; Rachele est venue partager son désespoir avec sa rivale. Elle sait que Benito est aux mains des Allemands, et craint de ne pouvoir le sauver.

L'idole est tombée, mais ni Rachele ni Claretta n'abandonnent l'homme qu'elles ont en commun.

Le 18 avril 1945, Mussolini quitte sa prison hostile et funèbre de Gardone pour aller à Milan. Clara le suit.

« Va en Espagne, lui dit-il.

— Non, je reste. »

Son choix est irrévocable. « Trop de gens lui tournent le dos pour que moi aussi je lui fasse ce tort. » Elle montre une abnégation pathétique et suicidaire. « Qui aime meurt. Je suis mon destin, et mon destin, c'est lui », écrit-elle dans une dernière lettre qu'elle donne à Myriam, avec pour consigne de ne l'ouvrir qu'une fois arrivée en Espagne. C'est son testament. « Je ne l'abandonnerai jamais, quoi qu'il se passe. Je sais que je n'arriverai pas à l'aider… Je t'en prie, peu importe ce qu'il arrivera, fais en sorte que finalement la vérité soit dite sur moi, sur lui, sur notre amour sublime, beau, au-delà du temps, au-delà de la vie. »

Le 25 au soir, Clara suit le convoi du Duce qui quitte Milan. Une fourrure en vison sur le dos, un sac à main noir, et une petite valise avec du maquillage et des médicaments.

Sur la route du lac de Côme, le lendemain matin, ils cherchent à gagner la Suisse. On la disait la chienne de

Mussolini. Elle a fini par l'accepter : « Où va le maître, va le chien. »

A Rachele, il écrit un adieu sous forme de recommandation :

« Chère Rachele,

Me voici arrivé à la dernière phase de ma vie, à l'ultime page de mon livre. Peut-être ne nous reverrons-nous plus. C'est pourquoi je t'écris et je t'envoie cette lettre. Je te demande pardon pour tout le mal qu'involontairement je t'ai fait. Mais tu sais que tu as été la seule femme que j'ai vraiment aimée. Je te le jure devant Dieu et devant notre Bruno en ce moment suprême. Tu sais que nous devons aller en Valteline. Toi, avec les enfants, cherche à rejoindre la frontière suisse. Là-bas, vous vous ferez une vie nouvelle. »

L'histoire s'arrête sur la route du lac de Côme. Mussolini est escorté par les Allemands. Les alliés et le gouvernement provisoire qu'ils ont installé veulent le récupérer. Il tente de se dissimuler dans une colonne de SS et enfile un uniforme allemand, un casque, et monte à l'arrière d'un véhicule de transport où on le munit d'un pistolet-mitrailleur. Traqué, Benito se déguise en deuxième classe allemand, trouvant comme excuse qu'après tout Napoléon conduit à l'île d'Elbe a dû endosser un uniforme de général autrichien.

Arrivé au village de Dongo, Mussolini est reconnu par un des partisans italiens qui contrôlent la colonne en fuite. Clara avait été empêchée de monter dans le camion. Le destin les réunit pour leur dernière scène.

A 16 heures le lendemain, ils sont conduits dans la campagne. Clara pleure sans cesse. Ben est apathique. Juste avant que les coups de feu retentissent, elle lui glisse à l'oreille : « Es-tu content que je t'aie suivi jusqu'au bout ? » Il ne répond pas. Pam Pam Pam.

# 2

## Lénine, le trio rouge

*« Il y a beaucoup de moustiques [...]. Je ne sais pas pourquoi, mais ils s'acharnent surtout sur Volodia. »*

Nadia Oulianov.

## Nadia « le hareng »

### Œdipe chez Marx

Saint-Pétersbourg, 1894. Vladimir Ilitch Oulianov, 24 ans, est juriste à la petite semaine et peine à se faire une clientèle : « J'ai dépassé mon budget, et je n'espère plus m'en tirer avec mes propres ressources. Si cela est possible, envoie-moi encore une centaine de roubles[1]. » Mme Oulianov, sa mère, le soutient financièrement depuis qu'il a décidé d'aller à Saint-Pétersbourg terminer son cursus de droit et exercer la profession d'avocat. Lassé d'attendre les contrats, il décide l'année suivante de sortir de Russie et de séjourner pour la première fois en Europe. Il découvre alors les multiples tentations que les riches villes d'Occident offrent aux jeunes intellectuels. Heureusement que maman Oulianov est toujours là pour assurer ses arrières : « A mon effroi, je me vois encore en difficulté avec mes finances. Le plaisir d'acheter des livres est tellement grand que l'argent passe le diable sait où. Je suis encore obligé de chercher du secours : si possible envoie-moi 50 ou 100 roubles. »

Vladimir sait qu'il peut compter sur le soutien inconditionnel de Maria Alexandrovna Oulianovna. Déjà en décembre 1887, lorsque le précoce trublion avait été renvoyé de l'université de Kazan, elle avait tenté de prendre en main l'avenir du jeune homme. Pour s'assurer un revenu que sa pension de veuve ne lui procurait guère, autant que pour fournir une activité quotidienne à Vladimir, elle avait fait l'acquisition d'une grande propriété près de Samara, à 900 kilomètres au sud-est de Moscou. Elle espérait intimement que le travail de la terre et la proximité des paysans calmeraient les ardeurs rebelles de son têtu de fils, et le feraient revenir de ses idées loufoques. Elle a déboursé pour cela 7 500 roubles qu'elle a tirés de la vente de la maison familiale de Simbirsk où ses enfants ont vu le jour.

Mais Vladimir n'a pas trouvé sa voie dans les sillons que sa mère avait tracés pour lui : « Maman voulait que je m'occupe des travaux de la campagne. Je m'y étais mis, mais je vis que ça n'allait pas[2]. » La gestion d'une ferme ne convenait en rien à ce jeune homme gauche et malingre. Quelques déconvenues avec les *koulaks*[3] – avec lesquels, concède-t-il, « les rapports étaient devenus anormaux » – eurent raison de sa volonté déjà peu décidée.

Il est parti tenter sa chance dans la capitale, après avoir passé son diplôme de droit en candidat libre. Si le barreau lui offre peu de satisfaction, la grande ville et son agitation souterraine contre le pouvoir des tsars éveillent en lui le goût de la lutte politique. L'activisme dévore la plupart de son temps. Il se fait remarquer par les quelques meneurs socialistes de Saint-Pétersbourg.

Raillé par les paysans de Samara, le voilà placé au centre des attentions d'un réseau de clandestins de tous bords qui partagent sa vision du monde, du moins son énergie. Sur n'importe quel sujet, ses discours enflamment ses camarades, tant par la qualité du style que la précision rhétorique. Tranchant dans ses saillies oratoires, il se fait une réputation d'agitateur de consciences. L'Okhrana ne manque pas de repérer ce jeune poulain socialiste.

A son retour d'Europe en 1895, il est arrêté par la redoutable police politique des tsars. Placé en prison à Pétersbourg, il attend son premier procès. S'imaginant qu'il meurt de faim, privé du nécessaire, maman Oulianov lui fait parvenir en abondance toutes sortes de secours : vêtements, linge, couvertures, gilets de laine. Le prisonnier est littéralement submergé : « J'ai une réserve énorme de vivres, écrit-il à sa sœur, je pourrais ouvrir par exemple un commerce de thé… Du pain, j'en mange très peu, j'essaie de suivre un certain régime. Et tu m'en as apporté une si grande quantité qu'il me faudrait une semaine pour en venir à bout. » Et pour le linge : « Ne m'en envoie plus, je ne sais plus où le mettre. »

Maria Alexandrovna a trouvé du renfort. Elle est relayée auprès du captif par la sœur aînée de Vladimir, Anna. Elle aussi a quitté sa résidence de Moscou pour Pétersbourg à son arrestation, afin de mieux veiller sur lui. Vladimir met à profit son isolement en se lançant dans la rédaction d'ouvrages ambitieux, qui nécessitent une vaste documentation. Privé de son public, l'écriture lui offre un dérivatif nécessaire à son besoin de répandre sa bonne parole. C'est Anna qui se charge de lui fournir des malles entières de livres qu'il engloutit. Efficace et discrète, elle lui est entièrement dévouée, allant jusqu'à sacrifier son mariage. Vladimir ne semble pas même s'en rendre compte. Elle note dans son journal intime qu'il lui demande un jour candidement au parloir : « Mais enfin, qu'est-ce que tu fais ici, à Peter ? »

Ce soutien féminin dont il a toujours été entouré lui semble si naturel et assuré que les efforts fournis méritent à peine la reconnaissance du chouchou. Dans la maison Oulianov, il faut dire que les femmes regardent peu à la dépense affective pour couver le seul homme de la famille. Le père est mort, après le fils aîné, alors que Vladimir n'avait que 15 ans.

Anna doit retourner à Moscou, et laisser Lénine dans sa prison de Pétersbourg. Elle s'inquiète de qui viendra s'occuper de lui pendant les mois qu'il doit encore passer en cellule. Car seul un parent ou une fiancée peuvent lui rendre visite. Or, il n'est pas encore casé à l'époque, bien que ses « admiratrices » soient déjà nombreuses. Une certaine Nadejda Konstantinovna Krupskaïa s'empresse de se proposer pour le rôle. Seulement, celle-ci est déjà connue des services de police. Le choix s'arrête sur une autre groupie moins impliquée : Apollinaria Yakubova. C'est elle qu'Anna choisit pour prendre soin de Vladimir. Elle mettra beaucoup d'application à rendre sa détention plus agréable.

Lors de l'instruction du dossier, six mois plus tard, Mme Oulianov vient s'installer avec ses deux filles dans une villa des environs de Pétersbourg, afin d'être au plus près de ce fils prodige durant l'épreuve. Suivant avec une attention particulière le régime de son petit « Volodia », elle lui prépare les plats qu'il lui commande et qu'elle sait agrémenter selon ses goûts. La bonne Maria Alexandrovna tente en vain d'attendrir le ministère de la Justice, pensant améliorer le sort de son fils. Le refus du tribunal est ferme et sans appel. Vladimir sera envoyé pour trois ans en Sibérie, sur les rives d'un fleuve immense et désertique, la Lena.

Dans la solitude de la taïga, il se forge un caractère de chef révolutionnaire. Vladimir devient « l'homme de la Lena ». Il commence à signer « Lénine », s'inspirant du décor de son exil. La solitude, oui, mais pas sans une femme auprès de lui pour le choyer. L'exil n'est certes pas un dénouement heureux, mais le pire a été évité. On avait d'abord craint la condamnation à mort : le frère de Vladimir, Alexandre, avait été pendu en mai 1887. Maria Alexandrovna n'aurait pu supporter de perdre un deuxième fils. Comment son Volodia survivra-t-il à un tel éloignement ? Elle doit l'accompagner. Alors que ses malles sont quasiment bouclées, Lénine parvient à la faire renoncer, lui promettant d'épouser bientôt l'une de ses fidèles, qui veillera sur lui là-bas. Mais aucun mariage n'est encore en vue. Un compromis est trouvé : sa mère et sa sœur l'accompagneront jusqu'à mi-chemin, puis il ira seul.

## Mariage à la sibérienne

Mai 1897. Lénine est parti à la pêche à une journée de marche de Chouchenskoïe. La Sibérie où on l'a exilé n'offre guère d'autres distractions. Rebroussant chemin, il aperçoit de la lumière à la fenêtre de sa chambre. Le paysan qui l'accompagne l'alerte : un déporté s'est introduit chez lui et tente de le cambrioler. La maison doit être à sac. Il se précipite, furieux, prêt à bondir sur le voyou. La surprise vient le saisir dans son élan : une jeune femme apparaît sur le pas de la porte. Elle se plante là, l'accueille d'un sourire pas même décontenancé. C'est Nadejda Krupskaïa, dite Nadia. Celle qui avait voulu jouer à la fiancée de Lénine quelques années plus tôt a évincé celle qui avait finalement été choisie pour le rôle de l'épouse, Apollinaria Yakubova.

Malgré l'éloignement, Nadia n'a pas renoncé à séduire Vladimir. La forte impression qu'il lui a faite durant leurs activités clandestines et les nuits passées à discuter de l'avenir du peuple russe l'ont marquée. Convaincre la mère et la sœur Oulianov n'a pas été simple. Acquises à sa cause après d'âpres négociations, Nadia a décidé de forcer le destin, en mettant Volodia devant le fait accompli. Elle débarque en Sibérie, accompagnée de sa mère, exténuée mais sûre d'elle, après avoir parcouru 8 000 kilomètres en train, puis trois jours de traîneau. Les trente mois passés sans l'avoir vu ont été les plus longs de son existence. Devant le modeste chalet, les retrouvailles sont contenues : elle le contemple et lui trouve « une mine absolument superbe ». Lui la fixe, impassible. Il prend conscience de ce qu'elle vient de traverser pour lui. Lénine sait qu'il regarde pour la première fois dans les yeux sa future épouse. Le tête-à-tête entre les deux êtres est brisé par la vieille maman de Nadia qui, moins aveuglée par l'amour, ne peut se retenir de lâcher : « Mon cher, vous avez rudement engraissé. »

S'arrangeant avec le propriétaire, Nadia est autorisée à rester. Les deux femmes dormiront provisoirement dans la chambre à côté de celle de Lénine. A peine le temps de se remettre de l'éprouvant voyage qu'il faut sans attendre préparer les noces : les autorités ont posé comme condition au laissez-passer de la jeune femme qu'elle se marie sitôt sur place. Lénine est séduit par ce coup de force et accepte sans broncher sa nouvelle condition d'homme marié.

Avant de partir, Nadia s'est rendue à Moscou, chez sa future belle-mère. Mme Oulianov l'a accueillie chaleureusement. A son habitude, elle l'a chargée de quantité de vivres, vêtements et autres paquets pour Volodia, avec en sus une véritable bibliothèque, qu'elle devra porter à l'autre bout de la Russie.

« Envoie-moi le plus d'argent possible », lui a une fois de plus glissé Lénine dans sa dernière lettre. Lors de la présentation de la nouvelle recrue à la belle-famille, Anna, elle, s'est montrée aimable mais sur la réserve : elle porte depuis toujours à son frère un amour exclusif et jaloux. Elle trouve que l'aspirante « ressemble à un hareng », et ne peut s'empêcher de faire part de cette considération à son frère. Mais la bénédiction de Maria Alexandrovna suffit. Trois semaines après son arrivée en Sibérie, Nadia s'empresse de faire le récit de leurs « aventures » à sa nouvelle belle-mère :

« Chère Maria Alexandrovna,

Volodia est assis à côté et se livre à une conversation animée avec le meunier au sujet de je ne sais quelles maisons et vaches. Et me voilà installée à vous écrire un peu. Je ne sais même pas par quoi commencer. Un jour ressemble à l'autre, et il n'y a aucun événement extérieur. Il me semble que je vis à Choucha depuis une éternité ; je suis complètement acclimatée. En été, on y est même très bien. Chaque soir nous allons nous promener. Nous allons très loin… c'est délicieux de se promener. Cependant, il y a beaucoup de moustiques et nous avons dû confectionner des filets pour nous protéger. Je ne sais pas pourquoi, mais ils s'acharnent surtout sur Volodia. »

D'un an plus âgée que Lénine, qu'elle dépasse également de quelques centimètres, Nadia est née le 5 février 1869 à Pétersbourg. Sa famille, issue de la noblesse pauvre, professait des idées progressistes. La fillette était avide de savoir : « Dès cette époque, j'entendais souvent parler de la révolution, et ma sympathie allait tout naturellement aux révolutionnaires[4]. »

Elle a suivi des études de pédagogie après le lycée. Possédant de réels dons dans ce domaine, elle enseignait avec sérieux et patience. Ayant du mal à trouver une place, à la campagne comme dans la capitale, elle finit par donner des cours du soir aux travailleurs dans une école du dimanche de Pétersbourg. La jeune femme confie dans ses Mémoires que ces cinq années passées à enseigner l'ont « soudée à jamais à la classe ouvrière ». Ses élèves lui firent découvrir un ouvrage interdit : « J'ai entendu sonner le glas du *Capital*, des exploiteurs et des exploités […] mon cœur avait battu si fort qu'on pouvait l'entendre. » Nadia est une idéaliste romantique avant d'être marxiste.

Les nouveaux époux se sont rencontrés un soir de février 1894, à l'occasion d'une réunion de jeunes marxistes de Pétersbourg, dans l'appartement de l'ingénieur Klasson. Il recevait ce soir-là un avocat prometteur. Elle avait été subjuguée par la verve de cet orateur zélé.

Qu'avait-il donc pensé de la discrète militante qui lui avait timidement posé quelques questions à la fin de la réunion ? Pas grand-chose, apparemment. Nadia a un physique typiquement slave, les yeux et les cheveux clairs, limpides, desquels se détache une bouche ferme. Personne pourtant n'aurait pu dire qu'elle était une beauté. A l'époque où Lénine la rencontre, elle s'habille chichement, arborant un style de maîtresse d'école assez strict. Elle fait plus que son âge. Résumant l'apparence de la future Mme Oulianov de sa plume acerbe, l'écrivain Ilia Ehrenbourg enfonce le clou : « Lorsqu'on regarde Krupskaïa, on peut dire que Lénine ne s'intéresse pas aux femmes. »

Peu de gens connaissent la vérité : Nadia souffre d'une pathologie auto-immune, la maladie de Basedow[5], dont les principaux symptômes sont des œdèmes aux yeux, des problèmes de poids, voire des troubles psychologiques. Les photos la mettent mal à l'aise, nous en possédons très peu d'elle.

L'exil offre à Nadia un temps de répit durant lequel sa maladie se fait moins présente. Surtout, Volodia est ici tout à elle : « A tous points de vue, notre vie actuelle est une vraie vie de vacances. » Elle est en Sibérie comme en lune de miel, dans une retraite champêtre aux charmes naturels. Elle écrit à Maria l'année suivante :

« Le printemps est dans l'air. Le fleuve gelé se couvre d'eau continuellement. Sur les saules blancs, les moineaux mènent une sarabande infernale, les bœufs marchent dans les rues en beuglant, et sous le poêle de la propriétaire la poule fait tant de bruit chaque matin qu'elle réveille tout le monde. Les chemins sont boueux, Volodia parle de plus en plus souvent de son fusil et de ses bottes de chasseur. Et maman et moi parlons déjà de planter des fleurs. »

La fée du logis sibérienne ne retient que les moments d'amusement et de légèreté. Ainsi, le soir, on chante avec ferveur auprès des paysans :

« Vladimir apportait une passion, une animation extraordinaire dans nos divertissements vocaux : dès qu'il s'agissait d'aborder notre répertoire, il entrait dans une sorte de rage, et ordonnait d'autorité : "Allons-y pour *Courage camarades, au pas !*" »

Même pour se divertir, Lénine ne peut s'empêcher d'être un meneur, il doit dominer le jeu :

« Il se mettait à battre la mesure, les yeux enflammés, tapant du pied nerveusement et en forçant, au-delà de l'extrême limite et au détriment de toute harmonie musicale, sa voix genre baryton, qui étouffait celle des autres[6]. »

Ce sera la seule période de tranquillité et de bonheur conjugal qu'ils partageront. Très vite, le désir n'est plus là. Lénine semble mettre sa libido de côté pendant plusieurs années, préférant investir son énergie dans la tâche révolutionnaire. Nadia vit un rapport difficile à sa féminité. Cette pathologie qui déforme son corps l'empêche de donner des enfants à Lénine.

Dans une lettre à Mme Oulianov transparaît une autre réalité, plus sombre : « Il est fort inquiet de notre sécurité. Il a demandé à un déporté habitant le même village de venir coucher chez nous. Et il m'a appris à tirer au revolver. » Car ses souvenirs émus de l'intimité sibérienne trompent la jeune mariée : l'exil fut éprouvant, et tous deux en resteront marqués. Si l'été dans cette « petite Italie » des bords de la Lena sait se montrer clément, l'hiver, ils doivent se calfeutrer pour résister au froid. L'isolement est pesant. Lénine patiente en lisant les philosophes allemands – Kant, Hegel –, donnant çà et là des consultations juridiques sous le manteau les dimanches.

Ainsi s'écoulent les trois ans d'exil de Lénine, les trois ans de bonheur conjugal de Nadia. La Sibérie a eu raison de leur vie intime, mais leur a donné en échange une complicité à la vie à la mort. Jamais, dès lors, il ne pourra se séparer d'elle une seule journée. Elle sera pour toujours celle qui a traversé les glaces pour lui.

## Un couple en cavale

En 1900, Lénine est libéré. Il se rend chez sa mère, qui s'est installée près de Moscou. Partout il se sent surveillé dans la métropole, et doit reprendre la route. Peut-être l'Europe sera-t-elle plus réceptive à ses discours. Le 16 juillet, il prend le train pour Zurich, où il est accueilli par la forte communauté d'exilés politiques russes que compte ce pays neutre[7]. Absent depuis trois ans du devant de la scène, il entreprend de remettre de l'ordre au sein des groupuscules marxistes dispersés dans le pays. C'est une condition *sine qua non* avant d'entreprendre la conquête du pouvoir. L'occupation ne manque pas. Vladimir lance le magazine politique *Iskra* (« l'étincelle ») grâce auquel il fait entendre sa voix jusqu'en Russie. Sa sœur Anna, qui vit désormais à Berlin, s'occupe de faire imprimer la revue en Allemagne. Qu'en est-il de Nadia ?

Lénine l'a laissée en Sibérie, où elle doit rester encore six mois en exil. Pendant cette longue période, elle trompe la vigilance de l'Okhrana en faisant déposer ses lettres dans une boîte postale de Prague. Ce lien bien mince est le seul contact maintenu pendant cette période. Libérée à son tour, elle s'empresse de prendre le premier train pour Prague, et cherche son mari pendant plusieurs jours. Lénine a non seulement semé la police secrète, mais aussi sa propre épouse. Seule, perdue, elle met enfin la main sur un ouvrier tchèque qui levait le courrier dans la boîte postale, et apprend de sa bouche que Lénine réside à Zurich. Peu importent les kilomètres à parcourir, elle le retrouvera.

Arrivée à Zurich, Nadia se charge de la tâche la plus urgente, faire recouvrer à Lénine santé et tonus : « Je m'étais rendu compte que Vladimir avait besoin d'une nourriture saine et copieuse. Et je me suis mise à faire la cuisine moi-même dans notre chambre. » Chambre sans commodités et sans cuisine, qu'ils louent à la semaine. Les colis que continue d'envoyer maman Oulianov agrémentent heureusement leur quotidien sans luxe. Elle doit bien faire attention d'éviter le moindre bruit. Lénine vient de commencer la rédaction de son livre, et il ne peut écrire que dans le silence absolu :

« Quand il travaillait, il marchait rapidement d'un bout à l'autre de la pièce en ruminant ses phrases. Pendant ce temps, je n'ouvrais pas la bouche. Ensuite, à la promenade, il me racontait ce qu'il avait écrit. Cela lui fut finalement aussi nécessaire que de préparer mentalement ses phrases avant de les écrire. »

L'indispensable Nadia participe aux réflexions de Volodia, aidant par sa présence à leur aboutissement. Lénine a trouvé quelqu'un pour le seconder dans son Grand Œuvre, quelqu'un à qui déléguer une partie de sa tâche. La voilà nommée secrétaire de rédaction de la revue *Iskra*. Recrutant les autres marxistes de la ville, elle organise cette joyeuse bohème, dont elle est l'intendante :

« On déjeunait à midi. Vers 13 heures arrivait Martov, puis les autres. Le comité de rédaction était ouvert. Martov parlait tout le temps et de tout à la fois. Vladimir Ilitch était très fatigué par ces conversations quotidiennes qui duraient parfois cinq à six heures de suite.

Elles l'empêchaient de travailler. Un jour il me demanda d'aller prier Martov de ne plus venir. Il fut décidé que dorénavant ce serait moi qui me rendrais chez Martov pour lui faire part des lettres reçues et m'informer de ce qu'il savait. »

Nadia sait néanmoins tirer profit de cette encombrante présence en employant Martov dans un rôle inattendu : il l'assiste en tant qu'aide-cuisinier. A l'aise pour mettre les marxistes en cuisine comme pour mettre les femmes à la lecture, Nadia se voit confier une nouvelle tâche, plus ambitieuse : créer un magazine s'adressant à la femme russe. Le périodique est sobrement baptisé *Rabotnitsa* (« Femme ouvrière »)[8]. Nadia se charge entièrement de la rédaction, à laquelle Lénine ne consentira à accorder un article qu'au bout du cinquième numéro. Il n'a pas de temps à perdre avec ces allumées du tricot qui se piquent d'affaires sociales. Nadia croit pourtant en cette publication. Elle s'est donné pour but d'éveiller les femmes à un nouveau mode de vie. Son magazine fournit tout aussi bien des leçons de marxisme que des conseils pratiques pour vivre pleinement sa féminité : aménager son intérieur, bien éduquer les enfants, savoir manier l'art de la coiffure et du maquillage. Quelques femmes apprêtées de manière simple mais élégante font connaître les bienfaits de la cosmétique nouvelle. Nadia excelle dans l'exercice et lance ainsi le manuel de la parfaite femme communiste. Le magazine devient vite très populaire, et renforce l'audience du couple Oulianov auprès du public féminin. Son existence dépassera les espérances de sa créatrice. Il traversera toutes les époques et survivra même à la chute du communisme. Il est aujourd'hui le véritable *Elle* du monde russophone.

Bientôt Zurich ne suffit plus à Vladimir. Le couple déménage dans les environs de Genève. Ils y louent un petit pavillon, plus à la mesure du leader qu'il veut être que leur modeste chambre zurichoise. Grande cuisine au rez-de-chaussée, trois pièces au premier étage. Après tant d'exils et de lieux, ils n'ont cependant pas de meubles. Mais Nadia est une intendante ingénieuse : on utilise les caisses de la considérable bibliothèque de Lénine en guise de tables et de tabourets dans la cuisine, ainsi que dans la salle à manger. Cela n'empêche pas les Oulianov de recevoir beaucoup. La maison grouille sans cesse. Pour trouver un moment d'intimité à deux, Nadia n'a d'autre choix que de traîner Lénine dans le square du coin.

Parfois, le moral flanche. Un jour, alors qu'il rentre d'un séjour à Capri, Vladimir arrive en gare de Genève. Un vent glacial l'assaille. Revenant chez eux, ses premiers mots à sa femme sont des plus sombres : « J'ai le sentiment d'être venu m'enfermer dans une tombe. » C'est qu'à Genève, le couple tourne en rond et vit au-dessus de ses moyens. Pendant que Lénine fait ses réunions et « se saoule de philosophie », Nadia se morfond. Ils ont dû renoncer à leur coquette résidence et déménager à la sauvette. Ils occupent de nouveau une petite chambre en étage. Tentant de meubler son ennui, elle apprend le français tous les après-midi, avant de retrouver son mari pour d'aussi fastidieuses soirées : « Le soir, nous ne savions pas trop comment tuer notre temps. Nous n'avions aucune envie de rester dans notre chambre froide et peu confortable, et nous sortions tous les soirs tantôt au cinéma, tantôt au théâtre. »

La vérité est qu'ils s'ennuient à deux. Lénine ne sait parler que de sa révolution. Il est en conflit avec de nombreux militants russes qu'il ne parvient pas à gagner à sa cause. La situation devient étouffante. Il décide de déménager pour la France : « Nous espérons que la grande ville nous donnera à tous un coup de fouet. Nous en avons assez de moisir dans ce trou de province[9] »,

111

écrit-il à sa mère une quinzaine de jours avant de quitter la Suisse.

Les voilà à Paris le 3 décembre 1908. La question de l'appartement se pose – ils sont quatre à loger : Nadia et sa mère, Lénine et sa sœur Maria. Il y avait au numéro 24 de la rue Beaunier, proche de la porte d'Orléans, un appartement à louer, au deuxième étage d'un immeuble bourgeois. Quatre pièces, entrée, cuisine, cabinet de débarras, eau, gaz, penderie. Ainsi qu'un détail qui séduisit Krupskaïa : des glaces au-dessus des cheminées. Loyer 840 francs par an, plus les charges. Là encore, maman Oulianov n'oublie pas son petit chéri. Elle envoie des colis depuis la Russie, contenant du lard, du poisson fumé, du jambon et de la moutarde ; des douceurs enfin, pour que Volodia ne meure pas de faim dans cette ville impitoyable.

L'initiation à la vie parisienne est sans plaisir pour Nadia. Les démarches administratives lui sont fastidieuses : « Tout traînait en longueur. Pour avoir le gaz, par exemple, il me fallut aller à trois reprises quelque part dans le centre de la ville avant d'obtenir le papier nécessaire. » Conclusion : « La France est un pays monstrueusement bureaucratique. » Ici encore, Nadia organise bon gré mal gré un foyer avec seulement quelques meubles. Une table de bois blanc et quelques tabourets.

A l'approche de l'été 1909, après les sombres mois d'hiver suisse, Nadia pense avoir renoué avec l'intimité perdue de leur petite Italie sibérienne. Ils sont à Bonbon, en Seine-et-Marne, dans une petite pension de famille. Leurs promenades à vélo les aident à prendre de la distance avec les contrariétés de la Cause : « Nous évitons même de parler des affaires du parti dans nos conversations », nous dit-elle. Pendant quelques semaines, ils goûtent ensemble la campagne française, au calme, loin des militants et de leurs cris incessants.

Lénine se plaisait moyennement rue Baunier. Le

départ de sa sœur lui donne l'occasion de déménager, toujours dans le même quartier de la porte d'Orléans. Il déniche rue Marie-Rose un trois-pièces plus confortable encore, avec électricité et chauffage central, ce qui comble Kroupskaïa. Disposition classique : deux pièces sur rue, salon et salle à manger, séparés par une large porte vitrée, chambre à coucher sur cour, ainsi que la cuisine. Le salon, une assez grande pièce éclairée de deux fenêtres, devient le cabinet de travail de Lénine. Dans la salle à manger on met deux étroits lits de fer, sur lesquels ils dorment. La vieille belle-mère est installée dans la chambre à coucher, et la cuisine fait office de salle à manger et de salon.

Enfin ils connaissent le confort. Nadia est heureuse d'habiter à présent un appartement des plus modernes de Paris. Ici elle pourrait être une vraie femme d'intérieur pour Vladimir. Mais Lénine vit déjà une autre passion ailleurs.


## L'autre Troïka

Pouchkino, janvier 1909. Après une rude période d'exil à Mezen, sur les bords de la mer Arctique, Inessa Armand tente de reprendre sa vie là où elle s'était arrêtée avant que ses activités révolutionnaires soient découvertes. Elle retrouve son mari Alexandre, fidèle compagnon, qui l'a patiemment attendue des mois durant. Pourtant, quelqu'un manque à l'appel : Vlad. Il avait été son beau-frère avant de devenir son amant. La tuberculose qu'il avait contractée en prison quelques années plus tôt ne lui laissait plus beaucoup d'espoir. Son état s'était brusquement dégradé durant les dernières semaines de sa cure dans le sud de la France, à Nice, où l'on espérait encore le sauver. L'opération de la dernière chance était devenue inévitable. Inessa doit être auprès de lui quoi qu'il en coûte. Peu importe si elle doit retourner en prison pour cela. On lui a interdit de sortir du territoire, c'est donc clandestinement qu'elle tâchera de quitter la Russie pour être au chevet de celui qu'elle aime. Se faufilant au travers de la frontière finnoise, puis parcourant en traîneau les lacs gelés de Suède, elle parvient à monter à bord d'un train à Stockholm, et arrive à Nice en quelques jours seulement. Trop tard néanmoins pour assister à l'opération de Vlad. Son état se dégrade si subitement que les médecins soupçonnent un empoisonnement, sans doute lié à ses activités révolutionnaires. Mais à part Inessa, qui assiste à son agonie, le malade ne reçoit pas de visites. Vlad meurt dans ses bras au début du mois de février.

Dévastée, ayant perdu celui qui l'avait initié à la Cause, elle rejoint Alexandre qui l'attend en France, dans la cité industrielle de Roubaix. Incapable de se remettre de la mort de celui qu'elle admirait tant en partageant la couche d'un autre, elle quitte bientôt le Nord pour Paris, préférant porter son deuil seule. Elle écrit à son amie Anna Askanazy : « Sa mort fut pour moi une perte irréparable. Il était toute la joie de ma vie. Et sans joie personnelle, le chemin de l'existence devient si difficile [10]. » A Paris, l'existence est en effet difficile les premiers temps, mais Inessa guérit bientôt de la solitude.

Dans la capitale, Inessa Armand gravite autour des cafés de l'avenue d'Orléans, où elle fréquente de nombreux Russes exilés qu'elle aide çà et là à trouver un travail, ou un appartement, grâce à son russe et son français parfaits. Sachant facilement se faire aimer de ses camarades, elle se rapproche de plus en plus des cercles bolcheviques. C'est dans cette période sombre que son destin croise celui de l'homme de la Lena.

Une amie l'amène un jour dans une réunion semi-clandestine, dans l'arrière-salle d'un café. Encore pâle et mélancolique, elle assiste au discours d'un agitateur animé d'une aura sans égale, qui porte le prénom de son amour disparu : Vladimir. Elle n'est au premier abord pas très impressionnée par l'orateur qui porte à son habitude des vêtements froissés, bouffants, et un peu trop grands. Il avait l'air d'un paysan aisé, d'un « petit moujik rusé[11] ». Lui est conquis par cette jeune femme de quatre ans sa cadette – il a 39 ans, elle en a 35 – habillée très à la mode, avec un chapeau sombre sophistiqué orné d'une plume rouge. Sous une masse indomptable de cheveux châtains, il remarque ses yeux immenses, sa grande bouche sensible, ses traits finement modelés. Rapide, intelligente, Inessa dégage une confiance en elle inébranlable qui attire plus encore l'ardent idéologue. Il lui donne rendez-vous le soir, au café des Manilleurs. On les y voit souvent par la suite. Qui est donc cette jeune femme apparue un beau jour dans le cercle de révolutionnaires russes immigrés dans le XIVᵉ arrondissement de Paris, et adoptée par leur leader ?

Sa mère, Moscovite d'origine anglaise, s'était enfuie pour vivre sa passion avec Théodore Stéphane, comédien de music-hall à Paris : le père d'Inessa. La première des trois enfants de ce couple d'artistes était née française, trois mois avant le mariage de ses parents. Son père se produit alors au théâtre de la Gaîté, entraînant sa mère dans une vie de bohème chaotique. Le couple se sépare après cinq ans. La grand-mère et la tante de la petite, en visite à Paris, décident d'alléger le fardeau de la mère célibataire, et ramènent avec elles l'une des filles. Inessa arrive ainsi à Pouchkino, dans la campagne près de Moscou. Les deux femmes lui donnent une éducation très raffinée, faite de musique, littérature et langues. Il faut dire que ce nouveau foyer se passe à merveille de présence masculine : la grand-mère assure l'intendance, la tante, préceptrice chez des familles moscovites de la bonne société, assure le revenu. Mais ses nouvelles tutrices envisagent un destin plus avantageux pour Inessa : un beau mariage bourgeois. Toutes deux décident ainsi, en 1891, alors qu'elle a 17 ans, de la placer dans l'une des familles chez lesquelles professe sa tante : la famille Armand.

Le fils de famille, Alexandre, doit justement rentrer d'une longue absence. Ils s'étaient connus avant qu'elle vienne s'installer dans la maison familiale, lorsque enfants ils partageaient des jeux d'été. Amusé par la gamine, Alexandre est conquis par la femme qu'il retrouve à présent. Le voilà déjà à la recherche d'un prétexte pour lui proposer de sortir. Le subterfuge trouvé laisse à désirer : il lui écrit afin de lui demander l'adresse d'un ami commun, et profite de la lettre pour glisser une invitation à son anniversaire : « Venez, nous vous attendrons, il y aura beaucoup de jeunes femmes pour seulement quatre ou cinq jeunes hommes. »

Il lui faudra être plus habile. Inessa est sauvage et dédaigne les hommes. A 18 ans, elle écrit à celui qui deviendra son mari ce qu'elle pense du genre masculin : « Ils pensent qu'ils sont les maîtres de la création. Ils ont un dédain absolu pour les femmes qui trouve son expression dans leur respect pour la faiblesse féminine. Ces hommes se croient terriblement généreux sous couvert d'amabilité, de faux respect, et de patience avec les femmes, comme ils accorderaient à un enfant. » Conclusion de sa jeune expérience des hommes, érigée en théorie : « Les femmes croient n'importe quoi, et les hommes mentent sans fin. » Il en faut plus pour effrayer Alexandre. Il sait qu'Inessa est une déracinée. Entre culpabilité et rébellion, elle n'a jamais compris ce renvoi soudain hors de France, vers cette Russie lointaine :

« Il est vrai que je n'ai pas une totale confiance en toi. Parce que tu ne me connais pas. Tu connais seulement mes bons côtés. Pas les mauvais [...]. J'ai l'impression que si je te déçois, cela mettrait un terme à notre amitié. J'en serais désolée. Vois comme je suis franche avec toi[12]. »

Difficile de faire confiance à quelqu'un. C'est qu'Inessa vient de connaître une nouvelle trahison : sa mère est finalement venue la rejoindre à Moscou. Les retrouvailles ont été de courte durée. Au bout de quelques mois, elle s'enfuit à nouveau avec un nouvel amant, Charles Louis Joseph Faure, dont la famille possédait le théâtre qui avait employé son mari.

Mais Alexandre saura vaincre la peur et les reculades à force de constance. Inessa l'épouse à Pouchkino, en 1893. Elle devient une mère de famille dont les conflits de l'enfance semblent apaisés. Cette vie lui offre beaucoup : elle a des domestiques, peut acheter tous les vêtements qu'elle souhaite. Alexandre est un mari gentil et attentionné, qui la laisse voyager à l'étranger sur un coup de tête. Elle a enfin un foyer, une stabilité dont elle a manqué... Alexandre lui offre beaucoup, certes, sauf l'excitation du danger. Il est trop bien établi pour s'offrir les affres d'une vie subversive.

C'est surtout son frère, Vlad, qui verse dans la révolution. Avec lui, tout va changer. En 1902, le jeune homme de 17 ans habite l'appartement familial du quartier de *l'Arbat* à Moscou, celui des artistes et intellectuels. Comme nombre d'étudiants moscovites, Vlad organise des meetings à son domicile. Calme, sérieux, arborant un bouc clairsemé, le frêle jeune homme aux petits yeux marron sincères est pour ses camarades d'une « simplicité apostolique hors du commun ». Inessa, qui a dix ans de plus que lui, assiste souvent à ces réunions clandestines. Elle s'enfuit des heures durant de la maison, pour rejoindre « Vlady », rentrant tard dans la nuit. Entre le désarroi et la colère, Alexandre ne peut s'empêcher d'admirer cette femme à l'esprit d'indépendance indomptable : « Quel personnage c'était ! » se souviendra-t-il à propos de cette période.

Mais un tel secret au sein d'une même famille ne peut rester bien longtemps dissimulé. Entre les deux hommes, Inessa doit faire un choix. Ils sont un jour tous trois à Eldigino, dans la propriété forestière d'Alexandre. Assis sur un canapé, Inessa pleure entre eux deux. Yvan, l'autre frère d'Alexandre, assiste à la scène et la retranscrit dans son journal : « Je ne peux pas me diviser en deux, répétait-elle. Je suis désolée. » Alexandre, magnanime, sait qu'il l'a perdue. Il continuera à l'entretenir, à payer son loyer tant qu'elle en aura besoin. Fidèle au-delà de la trahison, et sachant mettre son mouchoir sur sa blessure, Alexandre lui laissera la maison de Pouchkino, toujours ouverte comme un refuge. Inessa emménage avec le jeune Vlady, au nom de l'amour libre. Auprès de ce jeune rebelle qui veut changer le monde, elle se trouve une première mission : réhabiliter les prostituées et améliorer leur sort.

La liberté, hélas, n'a qu'un temps. Le 4 février 1905, le grand-duc Serge, gouverneur de Moscou, est assassiné. Immédiatement, la police arrête les étudiants radicaux. Alertés par les activités de Vlady, ils perquisitionnent le 8, rue Ostozhenka, à 4 heures du matin. Inna, la fille aînée d'Inessa, âgée de 4 ans, se souvient d'avoir été réveillée par un bruit soudain. La police était en train de fouiller l'appartement, retournant tout, y compris les lits des enfants. Sa mère, se tenant tout près d'elle, absolument calme, lui sourit et lui fait signe de ne pas pleurer : « Ne montre pas que tu as peur et ne dis rien. Si nécessaire, prends soin des plus petits », lui dit-elle.

La police trouve des lettres jugées suspectes dans la chambre des enfants, ainsi qu'un revolver. « Ne dis à personne que j'ai été arrêtée », lui glisse-t-elle encore tandis qu'on l'embarque. Transférée à la prison *Basmannaia* de Moscou, elle décrit son séjour :

« C'est pire que tout ce que j'avais prévu. Je suis parmi les ivrognes […]. Pendant la nuit, ces ivrognes sont amenés à l'intérieur, battus sans merci et mis au cachot. Quand ils me virent arriver, le gardien en chef me hurla "enlevez votre pantalon", et une fouille personnelle commença. Du paradis je tombais en enfer. Un coup puissant au-dessus de l'oreille m'introduisit dans le nouveau régime. »

Alexandre avait promis de veiller sur elle. Il œuvre sans relâche pour sa sortie. Malgré les mauvais traitements, Inessa n'est pas prête à renoncer à ses principes : « Quelle merveilleuse relation avons-nous, lui écrit-elle. A propos de ton offre de m'aider pour me faire libérer, n'en fais pas trop… Si c'est la même chose pour tout le monde, vas-y, mais si cela signifie de me traiter comme un cas spécial, je t'implore de ne pas le faire. »

Elle a beau implorer, Alexandre n'aura pas de répit avant le mois de juin, où il parvient finalement à la faire relâcher. Il y a cependant des conditions : il doit se porter garant de sa conduite, et Inessa ne doit pas quitter le territoire. Elle est toujours sous le coup d'une accusation de terrorisme, et de fabrication d'explosifs.

En prison, Vlady a contracté la tuberculose. Les médecins l'envoient à Nice pour se remettre. Inessa refuse de l'y retrouver : son zèle révolutionnaire s'est enhardi depuis sa réclusion, pas question de se prélasser sur la Côte d'Azur française. Un nouveau séjour de neuf mois en prison ne l'a pas fait revenir à de meilleurs sentiments. Au contraire, Inessa est à nouveau arrêtée, avec cette fois le chef d'accusation suivant : aide à l'insurrection armée. Elle est envoyée en exil à Mezen, sur les bords de la mer Arctique, avec les plus endurcis des prisonniers politiques.

Après quelques mois, elle s'enfuit déguisée en

paysanne, au milieu d'un groupe d'exilés polonais. Son plan d'évasion était bien pensé. Inessa est libre. Mais sans Vlady, qu'elle a rejoint à Nice. Trop tard. Fatiguée par cette course folle qui a duré six ans, voici comment la rebelle Inessa Armand a atterri au café des Manilleurs, à Paris, attablée au côté de Lénine.

## Romance parisienne

A 35 ans, lorsqu'elle rencontre l'homme de la Lena, sa vie a donc volé en éclats. Tous deux ont renoncé à une vie calme pour mener une existence mouvementée et clandestine. Inessa trouve en lui l'incarnation de sa détermination et de ses espoirs d'une humanité nouvelle. Lénine aime écouter cette femme inflexible autant qu'élégante. A Paris, elle sacrifie en effet à son obsession pour les chapeaux à plumes. La capitale lui apparaît comme un lieu idyllique fait de chic et de romantisme après les épreuves passées : « Les hommes portaient des chapeaux melons, les femmes, d'énormes chapeaux avec des plumes. Aux terrasses des cafés, les amants s'embrassaient de manière inconsidérée », remarque-t-elle.

Inessa intègre très vite les règles du chic parisien, aussi facilement que celles de la communauté du café des Manilleurs : un jour que l'écrivain Ilya Ehrenbourg[13] se joint à eux et ne sait que commander, Inessa répond à sa place : « Grenadine. Nous buvons tous de la grenadine. Seul Lénine boit toujours un demi de bière. »

L'été suivant, en juillet 1910, à sa grande surprise, Lénine l'a inscrite sur la liste des invitations officielles du congrès socialiste international de Copenhague, avec Rosa Luxemburg, Trotski, Plekhanov. Ils ne se connaissent alors que peu. Accordés au même diapason idéologique, de caractères complémentaires, leur relation évolue vite vers une convergence de vue sans faille.

Trois ans plus tard, elle lui confie les sentiments qui

l'animaient les premiers mois suivant leur rencontre : « Je ne savais pas quoi faire de moi, j'étais mal à l'aise, gênée, j'enviais ces braves gens qui entraient et parlaient avec toi[14]. » Leur relation prend du temps à se nouer, comme cela avait été le cas avec Alexandre, puis Vlady. Inessa craint toujours de faire confiance aux hommes.

Vite indispensable à l'organisateur de la révolution à venir, elle emménage avenue Reille avec deux de ses enfants, Varvara, fille d'Alexandre, et André, fils de Vladimir, dans un appartement donnant sur le parc Montsouris, non loin de celui de Lénine, rue Baunier. Or, Inessa est toujours mariée à Alexandre Armand, et Lénine avec Nadia Krupskaïa. On imagine les présentations plus que délicates entre les deux femmes. Inessa et Nadia développent pourtant, contre toute attente, une forte amitié. Leur engagement féministe les lie, au-delà de la jalousie qui aurait pu les séparer.

Toutes deux se répartissent les tâches autour de Lénine : Nadia s'occupe de la correspondance avec les militants de la Russie, Inessa de celle avec les autres militants communistes d'Europe. Les deux femmes collaborent ainsi étroitement. Nadia, qui n'avait pu offrir de foyer à son mari, aime être avec Inessa et ses enfants.

Angelica Balabanoff, la communiste et féministe qui a délaissé Mussolini pour Lénine, n'aime pas cette intrigante : « Je ne l'ai pas accueillie chaleureusement », dit-elle, avant de s'en expliquer : « Elle était pédante, 100 % bolchevique dans sa manière de s'habiller, toujours le même style sévère, ainsi que dans sa manière de parler, de penser[15]. » Pour Angelica, Inessa est plus radicalement léniniste que Lénine lui-même. C'est que le leader est en plein désarroi en cette période. Il est assis sur des ruines. La fuite des militants « liquidateurs » qui prônent un retour aux activités légales l'a abattu. Il sait qu'il doit s'organiser pour diffuser sa pensée. Il est de plus en plus surmené, ayant parfois du mal à suivre sans nervosité le cours des affaires.

Nadia s'inquiète pour lui. Elle s'adresse à sa mère, maman Oulianov, et à sa jeune sœur, Anna. Toutes trois concluent qu'il faut l'expédier vers un lieu de repos approprié, pendant au moins quinze jours. Ce sera Nice. Elles l'y envoient seul, afin d'observer un repos total. « Je me repose à Nice, écrit-il à Anna, c'est délicieux, l'air est chaud, on a le soleil et la mer. » La dizaine de jours d'inactivité est cependant une limite infranchissable pour Lénine l'hyperactif.

Inessa, avec l'aide habituelle d'Alexandre, loue pendant ce temps une maison dans la grand-rue de Longjumeau. Pour diffuser la pensée de Lénine, il faut l'enseigner. Ils établiront ici leur première école socialo-marxiste. L'endroit – qui abrite aujourd'hui un restaurant de spécialités turques à emporter, nommé *Kebab Lénine* – peut loger trois étudiants. Elle y loue également un atelier de forgeron, ainsi que la maison d'à côté, où les classes auront lieu. Elle fournit les meubles, et supervisera le cursus au quotidien. L'école ouvre le 11 juin, « dans une chaleur insupportable », selon Nadia, avec 18 étudiants. Les futures figures éminentes du communisme s'y trouvent, ce qui n'empêche pas les professeurs de se promener pieds nus dans les classes.

Lénine et Nadia vivent à l'opposé du bourg, mais dînent chez Inessa chaque soir. Parfois, les étudiants s'allongent dans les champs et entonnent des chansons. Lénine les accompagne. Travailler ensemble à cette œuvre commune renforce leurs liens. Bien qu'il y ait eu des soupçons à Paris, beaucoup de camarades croient que c'est à Longjumeau que « l'affaire » entre Lénine et Inessa se concrétisa. Elle donne sa propre version en écrivant à Lénine en 1914 :

« Seulement à Longjumeau, durant l'été où je faisais tes traductions, je me suis faite un peu à toi […].

J'aimais t'écouter, et plus spécialement te regarder quand tu parlais. Premièrement, ton visage était si animé, et tu étais si absorbé que tu ne me remarquais pas t'observant. [...] A ce moment, je n'étais pas amoureuse de toi, mais je t'aimais déjà beaucoup [16]. »

La romance n'échappe à personne : « Lénine, avec ses petits yeux mongols, regarde sans cesse cette petite Française », rapporte le socialiste français Charles Rappoport qui fréquente l'école. La mère de Nadia s'indigne de cette situation inconvenante. Elle tente de persuader sa fille d'en sortir. Nadia offre ainsi à Lénine de le quitter pendant l'été 1911, pour le laisser vivre son histoire avec Inessa. Ce n'est pas la première fois qu'elle le lui propose. Il lui demande de rester. Elle aussi lui est indispensable. Nadia a partagé sa vision. Elle le comprend parfaitement, et lui procure, dans leur voyage sans fin, une stabilité, un repère. Inessa flatte et son intellect et sa passion, le ramenant à un niveau simplement humain, celui de l'affect. Ils partagent l'amour de Beethoven, et ont tous deux modelé leur personnage sur ceux du roman de Chernyshevsky, *Que faire ?* Ils se projettent dans le rôle du héros et de l'héroïne [17].

De retour à Paris après la période Longjumeau, à la fin de l'été 1911, Inessa loue un appartement au 2, rue Marie-Rose, dans l'immeuble jouxtant celui où Lénine et Nadia habitent désormais. Privé d'enfants, le couple reporte ce manque sur ceux d'Inessa. « Toi, tu es un bolchevique », disait-il à André, le fils qu'Inessa avait eu avec Vlady.

Une symbiose entre les deux familles s'installe peu à peu. Lénine a réussi à convaincre Nadia qu'il ne la quitterait jamais. Elle accepte donc Inessa dans leur vie, pendant six ans de ce que l'on peut appeler un ménage à trois.

## Ménage à trois

Mais une femme – ni même deux – ne peut suffire à satisfaire Vladimir Ilitch. L'expérience de Longjumeau n'a fait qu'accroître son ambition. Il doit trouver un autre moyen de faire entendre sa pensée, jusqu'en Russie. L'été suivant, Lénine et Nadia se rendent à Cracovie, alors en Pologne autrichienne. La police autrichienne ne collaborant pas avec l'Okhrana, Lénine y sera plus libre pour imprimer ses pamphlets. Nadia, passée experte dans l'art de brouiller les pistes autour d'eux, s'arrange avec les femmes paysannes du marché pour faire parvenir ses lettres en Russie. Lénine entreprend de lancer un journal, la *Pravda*. A Saint-Pétersbourg, les éditeurs sont réticents. Il n'est là-bas encore qu'un agitateur parmi d'autres. Il lui faut envoyer un émissaire pour tenter de les convaincre. Il choisit Inessa, qui est toujours activement recherchée par la police secrète.

Elle aussi est passée maître en matière de déguisement. Répétant le modèle de son évasion réussie d'exil, où elle s'était fait passer pour une Polonaise, elle franchit la frontière russe avec le passeport d'une paysanne nommée Francisca, et se déguise avec de vieilles bottes et un châle. La police n'est pas dupe, mais ne l'arrête pas. Désormais proche de Lénine, Inessa vaut plus en liberté qu'en prison. On préfère la filer. Elle conduira peut-être à l'activiste. Les éditeurs restent de marbre face à l'éloquente Franco-Russe. Hors de question pour la police secrète de la laisser quitter le pays sans en avoir tiré quelques informations sur les manigances de Lénine. Inessa est arrêtée le 14 septembre à l'occasion d'un meeting féministe. Elle subit un interrogatoire continu pendant deux semaines. Ne cédant pas, elle prétend être la paysanne Francisca. Pendant six mois elle est confinée à l'isolement. Il lui faut se battre pour garder une hygiène, une identité, et même la santé mentale la plus élémentaire. Alexandre, toujours fidèle, lui rend visite régulièrement. Il réussit une fois de plus à arracher une libération provisoire, le 20 mars 1913, contre 5 400 roubles, une somme considérable, dix fois supérieure aux condamnations en vigueur. Pas de quoi se réjouir, car Inessa doit être jugée quelques mois plus tard. N'attendant pas son procès, elle s'enfuit clandestinement. Elle retrouve sa nouvelle famille, Lénine et Nadia, à Cracovie :

« Mon cher, je suis déjà en Autriche et je compte y rester quelque temps. Il n'y a pas beaucoup à écrire à propos de cela. Je reste dans les montagnes… les nuages viennent jusqu'à ma fenêtre. Je regrette beaucoup de vous avoir obéi. »

C'est donc le sage Alexandre qui a organisé sa fuite. Nadia se souvient de cette époque : « Nous marchions beaucoup, et nous visitâmes Czarnystaw, un lac d'une extraordinaire beauté. Nous devînmes tous très attachés à Inessa, elle semblait toujours être de bonne humeur. Tout semblait plus chaleureux et plus vivant quand Inessa était présente[18]. »

L'ambiance dans le trio est au beau fixe. Avant le déjeuner qui est servi à 12 heures, chacun d'eux travaille dans un coin différent du jardin. Inessa joue la *Sonate au clair de lune* de Beethoven pour Lénine, pendant que Nadia la contemple, notant qu'« il était particulièrement agréable de travailler en musique ».

Nadia apprécie de découvrir Inessa dans un cadre plus intime. Les deux femmes s'étaient rencontrées à Paris, mais il y avait beaucoup de monde là-bas. A Cracovie, elles vivent dans un petit cercle de camaraderie isolée : « Elle nous dit beaucoup de choses à propos de sa vie et de ses enfants. Elle me montra leurs lettres et en parlant d'eux, elle semblait irradier de chaleur et d'ardeur », explique-t-elle.

*Cracovie, c'est fini...*

A Noël 1913, le bonheur semble compromis : la santé de Nadia, qui souffre de la maladie de Basedow, se détériore. On doit l'opérer d'un goitre. L'intervention a lieu à Berne, sans anesthésie. La convalescence sera difficile. Lénine décide de mettre un terme à sa relation avec Inessa. Il doit protéger Nadia, plus affaiblie que jamais. A Paris, où elle passe les fêtes de fin d'année, Inessa se languit terriblement de lui :

« Mon cher,

Je suis dans la ville lumière, et la première impression m'est répugnante. Tout m'irrite ici. Les rues grises, les femmes trop apprêtées... Quand je suis arrivée sur la rue d'Orléans les souvenirs venaient de toutes parts. Je suis devenue si triste que c'en était effrayant. Je me souviens de mes anciennes humeurs, mes sentiments, et c'est désolant de penser qu'ils ne reviendront jamais [...]. Tu ne reviendras jamais, je le sais. Tu m'as demandé si j'étais en colère que ce soit toi qui aies décidé la séparation. Non, je ne pense pas que tu l'aies fait pour toi-même. »

Lénine n'est, semble-t-il, pas le seul à lui manquer :

« Il y avait beaucoup de bon à Paris dans ma relation avec N.K. [Nadia Krupskaïa], continue-t-elle. Dans nos dernières discussions, elle me dit que je lui étais devenue chère et proche à ses yeux, et moi-même je l'ai aimée depuis quasiment la première rencontre. Elle avait tant de charme et de douceur. Quand j'étais à Paris, j'aimais aller la voir à son bureau, m'asseoir sur sa table et parler des affaires du parti, puis de toutes sortes de choses. »

Les idées se font noires. Après le suicide d'une camarade, Inessa envisage le pire : « La mort de Tamara était une telle horreur que je ne peux la dépasser. Et en même temps, il y a quelque chose de si tentant. » Elle doit quitter cette ville où le souvenir de Lénine est partout, risquant à chaque instant de la faire sombrer :

« Je vais aux endroits qui nous sont familiers, et je mesure, comme jamais, quelle grande place tu occupais dans ma vie, ici, à Paris. Toutes nos activités sont emplies de milliers de pensées de toi. Je n'étais pas tout le temps amoureuse de toi, mais oui, je t'aimais. Même maintenant, je saurais me passer des baisers, si seulement je pouvais te voir. Te parler parfois serait une telle joie, et ne causerait aucune peine à personne. Pourquoi devrais-je renoncer à cela ? »

En juin 1914, Lénine ordonna à Inessa de lui renvoyer « leurs lettres », pour les détruire. Il veut effacer toute trace de leurs sentiments. « Nous sommes séparés… Et ça fait tellement mal », lui avoue-t-elle dans une missive écrite à Paris, et jamais envoyée. Mais en ce début de guerre, Lénine est arrêté comme espion. Avec l'aide de fonds levés depuis la Suisse, Inessa obtient sa libération. Nadia la rejoint et, ensemble, elles louent un appartement au 11, Diestelweg, à Berne. Le trio reprend là où il s'était arrêté. Nadia confie dans ses notes : « Pendant des heures, on se promenait en lisière de forêt. Nous étions un trio, V. Ilitch, Inessa et moi. Parfois on s'asseyait sur une souche couverte de mousse. Ilitch relisait ses textes, pendant que j'apprenais l'italien. Inessa portait une jupe et se délectait de la chaleur du soleil. »

Inessa profite surtout de ce séjour dans la montagne pour écrire un pamphlet sur l'amour libre. Elle veut être une avocate ardente de la liberté de la femme. Un événement advenu des années auparavant, alors qu'elle vivait encore avec Alexandre, l'avait décidée à embrasser la cause féminine. Enceinte de leur troisième enfant, on lui avait refusé l'entrée de l'église à Pouchkino. Selon les croyances orthodoxes, sa grossesse la rendait impure, elle ne pouvait recevoir la bénédiction. Elle qui avait toujours été croyante se sentit une nouvelle fois rejetée, et, pis encore, méprisée pour ce qu'elle était.

Elle envoie à Lénine sa diatribe, espérant trouver en lui un lecteur sagace. Son écoute a des limites bien définies : il bat en brèche ses conclusions, en prenant soin de lui faire passer l'envie de recommencer. Pourtant pratiquant, Lénine n'est pas croyant en matière d'amour libre : « Les baisers maritaux sans amour, lui rétorque-t-il, sont impurs. Mais que définissez-vous alors comme l'opposé ? Une passion flottante ? C'est-à-dire, par définition, sans amour non plus. Il s'ensuit logiquement que ces baisers sans amour, puisqu'ils sont flottants, sont l'opposé des baisers sans amour échangés entre mari et femme. Etrange, non [19] ? »

Etrange surtout dans la bouche d'un homme vivant entre sa femme et sa maîtresse. Il ne prend d'ailleurs aucune précaution pour la dissuader de traiter de ce sujet :

« *17 janvier 1915,*

*Chère amie,*

*Je vous conseille d'écrire le plan de votre pamphlet de la manière la plus détaillée possible. Autrement, trop de choses restent obscures. Il y a une autre opinion que je voudrais exprimer ici. Je vous conseille de faire disparaître tout entier le paragraphe 3, "la demande des femmes pour l'amour libre". Cela n'est pas vraiment un problème prolétarien, mais une revendication bourgeoise. Et puis, après tout, que comprenez-vous par cette phrase ? Qu'est-ce qui peut en être compris ?*

*1. Liberté envers les calculs matériels et financiers dans les questions d'amour ? [...]*

*3. Envers les préjugés religieux ?*

*4. Envers les interdictions de papa, etc. ?*

*5. Envers les préjugés de la "société" ? [...]*

*7. Envers les chaînes de la loi, des tribunaux et de la police ?*

*8. Envers l'élément sérieux en amour ?*

9. *Envers la grossesse ?*

10. *Liberté d'adultère ?, etc.* »

Ces considérations féminines sur le droit à l'amour libre ne sont pour Lénine que « balivernes et stupidités ». Rien de plus. Pourquoi pas non plus « syndiquer des prostituées[20] » ! La voilà au fait d'une dimension moins connue du léninisme, sa limite en matière de liberté sexuelle des femmes.

## Et Lénine créa la femme

Après plusieurs années de cavale à travers l'Europe et autant de séjours en prison, Lénine s'est forgé une réputation auprès des militantes féminines de la cause communiste : celle d'un « véritable hypnotiseur », dont on ne peut se détacher, mais avec lequel mieux vaut garder ses distances[21]. Rosa Luxemburg, la chef de file du socialisme allemand et du féminisme naissant, s'émerveille déjà en 1907, au congrès de la IIe Internationale à Stuttgart, de l'allure d'un militant encore anonyme : « Regarde bien celui-là, glisse-t-elle à l'oreille d'une amie qui l'accompagne, c'est Lénine. Vois ce crâne énergique. Un vrai crâne de paysan russe, avec quelques lignes légèrement asiatiques. Ce crâne a l'intention de renverser des murs. Peut-être qu'il sera brisé, mais il ne cédera pas. »

Depuis son enfance, Lénine sait s'attirer le soutien et l'assistance des femmes, nombreuses à s'affairer autour de lui. Lénine ne fait confiance qu'à elles. Il a besoin de s'entourer d'une intimité qui ne soit pas celle de rivaux politiques. Comprenant très tôt l'enjeu que peut représenter cette masse brimée, il se présentera comme un féministe : « Il ne peut y avoir de véritable mouvement de masse sans les femmes… Nous ne pouvons exercer la dictature du prolétariat sans avoir des millions de femmes de notre côté », dira-t-il. Pour Lénine, *la* femme doit se libérer en tant que travailleur ; en passant du champ à l'usine, s'entend. Ainsi son désir d'inclure *les* femmes dans le mouvement de libération prolétarienne va-t-il en faire le chouchou de ces dames, qui lui passent tout.

Pourtant, les idées de Lénine concernant la femme laissent peu de place à la fantaisie. Au point de nous faire douter de ses dons pour l'empathie féminine. L'exploitation d'un sexe par l'autre lui paraît être un problème bien futile, voire nocif :

« Je me méfie des théories sexuelles et de toute cette littérature spécialisée qui croît abondamment sur le fumier de la société bourgeoise. [...] Je considère cette surabondance de théories sexuelles, qui sont pour la plupart des hypothèses, et souvent des hypothèses arbitraires, comme provenant d'un besoin personnel de justifier devant la morale bourgeoise sa propre vie anormale ou hypertrophique. » S'intéresser ainsi de trop près aux choses du sexe est à la limite d'être contre-révolutionnaire : « Cela peut paraître aussi subversif que l'on voudra, c'est, au fond, profondément bourgeois. C'est surtout une mode d'intellectuels. »

Lénine sait néanmoins s'attirer la « sympathie » des égéries féministes de la première heure, parmi lesquelles Inessa Armand, Alexandra Kollontaï, Angelica Balabanoff. Elles vont l'aider à séduire politiquement les femmes, en adaptant sa théorie de la révolution aux mouvements féministes du début du siècle.

Alexandra Kollontaï, un temps assistante personnelle de Lénine, milite pour la transformation des mentalités : elle propose une sorte de « communisme sexuel ». Elle veut faire tomber les barrières qui restreignent la liberté et l'épanouissement intimes sous le régime des tsars.

Malgré la fréquentation de nombreuses femmes, Lénine reste quelque peu méprisant envers les questions de sexualité et de vie conjugale. Ses conceptions ont été tranchées il y a bien longtemps, et il n'est pas question d'en changer. Lorsqu'on lui propose d'inclure ces problèmes à son programme, il dégaine instantanément ses plus lourds arguments :

« Je vous en prie, est-ce que c'est le moment d'entretenir pendant des mois les ouvrières de la question de savoir comment l'on aime et comment l'on doit être aimé ? Actuellement, toutes les pensées des camarades, des femmes du peuple travailleur doivent être dirigées vers la Révolution prolétarienne. Car seule elle crée les bases d'un véritable renouvellement des rapports sexuels. Actuellement, il y a des problèmes véritablement plus importants à résoudre que la question des formes du mariage chez les nègres de l'Australie ou celle du mariage consanguin dans l'Antiquité. »

Les écrits d'un certain Sigmund Freud agitent, en ce début de siècle, bien des esprits. Mais certainement pas celui de Vladimir : « L'écrit le plus répandu en ce moment est la brochure d'une jeune camarade de Vienne sur la question sexuelle. C'est de la foutaise ! La discussion sur les hypothèses de Freud vous donne un air "cultivé" et même scientifique, mais ce n'est au fond qu'un vulgaire travail d'écolier. »

Les jeunes socialistes, intéressés au plus haut point par ces nouvelles perspectives sexuelles, ne sauraient aller trop loin dans l'étude de l'inconscient sans subir les remontrances de Lénine :

« Le mouvement des jeunes est atteint, lui aussi, de "modernisme" dans son attitude vis-à-vis de la question sexuelle. Cette question l'occupe d'une façon exagérée. [...] Cette erreur est particulièrement nuisible et dangereuse. Car elle peut facilement conduire chez certains camarades à une exagération du point de vue sexuel, et à la perte de la santé et de l'énergie. »

En instituteur russe de la fin du XIXe, Lénine prône – pour les autres – la maîtrise des passions, le refoulement intime :

« Quoique je sois rien moins qu'un ascète, cette prétendue "nouvelle vie sexuelle" de la jeunesse – et parfois aussi de l'âge mûr – m'apparaît comme purement bourgeoise, comme une extension du bordel bourgeois. [...] Vous connaissez certainement cette fameuse théorie, selon laquelle la satisfaction des besoins sexuels sera, dans la société communiste, aussi simple et sans plus d'importance que le fait de boire un verre d'eau. Cette théorie du verre d'eau a rendu notre jeunesse complètement folle. »

Pour lui, les discours des congrès politiques tenus par des femmes ne sont que des balivernes : « Pouvez-vous sérieusement me donner l'assurance que, dans vos réunions féminines, la question sexuelle est traitée du point de vue du matérialisme historique ? Cela suppose des connaissances profondes et variées, et la possession d'un matériel considérable. Avez-vous les forces pour cela ? » demande-t-il à Clara Zetkin, grande théoricienne allemande du féminisme de la première heure. Lénine répète en effet à qui veut l'entendre qu'il n'a jamais connu une femme capable de lire *Le Capital*, ni de se débrouiller d'un tableau horaire des trains, ni même de jouer aux échecs.

Sur la question du sexe, il demeure un puritain opposé à la libération intime des femmes, et revêche à la notion même de plaisir :

« Je n'ai aucune confiance dans la sûreté et la persévérance dans la lutte des femmes chez qui le roman personnel s'allie avec la politique. Pas plus que dans les hommes qui courent après toutes les jupes et s'amourachent de toutes les femmes. Non, non, cela ne s'accorde pas avec la révolution[22] ! »

Le programme de l'ancien déporté sibérien se défend à grands cris de toute espèce d'ascétisme : « Des corps sains, des cerveaux sains : ni moine, ni don Juan, ni non plus, comme milieu, le philistin allemand. » Lénine le prude se dit incorruptible. Du moins a-t-il tenté de nous le faire croire. Car du « ni moine ni don Juan » il n'a gardé pour lui-même que le premier commandement.

## La triplette du Kremlin

Berne, mars 1917. Les Lénine font la vaisselle lorsqu'un camarade vient annoncer le début de la révolution. Vladimir file à la librairie russe de la ville. Il comprend que son moment d'achèvement, son but, celui de toute sa vie, aura lieu maintenant. « Nous rêvons tous de partir[23] », note Inessa.

Lénine doit rentrer en Russie par tous les moyens. Il tente de passer en Allemagne, avec le passeport d'un Suédois muet, pour ne pas avoir à parler et à prouver sa nationalité. C'est un échec. Si Lénine ne peut se rendre en Allemagne, l'Allemagne viendra à lui : par l'intermédiaire du camarade financier Jakob Fürstenberg, il est contacté par les services secrets allemands, qui lui offrent d'organiser son transfert jusqu'en Russie. Seulement, les Allemands voient le voyage en petit : ils ne prévoient d'acheminer que deux personnes. Zinoviev, à ses côtés, leur fait télégraphier : « Tonton veut en savoir plus. Transit officiel individuel inacceptable[24]. » Ils seront finalement trente-deux.

Lénine écrit à Inessa : « J'espère que nous commencerons notre voyage avec toi. Avec toi, je l'espère. » S'il doit prendre le pouvoir, elles doivent être toutes deux à ses côtés. Le train sera scellé et aura le statut extraterritorial, pour éviter toute arrestation. Lénine, anxieux, doit se mettre entièrement entre les mains d'un ennemi, le Kaiser Guillaume II, cousin du tsar qu'il part renverser. Ils arrivent à Pétersbourg sans encombre. Farouche admiratrice de Lénine, c'est Alexandra Kollontaï qui permet l'affrètement du train scellé qui le ramène de son exil suisse au travers des lignes de front allemandes, grâce à son habileté à lever des fonds. C'est elle qui l'accueillera un bouquet à la main en gare de Finlande le 11 avril 1917, au milieu d'une foule en liesse.

Au gouvernement issu de la révolution d'octobre, Lénine place ses hommes. Et ses femmes. Maria, sa sœur, occupe une position stratégique à la rédaction de la *Pravda*. Inessa prend la direction du Soviet de Moscou. Le nouveau gouvernement est formé par des commissaires du peuple, qui ont la fonction de ministres. Alexandra Kollontaï est nommée ministre de l'Assistance publique. Inessa, qui briguait ce poste, ne comprend pas d'être supplantée par Kollontaï, et soupçonne une liaison. Alexandra consignera ses souvenirs dans un roman, *Un grand amour*. Est-il réellement imaginaire? La relation passionnée qui y est décrite serait-elle la leur? La trame de l'histoire pourrait très bien être inspirée par une relation entre Lénine et Kollontaï elle-même. Elle partagea en effet son quotidien au cours de l'année 1915, en Suisse, et tous deux connurent une période de promiscuité indéniable.

Vexée, Inessa part pour Pouchkino. Alexandre, légalement toujours son mari, l'accueille à bras ouverts.

En septembre 1918, une menchevique tire sur Lénine, qui passe à deux doigts de la mort. Inessa veille sur lui pendant sa convalescence, délaissant à nouveau Alexandre. L'histoire se répète. Nadia, Inessa, Vladimir forment ainsi une union qui donne naissance à l'Union soviétique, et dirige le premier Etat communiste, depuis le Kremlin. Ce n'est pourtant ni Nadia, de santé fragile, ni Lénine, affaibli par ses blessures, qui quitteront la scène en premier.

Au début de l'année 1920, Inessa est épuisée par la vie au Kremlin et les fonctions politiques qu'elle y occupe. Elle est chargée en effet de la question paysanne au Comité central bolchevique. Dans un immense pays où la population est encore aux trois quarts paysanne, on imagine l'ampleur de la tâche. Lénine l'envoie en vacances forcées à Sotchi, sur les rives de la mer Noire, pour du « repos ». A son arrivée, elle commence à écrire un journal : « Je vais écrire tous les jours bien que ma tête soit lourde, et je me sens comme si je m'étais changée en estomac qui digère à longueur de journée. » Les idées noires qui l'avaient hantée à Paris réapparaissent : « Je me souviens du Lazare biblique qui s'était réveillé d'entre les morts, et avait gardé sur lui les stigmates de la mort. Et cela effrayait les gens. Moi aussi je suis comme un mort vivant, et cela est terrible[25]. »

Vidée par l'amour pour cet homme totalement dévoué à sa cause, Inessa laisse une dernière note : « Je suis désormais indifférente à tout le monde. Tout le monde m'ennuie. J'ai seulement encore des sentiments chaleureux pour les enfants et pour V.I. A part eux, c'est comme si mon cœur était mort. Comme si, en abandonnant ma volonté, ma passion à V.I. et à son travail, tous les printemps d'amour avaient séché en moi. »

Pour les romantiques, trouve-t-elle encore la force ou le dégoût d'écrire « l'amour occupe la première place dans leur vie, il vient avant toute autre chose ». Hélas, Lénine n'était pas un romantique.

Le 11 octobre, à 3 heures du matin, Polina Vinogradskaïa, une amie proche d'Inessa, est réveillée par le téléphone. Au bout du fil, Lénine lui annonce l'arrivée en gare de Kazan du corps d'Inessa Armand. Elle est morte le 24 septembre 1920, au petit matin, après une nuit d'agonie.

Il fait encore nuit quand Polina arrive à la gare. Elle y retrouve Lénine et Nadia, accompagnés des enfants d'Inessa. Nombre de femmes communistes attendent le convoi funèbre[26]. Vers 8 heures du matin, le petit groupe se met en marche en direction du Kremlin. Lénine insiste pour suivre à pied le cercueil sur les trois kilomètres.

Elle est enterrée dans un des murs du Kremlin. Le message lapidaire « Au camarade Inessa, de V.I. Lénine » fait office d'épitaphe.

Lénine est bouleversé. A ses côtés, Nadia et Alexandre pleurent la disparue. On ne sait lequel des trois est le plus affecté. Angelica Balabanoff, qui n'avait pas accepté l'intrusion d'Inessa dans l'entourage du leader soviétique, assiste également aux funérailles. Elle y voit un Lénine méconnaissable de douleur : « Pas seulement son visage, mais tout son corps exprimait tellement de peine, que j'ai failli ne pas le reconnaître. C'était clair qu'il voulait être seul avec son chagrin. On aurait dit qu'il avait rétréci. Son chapeau couvrait presque tout son visage, ses yeux semblaient noyés de larmes qu'il retenait avec peine[27]. » Alexandra Kollontaï, également présente, ne peut que constater sa peine : « Il marchait les yeux fermés, et à chaque instant, on pensait qu'il allait tomber à terre[28]. »

Nadia pleure ouvertement. Elle veut honorer sa camarade, et rédige elle-même la nécrologie de celle qui fut aussi la compagne d'une partie de sa vie. Lénine et Nadia deviennent les tuteurs d'André, qu'ils considèrent comme leur propre enfant.

La famille Armand restera intouchable pendant toute la période stalinienne, conservant sa grande propriété de Pouchkino, ainsi que son appartement du 9, rue du Manège, que Lénine avait fourni à Inessa après la révolution. Avoir été dans l'intimité du fondateur lui permit d'être à l'abri des foudres de son successeur, Staline : la figure d'Inessa, l'amante aimée du père du communisme, restera inattaquable.


## Jeu de dames au Kremlin

### Secrétaires particulières

Kremlin, mai 1921. Vladimir est victime d'une attaque[29]. Gérant avec dextérité l'intendance du nouvel Etat socialiste, les femmes de Lénine vont le soutenir après l'attaque cérébrale qui le paralyse pendant un an et demi. Privé de son côté droit, et à certains moments de la parole, il ne peut plus écrire ni travailler. Les médecins lui permettent, après une période d'éloignement total des affaires, de reprendre ses activités par l'intermédiaire de la dictée. Ce travail de confiance sera assuré uniquement par des femmes : son épouse Nadia, sa sœur Maria, sa secrétaire Fotieva. En effet, à son arrivée au Kremlin après la prise du pouvoir, Lénine s'est entouré d'une véritable *armada* féminine de secrétaires. Parmi elles, Lidija Aleksandrovna Fotieva, la secrétaire principale, qui se charge de recevoir les hôtes étrangers, ainsi qu'une certaine Nadia Allilouyeva, qui n'est autre que la très jeune femme de Staline. Elles lui apportent un surplus d'organisation et de douceur, lui permettant de poursuivre son travail acharné à la tête d'un Etat en ruine et menacé par la guerre civile.

Lénine ainsi amoindri, les successeurs rôdent. Trotski et Zinoviev visent la tête du parti. Staline, homme du tout ou rien, a d'autres projets en tête. Il exprime des réserves à l'égard de Lénine. Le « vieux[30] » est dépassé, bon à mettre à la retraite, il n'est vraiment plus dans le coup. Or, il a encore besoin de lui : il doit le nommer successeur officiel à la tête du parti. Comment régner sur un empire aussi grand que celui de la Russie communiste sans l'accord du père de la révolution ?

En octobre 1922, Lénine reprend la conduite des affaires. Pour combien de temps ? Il est affaibli et se sait condamné. Le soir de Noël, il dicte à l'une de ses secrétaires sa « lettre au congrès », en vérité son testament politique : « Je pense que la présence au CC de membres tels que Staline et Trotski est une menace pour la stabilité [...]. En devenant secrétaire général, le camarade Staline a concentré entre ses mains un pouvoir immense, et je ne suis pas sûr qu'il sache toujours l'utiliser avec suffisamment de prudence. » Quelques jours plus tard, il fait rajouter la mention « Staline est trop grossier […] je propose aux camarades […] d'écarter Staline de ce poste. » Une fois rendu public, le camouflet sera sans appel.

Seule Nadia Krupskaïa est autorisée à ouvrir cette lettre après sa mort. Pressent-elle l'enjeu énorme qu'est la succession politique de son mari, et dont elle est pour l'instant le détenteur ? La femme de Staline, en tant que secrétaire de Lénine, en connaît également le contenu. Que pense-t-elle de tout cela ?

## Nadia face à Staline

Le 22 décembre, Staline, désigné comme responsable, depuis quelques jours, du fonctionnement du régime, se dispute violemment avec Nadia Krupskaïa. Il lui reproche grossièrement d'avoir laissé son mari se « fatiguer » en rédigeant des lettres et la menace de la traduire devant le Comité central. Ses propos sont édifiants : « Pourquoi devrais-je me mettre sur mes pattes arrière pour elle ? Coucher avec Lénine ne garantit pas automatiquement la compréhension du marxisme-léninisme. Juste parce qu'elle se sert des mêmes toilettes que Lénine… »

Dans un style tout en finesse donc, Staline expose clairement à Nadia les difficultés auxquelles elle devra faire face à la mort de Lénine. Il explicite, la menaçant de bien pire que de la traduire en justice : si elle n'obéit pas, il fabriquera pour l'histoire une autre veuve à Lénine, en lui nommant une autre épouse officielle : « Si elle ne ferme pas sa bouche, le parti appointera la vieille Elena Stasova – qui était une amie très proche d'Inessa – comme veuve officielle de Lénine à sa place. »

Nadia attend le 5 mars 1923 pour parler de l'altercation à Lénine. Fou de colère, il écrit immédiatement à Staline :

« Estimé camarade Staline.

Vous avez eu le front d'appeler ma femme au téléphone

et de l'offenser. Quoique ayant accepté d'oublier ce qui a été dit, elle en a néanmoins parlé à Zinoviev et Kamenev [...]. Je n'ai pas l'intention d'oublier ce qui a été fait contre moi, car il va sans dire que ce qui a été fait contre ma femme a été fait contre moi. Je dois donc vous demander de décider si vous êtes ou non disposé à retirer vos propos et vous excuser, ou si vous préférez rompre toutes relations entre nous. »

La tension qui règne au Kremlin laisse Nadia dans un état pitoyable. Clara Zetkin la croise à cette période. Elle ne l'avait pas vue depuis Berne, en 1915. « Avec ses cheveux plats, ramenés en arrière, rassemblés derrière la tête en un chignon fait sans aucun art, avec son costume extrêmement sobre, on aurait pu la prendre pour une ouvrière fatiguée », remarque-t-elle.

Lénine fait une nouvelle attaque le 10 mars. Il n'est plus capable de rédiger ni de dicter des lettres. Staline fait allégeance et nie toute insulte envers Nadia. Il demande à Lénine de l'excuser. Mais Lénine a pris sa décision : il ne modifiera pas son testament.

Après sa disparition en janvier 1924, Nadia développe bon gré mal gré une relation de travail avec Staline, successeur de son mari. Mais la tâche n'est pas de tout repos : en 1925, elle choisit de soutenir Kamenev et Zinoviev, compagnons d'exil de Lénine à Longjumeau, qui avaient partagé leur intimité, contre Staline. « Je dirai au monde qui était vraiment la femme de Lénine », la menace-t-il encore.

Staline est lui aussi frappé par le deuil : sa femme décède en novembre 1932. Nadia tient sa revanche. Elle envoie un message lourd de sens à Staline :

« Cher Josef Vissarionich,

J'ai pensé à toi récemment. Et je souhaite t'offrir mon soutien. Il est difficile de perdre la personne dont on est le plus proche. Je me souviens de conversations que j'ai eues avec toi dans le bureau d'Ilitch durant sa maladie.

Elles m'avaient donné de la force à l'époque. Je serre encore ta main.

Nadejda Krupskaïa ».

Le message est une provocation déguisée : Nadia fait référence à leur dispute, la fameuse conversation pendant laquelle il la couvrit d'insultes et manqua de se faire écarter du pouvoir. Elle montre à Staline qu'elle n'oublie pas. Poussant la rancœur jusqu'au bout, elle le tutoie, et n'orthographie pas son nom convenablement : elle écrit Vissarionich au lieu de Vissarionovitch. Elle n'emploie enfin pas les formules de politesse dues à son rang. Nadia rappelle à Staline que, pour elle, il n'est qu'un petit jeune que son mari voulait renier. C'est une humiliation pour l'homme le plus puissant de Russie.

Staline attendra plus de six ans pour lui rendre la pareille. Vers 1938, durant les grandes purges, Nadia et Maria, la fidèle sœur de Lénine, font appel à la bonté du *Vojd*, au nom de vieux camarades qui doivent être exécutés. Il les accueille vertement et leur hurle au visage : « Qui êtes-vous en train de défendre ? Vous défendez des assassins ! », avant de les congédier *manu militari* de son bureau.

Le soir du 26 février 1939, Nadia invite ses amis à venir fêter son soixante-dixième anniversaire. Staline fait envoyer un gâteau. Plus tard dans la soirée, elle est prise de violents maux de ventre, symptômes dus, selon certains, à un empoisonnement. Transportée à l'hôpital dans la nuit, Nadia décède le lendemain matin. Elle est rapidement incinérée. A son enterrement, Staline porte l'urne contenant ses cendres.

# 3

## Staline,
## amour, gloire et datcha

« *Tu es un homme impossible ! Tu es un bourreau,
voilà ce que tu es ! Tu tourmentes ta femme, ton
propre fils, le peuple russe tout entier.* »

Nadia Staline.

### La défunte Kato

Gori, 13 juin 1907, 10 heures du matin. Ekaterina
dite « Kato » berce son bébé de 3 mois, sur le balcon.
Terrifiée par un bruit d'explosion monstrueux, elle se
précipite à l'intérieur de l'appartement. Au soir, Sosso
rentre victorieux à la maison. Ils l'ont fait. Elle est interdite. Son mari, son frère Kamo et leur gang viennent
de braquer une banque. Ils ont volé 250 000 roubles.
Pour le parti, cela s'entend. Voulant donner une tournure chevaleresque à son braquage, Kamo a emprunté
le sabre du père d'Ekaterina et il a tué 30 personnes.
C'est plus la manière que l'acte en lui-même qui choque
la jeune femme. Kato sait qu'elle est mariée au parrain

des braquages de banques dans le Caucase. C'est Iossif Vissarionovitch Djougachvili : Staline.

Ce matin du 13 juin 1907, Staline a rassemblé son gang, qui comprend cinq femmes armées, afin de dévaliser la banque du Centre. Tôt le matin, ses complices lui ont confirmé que c'était pour le jour même. Dès 8 heures, ils se sont cachés dans la taverne Tilipuchuri. A 10 heures, ils sont passés à l'action, investissant les lieux en uniformes d'officier. Kamo dégaine son sabre, les femmes sortent des pistolets de dessous leurs robes à volants. Une fois dehors, une course-poursuite s'engage avec Cosaques et gendarmes. Pour passer inaperçu, on cache les billets dans la lingerie des femmes. Personne ne viendrait les y chercher. Elles prennent le train ainsi affublées, les billets du butin collés sur leur poitrine et leur culotte. L'argent doit parvenir à son destinataire, Lénine et le parti communiste de Moscou. Cette grosse prise met un terme à une campagne de braquages dans tout le riche Caucase pétrolier de ce début du siècle, entamée quelques années plus tôt par Staline et sa bande.

Le lendemain matin, Sosso est tendu. Peut-être a-t-il été reconnu, et on ne tardera pas à venir l'arrêter. Il intime à Kato de préparer ses affaires. Ils doivent partir sur-le-champ, emportant au passage 15 000 roubles. Treize heures de train, en plein été, destination Bakou. Kato arrive très fatiguée dans cette ville qui est celle du boom pétrolier. Bakou : une cité à la fois russe, géorgienne, perse et parisienne. La ville est très prospère, mais la source de cette richesse est un poison pour ses habitants : le pétrole s'insinue partout. Les arbres ne poussent plus, des geysers de pétrole surgissent au milieu de la mer, créant des vagues enflammées. Les précautions écologiques autour de l'industrie pétrolière sont encore alors complètement inconnues.

La vie avec ce gangster n'a rien de facile, ni de tranquille. En à peine un an de mariage, ce n'est pas la première fois que Kato a ce genre de frayeur. Ce n'est pas ce qu'elle imaginait. S'il est pris, qu'adviendra-t-il de leur enfant ?

Ekaterina, la brunette voluptueuse, est la plus jeune des sœurs Svanidze. Elle est née le 2 avril 1880, dans un milieu populaire de la capitale de Géorgie, Tiflis. Les trois sœurs Svanidze, adolescentes, travaillent dans le magasin de couture français de Mme Hervieu. Staline s'y cache souvent. Il peut y apprécier la compagnie féminine. Sa sœur se souvient de la première rencontre : « Il était pauvrement habillé. Maigre, avec un teint olivâtre. Son visage légèrement marqué par la variole, plus petit que la moyenne[1]. » Un vrai tombeur. Staline a gardé un souvenir plus ému de ce jour : « Elle avait fait fondre mon cœur[2]. »

A l'atelier, les parents rendent un jour visite aux trois sœurs. Staline est là, à son habitude. Il leur chante des chansons romantiques « avec une si puissante émotion que tout le monde fut enchanté. Même s'ils pouvaient voir que c'était un homme rude[3] », se souvient un cousin des filles, qui assiste à la scène. Veut-il faire bonne impression devant les parents, et se faire passer pour le gendre idéal ?

Comment ce voyou de petite taille et au visage vérolé peut-il séduire la belle Ekaterina ? Staline possède une botte secrète : il est romantique. Il écrit des poèmes, qu'il lui déclame :

« Quand la lune pleine et lumineuse dérive au travers de la voûte céleste, et que sa lumière nous irradie, et commence à jouer sur l'horizon azur. Quand la chanson du rossignol commence à gazouiller dans l'air, quand le désir du flûtiau se faufile au travers de la montagne… Alors, moi aussi, oppressé, je trouve la brume de la tristesse[4]… »

Le 15 juillet 1906, au retour d'un voyage à Stockholm où il se trouvait pour un congrès du parti communiste,

Staline décide de passer à la vitesse supérieure. La sœur d'Ekaterina a du mal à le reconnaître : à Stockholm, les camarades lui ont fait acheter un costume, un chapeau de feutre et une pipe. Il ressemble ainsi à un vrai Européen : « C'était la première fois que nous le voyions bien habillé. » Après les poèmes, l'allure. Iossif fait mouche.

Le soir même, Sosso et Kato déclarent leurs sentiments réciproques à leurs familles. Le lendemain, Staline annonce à ses camarades : « Kato Svanidze et moi allons nous marier ce soir. Vous êtes invités à la fête, ce soir, chez nous. » Sosso est un homme qui n'attend pas.

Elle l'adore comme un dieu. Ses idées, sa personne tout entière l'enchantent. Mais elle sait qu'il a un tempérament bien trempé, et que sa cause passera souvent avant elle. Dévouée, éduquée, et émancipée, elle est capable à la fois de l'aider à organiser les levées de fonds pour les sociaux-démocrates et de soigner les blessés après une rixe avec les Cosaques.

Même si Staline est un braqueur patenté totalement athée, Kato veut un vrai mariage, à l'église et en robe blanche. Lui aussi est prêt à tout accepter pour elle, même à arpenter l'allée centrale d'une église. Mais les prêtres refusent de les marier, car il utilise alors un faux nom et de faux papiers : Galiashvili.

Son beau-frère trouve enfin un prêtre, que Staline connaît du temps où il fréquentait l'école des prêtres de Gori. Sa mère, qui avait voulu faire de lui un religieux, déchanta vite lorsque Staline quitta le séminaire pour le banditisme. Le saint homme accepte de les marier, mais seulement à 2 heures du matin, pour éviter de se faire prendre.

Dans la nuit donc du 15 juillet 1906, Kato et Sosso se marient à la lueur des chandelles disposées dans l'église Sainte-Nina, devant leurs familles et amis. Déjà le naturel a repris sa place : Staline n'a pas remis son beau costume, il est en loques. La cérémonie se déroule au milieu des éclats de rire de tous, surtout de Staline, qui trouve la situation et le lieu incongrus.

Le repas de noce a lieu chez la sœur de Kato, Alexandra, surnommée « Sashiko », où se rendent tous les camarades du gang de Staline. Il se montre très amoureux de sa femme ce soir-là. A nouveau, il chante des chansons de sa douce voix, tandis que Kamo fait l'idiot : « Où est cette idiote de police ? Tous les hommes les plus recherchés du coin sont ici, ils pourraient nous attraper comme des chèvres ! »

La mère du marié, Anna Nikitin, dite « Kéké », se montre circonspecte quant à l'avenir de l'union : « Sosso s'est marié. Il a une petite femme. Mais quel genre de vie de famille est-elle supposée conduire ? Je me demande[5]. » De fait, Kato n'a pas droit à une lune de miel. Sosso se consacre à sa femme lorsqu'il en a le temps, mais c'est la politique qui l'obsède. Il commence à être brutal, mais peu importe, elle l'aime. Staline reprend aussitôt sa vie d'homme traqué vivant la nuit, braquant des banques et tuant des agents du tsar. La vie de révolutionnaire n'est pas faite pour ce jeune couple qui va être mis à rude épreuve.

A Bakou, ils résident tout d'abord à l'extérieur de la ville, sur la péninsule Bailove, dans une maison tatare très basse de plafond, sur le front de mer, qu'ils louent à un propriétaire turc. Kato, en ménagère imaginative, fait de la cabane un foyer agréable, avec un lit en bois, de jolis rideaux, et sa petite machine à coudre dans un coin. L'extérieur est sordide autant que l'intérieur est coquet. Sosso n'est pas souvent là, en déplacement pour suivre les réunions du Parti communiste russe en exil. Il oublie qu'il a une famille. Et elle connaît ici très peu de gens. Entourée d'étrangers dans cette grande ville, elle se sent isolée.

Seule connaissance pour le jeune couple, la famille

Allilouyev, chez qui Staline s'était réfugié de temps à autre, à Tiflis. Directeur de la centrale électrique, le père de famille possède une charmante villa au bord de la mer Caspienne. Lors d'une visite du couple, la fille cadette, Nadia, 6 ans, était passée par-dessus la barrière et avait été happée, dans sa robe blanche, par les flots tumultueux. Staline, qui ne sait pourtant pas nager, s'était précipité dans l'eau pour la sauver. Un épisode déterminant pour sa vie future.

En août, Kato se plaint de plus en plus de l'air pollué et étouffant de Bakou. Elle est très affaiblie : peu de sommeil avec le nourrisson, mauvais régime, chaleur et peur au ventre d'être arrêtés. Elle doit retourner à Tiflis. Staline l'y raccompagne en train. De retour enfin chez elle, son état se détériore encore davantage. On diagnostique le typhus. Elle a bu de l'eau contaminée à une station où ils s'étaient arrêtés. Kato souffre de fortes fièvres, sa famille pressent le pire. Staline, qui s'est empressé de retourner à ses activités révolutionnaires, n'a que le temps d'assister à son agonie, désespéré. Il lui promet un enterrement orthodoxe. Elle fait appeler un prêtre. Le 22 novembre 1907, à 27 ans, Kato meurt dans ses bras. Staline est ravagé.

La cérémonie a lieu dans la même église où ils s'étaient mariés un an plus tôt. Staline tente de garder sa placidité habituelle. Photographié près de la dépouille de sa femme, ses nerfs lâchent : on le voit en larmes, le visage défait, entouré par sa belle-famille. Ses amis lui ont confisqué son pistolet Mauser qu'il garde toujours sur lui. « Je n'ai pas su la rendre heureuse », ne cesse-t-il répéter tandis qu'on se dirige vers le cimetière. « Cette créature était la seule à pouvoir adoucir mon cœur de pierre. Elle est morte, et avec elle est mort tout sentiment chaleureux pour les êtres humains[6] », dit-il, plus sombre que jamais, arrivé près de la tombe. Puis il place sa main droite sur son cœur et dit : « Tout est tellement désolé ici, à l'intérieur, si indiciblement désolé. » On descend le cercueil, il se jette dessus. Il faudra plusieurs hommes pour le tirer hors du trou, comme un poids mort.

Des agents de l'Okhrana se tiennent à proximité. Comprenant qu'ils attendent de lui mettre la main dessus, il s'enfuit en sautant le mur du cimetière et disparaît en courant, abandonnant symboliquement une dernière fois sa femme.

## Un playboy géorgien

Solvy, printemps 1908. Tatiana Sukhova est assise, chez elle, avec d'autres exilés, quand quelqu'un vient lui parler d'un nouvel arrivage de condamnés. Parmi eux, un camarade de Bakou, Ossip Koba, un professionnel. Un peu plus tard, ayant récupéré des affaires plus présentables auprès de ses compagnons d'exil, il entre chez elle portant bottes à talon, pardessus et chemise de satin noirs, le tout complété par un chapeau d'astrakan, et un capuchon blanc posé négligemment sur ses épaules. La classe caucasienne.

Staline a été arrêté peu après le décès de Kato, et il a négocié un exil moins dur que la Sibérie avec les autorités impériales. Il se retrouve dans ce minuscule avant-poste du commerce de fourrure au style médiéval. C'est le printemps à Solvy, qui ne compte qu'un square poussiéreux, un manoir en bois, un bureau de poste et une église du XVIe siècle. Une dizaine d'exilés partagent ici une maison communale. Une vraie bénédiction, pense Tatiana, dans ce lieu déserté par la vie.

La jeune femme rend souvent visite à Staline dans sa chambre. Le décor détonne avec le jeune homme apprêté qu'elle a rencontré. Pour séduire, Staline sait cacher sa condition : il vit dans la pauvreté, dort dans une caisse de bois recouverte de planches et d'un sac de paille, avec une couverture de flanelle et une taie d'oreiller rose. Elle le trouve à demi allongé là, même au beau milieu de la journée. Pour conjurer le froid, il garde son manteau et s'entoure avec ses livres. Malgré tout, elle aime ces rendez-vous et ne peut s'empêcher de venir le voir, de rire avec lui, de l'écouter, ce séducteur en guenilles. Puis un jour plus de nouvelles... Staline n'est pas prêt à s'engager, ou peut-être pas avec elle. Quelques mots griffonnés sur un papier en guise d'excuses : « Contrairement à mes promesses, que je me rappelle bien, je ne t'ai même pas envoyé de carte. Quelle bête je suis ! Mais c'est un fait, et si tu veux, je te présente mes excuses. Gardons contact[7]. » Il disparaît pourtant de sa vie.

Cette condition misérable n'empêche pas Staline de s'offrir du bon temps. Avant son arrestation déjà, il s'autorisait quelques déviations nocturnes, une fois accomplies ses activités diurnes crapuleuses et subversives. Avec son camarade Spandarian, ils sortent tous les soirs dans les meilleurs restaurants de Bakou, où les discussions sont franches, la nourriture délicieuse, et où l'on chante beaucoup. Toujours de nombreuses femmes accompagnent ces joyeux drilles.

Boris Bazhanov, secrétaire du Politburo, nous dit de Staline qu'il n'avait aucun vice : « Il n'aimait ni l'argent, ni les autres plaisirs, ni le sport, ni les femmes. Les femmes, hormis sa propre femme, n'existaient pas pour lui[8]. » La vérité est tout autre : les femmes n'ont jamais manqué dans l'entourage du jeune Staline, et il séduit facilement. Même dans ses années de galère, il n'est jamais sans une petite amie, voire plusieurs. En exil, il devient presque libertin. Il a rencontré Stefania Petrovskaïa[9] lors d'une réunion avec la police et les exilés du village de Solvy. Cette noble originaire d'Odessa, âgée de 23 ans, a eu une relation suffisamment sérieuse avec lui pour que Staline lui propose le mariage. Son père, catholique, possédait une grande maison dans le centre-ville. Eduquée dans un excellent lycée, elle a même suivi des cours à l'université. La noble Petrovskaïa, comme elle apparaît dans les rapports de police, a été arrêtée à Moscou et condamnée à deux ans d'exil. Lorsqu'il arrive sur son lieu de rétention, elle finit sa peine. Leur relation est si intense qu'elle décide de rester après la fin de sa condamnation, afin d'attendre que Iossif soit libéré. Elle le suivra quelque temps après son retour dans le Caucase. Elle non plus ne résistera pas à sa vie éclatée et dissolue de rebelle.

Staline était « incroyable » pour les femmes, se souvient Molotov, en dépit de son physique ingrat qu'achevaient ses taches de rousseur. « Sosso était très attirant », dira Genia Allilouyeva, sa future belle-sœur. Un homme mince, fort et énergique, avec une incroyable crinière. Toutes mentionnent ses yeux ardents, couleur miel. Même ses côtés désagréables ont leur charme, comme sa mine énigmatique, son arrogance, sa rudesse, sa vigilance féline. Il paraît étrange, excentrique. Certainement, son apparente incapacité à prendre soin de lui, solitaire, crasseux, maigre, fait naître chez les femmes l'envie de s'occuper de lui. Peut-être son manque total d'intérêt pour leur personnalité ou leur personne est-il un atout.

Comme tous les Géorgiens, il jouit d'une réputation de passionné dont il ne manque pas d'user. Dans sa manière de flirter, la chevalerie traditionnelle alterne avec une goujaterie puérile, et agressive lorsqu'il a bu. Ses chansons et ses poèmes, sa manière d'admirer les robes des femmes et de les en complimenter, ses mouchoirs en soie et les fleurs qu'il leur offre le conduisent au but presque à chaque fois.

Si les femmes s'attendent à un Casanova géorgien, elles sont sans doute très déçues dès qu'elles le découvrent plus intimement : il est pétri de complexes à propos de tout – sa famille, son physique, sa personnalité. Il est si sensible à propos de ses orteils palmés que lorsque les médecins du Kremlin l'examinent, il cache le reste de son corps et son visage derrière une couverture. Il poudrera son visage pour dissimuler les crevasses laissées par la variole, et truquera les photos officielles. Timide, il craint d'être nu, même dans le bain russe traditionnel, le *banya*. Son bras plus court que l'autre le met mal à l'aise, l'empêchant plus tard de danser le slow avec ses hôtes du Kremlin : « Je suis incapable d'attraper une femme par la taille », admit-il un jour.

Or la taille ne fait pas tout. Staline était sexuellement compétitif, faisant cocus ses camarades quand cela lui chantait, et spécialement en exil, où les arrivages de nouvelles femmes étaient moins fréquents.

Les moments de tendresse ne suffisent pas à compenser son hyper-sensibilité morose. Les femmes sont classées très bas dans la liste de ses priorités, loin derrière la révolution, l'égotisme, et les soirées de beuveries entre amis mâles. Combinant une virilité affirmée et une pruderie victorienne, il n'est certainement pas sensualiste ni épicurien, et parle peu de ses exploits sexuels.

Il ne fait pas confiance aux femmes fortes et intelligentes comme sa mère. Staline a en effet été élevé par sa seule mère, femme pieuse et sobre, dans toute la rigidité de l'orthodoxie géorgienne. Son père, un maçon ivrogne allant de chantier en chantier à travers la région, n'a jamais vraiment fait partie du foyer familial. Violent et cherchant à s'assurer un revenu, il a voulu mettre son fils à l'usine avant ses dix ans. Sa mère qui chérissait Iossif et voulait pour lui une éducation supérieure a réussi à le ramener de force et à le placer au séminaire de Gori. Staline fut toujours reconnaissant envers elle et admirait beaucoup son abnégation et son pragmatisme, qu'il considérait comme une véritable forme d'intelligence. Connaissant l'inflexibilité de ce genre de femmes, il leur préféra toute sa vie les femmes jeunes, les adolescentes malléables ou les paysannes bien en chair qui lui montraient de la déférence.

Il repousse également les femmes prétentieuses. Celles qui ont des idées. Il désapprouve les futilités trop prononcées, comme celles de la fille de Plekhanov dont il détestait les bottes à hauts talons, et le maniérisme de sa coquetterie. Il avait instinctivement rompu avec lui, pensant qu'un vrai révolutionnaire ne peut élever ses enfants dans un style si sophistiqué.

## La joyeuse suicidée

« Tu es un homme impossible, il est impossible de vivre avec toi », tambourine Nadia, hors d'elle, à la porte de la salle de bains dans laquelle Staline s'est réfugié. La scène n'est pas inhabituelle en cette difficile année 1932 : « Tu es un bourreau, voilà ce que tu es, tu tourmentes ta femme, ton propre fils, le peuple russe tout entier[10] », lui a-t-elle déjà reproché, devant Abel Enoukidze, son parrain et ministre de l'Education. Nadia est une femme au bord de la crise de nerfs. Elle n'en peut plus de la vie avec Iossif. Elle ne la voyait pas comme ça, la passion révolutionnaire.

« Et tes enfants ?!

— Ce sont les tiens ! » répond-il en hurlant.

Elle part en courant se réfugier dans sa chambre, le seul lieu où elle ne se sente pas écrasée et menacée dans ce Kremlin hostile.

Staline est jaloux autant que séducteur. La vie à ses côtés est insupportable. Ses crises sont quotidiennes : il voit de la tromperie partout. Il lui semble que son vieil ami Boukharine tourne un peu trop autour de Nadia. Boukharine, qui s'était rendu à la datcha près de Sotchi, se promenait dans les jardins avec elle. Staline les surprit ensemble. Il bondit et hurla à Boukharine :

« Je vais te tuer ! » Connaissant pourtant bien Staline, il crut à une plaisanterie. Lorsque plus tard il épousa une jeune beauté, Staline l'appela dans la nuit, complètement ivre : « Nicolaï, je te félicite, tu m'as doublé une fois encore. » Boukharine lui demanda comment : « Une bonne épouse, une belle épouse, et plus jeune que ma Nadia[11] ! », apprécia le *Vojd*. Nadia, dans la chambre voisine, a tout entendu. Lorsqu'il est saoul, Staline parle fort.

Car s'il est un mari jaloux, l'ancien Casanova géorgien n'a pas une conduite irréprochable. Staline est alors proche du président de l'Union soviétique, Kalinine. Tandis qu'il se rend à l'une de ses réceptions, le succès de ses charmes parvient aux oreilles de Nadia : « J'ai entendu de la bouche d'une jeune et jolie femme que tu étais très séduisant au dîner de Kalinine. Et remarquablement amusant. Tu as fait rire tous les convives, même s'ils étaient intimidés en ton auguste présence[12]. » Nadia en a soupé de la conduite badine de son mari.

Staline et Nadia, ou l'union d'un bourreau de travail sans cœur et d'une fille égocentrique, déséquilibrée et usée par le pouvoir, qu'elle n'avait pas appelé de ses vœux.

En décembre 1907, à la mort de Kato, Staline s'était dit le cœur dévasté et irrémédiablement sec. Pourtant, il reste encore de la place pour une autre femme.

Pendant la révolution, en 1917, il revient d'un nouvel exil au-delà du cercle polaire, dans un des endroits les plus reculés de Sibérie, d'où l'on ne s'échappe pas. Seule la chute du régime a permis son retour. Il arrive à Saint-Pétersbourg et trouve refuge chez les Alliouyev, famille acquise au bolchevisme qu'il fréquentait du temps où il était marié à Kato.

Il y retrouve Nadia, la cadette des trois enfants. La jeune femme brune de 16 ans qui se trouve devant lui est loin de l'enfant qu'il a sauvée de la noyade quand elle était une fillette. Il est frappé par sa beauté. Cette adolescente peu apprêtée, qui ne porte pas de maquillage, ni de coiffure élaborée, lui offre la perspective d'une virginité affective. Il entrevoit la possibilité de retrouver la douceur perdue de Kato. Il a alors presque 40 ans.

Nadia est surtout nourrie au bolchevisme par l'éducation qu'elle a reçue de ses parents. Les Allilouyev ont constamment aidé l'apprenti révolutionnaire dans ses activités clandestines, depuis vingt ans qu'ils le connaissent. Il était le hors-la-loi sympathique qui sacrifiait dignement sa vie aux idéaux socialistes. Ils vont à présent héberger et cacher Staline pendant cinq ans.

Les deux sœurs veillent tard pour l'accueillir chaque soir. Alternant imitations et lectures scéniques des classiques de la littérature russe, Staline sait les divertir en retour. Les relations sont bon enfant. Pour l'instant.

En 1918, Staline est le seul des dirigeants communistes à n'être pas marié. Kéké, sa mère, s'en inquiète, au point de lui envoyer à Moscou une paysanne géorgienne avec laquelle il pourra parler sa langue maternelle. Sosso refuse : une simple paysanne ne serait pas à la hauteur pour partager la carrière à laquelle il se destine. Comment se sentirait-elle au milieu des femmes puissantes aux manières aristocratiques que l'on trouve au Kremlin ?

Il a déjà sous sa main et dans la tête la jeune et belle fille des Allilouyev. La révolution de 1917 est un succès. Lénine forme le nouveau gouvernement l'année suivante. Staline fonde son commissariat aux Nationalités. Il engage un secrétaire, Fiodor Allilouyev, le frère de Nadia, et place du même coup cette dernière auprès de lui comme dactylo. Fierté pour les parents, et premier rapprochement en dehors du foyer paternel. Gracieuse, douce, elle correspond à l'image de la femme idéale selon Staline. Préservée des rudes exils ou des séjours prolongés dans les prisons du tsar, elle pourrait être façonnée selon sa volonté. Elle est encore vierge. Il sera l'unique homme de sa vie.

Staline offre à la jeune femme ses premières responsabilités, ainsi que la liberté économique. Elle développe une fascination d'adolescente pour cet homme qui incarne la pureté communiste dans lequel elle baigne depuis toujours. C'est à ses yeux le chevalier idéal. Il est en fait juste un mafieux en costume blanc.

Staline s'inquiète d'un détail : la mère de Nadia est d'un caractère instable. Elle a quitté son mari à diverses reprises pour vivre « sa propre vie », sans se cantonner au rôle de femme au foyer et de mère. Cette volonté d'indépendance est-elle congénitale ? Pendant la révolution déjà, elle se montre déprimée, vivant mal les pénuries et la paralysie de la ville : « On ne trouve toujours pas de nourriture ici… Parfois, on a envie de pleurer, c'est si déprimant. On ne peut pas du tout sortir. » « Je vais bien, mais déprimée, comme d'habitude[13] », écrit-elle à une amie.

Quelques mois plus tard, la révolution bien installée, elle constate ce que la guerre lui a fait perdre d'innocence : « J'ai beaucoup grandi pendant la révolution, je suis devenue une vraie adulte. Je suis contente. Le problème est que je suis devenue rude, et irritable. Mais cela passera probablement en grandissant. » Elle a 17 ans. « J'ai perdu plus de 10 kg, je dois mettre des vêtements sous mes jupes car elles tombent littéralement. J'ai perdu tant de poids que les gens me disent que je suis amoureuse. »

Les débuts de l'Etat soviétique en cette année 1918 sont chaotiques. La moitié du pays est occupée par les « blancs » – ceux qui refusent le nouveau pouvoir et restent fidèles au tsar Nicolas II –, notamment la ville de Tsaritsyn, future Stalingrad. Staline est chargé du siège. Il a pour mission de faire céder la ville. Menant les opérations depuis un wagon blindé, il est entouré de Fiodor et de sa dactylo Nadia.

Staline établit son QG dans le train, réorganise les forces de police, découvre les contre-révolutionnaires et les fait exécuter. Le wagon est en fait un somptueux salon qui a appartenu à une chanteuse tsigane, et qu'il a fait tapisser de soie bleu clair à son arrivée. La jeune écolière de 17 ans est impressionnée. A peine retrouvé le héros de sa jeunesse qui l'avait sauvée des flots, elle se trouve embarquée au milieu d'un affrontement titanesque ayant pour enjeu le sort de l'Empire russe, et dont elle est l'héroïne. Elle ne peut qu'être subjuguée.

Après une année d'intimité exacerbée par le contexte de guerre, ils décident de se marier à leur retour dans la nouvelle capitale Moscou, dès la majorité de Nadia, comme le veut le code de la famille de l'Union soviétique. L'événement est austère, sans trop de cérémonies ni de réjouissances. Cette fois-ci, il n'ira pas à l'église. Nadia ne semble pas si épanouie : contrairement à ce que l'on pourrait croire, ce mariage n'était peut-être pas désiré. Anna, la sœur aînée de Nadia, affirme que c'est en effet en tant que camarade, accompagnée de son frère, et non en tant qu'amante que Nadia a accompagné Staline à Tsaritsyn. Le père de Nadia, Serguei, était dans le même train, et partageait le wagon-lit avec plusieurs autres. Une nuit, Serguei entendit sa fille hurler, et se précipita dans son compartiment pour la trouver sanglotant, affirmant que Staline venait de la violer. Pris de rage, il menaça de l'abattre. Lui, son ancien protégé ! Staline se jeta à ses pieds, et le supplia de lui donner la main de sa fille. Nadia aurait donc hésité à se marier avec un homme qu'elle n'aimait pas vraiment, révèle sa sœur Anna dans son journal intime.

Olga, sa mère, pourtant bien disposée à l'égard de Staline, désapprouve également ce mariage. Elle fait de son mieux pour lui en ôter l'idée, en le traitant de crétin, d'idiot. Une raison profonde de son hostilité semble nous échapper : « Elle ne put jamais accepter cette alliance, elle savait que maman était profondément malheureuse », se souvient Svetlana Staline, la fille du dictateur.

Le couple emménage au Kremlin. Ils y font venir la famille Allilouyev, qui bénéficie d'une datcha à Zoubalovo, près de Moscou. C'est la récompense de Staline à la famille qui l'a soutenu et caché, qui a su croire en lui. Ils se retrouvent ainsi dans le cercle le plus intime du pouvoir, côtoyant Lénine et les autres héros de la révolution, après avoir eu foi en leurs paroles toute leur vie. C'est le point d'achèvement pour cette famille bolchevique modèle.

La pression est forte sur la jeune mariée : c'est elle qui a transfiguré l'existence de la famille tout entière par cette relation. Elle vit avec Staline dans un appartement du Kremlin qu'elle déteste, et qu'ils devront pourtant conserver jusqu'à la naissance de leur deuxième enfant, où la fonction de ministre de son mari leur donnera droit à une plus grande surface. Une série de chambres en enfilade, des fenêtres recouvertes d'épais doubles rideaux marron. Des canapés, des tables, des chaises, et, étalés partout, les câbles du vaste système de communication de Staline. Les gardes peuvent entendre le moindre toussotement et savent quand il passe d'une chambre à l'autre. L'appartement est divisé en deux moitiés. Celle de Staline, et celle de sa famille. Trois pièces, des couches pour bébé, des jouets, des coussins brodés. Son quartier à lui ressemble à une chambre mortuaire : une pièce à la fois chambre, salle à manger, bibliothèque et bureau. Staline, qui craint d'être empoisonné, engage des cuisiniers et leur demande de préparer les repas devant lui.

Ces premières années de mariage laissent peu de loisir pour s'occuper de la décoration intérieure, ou pour les joies frivoles. Le nouveau régime est au bord de l'asphyxie, assiégé de toutes parts par les armées polonaise, blanche, ukrainienne et occidentales. Leur premier fils, Vassili, naît en 1921, cinq mois à peine après leur mariage. Est-il le fruit d'un désir partagé ou d'un viol ? Peu après son accouchement, Staline place Nadia comme secrétaire de Lénine. La manœuvre est stratégique. Le camarade fondateur n'est pas éternel. Elle pourra jouer un rôle important dans la question de sa succession. De fait, la nouvelle secrétaire a eu vent d'une nouvelle qui pourrait condamner la carrière politique de son mari. Lénine a rédigé une lettre au Congrès du parti communiste, connue comme son « testament », dans laquelle il désavoue Staline. Il le décrit comme brutal, déloyal et injuste. Doit-elle le lui dire ? Fidèle à sa morale bolchevique, elle pense tout d'abord rester fidèle à Lénine et ne pas révéler ses informations. Elle finit par prévenir Staline. Le désaveu serait pour lui public et définitif. Elle est au milieu d'un enjeu qui la dépasse, prise en étau entre les deux figures les plus importantes de l'histoire contemporaine de la Russie. Elle offre ainsi un temps d'avance à Staline pour réagir et présenter ses excuses à Lénine, et anticiper les attaques des autres membres du Politburo. Retournant la situation à son avantage, Staline va se faire le premier orchestrateur du culte de la personnalité de Lénine dès sa mort, en 1924. Déifier celui qui l'avait désavoué dans ses derniers instants lui permet de se positionner dans une filiation artificielle.

La nouvelle république socialiste est entièrement dirigée depuis le Kremlin, forteresse coupée de la ville et sans rapport avec ses habitants. Vivant avec femme et enfants, voire avec la belle-famille, les collaborateurs de Lénine forment un monde à part qui perdure sous Staline. Cet univers est particulièrement sensible aux querelles de personnes, de couples, et aux amitiés domestiques. Dès lors, les femmes jouent un rôle particulier dans la conduite du pouvoir, provoquant querelles et rapprochements. Le rôle de Krupskaïa et d'Allilouyeva fut déterminant. La proximité des occupants du Kremlin ira en s'accroissant, devenant parfois un huis clos oppressant pour les plus faibles.

Nadia s'ennuie et déprime au Kremlin. Staline la trouve trop secrète. Quelle ironie ! Tout le monde autour d'elle a la cinquantaine, personne ne fait confiance à personne. Elle voulait avoir du temps pour étudier, profiter de la vie. Elle est écrasée par le poids de son amour pour un révolutionnaire endurci, un homme que même ses camarades trouvent difficile à supporter. C'est ainsi que Svetlana, deuxième enfant du couple, naît en 1926.

Oublié le Staline charmeur et galant. Il fait pourtant tout pour la satisfaire matériellement. Les désirs de Nadia font loi. Elle mène une vie que ses parents n'avaient pas osé rêver pour elle, n'ayant matériellement à se soucier de rien, bien qu'elle porte toujours ses vieilles robes, par nostalgie pour sa jeunesse. Contre ses principes, il engage cuisiniers, nounous et personnel de maison. Elle peut commander ce qu'elle veut à manger, elle sera servie dans l'instant. Elle peut encore avoir des places pour n'importe quel film, ou pièce. Seulement, il est généralement trop occupé pour l'accompagner. Elle ne peut rien y faire. Le Kremlin est décidément une bien étrange prison dorée.

Il tente encore parfois de satisfaire ses fantaisies de jeune fille, l'emmenant faire des tours de voiture dans Moscou, à bord des luxueuses limousines et décapotables du Kremlin. Il apprécie particulièrement les Buick, les Rolls Royce, les Packard, qu'il tient à choisir personnellement.

Les vacances aussi sont luxueuses. Toujours sur la côte de la mer Noire, entre la Crimée et sa Géorgie natale, la Riviera soviétique. Datchas et sanatoriums du Politburo sont disséminés dans cette région. La préférence de Staline va à Sotchi. Sa demeure préférée y est la datcha numéro 9, une maison en bois avec une véranda courant tout autour. Elle se dresse sur une colline, tandis que celle des autres membres du parti, dont Molotov et Vorochilov, sont en contrebas, à portée de vue. Monsieur chasse pendant que Madame fait son tennis. Le camarade Molotov est toujours très amusant, usant de bons mots. L'ambiance qui règne est légère et amicale. Staline emmène le petit groupe en auto au bord d'une rivière. Ils font des feux de camp, chantent, dînent.

Un peu de cette ambiance estivale se transporte au Kremlin, qui s'est transformé sous Staline en véritable village. La promiscuité est totale, Staline lui-même entretient des relations de voisinage avec les autres occupants de l'ancien palais des tsars, jouant aux échecs avec Kaganovitch, invitant les Mikoïan au cinéma, et dînant fréquemment avec les autres pensionnaires du Kremlin. Staline se montre jovial, chaleureux et attentionné : « Oh ! Quelle belle époque c'était ! Quelles relations simples et amicales [14] », se souvient la femme de Vorochilov dans son journal.

Nadia est la seule à pouvoir infléchir le caractère pourtant rigide du *Vojd*. Elle n'a pas peur de dénoncer à Staline des cas d'injustice. Un fonctionnaire ayant été renvoyé, elle plaide en sa faveur, et soutient à Staline que « de telles méthodes ne devraient pas être utilisées avec de tels travailleurs. C'est trop triste […] je sais que tu détestes que j'intervienne, mais je pense que tu devrais toi-même intervenir dans ce cas que tous considèrent comme injuste [15] ». Contre toute attente, Staline accepte de s'entremettre. « Je suis si contente que tu me fasses confiance », lui dit-elle. Staline, qui ne supporte pas les ingérences de ce type, semble capable de les accepter de sa jeune épouse.

Le nouveau pouvoir de son mari comporte quelques gros désavantages pour Nadia : les honneurs et privilèges dus à son nouveau statut. Ils offensent profondément ses principes communistes. Le NKVD lui impose une voiture et un garde du corps, qu'elle refuse, préférant continuer à prendre le bus. Elle n'a pourtant pas le choix. Elle décide d'aller à l'université et de suivre des cours à l'Académie des arts et métiers soviétique : elle se fait déposer à trois cents mètres de l'université pour faire croire à ses camarades qu'elle y vient en bus. Elle leur cache d'ailleurs un secret plus monumental encore : qu'elle est la femme de Staline. Comme sa mère auparavant, Nadia a envie de vivre sa vie. A 23 ans, elle délaisse un peu le foyer. Elle prend un poste au magazine *Révolution et Culture*, où, malgré une éducation sommaire, elle montre des capacités rédactionnelles remarquables. Elle semble accepter toutes les opportunités tant que cela signifie s'éloigner du Kremlin, de Staline, des enfants. Eviter surtout les insupportables repas de famille, où elle se sent épiée par l'œil inquisiteur de Iossif. Bazhanov consigne dans son journal :

« Avec sa famille, Staline était un despote [...]. Il maintenait un silence hautain, ignorant les questions de sa femme et de son fils. Lorsqu'il était à bout, comme il l'était fréquemment, il passait le dîner en silence, s'attendant à ce que tout le monde soit silencieux tout autant. »

Peu après la naissance de leurs deux enfants, le couple adopte, selon la tradition du Kremlin, Iakov, le premier fils de Staline et Kato, et Artyom, le fils d'un camarade de jeunesse de Staline. Nadia préfère ces enfants plus âgés, et les trouve plus faciles à élever que ses nourrissons. Avec Vassili et Svetlana, elle est très stricte. Staline, lui, si sévère avec ses collaborateurs, est excessivement permissif avec eux. Leurs vues divergent quant à l'éducation des enfants.

Staline reste empreint des méthodes géorgiennes pour rendre les enfants aptes à endurer les rudes conditions caucasiennes. Boukharine est un jour choqué par une scène étrange : « Savez-vous ce qu'il faisait ?! Il tirait sur sa pipe, remplissait sa bouche de fumée, puis prenait son bébé d'un an du landau et soufflait sur son visage. Le bébé se débattait et pleurait. Et Koba redoublait de rire, s'esclaffant : "Qu'importe, c'est bon pour lui, ça le rendra plus fort." Mais c'est barbare, répliquai-je. "Tu ne connais pas Koba, il est comme ça" », répondit Staline, ce comédien, parlant de lui à la troisième personne.

Une autre tradition caucasienne était de laisser les bébés lécher du vin sur les doigts des adultes, et, plus grands, de leur offrir de petits verres de vin. Staline donnait souvent des gorgées de vin à Vassili, ce qui lui semblait inoffensif. Cela avait le don de rendre Nadia furieuse. Ils se disputaient constamment à ce sujet. Et Staline se contentait de glousser : « Tu ne sais pas que c'est un médicament ! » Son fils mourra par la suite d'alcoolisme.

La tension est de plus en plus forte pour Nadia, ses nerfs montrent des signes de faiblesse. Les disputes du couple sont de plus en plus fréquentes.

Staline est préoccupé par le passif de la mère de Nadia, qui a finalement été soignée pour schizophrénie par les médecins du Kremlin. Toujours très délicat et plein de tact, il ne manque pas une occasion de hurler au visage de sa femme : « Tu n'es qu'une schizophrène, une hystérique ! » Elle lui répond par un blessant : « Et toi, tu n'es qu'un paranoïaque ! Tu as des ennemis partout ! »

Iossif s'enfonce de plus dans l'alcoolisme et passe des nuits entières à boire avec ses camarades. Sa nature lui permet d'absorber des quantités phénoménales d'alcool. Nadia, elle, ne boit jamais. Elle veut bien passer sur l'ivrognerie... Mais les tromperies, c'est autre chose. Car des mensonges, il y en a beaucoup.

Staline entretient des liaisons éphémères avec plusieurs femmes, notamment la coiffeuse du Kremlin et une des servantes de la datcha, au petit nez retroussé comme il les aime. Cela rend Nadia folle de jalousie.

Une rumeur circule au Kremlin : le *Vojd* aurait mis la fille de Lazar Kaganovich, 16 ans, enceinte.

Svetlana croit alors remarquer que c'est la fin des relations physiques entre ses parents : Nadia a sa propre chambre, tandis que Staline dort dans son bureau, ou dans une petite pièce avec un téléphone près de lui, juste à côté de la salle à manger.

Epuisée, déçue, Nadia baisse les bras en 1926. A 25 ans, la vie de première camarade est trop lourde à porter. Elle quitte le Kremlin avec ses deux enfants et se réfugie à Pétersbourg. Là-bas, elle pense construire une nouvelle vie. Mais Staline n'est pas un homme que l'on quitte. Il la harcèle au téléphone, lui intime l'ordre de revenir. Il la poursuivra où qu'elle aille. Elle s'exécute. Rien ne change. Désaccords et disputes se poursuivent. Elle pense un moment s'installer en Ukraine, tout quitter. Elle ne comprend pas son acharnement contre d'autres camarades bolcheviques comme Trotski, Zinoviev, Kamenev, tous éliminés au milieu des années 1920. Pourquoi un tel déchaînement de violence ? La suppression sans ménagement de tout opposant est sa première exposition à la vérité nue du pouvoir. Staline est incapable de la moindre confiance envers ses plus proches collaborateurs, et Nadia se rend compte qu'il en est de même dans leur relation de couple.

L'année 1927 est particulièrement difficile. Le diplomate Adolf Ioffe, trotskiste connu de tous, est poussé au suicide. Ce geste la marque profondément. Elle assiste à ses funérailles, au milieu de la foule des anciens de l'Armée rouge qui acclament le nom de Trotski. Rapprochement liminaire avec les ennemis de Iossif pour cette femme déchirée entre la loyauté à ses idéaux et celle due à son mari. Ne pouvant trancher, elle se tourne vers un autre horizon : la religion. Elle retrouve une foi enfouie depuis ses jeunes années. La dévotion et la piété lui apportent une sérénité dont elle a été privée jusqu'alors. Son âme tourmentée trouve enfin quelque message d'espoir, un domaine dans lequel ni son mari ni son pouvoir ne font loi. Doit-on y voir une provocation envers Staline, si opposé à toute forme de religiosité ? La foi rachète l'âme, mais ne rend point les années. Galina Kravchenko, une camarade d'université, se souvient :

« Nadia faisait vieille pour son âge. Elle aurait pu avoir presque 40 ans. C'était une femme jeune mariée à un homme plus âgé, et ils semblaient maintenant avoir le même âge. Elle était profondément religieuse, et allait à l'église. Tout le monde était au courant. Elle pouvait de manière évidente faire des choses interdites au reste des membres du parti [16]. » Un camouflet dont on ne manque pas de faire des quolibets au sein du Kremlin. La femme du Staline, une bigote ! « On pouvait voir qu'elle était un peu folle », conclut-elle.

Sa santé physique même commence à se détériorer. Prise de violents maux de tête, elle est dans un premier temps envoyée en Allemagne, à Karlsbad, pour recevoir un traitement de qualité, et prendre un repos salutaire. Elle rend au passage visite à son frère Pavel, qui habite Berlin. Somatisant, elle souffre bientôt de violentes douleurs abdominales. Peut-être est-ce dû aux conséquences d'un avortement, dont on sait peu de chose, vers 1927. Une opération délicate pour l'époque, qui a laissé des traces chez la jeune femme. Sans doute Nadia n'a-t-elle pas voulu élever un troisième enfant au Kremlin.

Vient bientôt l'épreuve terrible de la collectivisation des terres, qui absorbe totalement l'énergie de Staline au début des années 1930. Il avouera à la fin de sa vie qu'il avait accordé une attention trop restreinte à sa femme : « Je subissais tant de pression, il y avait tant d'ennemis. Nous devions travailler jour et nuit… »

Le mal est fait. Nadia se détache peu à peu de sa vie de famille, de sa vie tout entière. A 29 ans, la vacuité de son existence lui apparaît désormais clairement. Sa sœur Anna a épousé un membre de la police secrète devenu commissaire à l'Approvisionnement et l'envoyé de Staline en Ukraine. Il a été le responsable des réquisitions de céréales dans cette région. Il raconte à Nadia les détails de la mise en œuvre de cette famine qui coûte la vie à des millions de personnes. Elle réalise l'ampleur des exactions ordonnées par l'homme avec lequel elle vit. Coup de grâce donné aux derniers bastions d'illusions. Anna et son mari seront déportés pour l'avoir mise au courant.

## La dernière danse

Entre Staline et Nadia, la scène finale se joue la nuit du 8 novembre 1932. Une fête est organisée ce soir-là au Kremlin, pour célébrer le quinzième anniversaire de la révolution. La réception se déroule chez Vorochilov, commissaire à la Défense, dans l'aile des Cavaliers, un étroit et long bâtiment. Comme chaque année d'ailleurs. Tous les dignitaires du régime sont là. Mais on y chante et on y danse habituellement assez légèrement, à la caucasienne. Sûrement, Staline entame la chansonnette.

Le *Vojd* porte un toast à l'élimination des ennemis de l'Etat. Il remarque qu'elle n'a pas levé son verre : « Pourquoi tu ne bois pas ?! » lui crie-t-il d'un ton agressif. Il sait pertinemment qu'elle ne boit jamais. Il sait aussi qu'elle et Boukharine, assis côte à côte, désapprouvent la famine organisée en Ukraine. Que complotent-ils, ces deux-là ? Il la provoque. Elle ne répond pas. Il lui jette des écorces d'orange et des mégots de cigarette. Cette fois c'est trop. « Eh toi, bois donc un coup ! » lui vomit-il. Elle se lève brusquement de table et répond : « Je ne m'appelle pas EH TOI. » Elle sort, furieuse. « Tais-toi, tais-toi ! » crie-t-elle à Staline qui l'accable encore alors qu'elle s'éloigne. Il secoue la tête. « Quelle idiote », fait-il encore. « Moi, je ne laisserais jamais ma femme me parler comme ça », observe Boudienny, un des convives.

Quelqu'un doit raccompagner Nadia. Polina Molotovna, la femme de Molotov et l'une de ses meilleures amies, lui emboîte le pas. Elles marchent le long du Kremlin. « Il grogne constamment, et pourquoi avait-il besoin de flirter comme ça[17] ? » Avec qui Staline a-t-il flirté ce soir, et devant tous les dignitaires et ses proches ? Voulait-il la rendre jalouse devant Boukharine ?

La fautrice de troubles est la femme d'Alexandre Egorov, un commandant de l'Armée rouge. Il l'a fait danser avec passion pendant le dîner, lui murmurant à l'oreille. Il s'est assis en face d'elle. Il a ensuite osé se frotter à cette Galia Egorovna, actrice de cinéma, bien connue pour ses liaisons et ses tenues suggestives. La technique de séduction de Staline est parfois puérile, voire débile lorsqu'il boit : il séduit Galia ce soir-là en la bombardant de boulettes de pain. Nadia enrage. « Il était ivre, il faisait l'imbécile », tente de la rassurer Polina.

Comment le leader des bolcheviques peut-il être attiré par des poules de luxe ainsi fardées ! Danseuses, coiffeuses, actrices… Nadia est fière d'avoir su garder sa dignité naturelle, de refuser les apparences futiles : elle porte des robes ternes et informes, des châles tout simples, des corsages au col montant, et pas de maquillage… Sauf ce soir. Elle avait justement décidé d'être différente. Elle porte une longue robe noire brodée de roses rouges. Elle l'a fait venir de Berlin. Pour une fois, pas de strict chignon tiré, mais une coiffure raffinée, avec une rose thé dans ses cheveux noirs. Il n'a même pas remarqué sa tenue…

Les deux femmes retournent vers l'appartement, discutent dans le Kremlin. Polina reste toute la nuit. « Elle s'est calmée, racontera-t-elle au sujet de cette soirée, et a parlé de l'académie, de ses chances de trouver un travail. » Elle quitte Nadia au petit matin à l'entrée du palais Potechny, et traverse l'allée pour regagner son appartement dans l'aile des Cavaliers.

Nadia va jusque dans le bureau de Staline, à l'autre bout du couloir. Vide. Il n'est visiblement pas rentré de la nuit. Selon Mikoïan, commissaire à l'Industrie agroalimentaire, Nadia appelle l'une des datchas proches du Kremlin, et un garde lui répond :

« Staline est ici ?

— Oui.

— Avec qui est-il ?

— La femme de Goussev. »

Le garde du corps de Staline, Vlassik, confirme en effet à Khrouchtchev que Staline a quitté le dîner chez Vorochilov avec une femme, en direction de l'une de ses datchas.

Nadia jette la rose thé qu'elle avait soigneusement piquée dans ses cheveux. Elle entre dans sa chambre, trouve sur son lit ses châles préférés qu'elle avait tous essayés, pour choisir celui qui irait le mieux avec sa robe. Elle regarde encore par la fenêtre les roses du jardin Alexandre.

Son frère Pavel lui a rapporté de Berlin, avec la robe qu'elle porte encore, un pistolet, un Mauser, dans un étui en cuir : « Parce qu'on se sent parfois si mal à l'aise et si isolée au Kremlin, avec un seul garde en faction. »

Elle écrit une lettre à Staline, une terrible lettre de reproches.

Staline ne se levait jamais avant 11 heures. A quelle heure est-il rentré ? A-t-il vu Nadia une dernière fois, ou était-il trop ivre pour même s'en soucier ?

Une domestique ouvre la porte de Nadia alors qu'il est bientôt l'heure de déjeuner. Elle la trouve dans une mare de sang, au pied du lit. Nadia s'est tiré une balle dans le cœur, en prenant soin d'étouffer le bruit de la détonation avec un oreiller. La domestique court chercher la nounou des enfants. Horrifiées, les deux femmes restent interdites. Elles appellent Pauker, l'autre garde du corps de Staline, puis Enoukidze et Polina. Enoukidze arrive le premier. Molotov et Vorochilov les rejoignent quelques minutes plus tard. Ils trouvent la lettre de Nadia, qui disparaîtra mystérieusement. Vlassik témoigne qu'on retrouva aussi à côté du lit un programme rédigé par un antistalinien notoire, Rioutine, représentant l'opposition au sein du parti bolchevique. Une brochure de l'opposition… Son mari n'était plus le dieu qu'elle imaginait auparavant, Nadia a rejoint le camp de ceux qui ont pris conscience de l'horreur qu'il est en train d'infliger au peuple russe. Un suicide violent fait pour le culpabiliser ?

Pavel, le frère, arrive avec sa charmante femme, Genia. Dans la salle à manger, on se concerte. Doit-on réveiller Staline ? Il entre dans la pièce. Le brave Enoukidze se lance : « Iossif, Iossif… Nadia est morte. » Staline se précipite sur un verre de Valériane, valium de l'époque, que le médecin tendait à la mère éplorée de Nadia. Il l'avale cul sec. Puis il va voir le corps. On lui donne la lettre. Il la parcourt névrotiquement. « Elle m'a anéanti », dit-il. « Nadia, Nadia, comme nous avons besoin de toi avec les enfants. »

La femme de Boukharine raconte l'enterrement de la camarade Nadia : avant que le cercueil soit refermé, Staline demanda un instant, souleva sa tête, et l'embrassa. A quoi bon ses baisers, pensa son mari. Il l'avait détruite.

Tous purent constater que Nadia gisait là, habillée de la belle robe brodée qu'elle avait tenu à porter le soir du drame, et que Staline ne remarqua même pas.

Une semaine avant son suicide, Nadia avait confié à une amie que quelque chose de terrible était sur le point d'arriver, qu'elle était marquée du sceau de la malédiction depuis sa naissance. Staline lui aurait déclaré en hurlant, lors d'une dispute, qu'elle était en fait sa propre fille. Nadia raconta avoir questionné sa mère, qui lui avoua une vérité glaçante : elle avait eu l'année précédant sa naissance une relation de deux mois avec Staline. Voyant qu'en grandissant elle prenait les traits de son père légitime, Serguei, elle n'avait jamais douté de son ascendance. La révélation, véridique ou non, ne pouvait que porter le coup final à une personnalité chancelante.

Staline reste enfermé trois jours prostré dans sa chambre. Ce geste, il le prend comme un acte dirigé contre lui, fait pour lui nuire. A l'enterrement, on l'entend dire face au cercueil ouvert : « Elle me quitte comme un ennemi. » Et l'on sait comment Staline traite ses ennemis… Il n'assiste pas aux cérémonies funéraires, ni à la messe donnée en sa mémoire. Sous le choc, il déclare vouloir quitter le pouvoir. Il n'en fera rien.

### L'inconnue de Yalta

Le 2 novembre 1938, Pavel Allilouyev, le frère de la défunte Nadia, et sa femme Genia reviennent de vacances. Pavel, qui travaille désormais comme directeur du service des blindés, retrouve son bureau. Ses collègues ont disparu. Tous ont été victimes de la vague de terreur que Staline a lancée sur l'armée. Il cherche une explication et décroche son téléphone. Il questionne Staline, dont il partage la vie au Kremlin. Que se disent-ils ? Personne ne le saura. Peu de temps après avoir raccroché, Pavel s'effondre subitement. Les médecins diagnostiquent une crise cardiaque due à un excès de fatigue. Sa famille penche pour l'assassinat. Pavel était lui aussi devenu gênant pour Staline. Non pour des raisons politiques cette fois. Il était marié à Genia, la dernière femme pour laquelle Staline ait connu la passion.

Dans ce Kremlin ombrageux, elle s'est rapprochée de Staline à la mort de Nadia. Encore une actrice. Belle, enjouée, cultivée, élégante, elle occupe l'espace laissé vacant par Nadia, sans pour autant la remplacer : « Iossif plaisantait avec Genia. Il lui disait qu'elle avait beaucoup grossi. Il était très tendre avec elle. Maintenant que je savais tout, je les observais[18] », note dans son journal intime en août 1934 Maria Svanidze, sœur de la première épouse défunte de Staline, Ekaterina.

Genia ne craint pas de dire à Staline ce qui ne va pas dans le pays, de lui adresser des critiques sur ses choix. Leur relation est assez forte pour cela. Elle est son soutien moral après le chagrin qui l'a dévasté. Et pour cela il lui permet tout. En 1936, lors d'une réception donnée par Staline pour la nouvelle constitution, Genia a quelques minutes de retard. Lorsqu'elle arrive enfin, il lui glisse : « Il n'y a que toi qui puisses oser venir en retard. »

Une véritable amitié amoureuse et complice se développe ainsi entre Staline et sa belle-sœur. Genia ne croit pas au diagnostic des médecins. Pour elle, son mari n'a pas succombé à une crise cardiaque, mais à un empoisonnement. Et il ne peut y avoir qu'un coupable. L'homme de main de Staline, celui qui veut faire le vide autour de lui : Beria. C'est lui qui, quelques jours à peine après la mort de Pavel, vient frapper à sa porte pour lui faire cette abrupte proposition : « Vous êtes une femme merveilleuse. Vous êtes belle. N'aimeriez-vous pas être la gouvernante de Staline ? »

Il faut lire entre les lignes : il s'agit là d'une proposition de concubinage en bonne et due forme. Genia ne sait que faire : accepter reviendrait à devenir la femme officieuse de Staline. Elle connaît son caractère brutal, et sait que le moindre accroc pourrait dégénérer fatalement. Voulant se préserver de la colère du maître de l'URSS, elle se remarie très rapidement avec un ingénieur juif connu de longue date, Molochnikov.

Staline est abasourdi par ce refus cinglant, et trouve même inconcevable de se remarier ainsi sans avoir observé une période de deuil.

Il va à présent devoir chercher le réconfort ailleurs, auprès d'une femme plus docile. Or sa rancœur n'est pas de celles qui s'éteignent facilement. En 1947, après que Beria l'eut accusée d'avoir elle-même fait empoisonner son mari, Genia est déportée et emprisonnée dans des conditions si strictes que lorsqu'elle est libérée, bien après la mort de Staline, elle a partiellement perdu la raison, et ne pourra jamais se réadapter à une vie libre.

A l'été 1946, pour la première fois depuis le début de la guerre, Staline prend des vacances. Un imposant cortège se met en route pour un périple quasi princier vers Sotchi. Il s'arrête dans les grandes villes jalonnant son parcours, à la rencontre du peuple russe. Il loge chez les fonctionnaires du parti à chaque étape. Staline n'est pas seul pour ce voyage. Une femme l'accompagne. C'est Valentina Istomina, sa gouvernante au Kremlin depuis les années 1930.

Cette femme énergique mais à peine lettrée saisit pertinemment la fourberie des courtisans, les mensonges et les flagorneries, la manière dont on cache à Staline la vraie situation du pays. Tandis que partout les denrées élémentaires font défaut, les chefs locaux présentent des rapports enthousiastes, couvrant Staline de cadeaux. Les chauffeurs, eux, racontent la misère quotidienne aux domestiques. « Comment n'ont-ils pas eu honte de le duper ! Et maintenant on rejette tout sur lui ! » se lamente-t-elle.

Depuis quelque temps, en effet, Valentina accompagne le *Vojd* dans tous ses déplacements. « Qu'Istomina ait été ou non la femme de Staline ne regarde personne, dira Molotov à la fin de sa vie. Après tout, Engels vivait bien avec sa gouvernante ! »

Rieuse avec des joues roses pleines, Valentina est appréciée de tous. Artyom, le fils adoptif de Staline, se souvient : « Elle avait des cheveux châtain clair, un peu ternes. Elle n'avait rien de spécial, ni mince ni grosse, mais charmante et toujours le sourire aux lèvres[19]. » Généreusement charpentée sans être lourde, la mise impeccable, un visage rond et un nez retroussé, elle plaît surtout à Iossif. Une personne toute simple, voire fruste, qui sert très bien à table sans se mêler à la conversation, et est toujours là quand on a besoin d'elle. C'est peut-être enfin la femme idéale pour Staline. Après la tragique relation avec Nadia, il a là la certitude de n'avoir aucun souci avec cette femme sans ambitions et sans rôle politique aucun.

Promue gouvernante de Staline après avoir servi à la datcha de Zoubalovo, elle s'occupe de son linge, ses vêtements, sa nourriture, la tenue de la maison, et l'accompagne dans tous ses voyages.

Staline fait confiance à cette femme qui lui est toute dévouée. Il apprécie particulièrement la manière dont elle sait ranger son linge, et il lui arrive de montrer à des camarades proches l'intérieur de ses placards, pour qu'ils admirent les piles de petit linge d'une blancheur impeccable et parfaitement alignées qu'elle arrange pour lui. « Avec son tablier blanc et ses cheveux clairs, elle avait tout de la brave villageoise », persifle une amie de Svetlana. Elle sert dans tous les dîners de Staline, avec son tablier blanc, mais personne ne la remarque. C'est elle qui sert la table des puissants à Yalta en 1945. Personne ne se doute alors du lien qui les unit.

Staline est sorti de l'épreuve de la guerre très affaibli. Sa vigueur légendaire l'a quitté. Il peut connaître grâce à cette affectueuse *Baba* un dénouement sentimental paisible, sans perturbations. On ne sait rien de plus sur celle qui partagea sa vie pendant quinze ans, la plus longue relation qu'il ait jamais connue. Ils surent la garder toujours secrète, au milieu de ce Kremlin dont les murs ont des oreilles. La femme la plus simple de la Russie vécut ainsi avec l'homme le plus puissant et le plus destructeur de la Russie moderne durant presque deux décennies.

4

## Antonio Salazar,
## jeux interdits pour un séminariste

*« Comment pourrais-je briser cette vague
d'indépendance féminine qui déferle sur notre monde ?
Les femmes marquent un tel besoin de liberté, une si
grande ardeur à profiter des plaisirs de la vie ! Elles ne
comprennent pas que l'on n'atteint pas le bonheur par la
jouissance, mais par le renoncement. »*

Antonio Salazar.

### La Vierge de Viseu

*La rousse de la gare*

5 octobre 1905, gare de Viseu. La locomotive s'im-
mobilise sur le quai, et le train déverse ses premiers
occupants sous la pluie. Antonio Salazar et sa sœur
Marta descendent du wagon accompagnés de leur mère,
Maria do Resgate. Austère, autant qu'arthritique, elle
claudique avec peine sur le quai. Felismina, une jeune
institutrice camarade de Marta, les y attend. Antonio,
pour qui l'heure de réintégrer le séminaire a sonné,
s'approche d'elle silencieusement, comme pour ne pas

l'effrayer. Il reste un instant immobile, l'observe. Elle est grande, belle, noyée dans ses cheveux roux, le visage piqué de taches de rousseur. Il a 16 ans, elle est de deux ans son aînée. Figés dans un face-à-face hors du temps, ils semblent avides l'un de l'autre avant même de se connaître. La jeune fille confie à son journal intime une émotion teintée d'inquiétude : « Cette première rencontre dans la gare a marqué le début de la partie romantique de ma vie, peut-être de notre vie[1]. »

Felismina de Oliveira est issue d'une famille nombreuse et modeste, autant que celle d'Antonio. Née en 1887, elle est la cinquième d'une fratrie de huit enfants. Sa mère, domestique, est discrète et pieuse. Son père, concierge de l'un des palais officiels de la ville, est un pédagogue attentif qui lui fait répéter ses leçons et lui récite des prières au lit. Felismina ne peut s'endormir sans son cérémoniel « Notre Père ». Très tôt, elle montre des dispositions pour la poésie, aime faire des vers. On l'envoie dans une école privée pour qu'elle puisse affirmer ses talents. Meilleure élève de sa classe, Felismina, affable et élancée, devient la bête noire de sa maîtresse, une femme courte sur jambes autant que de vue. Humiliations, fessées et coups de règle tombent quotidiennement. A ses yeux, cette fille aux cheveux roux-feu toujours en bataille porte la marque du démon. La femme arborant une chevelure cuivrée est alors un obscur objet du désir dont il faut se méfier. N'acceptant pas cette masse de boucles rebelles, elle décide un jour de faire face au problème. Devant son miroir, elle dénoue en un geste de défi sa stricte coiffe, laissant le soleil la traverser et l'animer comme un brasier. Le résultat est inattendu : « Quelle beauté étrange… j'aimerais que vous voyiez cela. »

Une couleur de cheveux peut ainsi parfois conduire à des interrogations bien métaphysiques. « Je sais aujourd'hui, et seulement aujourd'hui, que le sang alors bouillait dans mes veines. C'était ce feu qui flamboyait dans mes cheveux roux. Personne dans ma famille ne les avait ainsi. Et c'est pour cela que je me demande à moi-même d'où je viens. » Dorénavant, elle portera sa chevelure comme un étendard.

Felismina quitte ainsi l'école après les classes primaires et poursuit sa formation dans les rues, chahutée par les autres enfants. Elle apprend à se battre, trouvant chez les garçons des adversaires à la mesure de son tempérament fougueux, ascendant guerrier. De son exaltation permanente, elle tire une conclusion : elle est prédestinée à quelque chose d'intense. Reste encore à trouver quoi.

Felismina ne se trompe pas sur le sentiment d'étrangeté par rapport au reste de sa famille. Herminia, sa sœur aînée, envisage de devenir religieuse et vit dans l'intimité des sœurs du Cœur de Maria. Alors que Felismina a 13 ans, son père devient aveugle, détournant Herminia de ses vœux. Elle doit travailler pour soutenir la famille. Apprentie couturière, elle deviendra modiste à Porto. Dès lors, la relation entre les deux sœurs devient ambiguë : Herminia transfère-t-elle sur Felismina ses aspirations spirituelles contrariées ? Sur sa recommandation, la jeune sœur commence à fréquenter le collège des sœurs de Maria, en tant qu'externe. L'enseignement y est gratuit mais de qualité. Les meilleures familles de Viseu y envoient leurs filles. Elle est la cible de ces filles riches. Il faut dire qu'elle a à l'époque l'air d'une va-nu-pieds, et persiste toujours à ne pas se coiffer.

C'est en classe de quatrième que surgissent les premiers prétendants. Son professeur de mathématiques inaugure le bal. L'homme, immense et portant toujours un grand manteau noir, est la terreur des élèves. On l'appelle « le géant ». Un jour que Felismina rentre de l'école, elle entend des pas qui se fondent dans les siens. Le professeur l'a suivie. Il prend alors l'habitude perverse de sillonner sa rue chaque fin de journée, puis de s'arrêter sous sa fenêtre, attendant qu'elle apparaisse. La croisant un soir sur le chemin de sa ronde, il se découvre avec galanterie. Elle répond au salut. C'est plus qu'il n'en faut. La transgression est trop tentante. Se cachant alors derrière un arbre, le professeur converti en voyeur attend la nuit tombée, et vient gratter à sa porte. Felismina se réfugie dans sa chambre : « J'ai pleuré par culpabilité pour un péché que je lui aurais inspiré. Il était marié. »

L'année 1900 est également celle de sa première communion. L'occasion d'une révélation mystique et religieuse. Les sœurs du collège la retrouvent souvent cachée dans un coin, prostrée. « Mon cœur était pris parfois d'un tel sentiment, noyé par une telle vague de douceur, qu'il fallait que je pleure, sans le vouloir, sans savoir pourquoi. » Les religieuses interprètent avec perspicacité ces manifestations comme un signe de vocation. Elles l'invitent à rejoindre leur ordre. Felismina refuse : sa relation avec Dieu est intime et ne saurait être dictée par aucun ordre terrestre, ni partagée avec d'autres. Elle sublime la figure du Christ dans ses invocations : « O mon Jésus, je veux t'aimer beaucoup, toujours, chaque fois davantage, [...] emmène-moi près de toi. » Sa vie se déroule maintenant entre rosaires, sacrifices et dialogue avec l'au-delà.

La situation politique du pays la sort bientôt de cette extase mystique, en lui faisant vivre ses premiers élans patriotiques. En 1901, la monarchie constitutionnelle portugaise vit une période d'agitation extrême. Après plus d'un demi-siècle de stabilité et d'alternance entre le Parti progressiste de gauche et le Parti régénérateur de droite, au sein de ce régime des plus modernes en Europe, les républicains libéraux ainsi que le parti socialiste décident de mener l'assaut contre le roi Charles Ier. Les leaders de ce mouvement, dit la « génération de 70 », émergent d'un groupe de l'université de Coimbra nourri aux idées républicaines venues de France. Les institutions sont bloquées, les plus folles rumeurs courent dans un pays au bord de la guerre civile. On craint que, si les éléments les plus durs prennent le pouvoir, les ordres religieux ne soient expulsés. L'Église tremble.

C'est sans compter sur l'opiniâtreté de Felismina : « Celui qui voudrait toucher à ma maîtresse chérie devra me passer sur le corps. Comme j'ai vaincu la marmaille avec un manche de balai, je vaincrai les maçonniques avec un pistolet que quelqu'un m'aura prêté. »

La révolution républicaine n'est pas pour cette fois. L'orage passe. Son père l'inscrit à l'école normale des professeurs de Viseu l'année suivante. Elle a déjà le style d'une institutrice rigoureuse de ce début de siècle : elle s'habille maintenant exclusivement en noir, et tire soigneusement ses cheveux en chignon. Etudiante modèle, elle s'entraîne à son futur métier en dispensant son savoir à ses collègues les plus nécessiteuses. C'est ainsi qu'elle fait la connaissance de Marta Salazar, une jeune fille déshéritée originaire du village de Santa Comba.

## Les turpitudes d'un séminariste

Malgré ses 23 ans, une expression de tristesse semble ne jamais quitter le visage de la nostalgique Marta. Ses proches sont restés à Santa Comba, plus au nord, près de Bragance, où se trouve la demeure familiale. Felismina est touchée par l'austérité tant affective que matérielle qui contraste chez la jeune femme avec une ardente envie de connaissances : « Elle portait des robes à traîne, très sérieuses, […] on la respectait comme si elle était une dame. C'était celle qui me donnait le plus de travail, mais elle demandait avec tellement d'humilité "apprends-moi ceci". »

Les deux femmes partagent en outre le sentiment de

l'exil. L'une est éloignée du foyer maternel, la seconde se sent étrangère en sa ville. Conjurant réciproquement leur solitude, elles deviennent rapidement inséparables. Dès l'année suivante, à la rentrée 1905, Marta s'installe comme pensionnaire chez Felismina. Pour fêter son arrivée chez son amie, et sceller leurs liens, Marta attache au cou de sa camarade une petite chaîne avec une croix, lui disant que sa mère la lui offre. Seulement bien plus tard, Felismina saura que c'est de l'or, et qu'elle a dépensé ses économies pour ce cadeau banal mais inspiré.

Antonio, le jeune frère de Marta, l'accompagne ce 5 octobre. Pour lui aussi le jour est solennel : il a décidé de réintégrer le séminaire de Viseu, au sein duquel il étudie depuis 1901, après un été de doutes. Lorsque naît Antonio de Oliveira Salazar le 28 avril 1889, Marta a déjà 8 ans, et sa mère plus de 40. Le caractère de Marta est déjà bien affirmé : elle joue le rôle de mère auprès du petit Antonio ainsi que de ses trois autres sœurs. Ce premier enfant mâle qui s'est fait longtemps attendre est l'objet de toutes les attentions féminines de la maison. Dans la cour de la modeste ferme des Salazar, le petit groupe d'enfants s'affaire à cuisiner pour les poupées des filles, à grand renfort de louches miniatures qu'Antonio manie avec dextérité. De constitution délicate, le garçonnet n'a d'autres compagnons de jeux que ses sœurs. Maria do Resgate travaille dans son bar, cuisinant pour de plus réels clients, pendant qu'Antonio de Oliveira, le père, transpire dans les champs de la famille des nobles Perestrelo. Antonio est un fils affectueux pour Maria do Resgate, qui atteint la soixantaine en cette année 1905. Exténuée par une vie de travail, elle l'incite à se construire un avenir meilleur en étudiant. Le séminaire est alors une chance pour les fils de familles populaires d'accéder un jour à l'université. Antonio, que le peu de vocation religieuse a retenu jusqu'alors, répond à l'appel de cette mère soucieuse, et reprend le chemin de Viseu.

Ce jour-là « commençait l'histoire d'un grand amour dont […]on pourrait dire que Dieu l'a voulu », confie Felismina. Les samedis après-midi, elle accompagne son amie dans sa visite à son frère au séminaire. Déjà bon orateur, il sait séduire son auditoire avec force de mimiques, quand il leur raconte les petites entorses faites à la discipline de ces jeunes hommes chez qui le cloître inspire plus la grivoiserie que la sainteté. Felismina boit ses paroles. Elle lui apporte chaque semaine des confitures et des marrons grillés. Il l'accueille sur le pas de la porte, en soutane. Lors de l'une de ces messes hebdomadaires au romantisme adolescent, Antonio remet un billet à la jolie institutrice. Marta, curieuse, tente de lire par-dessus son épaule. Il se précipite pour s'interposer. Elle seule doit le lire. Il écrit qu'il est prêt à changer ses plans de vie et veut fonder une famille. Elle voit dans cette confession une déclaration coupable : il suit un cursus de théologie et se prépare au sacerdoce. Elle se cache le visage pour ne pas qu'il la voie rougir, avant de s'enfuir en courant. Quelques jours plus tard, elle reçoit un nouveau billet : « Dominez-vous… pourquoi en lisant ce mot avez-vous rougi et pourquoi n'avez-vous plus souri ? » La lettre reste sans réponse. Sa passion terrestre commence à le détourner de la stricte voie ecclésiastique. Si Salazar ne semble pas inquiet de quitter sa vocation religieuse pour une femme, Felismina ne peut l'accepter. Voler un homme au Christ la mènerait à sa perte. Est-ce de la timidité ? Du calcul ? « La vérité est que je commençais à ressentir un mélange d'attraction et de répulsion, de plaisir et de chagrin, qui serait mon tourment pour le reste de ma vie. »

Salazar n'est déjà pas homme à s'en laisser conter. Par un autre séminariste, il fait parvenir un paquet à la rouquine. A l'intérieur, des carnets. Elle reconnaît l'écriture de Salazar. Il y confie ses plus ardents désirs, utilisant les métaphores les plus recherchées pour l'inciter à la vie commune : « Travailler les champs, rentrer chez soi pour retrouver les bras de son épouse qui attend, c'est faire de cette vie un paradis. Vous, vous pouvez la changer. »

En son for intérieur, elle ne rêve que de cela, des bras du séminariste. Mais elle craint les pièges du démon, et opte pour la froideur. Ses mots résonnent puissamment en elle. A en faire trembler ses certitudes : « Pouvais-je lire une telle confession sans un mélange d'amertume dans la douceur que je ressentais ? Pourrais-je, sans pécher, penser un seul instant être l'épouse de ce paysan ? C'était là le roman de la vraie vie… »

Antonio ne perçoit rien de tout cela. Il continue de fréquenter sa maison, se montre spirituel, charmeur, joueur. Il exerce ses dons de séducteur sur une autre pensionnaire de la maison, cherchant à provoquer la jalousie de Felismina. Il lui demande si elle a reçu les carnets. Appliquant la loi du talion de la séduction, elle lui répond en faisant l'éloge du séminariste qui porta le colis. Elle joue sur le même terrain que lui. Piqué, il ne peut contenir un commentaire amer : « Je vois que l'émissaire a été plus apprécié que l'auteur. » Blessé dans son orgueil, il fait de plus en plus de l'œil aux autres filles qu'il croise. Il la surnomme « Amor ». Elle lui donne du *troca tintas*, « enjôleur ».

## Dans la solitude des champs…

A la fin de l'année scolaire, pendant les vacances d'été, elle est invitée dans la famille d'Antonio à Santa Comba. C'est la première fois qu'elle voyage seule. Vêtue de noir, à son habitude, elle emporte quelque linge dans un sac. Le strict nécessaire : une blouse, une jupe et un tablier. Elle est anxieuse durant tout le trajet. A la gare, personne ne l'attend. Inquiète, désorientée, elle demande où se situe Vimieiro, paroisse de Santa Comba, où se trouve la demeure familiale. Avant qu'on lui réponde, elle voit apparaître Salazar, parapluie à la main. La mère, le père et les quatre sœurs d'Antonio la reçoivent comme un membre de la famille. Il a 17 ans, mais est déjà le maître de la maison.

Les jours passent et leur intimité grandit à force de promenades main dans la main par les champs : « Un garçon qui se destinait au sacerdoce, un garçon tellement supérieur par son intelligence et sa vertu, me couvrant ainsi de tendresse ! Je jouissais avec douceur de ses manifestations, ne sachant si c'était de l'amour… »

Les gestes d'Antonio sont pourtant sans équivoque. Un jour qu'ils sont dans la pièce de couture lisant des vers de Soares dos Pasos sous le regard de Maria do Resgate, ignorant tout d'un coup la présence de sa mère, il attrape Felismina par la taille et l'approche de lui violemment, jusqu'à ce qu'elle soit contre, tout contre lui. L'étreinte a été si forte qu'il lui marque la peau.

Au petit matin, quels tourments ! L'ivresse et l'excitation de ce premier contact charnel le cèdent au remords : « Quelle honte, quelle peur, cela ne peut pas être, et sa mère était là en train de coudre, elle nous voyait ! Elle aura certainement fait semblant de ne pas nous voir. » Elle ne s'est pas dégagée. Salazar, y voyant une permission, persiste et signe. Alors qu'elle cueille des fruits dans le jardin, il profite d'un moment d'inattention, se met à genoux, lui prend la main droite et la porte à sa bouche. Ils sont partis pour s'embrasser, mais des bruits de pas se font entendre. Quelqu'un arrive. Ils se séparent. Marta, les ayant aperçus, s'est éclipsée par la terrasse. Nier l'évidence devient inutile : « C'était de l'amour qu'il tentait de me montrer. Moi cependant, je voyais cela avec une crainte croissante. Oh, doux sentiments qui m'entouraient et me pénétraient à chaque fois davantage, mais timide et triste. Aimer un séminariste ! »

Regardant les photos de famille ornant la maison, elle remarque un air rêveur sur une photo d'Antonio enfant.

« A quoi songiez-vous ?

— Qu'il y aurait dans le monde une dame comme vous.

— Oh !

— Pourquoi dites-vous toujours oh ? » Elle tourne le dos sans répondre.

L'été se déroule ainsi comme une saison au paradis, entre flirt innocent et sainte culpabilité. Le manège a assez duré au goût d'Herminia, la sœur de Felismina, qui jalouse depuis Viseu cette idylle bucolique. Elle lui intime dans une lettre de revenir immédiatement, sachant trouver les arguments pour l'accabler.

Il faut songer aux adieux. Antonio est bien décidé à lui laisser un souvenir impérissable. Il l'emmène visiter Buçaco, un lieu magique, isolé du reste du monde. Surplombant la montagne, elle découvre un véritable jardin botanique séculaire, protégé par un décret papal du XVIIe siècle qui menaçait d'excommunication ceux qui y causaient des dommages. Entre le sapin du Caucase et le cèdre du Liban, ils pique-niquent avec Marta et Abel, un ami. « Dans ce décor merveilleux, l'amour de Dieu plane subtilement, nous frôlant de ses ailes d'hermine. » Salazar a fait mouche, son esprit ne combat plus : « Délicieusement, je me suis laissé fiancer pour l'éternité… »

Felismina s'exécute pourtant et rentre à Viseu. En punition, elle devra passer le mois de septembre à apprendre la broderie chez les sœurs franciscaines : « Je pleurais… je pleurais surtout la perte de ce bonheur dont j'ai joui quelques jours, et qui me semblait perdu pour toujours. »

En 1906, le 5 octobre à nouveau, Salazar est de retour au séminaire. Felismina apprend que sa sœur Herminia, de plus en plus protectrice, ou peut-être jalouse, lui a écrit. Mais Salazar s'y entend en femmes et comprend immédiatement quelle information cherche cette sœur insidieuse : « Voilà votre trésor de retour. Elle a conquis la sympathie de tout le monde, et repart comme elle est venue. » Felismina est prosaïquement toujours vierge après son séjour à Santa Comba.

Salazar se montre distant. Cette froideur la pousse à partir enseigner dans le petit village montagnard de Mouramorta. Elle y écrit des poésies, des articles pour des journaux catholiques, se fait très apprécier de ses collègues. Derrière ce bien-être de façade, elle craint que la distance ne la sépare de son amant : « Pitié, pitié, Seigneur, je promets de ne pas vous le voler », implore-t-elle. Elle est enfin exaucée à la Pâque 1907, lors de la cérémonie des Rameaux. Antonio participe à la procession des élèves séminaristes et descend l'allée centrale de l'église. Elle l'observe, fébrile. Il s'approche d'elle et lui tend un rameau. Quelle relique ! La culpabilité inhérente au lieu saint est jouissive.

La fin de l'année scolaire venue, Felismina revient en vacances à Santa Comba. Antonio se montre tendre et aimable comme il sait l'être. Les retrouvailles sont douces. Déjà la rentrée de septembre les sépare, Felismina retourne enseigner à Mouramorta. Herminia lui écrit une nouvelle lettre, arguant qu'à Viseu les rumeurs sur cette liaison vont bon train. Elle écrit à Antonio, lui demandant de mettre un terme à cette relation. Ce qu'il fait : « Un berger et une bergère s'aimaient beaucoup, mais la famille de la bergère s'est opposée à leur amour », confie-t-il sobrement à son aimée.

A ce déchirement intime répond un bouleversement

au sein de la dynastie portugaise. Le 1er février 1908, le roi Charles Ier et son fils aîné sont assassinés à Lisbonne par des agitateurs républicains bien décidés à renverser une monarchie à bout de souffle. Le régime vit à n'en pas douter ses derniers mois. Alors que Manuel II monte sur le trône, Felismina décide de s'engager elle aussi. Elle publie sous le pseudonyme de Zelia un poème dans un journal catholique, qui s'appelle *Patrie*. Elle y professe le refus des idées républicaines et du vent de liberté que leurs adeptes appellent de leurs vœux.

Lorsqu'elle découvre le nom d'Antonio dans le livre des séminaristes prêts à être ordonnés, elle défaille. Finalement, il va être prêtre... A nouveau invitée à Santa Comba cet été-là, ils se retrouvent pour ce qui sera peut-être le moment le plus charnel de leur histoire. Elle est dans le jardin, monte sur un banc en pierre et met les bras en croix face au ciel, il s'approche d'elle : « Quand son visage transfiguré par le plaisir arriva au niveau de ma poitrine, je me suis sentie trembler, et avant qu'il ne m'ait touchée, je lui ai pris les mains que j'ai tenues fermement. »

Changeant une fois encore de résolution, Felismina déménage pour Viseu en cette année 1910, afin de rester auprès de lui. C'est le temps des premières querelles. Elle le croise un jour, guilleret, un bouquet de violettes à la main. A qui est-il destiné ? Qui peut donc le mettre de si bonne humeur ? Antonio a une autre femme en vue, la sœur de l'un de ses camarades. Un bon parti. Il apparaît le lendemain avec un groupe d'élèves, aperçoit Felismina avec sa sœur aînée, il s'approche, badine. Il leur parle de Natalia de Suza, la fille qu'il courtise. Herminia minaude et rit à ses phrases. Grisé, il tente une proposition... pour le moins inattendue : « Je peux vous chatouiller ? » La fin de la conversation finit de mettre Felismina hors d'elle, si bien qu'elle lâche un commentaire de jalousie visant Natalia de Suza : « C'est dommage qu'elle soit si laide. » Mesquineries contre chatouillis : la guerre est ouverte.

En 1910, Salazar a pourtant d'autres préoccupations que de conter fleurette. Au mois d'octobre, il délaisse la théologie pour le droit, qu'il part étudier à Coimbra. Le moment choisi pour sortir de la vie monastique n'est pas anodin. A Lisbonne, l'agitation politique est à son comble depuis quelques semaines. L'assassinat du roi en 1908 avait clos une période de véritable dictature dominée par João Franco. Mais sa politique d'oppression avait fini par exacerber les mécontentements, au point d'avoir mené à la mort du roi et du prince héritier. Le faible Manuel II, âgé de 19 ans, lui succède sur le trône. Il est incapable d'accorder les diverses factions politiques. Les gouvernements chutent les uns après les autres. Le 3 octobre, la Première République du Portugal est proclamée, alors qu'Antonio Salazar s'apprête à entrer dans la plus prestigieuse université du pays.

Cette décision, que l'on peut expliquer par la passion naissante de Salazar pour la politique, revient plus concrètement à Antonio Xavier Corte Real, dernier descendant de la puissante et respectée famille Perestrelo. Il a donné au père de Salazar un conseil avisé : « Ton fils n'a aucune vocation pour être prêtre, il ne doit pas continuer au séminaire. Le garçon est intelligent, il doit aller étudier. » Il habitera une chambre très modeste à Couraça de Estrela, mais prendra ses repas chez ses nouveaux parrains, les Perestrelo. Il y mange alors goulûment, sur les conseils de Maria Pina Perestrelo, qui insiste beaucoup sur ce point, ne supportant pas de le voir efflanqué.

Antonio gagne en assurance à la fréquentation de ce monde nouveau et aristocratique auquel ses protecteurs lui donnent l'accès. Les bonnes familles, qui ont toujours bien des filles à marier, l'invitent maintenant à des dîners en ville. Le prestige de cette famille bienfaitrice lui ouvre des portes, et il déclenche bientôt les passions.

Il troque ses complets sombres pour d'autres plus colorés, et adopte les codes de la vie mondaine. Très en vue, il réussit même l'exploit d'être perçu comme un des meilleurs partis du pays, alors qu'il est sans fortune et n'a aucune noblesse. C'est un aimant à femmes. Les soirées se terminent immanquablement par d'agréables balades au bord du Mondego, et au bras de ces filles de la haute[2].

A Viseu, Felismina peine à joindre les deux bouts. Fidèle, elle n'oublie pas l'étudiant. Surtout, elle ne comprend pas pourquoi Natalia de Suza et ses amies rient d'elle lorsqu'elle les croise à l'église. C'est que les facéties amoureuses de « l'enjôleur » sont connues au-delà de Coimbra. Toute la ville est au courant de ses flâneries romantiques. Felismina regrette de ne lui avoir pas cédé.

A l'université, alors que les étudiants conservateurs et républicains s'allient, les catholiques s'insurgent contre l'anticléricalisme de la jeune république. Soucieux de ne s'aliéner aucun des mouvements, Antonio adhère de manière opportune au Centre académique de démocratie chrétienne, où il va se créer des amitiés fidèles. Il participe avec Manuel Gonsalves Cerejeira, futur cardinal de Lisbonne, à des débats et manifestations. Il a 25 ans, et ses traits toujours émaciés accentuent la profondeur de son regard. En plus d'une allure, il se fait un nom parmi les futures élites politiques du pays.

L'été viendra peut-être, comme par le passé, resserrer leurs liens ? Ils se retrouvent une fois encore à Santa Comba. Felismina tente le tout pour le tout : alors qu'ils marchent côte à côte un après-midi, elle lui prend la main et la glisse dans le bas de son dos. Il se montre indifférent, et hâte le pas pour se libérer : « Mais alors finalement, lui, aurait-il tout oublié ? Moi aussi alors je vais tout oublier, ma dignité me l'impose. » L'été est un échec.

Les trois années suivantes, tandis qu'Antonio étudie

à Coimbra, Felismina traverse une période des plus sombres. Dieu est le coupable idéal de son malheur. Ne s'est-il pas joué d'elle en mettant sur sa route un homme qu'il s'est déjà réservé ? Les prières sonnent faux à présent. Elle ne peut plus croire les prêches. « J'étais horrifiée par tant de mensonges, et j'ai cessé d'aller écouter les sermons. » La foi laisse derrière elle un vide périlleux lorsqu'elle déserte une personne. Taraudée par cette profonde crise mystique, elle entre un jour dans un confessionnal, pensant soulager ses maux en les confiant à un prêtre. Elle inquiète l'homme d'Eglise dès les premiers mots : « Je suis ici, mais je ne crois pas à ce que je viens faire. » Alors pourquoi venir ? « Parce que je crois encore que la foi est l'unique source de bonheur dans ce monde. » Le prêtre, très préoccupé par le sort de cette brebis égarée, veut savoir qui se cache derrière ce mal-être. Mais à peine lui révèle-t-elle son identité qu'il la chasse. Personne à Viseu n'ignore son béguin pour l'étudiant en droit, et sa propre sœur est la première à se répandre en commérages, alimentés avec force détails.

Felismina s'enfonce parfois les ongles dans la peau jusqu'au sang, lacérant ses chairs comme pour matérialiser sa souffrance. Une nuit de l'été 1912, ses tourments connaissent leur apogée, alors qu'elle atteint sa vingt-cinquième année.

Elle est tirée de son sommeil par une vision d'horreur : la mort est rentrée par la fenêtre et attend qu'elle s'endorme pour la saisir. Dans sa tête, une voix susurre : « Dieu n'existe pas, Dieu n'existe pas. » Elle se précipite hors de chez elle, prête à commettre le pire. Mais la voix de sa tante, qui s'est réveillée, la ramène à la réalité. Le lendemain matin, Felismina se regarde dans un miroir et a l'impression d'avoir vieilli de plusieurs années pendant cette nuit éprouvante. Peu après l'épisode, rencontrant un ami d'Antonio, elle lui confesse avoir perdu la foi. Ce dernier, étonné, lui rapporte que Salazar a traversé une crise similaire à Coimbra.

Ce sont en effet à présent les dogmes de la séduction qu'il s'attache à faire siens. Il tente de maintenir une correspondance qu'il voudrait anodine avec Felismina : « Je vous interdis définitivement de croiser mon chemin », lui assène-t-elle immédiatement. De lui, elle veut tout, ou bien rien. Son courrier croise une autre lettre envoyée par Salazar, décidé à la reconquérir, qui arrive le lendemain. Il veut savoir si elle l'aime encore : « Notre correspondance s'est croisée en chemin. Il m'a envoyé une lettre le jour même où j'envoyais ma lettre de rupture. Un jour plus tôt, tout aurait été différent. »

Au début des années 1920, ils se revoient pour Noël, chez lui à Santa Comba. Antonio est professeur d'économie politique à l'université de Coimbra. Felismina a accepté l'invitation de la mère de Salazar. Elle passe la plupart du temps en compagnie de la bonne Maria do Resgate, affaiblie, maintenant âgée de 75 ans. Felismina a appris par une amie qu'elle avait secrètement souhaité qu'elle épousât son fils. Jamais elles n'en parlèrent. Un soir, les amants contrariés de Santa Comba sont invités à un dîner à la maison de la paroisse. Antonio, joyeux, chaparde de petits bouts de pain qu'elle a découpés et les dépiaute. Il va même jusqu'à lui marauder des morceaux de viande dans son assiette : « Il se vengeait dans les petits bouts de pain et de viande de l'impossibilité de me toucher », remarque-t-elle.

En 1922, l'éternel manège amoureux estival recommence à Santa Comba, tandis que la vie de Maria do Resgate s'étiole. Salazar continue de relancer cycliquement autant que cyniquement Felismina. Elle se dirige un matin vers le petit jardin jouxtant le potager, et s'installe dans la pergola avec un livre. Antonio la suit de près. Elle est embarrassée par ce tête-à-tête forcé, tente de trouver un thème de conversation, et s'agite tellement sur sa chaise qu'elle finit par tomber. Refusant la main qu'il lui tend, elle se relève brusquement et se blesse sur un clou apparent. Elle saigne, et s'échappe. Antonio lui barre le chemin, lui prend la main, et reste un moment immobile, la respiration sifflante. Il rougit, elle comprend ce qu'il veut : « Sur la bouche, il avait un rictus de souffrance, dans les yeux, oh, dans ses yeux, je ne sais pas ce qu'il y avait. Au premier moment j'ai compris : amour. Au deuxième j'ai douté : simple intention de séduction ? »

Une fois de plus, la séance tourne court. Ils ne sont pourtant plus adolescents, Salazar a 33 ans, et Felismina 35. Les années passent, les occasions de se voir s'usent autant que les sentiments de Salazar. Felismina, nimbée dans son renoncement, continue à l'aimer, alors qu'il poursuit son ascension vers la tête de l'Etat. En avril 1928, elle écrit au nouveau ministre des Finances : « Comme d'habitude, je viens vous dire que je ne vous ai pas oublié : spécialement aujourd'hui ni demain non plus (42 ans !), me souvenant encore de notre amitié, bénie par Notre Seigneur, parce qu'elle est, dans son essence, un doux parfum pour mon cœur. »

## L'agent secret de Salazar

Le parfum, à force de refus, s'était éventé, mais l'ancien galant a su exploiter leur relation. Felismina est devenue une des informatrices les plus pointues du maître de l'*Estado Novo* (l'« Etat nouveau »), faisant d'elle une des personnes les plus puissantes dans la vie politique de Viseu. En 1932, en effet, Salazar, ministre des Finances, est nommé chef du gouvernement. Felismina est la première femme à prendre le poste d'inspectrice des écoles. Il n'y a alors aucune autorité qui ne se maintienne sans son accord. Son influence s'étend sur la région tout entière, et c'est auprès d'elle qu'il vient prendre conseil dans les moments difficiles. La correspondance avec

Salazar devient quotidienne : l'inspectrice lui raconte tout ce qui lui semble suspect. Chez un esprit de nature obsessionnelle, cela signifie beaucoup de choses. Lorsque, dans toutes les écoles de la région, on affiche un portrait du maréchal Antonio Oscar Carmona, président de la Seconde République du Portugal, dont Salazar est le seul maître, la passionnée d'Antonio lui transmet sur-le-champ son courroux : « Moi qui ai été témoin de ce qui se tramait, je ne peux que m'indigner lorsque je pénètre dans une école et vois le traitement inégal accordé aux deux portraits, sachant que Monsieur le Président de la République couvre toutes les magouilles et que seul le vôtre peut symboliser le nationalisme authentique[3]. »

Elle est devenue amère et vindicative. Une des rares à avoir l'audace de critiquer ouvertement le gouvernement, à vitupérer par exemple le ministre de l'Education. Considérant que l'enseignement est tombé bien bas, elle conseille à Salazar d'en finir avec les écoles normales, ce qu'il fait. Le président du Conseil la remercie pour ses soins et la pousse à lui donner toujours plus d'informations. De fait, Felismina devient la plus féroce propagandiste de l'idéologie salazariste : Dieu, patrie, famille. La nouvelle Constitution proclame le Portugal « République unitaire et corporatiste ». Fini le temps heureux des alternances, le libéralisme politique est totalement éliminé, et les institutions républicaines balayées.

Felismina, gardienne féroce de l'ordre nouveau, est crainte comme aucune femme ne le fut jusqu'alors. Elle ne croit plus en Dieu mais en Salazar. Le premier à subir ses foudres est un collègue inspecteur, qui adhère aux chemises bleues de Rolão Preto. Le mouvement, s'inspirant du fascisme de Mussolini, voulait doter l'Etat nouveau d'une milice digne des phalanges italiennes.

Garcia Domingues est inspecteur à Porto. Un jour, par provocation ou méconnaissance du caractère de sa collègue, il dit à Felismina que plusieurs prisons ont été construites à Porto, qu'il en a réchappé de peu, mais qu'il ne tardera pas à se retrouver derrière les barreaux. Il est vite exaucé. Fait prisonnier, il lui écrit pour qu'elle intercède en sa faveur auprès de Salazar. Elle écrit à Antonio : « Garcia Domingues est aux fers, salle 3 du Aljube, pour des motifs politiques. M'a écrit il y a trois jours une longue lettre (ne l'avait jamais fait auparavant !) me parlant de choses que je ne comprends pas et ne veux pas comprendre, une haute philosophie qui ne sert à rien sinon à rendre fou. Lui, en plus de fou, est astucieux. En faisant des salamalecs à mon esprit, prétend avoir de la peine pour avoir été emprisonné. »

Personne n'échappe au rapport de l'Œil de Viseu, pas même les plus hauts fonctionnaires : « Le commissaire de police est un homme de la nuit et de foires jusqu'au petit matin, intime d'ennemis de l'Etat, capable de les arrêter… après les avoir prévenus », alerte-t-elle Antonio. Les noctambules, les concupiscents et surtout les communistes sont ses bêtes noires : « Vous savez certainement qu'ici les choses ne vont pas bien. Il n'y a d'autorité dans aucun secteur, tous sont négligés et le champ abandonné à l'ennemi. Hier, on m'a dit que Viseu est la 3e ville du pays gagnée par les communistes. Si on m'avait dit qu'elle était la 1re, cela ne m'aurait pas étonnée. »

Elle dissimule ses véritables sentiments pour les transformer en un patriotisme impitoyable. Et Salazar l'en gratifie en lui donnant un pouvoir considérable. Elle s'est fait des ennemis. La haine à Viseu ainsi que dans toutes les villes qu'elle visite augmente de plus en plus.

De temps en temps, il l'invite à raviver ses souvenirs de jeunesse : « Laisser mon cœur parler librement et rappeler à mon bon ami le temps de notre jeunesse, si loin déjà ? Maintenant que nous avons atteint tous deux le demi-siècle de vie intense ? Mais répéter est doulou-reux, parce que celui qui répète c'est qu'il ne sait pas en dire plus, ou parce qu'il estime ne pas être entendu. Et se souvenir... se souvenir c'est vieillir davantage... »

Felismina s'est sacrifiée pour Salazar, faisant de lui un christ, objet de son seul amour. Antonio ne convolera jamais non plus. Micas, la nièce de sa gouvernante qui vivait à Santa Comba, confie qu'il lui a dit un jour qu'il avait pensé se marier avec Felismina : « Elle a été une des femmes qui l'ont le plus marqué. Elle a été son premier amour[4]. » Il en aura pourtant beaucoup, beaucoup d'autres.

### Les passantes de l'hôtel Borges

#### Misogyne ou misanthrope ?

Antonio Salazar a en effet renoncé au mariage. Il continuera à gouverner seul, pendant plus de trente ans, véhiculant une image de chanoine au-delà des préoccupations de la chair comme des sentiments. La propagande et la censure furent si fortes que le chef du gouvernement fut toujours considéré comme un homme des plus chastes, marié exclusivement à la patrie. Il avait pourtant rencontré une femme qui lui était entièrement dévouée, Felismina de Oliveira. Pour Salazar, le pouvoir ne se partage pas. Même avec une femme. Surtout pas avec une femme. La raison d'Etat avait vaincu le désir d'un foyer heureux. Salazar n'entend jamais faire de compromis pour une femme. Il n'a pourtant pas renoncé aux amours ponctuelles. Une seule règle s'impose : ne jamais s'engager, ne jamais perdre le contrôle. Les contradictions sont au cœur de sa personnalité : amoureux de la civilisation européenne, il déteste pourtant voyager et ne visitera pas une seule des colonies portugaises en quatre décennies. Chef suprême du pays, il n'accepta jamais d'être président de la République, en antidémocrate convaincu. Salazar est un Janus, un ancien du séminaire pratiquant l'amour libre, un milita-riste qui ne fait pas la guerre, un monarchiste qui durcit la république, un dictateur enfin qui triomphe de toutes les tentatives d'assassinat et coups militaires en près de quarante ans de pouvoir.

A l'inverse d'Hitler ou Mussolini, Salazar met peu en scène son corps, refuse les photos tant qu'il le peut, et n'acceptera jamais d'apparaître fardé. Celui qui lit ses discours mécaniquement ne déchaîne apparemment pas les passions, ne galvanise pas les foules[5]. Le charme qu'il veut opérer sur les femmes comme sur les foules doit être discret, mesuré. Il est certes un dictateur qui, comme les autres, manipule ses relations féminines et masculines, mais il est avant tout un homme qui se pas-sionne pour des femmes singulières.

Il a très peu d'amis et les tient à distance, de peur d'être influencé par eux. Une de ses plus grandes peurs : se laisser attendrir. Mario de Figueiredo, un ami du séminaire, en esquisse la raison : une forme d'orgueil qui lui fait toujours craindre en secret le ridicule d'être amoureux. « Il ne prononce jamais les mots qu'on attend. Il ne s'abandonne pas à l'élan esquissé. A peine a-t-il livré un peu de son cœur qu'il le reprend. » Micas nous confirme ce sentiment : « Tout le monde sait que Salazar a eu beaucoup de femmes, mais quand les choses com-mençaient à devenir sérieuses, il les éloignait. » S'il ne s'engage jamais pour de bon, ces maîtresses ne sont pas de simples passades, mais de vraies romances : il aime le dialogue intellectuel, la complicité, et surtout le regard qu'une femme porte sur lui. Il a besoin de la douceur féminine, comme celle que lui apportaient Maria do Resgate, sa mère, ainsi que sa sœur Marta.

Souffrant de fortes migraines, ne supportant plus la lumière du jour, il reste de longues heures étendu sur son lit dans sa modeste chambre. Il a la sensation d'être isolé, et passe par une phase de dépression intense.

Son accession au professorat, en 1916, le ramène à un tumulte culturel et sensuel. Antonio se lance dans une série de liaisons sans conséquences. Soignant son apparence, il revêt la cape des pensionnaires de Coimbra, les cheveux très abondants, le front haut. Il s'habille de manière recherchée, toujours en noir, avec des gants et des cravates en soie.

Son nouveau statut lui permet quelques largesses. Il fréquente le théâtre, assiste à des concerts. De tous les arts, la musique touche particulièrement sa sensibilité. Il se rapproche ainsi des femmes pianistes de Coimbra. Parmi elles, Gloria Castanheira, cantatrice émérite et femme se promenant souvent avec une ombrelle et un perroquet en cage. Il va aux concerts et récitals qu'elle organise chez elle, au 35, Couraça de Lisbao, et se montre captivé par la voix de Maria Celestina Costa Alemão, qui « chantait divinement » *La Violette* de Scarlatti.

Ils entretiennent une passion musicale. Elle lui joue ses airs préférés au piano, il lui écrit des cartes de remerciement : « Je t'écris, ma señora, dans le souvenir délicieux de ces magnifiques soirées de douce intimité et de musique splendide, que ta bonté (une bonté inépuisable) m'a accordées [...]. Toutes ces petites choses, comme votre amitié, les conversations que nous avons eues, m'emballent. »

Gloria devient une confidente privilégiée, à qui il déverse le trop-plein de ses sentiments. Il lui confesse qu'il se sent « extraordinairement fatigué et abattu », et il affirme se raccrocher uniquement à « son chant ignorant ». Elle lui envoie des vers d'Henry Bataille pour le consoler : « Je ne savais pas que dans le bouquet de roses qu'est la vie, on aurait laissé tant d'épines », commente la diva au sujet de la souffrance de son jeune ami.

Gloria n'est hélas pas au goût d'Antonio, qui n'est pourtant pas homme à repousser les élans féminins : « Que veux-tu, c'est elle qui me provoque, et qui prend

194

l'initiative, et moi je ne suis pas prêtre[6] », a-t-il coutume de rétorquer à son confident le père Cerejeira. Même quand il n'est pas touché par une femme, ni séduit, il alimente l'amourette et la dépendance, avec un esprit de collectionneur. Il préfère cependant faire la cour à sa cousine, Maria-Laura, ainsi qu'à ses élèves.

Les potins vont bon train dans ce haut cercle du conservatoire de Coimbra. On parle de mariage. On s'empresse de commenter les travaux de sa maison de Santa Comba : il l'agrandit, soi-disant, pour sa future femme. Salazar se sent à la fois diverti et flatté par ces rumeurs. Dans une lettre à Gloria Castanheira, le maître de 30 ans fait de l'humour : « Tu sais que de temps en temps, on m'annonce que je vais me marier. Mes amis me l'affirment avec sincérité, et je le crois presque. Il est possible que Votre Excellence me découvre un jour marié, et je puis lui jurer que ce serait sans le vouloir, ni sans le savoir. […] Parfois, ces rumeurs m'inciteraient à faire publier dans nos journaux […] la phrase suivante : "J'annonce au public en général, et aux passionnés de mes relations, que je suis entièrement libre, sans fiancée, ni amoureuse, ni flirt ou quoi que ce soit." »

## Maria-Laura : la groupie du ministre

Salazar, qui, d'assistant, est devenu professeur à part entière à Coimbra, continue de passer ses vacances dans la ferme familiale. Alors qu'il prend le train pour regagner l'université, il aperçoit une jeune femme aux yeux verts immenses, presque globuleux qui l'observent. Maria-Laura Campos s'apprête à descendre du train. Le chevalier servant est prompt à bondir et propose sa main galamment. Maria-Laura vient passer quelques jours chez sa tante, Gloria Castanheira. C'est lors d'un récital à son domicile qu'ils se retrouvent à nouveau.

Le père de la belle aristocrate de la gare, Eduardo

Augusto, était juge. Sa femme, Laura, avait eu une grossesse pleine de complications et mourut deux ans après la naissance de Maria-Laura. Sur son lit de mort, elle avait demandé, pour ne pas laisser sa fille orpheline, à sa meilleure amie Maria Castanheira, la sœur de Gloria, de se marier avec son époux. Maria-Laura a reçu de cette tutrice une excellente éducation : elle est capable de parler littérature avec aisance, et en français.

Revoyant Salazar chez sa tante Gloria, elle est intriguée, mais pas attirée. Il faut dire que son cœur est occupé ailleurs. La jeune femme de 21 ans vient de se fiancer avec un commerçant de Porto. Antonio peine à trouver des arguments pour la séduire : c'est la première fois qu'il se heurte à un refus féminin. Il est désarmé. Voilà qui enterrait définitivement les espoirs de Gloria Castanheira. Antonio se console de ce refus en multipliant les conquêtes : Aline, disciple de l'école russe de chant qui illuminait les concerts de Coimbra, lui chante en pleine nuit des airs d'opéra au téléphone. Gloria se lamente toujours. Ne supportant pas de perdre une seule admiratrice, Salazar la rassure : « Je peux vous répondre assurément que la prétendante au piano n'est pas, ou ne doit pas être celle qui se prétend ma fiancée. [...] C'est une jeune fille très jeune si j'en regarde à la hauteur de ses jupes. Mais de nos jours, on ne peut plus juger de grand-chose à la hauteur des jupes. »

Outre la hauteur des jupes des jeunes Portugaises, Salazar est préoccupé par les difficultés financières de l'orphelinat public de Coimbra. Il a fait faire des travaux importants dans le salon et utilise Gloria pour recueillir des fonds. Mais les remerciements de Salazar sont loin de remplir les attentes de la pianiste : « Rester votre obligé est une chose qui ne me coûte pas et qui ne me préoccupe en rien », lui écrit-il. Vexée, elle lui rend la monnaie de sa mesquinerie. Blessé à son tour, il écrit : « Je n'ai rien à ajouter sinon que je souhaite très fermement que Votre Excellence m'autorisera à ne plus l'importuner avec mes vulgaires descriptions *d'écolier* […] pour que vous n'ayez plus l'impression malheureuse et injuste que *je me moque de vous.* » La correspondance faite de chamailleries entre Salazar et Gloria, commencée en 1918, s'étalera jusqu'en 1956.

Nommé ministre des Finances à 39 ans par le gouvernement autoritaire de Mendes Cabeçadas, Salazar est appelé à Lisbonne. Il veut réformer le pays, mais conserve sa raie sur le côté. Faisant face au déficit avec une main de fer, il va gérer les finances du pays comme il gère ses amours : gel des salaires, coupes dans la fonction publique, appauvrissement des classes moyennes et des prolétaires sont de mise. Il s'installe au rez-de-chaussée du 91 de la rue Duque de Loulé, dans une maison étroite et sombre.

Le nouveau ministre rencontre à nouveau Maria-Laura. Mariée depuis sept ans avec l'homme d'affaires Eduardo Rodriguez de Oliveira, ils ont déménagé à Lisbonne. L'oncle du mari, aventurier qui a réussi à représenter la firme Caterpillar pour la péninsule Ibérique, vit en Espagne. Décidé à ouvrir une succursale à Lisbonne, il place à sa tête l'étourdi mari de Maria-Laura, homme que son penchant pour les femmes rendait fort mauvais gestionnaire.

Maria-Laura n'a pas eu d'enfants et les années semblent faire triompher la beauté de ses traits. Le désormais très puissant « enjôleur » adore son parfum de luxe. Cette fois-ci elle ne reculera pas devant ses avances. Salazar n'a jamais été si loin du séminaire.

Maria-Laura commence à fréquenter le ministère, au point de pouvoir entrer sans se faire annoncer. A la demande d'Antonio, elle redécore son modeste appartement. Elle dispose sur le canapé du salon quatre coussins de lin sur lesquels elle brode des cœurs transpercés par les flèches de Cupidon. Rentrant un jour du ministère,

Salazar la retrouve avec un paquet. Et tous deux, à genoux sur le tapis, défont le mystérieux emballage. Beaucoup plus tard, elle racontera la scène au gouverneur de Porto, Brito e Cunha : une fois les nœuds défaits, il sortit une lanterne en fer forgé avec quatre verres martelés des couleurs des différents moments du jour, bleu foncé, blanc, orange et jaune. Il sortit ensuite du salon et revint muni d'un marteau, d'une pince, d'un clou et d'un tournevis, accrocha la lanterne au mur et la brancha, avant d'éteindre toutes les lumières du salon. Méticuleusement, il tourna la lanterne de façon à ce que la vitre jaune soit inclinée sur le visage de son amante, et lui dit de s'asseoir les yeux fermés : « Maria-Laura, nous devons être créatifs. Imagine un paysage paradisiaque où nous sommes tous les deux, et le soleil commence à se lever. Je ne veux pas t'imposer de lieu, mais imagine un paysage qui te soit cher, et nous allons joindre notre imagination dans ce lieu[7]. » Il se leva encore, tourna la lanterne et répéta le rituel avec les trois autres couleurs.

Exaspérée par les aventures peu glorieuses de son mari, Maria-Laura ne se gêne plus pour apparaître publiquement au bras du ministre des Finances. Un jour, tandis qu'ils arpentent les rues du quartier du Chiado, des hommes la sifflent. Salazar, pris de jalousie, ou par sens inné de l'économie, commente : « Maria-Laura, ne pense pas que tu puisses dépenser tout cet argent pour t'habiller avec autant d'extravagance. Si tu veux devenir ma femme, tu devras t'habiller avec ce que je pourrai te payer. » Elle s'arrête soudainement, le regarde de haut en bas : « Et qui vous a dit que je voulais être votre femme ? Salut, restez avec votre avarice. » Camouflet public pour le ministre.

Cherchant une sortie honorable à cette liaison, Maria-Laura part avec son mari pour Séville, où ils comptent séjourner chez son oncle. L'homme est devenu millionnaire et mène grand train. Le voyage ne fait qu'aggraver les choses. Eduardo l'accuse d'avoir différents amants. Elle lui rend la pareille, lui rappelant qu'il a dilapidé sa fortune personnelle au jeu. Peu de temps après, elle est de retour à Lisbonne, décidée à divorcer pour de bon. Elle obtient un divorce en sa faveur. Maria-Laura, éprouvée, se retire dans une maison de repos du quartier de Benfica, où elle séjourne deux mois. Entre-temps, la brouille avec le ministre des Finances s'est terminée, et la romance reprend.

En décembre 1930, Salazar passe Noël avec sa famille, mais revient en courant pour commencer la nouvelle année dans les bras de son amante. Dans l'agenda de Salazar, Maria-Laura, certaine de son pouvoir de séduction, note en français, à la date de ce réveillon : « Plus qu'hier et moins que demain », et signe avec ses initiales[8].

Maria-Laura s'est remariée avec l'oncle entrepreneur de son ancien mari et s'est installée dans sa luxueuse résidence madrilène. Rapidement après avoir convolé, cette nouvelle vie oisive lui paraît bien fade. Elle n'attend pas la fin de la lune de miel pour s'éclipser et rejoindre Salazar à Lisbonne pour les fêtes de fin d'année. Il lui loue une chambre à l'hôtel Borges, en plein quartier du Chiado. C'est l'endroit où il faut être vu, celui des dandys et des demi-mondaines, où s'édictent les modes. Les élégantes achètent leurs gants dans la minuscule *luvaria Ulysses, Au bonheur des dames* vend des parfums parisiens. Un peu plus loin, l'élégant magasin *Ramiro Leão* importe des robes de la Ville lumière, et met à la disposition de sa clientèle des modistes habiles à adapter les modèles étrangers au goût des Lisboètes. L'actualité politique, fraîchement sortie des presses des imprimeries du quartier, est commentée autour des tables du Café central.

L'agenda de Salazar pour l'année 1931 se clôt une fois encore sur l'écriture délicate de Maria-Laura : « Encore et toujours : plus qu'hier et moins que demain. » L'amour semble aller crescendo, au rythme des visites à l'hôtel Borges. En 1932, même rituel. A la page du 31 décembre, elle réaffirme son amour, faisant le bilan de leur année romantique : « C'est comme dans une prière que je faisais petite, je répète : aucune créature ne possédera mon cœur. C'est à vous… mon ami. »

L'année suivante, l'histoire en filigrane se poursuit. Mais Salazar est désormais président du Conseil. Il craint pour sa réputation. Son ascension ne peut être contrecarrée par une liaison affichée avec une femme mariée. Les incartades se font plus rares. « Une absence prolongée, c'est presque mourir un peu », lui écrit-elle. L'élaboration de la nouvelle constitution sur laquelle se concentre le nouveau tyran en 1933 lui offre une bonne excuse pour espacer les tête-à-tête. Il charge Leal Marques, son chef de cabinet, de se rapprocher des fascistes italiens pour lui fournir le modèle de sa nouvelle police politique, la PVDE (Police de vigilance et de défense de l'Etat). La chasse des opposants au régime a commencé, Salazar a trouvé l'instrument répressif totalitaire qui lui permet la surveillance de la population et l'application stricte de la censure.

Cela ne l'empêche pas d'aménager des rencontres furtives. Un dimanche de janvier, un rendez-vous est noté dans son agenda. 16 heures, hôtel Borges. Tout est déjà dûment prévu, la rencontre dure à peine deux heures[9].

En 1934, dans cet appartement qu'elle avait décoré, ils partagent le repas du réveillon, comme à leur habitude. Ce sera leur dernière rencontre. Lorsqu'elle repart pour Madrid, elle lui laisse dans son agenda une note amère et mélancolique : « Rien n'est plus affreux que l'éloignement, ne rien savoir… Quelle peine cruelle pour le cœur. » Pendant quatre années consécutives, la nièce de la pianiste de Coimbra aura enflammé les fêtes de fin d'année du ministre devenu dictateur.

Les prémices de la Seconde Guerre mondiale se déroulent aux portes du Portugal. Depuis Tanger, le général Franco lance l'offensive contre les républicains espagnols. Bientôt Madrid est bombardée, Maria-Laura et son mari doivent déménager pour Séville, où Salazar a pris soin de trouver un poste officiel au mari de son ex-amante. Habile moyen de se monnayer la gratitude de Maria-Laura, afin de récupérer toute trace de leur correspondance. Sitôt installée, Salazar envoie un émissaire en Espagne pour récupérer les preuves de son péché.

## La danseuse au Serpent

27 juillet 1934. Quelque six mois après sa séparation d'avec Maria-Laura, l'enjôleur de Santa Comba, désormais président du Conseil, archive dans son agenda, sur un papier de la pâtisserie Marquez, une lettre toute personnelle :

« Je ne suis pas sortie de la maison, attendant toujours. Irai-je vous voir dimanche ? J'ai horriblement hâte ! J'ai tellement de choses à vous dire, il y a des choses qui ne peuvent être dites que tout bas. Emilia. »

Une nouvelle rencontre, faite à l'hôtel Borges. La dame prend les plus grands soins pour ne pas être identifiée. Emilia mène à 37 ans une vie de femme libérée, qui laisse espérer à Antonio qu'elle ne lui demandera aucun engagement, aucune promesse. Il a été convenu depuis le début qu'aucun ne demanderait plus que l'autre ne pourrait donner.

Peu de temps après la rencontre, Emilia raconte à son amie Teresa, actrice lisboète, qu'elle va au palais de Sao Bento – celui de Salazar – passer la nuit. Elles ne se doutent pas que le neveu de Teresa, qui a alors 9 ans, Luis d'Oliveira Nunes, les écoute. Le lendemain, l'amie la questionne avidement : « Oh, je suis très déçue, finalement, c'est un homme comme les autres. » Elle lui

explique qu'il est très pressé, qu'il va « droit au but » et
« se dispense de préambules ».

Emilia Vieira est née en 1897, dans une famille de
Porto n'ayant aucun bien. Son père, cordonnier de grand
art, a été mêlé à des conspirations contre les monar-
chistes à la fin du XIXe siècle, et a fait de longs séjours
en prison. La fille a hérité du côté flibustier paternel.
Avec l'avènement de la république, il s'est installé à
Lisbonne, en plein Chiado, à côté du théâtre Sao Carlo.
Il devient alors un spécialiste de la fabrication des
chaussures destinées à l'Opéra. Des trois garçons et
quatre filles du couple, Emilia n'est pas la plus belle,
mais celle au caractère le plus enflammé, qui la confine
parfois à l'effronterie. Adolescente, elle apprend le
piano et le français, la langue à la mode chez les filles
de bonne famille. Enrichie par l'industrie du théâtre,
la famille passe ses vacances à Estoril, la splendide
villégiature des monarques portugais, où elle pratique
l'équitation. Elle en gardera l'habitude de se promener à
cheval en plein centre de Lisbonne, sous les yeux ébahis
des femmes du monde. Elle multiplie les fantaisies : un
de ses frères lui apprend la boxe, et elle adore les danses
exotiques qui font encore scandale.

A la veille de la Première Guerre mondiale, son père
s'adonne à l'alcool et aux femmes et fait faillite. Emilia
a 18 ans et doit maintenant voler de ses propres ailes.
Elle commence à travailler comme danseuse de salon
au son des jazz-bands. Dans les grands hôtels comme le
palace Avenida, elle est engagée pour ouvrir les bals et
amener les clients sur la piste. Elle danse avec le même
partenaire pendant des années, mais précise que ce n'est
pas son fiancé, « puisqu'il est homosexuel ».

Emilia gagne ainsi sa vie en se produisant dans des
palaces et sur des transatlantiques. La clientèle internationale lui donne l'envie du large. La jeune femme
arrive seule à Paris à la fin de la guerre de 14-18, non

sans avoir pris soin d'apprendre à tirer au pistolet, au cas où... Elle vit des années de bohème dans ce Paris des années 1920, entre Montmartre et la rue de la Gaîté, se découvrant une attirance particulière pour l'occulte. Emilia intègre un cercle de Portugais liés à la Société théosophique, qui développe une doctrine ésotérique inspirée de l'hindouisme et du bouddhisme. De retour au Portugal cinq ans plus tard, elle sait déchiffrer les astres, et établir des horoscopes.

Reprenant ses habitudes à Lisbonne, elle se produit au restaurant dancing du palace Foz. Avenue de la Liberté, elle traîne son ennui au Makavenkos, un club privé pour célibataires. L'endroit est connu pour fournir des jeunes femmes à de riches hommes mûrs. Pour faire reculer les affres du temps, et demeurer l'objet de tous les désirs, Emilia boit chaque jour un élixir fortifiant, mélange de jaune d'œuf, de porto et de sucre. Sa facette la plus sensuelle se révèle dans les danses exotiques et acrobatiques dont elle a la spécialité. Durant les soirées mondaines, elle utilise comme seul accessoire un serpent, qu'elle entoure tantôt autour du poignet, tantôt autour du cou, suivant la position de la lune. Dans les bals, ceux qui se pressent pour avoir ses faveurs reculent d'un pas à peine remarqué l'ornement reptilien. La jeune femme choque également par son ambivalence dans les relations intimes. Elle entretient en effet une liaison avec Maria Adelaïde Lima Cruz, peintre et scénographe.

Fatiguée de cette frénésie citadine, elle loue une maison sur la plage à Sao João, à laquelle elle fait rajouter des escaliers donnant directement sur la plage. La maison devient le lieu de villégiature de ses nombreux et jeunes amants. L'un d'eux viendra bientôt s'y installer. Norberto Lopes est un jeune étudiant en droit et apprenti journaliste, qui n'a pas été rebuté par le serpent de la danseuse. Il a été tiré au sort pour être son partenaire lors d'une soirée. Ils ont dansé une partie de la nuit et ne se sont plus quittés. Il emménage peu après chez elle, contre l'avis de sa famille. Il y restera vingt ans.

Alors que la jeune République espagnole sombre dans la guerre civile, la passion pour le journalisme du jeune homme l'incite à passer la frontière afin de rendre compte du chaos. A Madrid, les combats pour arrêter les insurrections des unités militaires et des groupes phalangistes ont mis la ville en ébullition. Les persécutions sont à l'ordre du jour; les tireurs embusqués et les exécutions sommaires sont légion. Emilia veut l'accompagner en Espagne, mais il part sans elle. Peu importe, elle gardera le contact avec son amant grâce à des séances de spiritisme.

Au même moment, Salazar poursuit sa mise au pas du pays. Pas de dictature sans règne de la terreur : plus que jamais la police politique espionne, questionne, torture et élimine. L'opposition ne lui crée pas de grands empêchements, hormis le parti communiste dont les tentatives d'insurrection sont écrasées. Et l'on applaudit l'homme qui arrive à maintenir le pays hors de cette guerre voisine.

Salazar ne se prive pourtant pas des fêtes de ce Noël 1936. Il dîne en tête à tête avec le cardinal Cerejeira, et avant minuit, caché par l'obscurité, sort rejoindre Emilia qu'il a rencontrée deux ans plus tôt. Elle lui écrit sur un billet : « Je veux être avec vous […]. Et vous dire encore le sentiment profond de gratitude que, le long des années passées, par un geste, une attitude, vous avez fait croître dans mon cœur, et qui par magie se transforme en meilleurs vœux pour vous. Ainsi soit-il, pour ce qui a été, pour ce qui est, pour ce qui sera. Et toute la tendresse de la toujours fidèle… »

Les précédentes liaisons de Salazar nous apprennent que ce dernier ne conserve jamais une relation si elle ne lui apporte pas quelque intérêt politique. Au-delà d'une maîtresse fidèle, Emilia est devenue son astrologue.

Il ne se passe plus des conseils de sa voyante attitrée. Elle connaît ses craintes, et lui envoie chaque mois un horoscope détaillé : « Je suis en train de travailler sur la révolution solaire de cette année, mais je n'ai pas réussi à la terminer pour aujourd'hui, comme je le souhaitais. Ma demande est que vous preniez le plus grand soin de votre santé. Ne tentez pas de vous soustraire à tout repos nécessaire. Si vous pouvez me consacrer quelques secondes, je vous demande de m'appeler vers 15 heures, dès que j'aurai terminé mon travail j'irai vous le porter moi-même. »

La Seconde Guerre mondiale, qui a ruiné l'Europe entière, a épargné le Portugal de Salazar, qui en sort intact.

Les relations avec Emilia se maintiennent, sans danger de descendance : rétive à toute idée de maternité, elle s'était fait opérer afin d'éviter tout risque. L'heure des frasques nocturnes est passée. L'élixir quotidien n'a pas réussi à arrêter le temps. Elle doit se trouver un mari afin d'asseoir sa position. Hélas, son amant d'une décennie entière, Norberto Lopes, refuse de se marier. Le sujet occasionne de violentes disputes. Il finit par la quitter un matin. Cette même journée, elle s'empresse de communiquer sa nouvelle disponibilité à Antonio : « Pour écourter l'odyssée, je vous dis que je suis séparée de l'homme avec lequel je vivais, maintenant vous pouvez m'appeler quand vous voulez, je suis complètement seule. » Elle en profite pour lui glisser quelques mots sur ses problèmes financiers, lui demandant d'intercéder en sa faveur auprès du ministère des Finances. Elle propose une valeur d'échange : « Je crois que si vous signez la recommandation, j'aurai l'occasion de vous être utile, puisque j'ai un étranger juif d'origine russe qui me semble suspect, pour avoir passé la nuit à discuter avec un Portugais. » La délation peut être parfois vecteur d'excitation.

Ne sachant que faire de sa liberté perpétuelle, Norberto accepte enfin d'épouser Emilia. Antonio est une fois encore le premier au courant, dans une sorte de jeu de jalousie digne d'une *telenovela* : « Mon mariage est repoussé à février, date anniversaire à laquelle nous avons fait connaissance vous et moi. »

Emilia est après la guerre une femme rangée. Elle continuera cependant d'étudier les astres à l'attention de Salazar. Le premier thème astral de l'année 1967 est troublant. Elle lui trace la révolution solaire pour l'année suivante : la position des astres n'est pas du tout souriante, et les mauvais présages rôdent autour d'Antonio, né en avril dans le signe du taureau. Une confrontation de Mars contre Mercure se prépare, c'est dire si les ennuis ne tarderont pas à poindre. Elle l'avertit d'une crise à venir : « Risque d'accident dont le natif sera la cause. » En août de cette année-là, Salazar est dehors sur une terrasse et va pour s'asseoir sur un transat, la toile cède, il tombe sur la tête. « Huitième dans l'ascendant : soucis concernant les finances et les obligations. Affaiblissement de la santé ou deuil. Cette superposition marque fréquemment l'année de la mort. » Le lendemain, Salazar commence à se sentir mal et est emmené en pleine nuit à l'hôpital. On diagnostique un hématome au cerveau. Il fait ensuite un accident vasculaire. Il ne gouvernera plus jamais. Il décède trois ans plus tard, le 27 juillet 1970.

Pendant encore vingt ans, l'astrologue de Salazar signera sous le pseudonyme de Sibila la rubrique des horoscopes du journal *A Capital*, que dirige l'ancien étudiant en droit qu'elle a épousé, Norberto Lopes.

## La belle de Paris

A la sortie de la guerre, Salazar n'a encore aucune idée de ce que les astres lui réservent. Il profite de son statut d'homme fort ayant résisté aux sirènes de la guerre pour fréquenter avec plus d'assiduité que jamais l'hôtel Borges.

Un jour d'automne de l'année 1945, vers 16 heures, sa voiture officielle s'arrête devant l'hôtel. Le chauffeur en descend et lui ouvre la porte. L'opération se déroule en quelques secondes et il disparaît rapidement à l'intérieur. Il fait un signe discret au concierge, se dirige vers l'ascenseur. Il monte au 3e, entre dans la chambre 301. Les fenêtres donnent sur l'arrière, c'est une alcôve discrète. Une femme très chic et un peu tape-à-l'œil l'accompagne.

Mercedes de Castro Feijo est la fille d'un diplomate et poète lusitanien représentant son pays à Stockholm. Il y avait rencontré une femme que l'on disait l'une des plus jolies du siècle. La mondaine ouvrait les bals de la cour de Gustave V. Mercedes grandit ainsi parmi les notables, dans l'ombre de sa mère. A la mort de ses parents, elle hérite d'une fortune considérable, et a comme tuteur un ambassadeur suédois, Sven Berjius. Ils débutent une vie de nomades, au gré des délégations où la chancellerie l'envoie.

Ayant atteint sa majorité, Mercedes vient s'installer à Paris, à l'hôtel de l'Arcade, près de la place de la Madeleine. Elle mène alors un train de vie princier, jouant aux courses, et finit par dilapider la pension dont elle dispose. C'est une femme rebelle aux principes qui doivent alors gouverner les espérances féminines : un homme, un mariage, des enfants. Elle veut vivre autrement, laissant une trace de gloire sur le monde. A Paris, elle se sent libre.

Hitler est sur le point d'envahir la France, mais elle ne veut pas quitter sa rive gauche. Elle n'est pas convaincue par les dangers de cette drôle de guerre. Les Allemands arrivant aux portes de Paris, elle doit se résoudre à partir.

On commence à la suspecter à cause de ses fréquents voyages. Les Français lui retirent son passeport diplomatique, les Allemands la tiennent à l'œil. On la soupçonne d'être une espionne pour le compte des Alliés. Cherchant un point de chute loin de la guerre, elle retourne dans le pays de son père, et s'installe à l'hôtel Borges, avec dans ses bagages quelques livres en français. Elle s'intéresse aux classiques, Fénelon, Molière, aux modernes, Apollinaire, et Rimbaud. Plus séductrice que belle, elle fume des gauloises avec un énorme fume-cigarette, jouant de ses traits anguleux et de ses yeux noirs immenses. Mercedes est une femme très cultivée, mais peu affable. Elle fréquente les écrivains et devient une amie d'Antonio Ferro, qui la lance comme journaliste.

La manière dont Salazar a su tenir le pays hors de la guerre lui a fait forte impression. A l'été 1945, avant de retourner à Paris, elle lui demande un rendez-vous. Le *Doutor* est trop curieux pour refuser. Trop entreprenant aussi pour en rester là. Ils se voient alors aussi fréquemment que ses voyages à travers le monde le lui permettent. Dans une carte postale gribouillée de cœurs et de pâquerettes, Mercedes lui écrit en français : « Chaque petit cœur vous apportera mes affectueuses pensées, ainsi que mes vœux pour Pâques, et surtout de bonne santé. Je vous embrasse. Mercedes [10]. »

Connaissant tous les diplomates depuis son plus jeune âge, elle entretient un réseau de connaissances hors du commun, et transmet certaines informations au président du Conseil. Salazar, dans une carte sans date, mais pleine de sous-entendus, lui écrit : « J'ai pris connaissance des envois de Paris et de Strasbourg. Quand vous viendrez à Lisbonne, faites-le-moi savoir, j'espère vous recevoir au même moment que d'habitude. »

Mercedes sait, en femme du monde libérée, faire souffler le chaud et le froid sur l'homme qu'elle convoite. Elle ne s'interdit pas de lui demander des faveurs, et le pique aux jarrets s'il ne satisfait pas immédiatement ses requêtes : « Vous n'avez rien fait pour mon cousin Lopo Feijo, qui travaille au SNI [Secrétariat national d'information] de Porto. Cela, permettez-moi de vous le dire, ce n'est pas gentil, pas gentil du tout même. Moi qui suis tellement votre amie et qui ferais n'importe quoi pour vous, vous le savez bien ! » La menace est claire : pas de traitement de faveur pour le pauvre cousin, plus d'informations de la part de l'intrigante.

A l'hôtel Borges, elle réserve toujours la même chambre. Le lieu est à la mode, y passent les plus grandes familles et les grands noms de l'Opéra qui viennent se produire au Sao Carlos. Dès que Mercedes arrive à l'accueil, on appelle la présidence du Conseil, et une voiture vient la chercher dans l'heure. Salazar lui rend visite une fois par semaine, à heures fixes. Mais la routine lasse le facétieux Antonio.

Depuis Paris, elle lui écrit en français : « Je vous y semble moins accessible que dans votre maison de Sao Bento (un peu comme un aigle sur son promontoire)... Et je suis pleine de nostalgie... je me rappelle avec tendresse les blattes de l'hôtel Borges. »

Continuant à l'utiliser comme informatrice, Antonio trouve à partir de l'année 1950 des excuses sans cesse renouvelées pour s'esquiver. Mercedes est une maîtresse qu'il tient à distance : « Me voici de nouveau à Lisbonne, et de nouveau sur le chemin du retour (je ne fais rien d'autre que de partir et d'arriver). Aimeriez-vous me voir ? Si cela ne vous dérange pas, moi, cela me ferait le plus grand plaisir. Ma visite au Portugal ne serait pas parfaite sans cela, il manquerait le plus important (et je serais très triste). Soyez gentil et faites-moi venir. » La réponse est sans appel : « Je vous remercie du fond du cœur pour votre carte. Quand vous arriverez à Lisbonne, demandez-moi quelque chose d'autre, je vous recevrai à Sao Bento ou au fort de Santo Antonio. »

Depuis Paris, c'est une autre femme qui inspire désormais les désirs du *Doutor*.

## L'amour sonne toujours deux fois

Felismina, Maria-Laura, Emilia et Mercedes ont-elles été sacrifiées à la raison politique par un homme apathique, ou délaissées par un homme qui ne sait pas aimer ? Très certainement un peu des deux.

Salazar confia un jour au secrétaire de la Propagande nationale, Antonio Ferro : « Combien de fois me suis-je laissé émouvoir par la sincérité indiscutable de certaines manifestations ! Que de fois me suis-je senti secoué par le désir presque irrésistible de crier au peuple ma gratitude ! Mais lorsque je suis prêt à parler, une voix intérieure me dit : "Tais-toi. Tu sors de toi-même…" Si j'étais gouverné par des influences passagères, je ne serais plus moi-même. Et alors il ne me paraîtrait plus honnête de continuer à gouverner [11]. » Les impulsions de l'affect sont les pires ennemies de Salazar, ses ennemies intimes : « Je préfère le respect à l'amour, dit-il encore. L'amour passe… La passion […] est si inconstante ! Si dangereuse aussi. Ceux qui m'applaudissent aujourd'hui hésiteraient-ils à se détourner de moi, si une autre passion les prenait ? »

Nous sommes en 1951, Salazar a 62 ans. La cour de femmes qui gravitent autour de lui a fini par le lasser. Il va pourtant connaître la plus grande passion de son existence.

### L'amour à la une

Christine Garnier, une journaliste française, se rend au Portugal avec une idée bien précise en tête : écrire un livre sur la vie de Salazar. Ce n'est pas le politique, mais l'homme qui l'intéresse. L'entreprise est de taille, Antonio dirige alors le Portugal depuis près de deux décennies, sans qu'aucune information sur sa vie privée soit révélée. Aidée par Antonio Ferro, elle compte reconstituer son parcours, depuis son enfance jusqu'à son accession au pouvoir. Une condition est posée : il devra relire chaque passage publié.

A Lisbonne, un homme du SNI l'attend. Trois jours durant, il lui fait visiter Lisbonne, tandis que le cabinet du chef suprême ne cesse de se dérober. Sentant qu'on l'amuse afin de la distraire de son objectif, Christine menace de rentrer à Paris. L'agent panique. Il sait que Salazar tient absolument à avoir bonne presse en France, afin d'attirer l'attention de ce pays où des dizaines de milliers de Portugais ont déjà émigré. Il appelle un ami personnel de Salazar et trouve les mots pour motiver « l'enjôleur » : « Elle est pétillante comme le champagne », lui assure-t-il. La jeune Française ne manque pas en effet de se faire remarquer : persistante, décidée, pugnace, elle veut et exige de rencontrer cet homme qui l'intrigue tant. Sa curiosité éveillée par la description choisie de son ami, Salazar consent à la recevoir. Le rendez-vous est fixé deux jours plus tard, au palais de Sao Bento.

Christine a changé ses habitudes pour l'occasion. Connaissant l'esthétique quelque peu monacale du *Doutor*, elle se présente coiffée d'une capeline, vêtue entièrement de noir, d'un chic tout parisien malgré sa sobriété. A peine passe-t-elle le pont-levis qu'un homme en costume de lin blanc descend l'escalier pour l'accueillir. Il la guide en silence dans une pièce chichement meublée de deux chaises. Ils s'asseyent tous deux et attendent. La Parisienne s'impatiente : « Alors ? Le Président ne vient pas ? » Immobile, il lui sourit affablement. C'est Salazar lui-même, qui a coutume de faire de sa simplicité vestimentaire une arme pour surprendre les femmes. « L'étonnement a paralysé mon élan et ma voix[12] », se souvient-elle. Comme avec Felismina quarante ans plus tôt, sur le quai de la gare de Viseu, ils demeurent l'un en face de l'autre, sans prononcer une parole. Elle est happée par son regard : « De ce visage inconnu je ne vois que les yeux. Les yeux très noirs, triangulaires, intenses. » Entre la stupéfaction et la torpeur, c'est le coup de foudre. Tout en lui l'enchante : « Il a un teint légèrement basané, des cheveux gris et lustrés, des dents qui brillent d'un éclat minéral », note-t-elle.

Christine Garnier est une femme passionnée, qui ne connaît pas la tempérance ni l'hypocrisie imposée par les codes politiques : « On m'a beaucoup parlé de vous, Monsieur le Président, lui dit-elle tout de go, et ce que l'on m'a dit n'était pas pour me rassurer. Pour les uns, vous êtes un saint et l'on ne tarderait pas à vous béatifier. Pour les autres, vous êtes un chef dénué de sensibilité, d'humanité. […] Et votre réputation d'austérité est telle que, pour venir vous voir, on m'a conseillé d'éviter le parfum et le vernis à ongles. J'ai mis un grand chapeau noir, alors que d'habitude, je vais cheveux au vent. Et je n'ai cessé de craindre, dans la voiture qui m'amenait au fort, que ma jupe et mes manches ne fussent pas assez longues… » Le président du Conseil est séduit par cet aplomb, et le déferlement de questions qui s'ensuit n'est pas pour le décevoir :

« Certains m'ont assuré que la compagnie des femmes vous est insupportable.

— Ce sont peut-être les femmes que j'ai refusé de recevoir qui me font cette réputation ! Je n'ai vraiment pas le loisir d'accorder audience à tous ceux qui me le demandent : les minutes dont je prive mon travail, je les vole à l'Etat. Mais croyez-moi, la compagnie des femmes m'est au contraire très agréable !

— Sauf peut-être les femmes qui travaillent ! Je n'ai pas oublié certains passages de vos discours où vous assurez que le métier de l'épouse désagrège son ménage…

— Mon opinion n'a pas varié. Je continue à dire

qu'il n'existe pas de bonnes ménagères qui ne trouvent beaucoup à faire dans leur maison, ne fût-ce que dans l'apprêt des repas et le soin des vêtements.

— Croyez-vous donc, Monsieur le Président, qu'il vous soit possible d'enrayer ce mouvement d'émancipation qui entraîne les Portugaises ?

— Persuadé qu'une épouse qui a en tête le souci de son foyer ne peut faire du bon travail au-dehors, je lutterai toujours contre l'indépendance des femmes mariées. »

Le ton est donné. Salazar invite la belle curieuse à revenir pour les vacances. Ils partiraient à Santa Comba, et là-bas elle pourrait terminer son enquête. Logée à la pension Ambrosia, elle se rend chaque matin auprès du dictateur, escortée par la police.

Elle découvre l'univers plus personnel d'Antonio. Ce qu'elle imaginait être une vaste propriété familiale est en fait une toute petite maison, « à peine la demeure d'un rentier », remarque-t-elle. Plutôt un modeste presbytère campagnard. La façade rose est fleurie de rosiers grimpants. Les pièces étroites sont meublées uniquement pour l'utile, très peu pour l'agréable. Seule une table Louis XV élève ses lignes délicates au milieu d'un salon presque nu. Salazar a choisi une cretonne ordinaire pour ses fauteuils et ses rideaux. Sur les murs beiges, une gravure romantique voisine avec un portrait de Dante et avec un tableau qui représente une visite dans un couvent de bénédictines. Pas de bibliothèque. Presque pas de livres. Aucune photographie. « Voici donc le refuge de celui que l'on appelle dictateur. C'est dans l'une de ces chambres nues que Salazar finira ses jours. Je suis émue. »

La chambre, saint des saints, est dans la même veine. Le plancher et le lit sont de bois blanc. Le rideau qui masque la vue des champs est piqueté de taches de rouille. Sur la commode, une statue de la Vierge en plâtre colorié. La porte de l'étroite salle de bains attenante est entrouverte : Salazar a oublié sur le lavabo un peigne mince et une brosse à cheveux comme en ont les pensionnaires : « Je n'arrive pas à comprendre comment, de toute cette nudité, de toute cette pauvreté, irradie tant de chaleur et même d'exaltation. »

Dans le village, la présence de l'étrangère fait beaucoup parler. Tandis que les paysans s'occupent à leurs cultures, Salazar la promène, appuyé sur sa canne d'Inde. Il lui montre les vignes et les jardins. Il aime particulièrement les orchidées de Madère, et les œillets roses d'Estoril. Rien que des fleurs aux couleurs pâles, sans passion : rose, bleu, blanc. Ils s'assoient parmi les glycines, sur la terrasse couverte de style colonial.

« Vous aimez beaucoup les fleurs, Monsieur le Président ?

— Elles me procurent les seules joies qui me soient permises », se lamente-t-il, empli de mélancolie. La partition du solitaire, timide, austère, dévoué à sa tâche, aimant les promenades dans les jardins botaniques, fait mouche : « Il est des instants où la profonde lassitude qu'on sent peser sur lui émeut. » A son tour, Christine est séduite.

Ils prennent l'habitude de s'asseoir tous les deux côte à côte, face à la fontaine, plongés dans de grandes conversations. A Santa Comba, quelqu'un a remarqué le manège : la jeune fille que Salazar avait recueillie dans son enfance et élevée auprès de lui, Micas. Devenue femme, elle observe avec curiosité l'attention que son tuteur porte à l'étrangère. « Elle fut l'unique femme qui lui fit perdre la tête », conclura-t-elle. Et dans l'esprit de la jeune journaliste venue pour un article, les sentiments se mêlent aussi, faisant fi de toute rigueur professionnelle :

« Je viens de rentrer à Lisbonne. Il est minuit. Dans ma mémoire lasse se chevauchent des routes et des ponts, et se mêlent des visages qui me ramènent tous, irrémédiablement, à Salazar. Je voudrais inventer demain, au gré de ma fantaisie, des scènes de bal, de musique et d'amour, sans qu'il fût besoin de m'appuyer sur des dates précises et sur des paysages obligatoires. Dans ma chambre, je trouve un grand bouquet de roses très odorantes. Ma femme de chambre me remet, d'un air farouche, une carte de visite : *Doutor* Antonio de Oliveira Salazar. Puis elle s'en va, et pour marquer sa désapprobation elle claque avec violence la porte derrière elle. »

La Française s'empresse de lui répondre : « Comment vous dire assez : merci ! Merci pour les roses qui m'ont profondément touchée – ce sont les plus belles roses du monde !... Merci pour la délicate pensée que vous avez eue là. »

Christine arrive toujours pour travailler lorsque le soir tombe. Peut-être son inspiration est-elle meilleure la nuit ? Elle monte jusqu'au bureau, qui est aussi le coin des chambres. Salazar ferme alors soigneusement portes et volets, Micas, pétrie de curiosité et certainement de jalousie, se cache dans la chambre destinée à Christine, aux murs fins contigus avec le bureau, afin de guetter tout mouvement suspect : « Je ne vis rien, tout était bien fermé, ce qui n'arrive d'habitude jamais. » Ce qui excita plus encore l'imagination de la jeune fille fut, un beau jour, l'agitation de la gouvernante. Maria de Jesus montait et descendait les marches avec des seaux d'eau chaude, en direction de la salle de bains. Les Français avaient alors la réputation de nourrir une aversion pour l'eau et l'hygiène corporelle. Et Salazar, dans le doute, espérait convaincre Christine de prendre un bain. Ce fut la gouvernante elle-même, qui, dans un style fort prosaïque, raconta le secret à Micas : « Elle me dit que Salazar se plaignait beaucoup car Christine ne prenait jamais de bains, mais se mettait de la crème sur la peau. »

Maria de Jesus, dévouée totalement à Salazar, faisait tout pour lui, quitte à aller contre sa nature profonde. Cuisiner pour ses amantes, leur préparer de belles décorations de table pour le dîner faisaient partie de ses attributions. Cette femme pieuse, discrète et aimant un seul homme, son patron, avalait sa fierté pour faire les quatre volontés du *Doutor*. Tant qu'il se portait bien, tout allait pour le mieux.

Christine passe ainsi l'été entre Santa Comba et Lisbonne. Dans la ville où Salazar règne, elle découvre son décor quotidien, celui du pouvoir : « Salazar avait dit 7 heures, mais je n'ai pu m'empêcher d'arriver dix minutes plus tôt devant la grande maison blanche à un étage qui s'élève près du Sao Bento. Les tapis sont d'Aubusson, les paravents de Coromandel et les lustres de Venise. A l'entrée se dressent deux nègres du meilleur rococo. Des orchidées brunes pointillées de jaune débordent d'un très ancien vase de Chine sur la délicate marqueterie d'une table. » Quel contraste avec le dénuement de Santa Comba !

Salazar trouve ici encore quelques instants pour s'adonner avec elle à de bucoliques balades. Ils se promènent sous les arbres du jardin, il lui offre son bras. L'homme semble plus heureux parmi les canards de Barbarie que sous les lambris luxueux de son palais : « Que dites-vous de ces buis taillés à la française, qui descendent jusqu'au Sao Bento ? Quelle merveille, n'est-ce pas ? En clignant des yeux, on croit voir une tapisserie. J'ai surveillé moi-même la transformation des parterres et donné des instructions aux jardiniers », s'enorgueillit-il.

Faisant désormais des allers et retours entre la France et le Portugal, Christine est devenue la favorite de Salazar. Antonio semble fou d'elle. Il va jusqu'à écrire à un ami ambassadeur à Paris, Marcello Mathias, pour lui demander une faveur toute personnelle, l'achat d'un bijou pour une journaliste : « J'aurais un mal fou à le réaliser moi-même sans être guidé, et chez moi je n'ai personne de compétent. Je ne peux me déplacer moi-même de peur des commentaires... Ne vous préoccupez pas de l'argent, car l'argent ne me sert à rien, j'ai bien assez pour ma modestie, et trop peu pour ma position [13]. » Le diplomate prend la responsabilité de l'achat. Il emmène Christine se promener dans les meilleures joailleries parisiennes et lui demande de choisir une bague pour femme. Salazar téléphone au gouverneur de la Banque du Portugal pour qu'il lui fasse un chèque de 420 dollars.

Pour la première fois de sa vie, le président du Conseil fait preuve de largesses. Lorsque Christine est à Paris, le président l'inonde de fleurs qu'il fait venir des quatre coins du monde. D'autres cargaisons étranges l'attendent au 21, rue de Verneuil :

« Paris, le 15 décembre 1953. Madame, Nous avons reçu de la part de Mr. Frazao PACHECO, gérant de la société *Corretora*, instruction de vous remettre de la part du président Salazar une caisse d'ananas des Açores. Nous avons en vain essayé de vous joindre au téléphone. Nous comptons vous livrer ces ananas sur l'expédition attendue demain à Paris... »

Antonio lui fait envoyer toutes sortes de victuailles pour agrémenter ses absences. Il va jusqu'à lui faire expédier par le vapeur *Turckheim* trois caisses de vin rouge de Dao à Dakar, où elle était en reportage. La compagnie Royale paie quelque 1 000 escudos pour le nectar. Salazar prodigue ainsi toutes ses amabilités. Il l'adule, et elle adore cela.

Christine est originaire des Flandres, et dès toute petite elle a parcouru le monde avec son père, officier de marine. Il lui a donné un tempérament d'aventurière et d'enfant gâté. Une fois adulte, elle a décidé d'arpenter une route qui n'est alors réservée qu'aux hommes :

traverser l'Afrique de part en part, et séjourner en forêt équatoriale pour y étudier la sorcellerie. Elle écrit alors quelques romans méconnus, et connaît dans ses amours un parcours agité. Elle choisit ses hommes parmi les notables, mais ceux-ci s'usent rapidement.

A l'époque où Christine rencontre Salazar, elle est une femme mariée, épouse de Raymond Bret-Koch, petit-neveu du Dr Koch, le découvreur du bacille de la tuberculose. L'ingénu mari l'a accompagnée au début de ses recherches au Portugal. Pendant que sa femme se promène dans le nord du pays au bras de Salazar, il l'attend dans la capitale. Quand Raymond rentre à Paris après quelque temps, il découvre les lettres passionnées que le président du Conseil a écrites à son épouse. Christine répond à ses lettres : « Joie de recevoir votre adorable lettre si imprégnée de vous ! Joie de vous sentir… Je pense avec nostalgie à la chère *quinta*. En ce temps, déjà lointain, tout était beau, n'est-ce pas ? Quelle période merveilleuse, presque hors de la vie. Oui, en ces jours-là, la vie était belle… »

Le mari trompé finit par demander le divorce, et Christine se remarie bientôt, mais la seconde union n'est guère plus heureuse que la première : « Vous avez raison, personne ne prend soin de moi, personne ne me protège, et cela a été ainsi ma vie entière. Seul mon fils m'apporte (avec vous) un réconfort réel », écrit-elle à Antonio.

Salazar continue à user de l'effet qu'il provoque chez les femmes pour se tenir informé de tout. Christine voyage beaucoup, fréquente l'élite française, et côtoie ministres et dignitaires. L'utilisait-il lorsque le sujet était trop sensible pour la voie de la diplomatie officielle ? Le sort de Christine ressemble en ce sens à celui de Mercedes, dans une liaison où intérêt politique et sentiments réels sont inextricablement mêlés.

« Sa voix, je voudrais tant en décrire les sonorités !

[…] C'est comme un chant. Elle est basse et douce, mais elle s'arrête parfois sur des notes d'acier qui glacent : elle ne ressemble à aucune autre. Et j'évoque la lame d'un poignard jouant dans un fourreau de soie. » Mais Salazar cesse d'appeler, la voix s'est tue pour Christine.

Elle avait pourtant cru être la dernière compagne d'Antonio, celle pour qui il renoncerait à sa prison affective : « Certains prétendent que je n'aime pas la vie, lui avait-il confié. C'est complètement faux. Je n'aime pas ma vie. […] Au lieu de gouverner, j'aimerais vivre ici, parmi les champs et les vignes, quelques années tranquilles. Croyez-vous que je n'aurais pas aimé créer un foyer ? Croyez-vous que je n'ai pas le désir de dormir sans souci, enfin libéré des mille mesquineries qui sont le prix de toute œuvre gouvernementale quand on y reste captif pendant vingt-trois ans ? »

Dans la captivité qu'il s'était bâtie, seule Maria la gouvernante passera avec lui ses derniers instants. Elle est à son chevet pour son agonie, le 27 juillet 1970. Le *Doutor* est mort près d'elle, sans jeter un regard à celle qui l'avait aimé en silence depuis les premières années du siècle et était restée vierge. Felismina, Emilia, Christine comme Maria ont fait l'expérience la plus intime de cette loi du salazarisme : « On peut faire de la politique avec le cœur, mais on ne peut gouverner qu'avec la tête ! »

# 5

## Bokassa :
## chroniques de Bangui la coquine

*« Un futur empereur ne doit pas se saouler ! »*

Catherine Bokassa.

### Coup de foudre à Bangui

#### Diamants sur canapé

Matin du 4 décembre 1977. Une émotion fugitive anime le visage jusque-là impassible de Catherine, lorsque l'imposante couronne se pose sur son front. Celle qui n'était encore qu'une écolière quand elle avait rencontré Jean-Bedel était devenue la femme du Président. La voilà impératrice. Cette émotion, ce visage, un homme à Paris les a remarqués, et ne peut détourner son regard du poste de télévision qui retransmet le sacre du couple Bokassa.

Bangui la coquette se prépare depuis des mois. Le temps d'une journée, le couronnement du nouvel empereur Bokassa I<sup>er</sup> fait passer au second plan les malheurs

de la population. Tout le monde a participé aux prépara-
tifs, la cérémonie sera grandiose.

Les deux plus grandes richesses du pays participent à
l'éclat de la fête. Le magnifique bois de la forêt tropicale
orne la salle omnisports de Bangui. Les diamants ont
été placés sur tous les costumes, aux doigts de chaque
dignitaire, au cou de toutes les femmes honorables.

Que de chemin parcouru ! Jean-Bedel Bokassa a
18 ans quand il entre dans l'armée française en tant
que tirailleur. Il a passé plus de vingt-trois ans sous
les drapeaux, avant d'être transféré dans la nouvelle
armée de sa patrie naissante. Il avait alors le grade de
capitaine, et son imaginaire avait été formé au sein de
ce qui fut autre fois la Grande Armée. Il en avait adopté
les codes et les mythes. Et comme tout bon soldat, son
idole restait Napoléon Bonaparte. C'est cette admiration
sans bornes qui le pousse ce jour de sacre à rejouer la
cérémonie du 2 décembre 1804, celle qui vit le général
Bonaparte devenir empereur des Français.

Son costume, une réplique de celui du maréchal
Ney, reprend la longue et démesurée traîne de velours
et d'hermine que le peintre Isabey avait imaginée alors
pour le retour de la France à la monarchie. Un décret
règle dorénavant la manière dont on devra s'adresser
à l'empereur : « Toute personne saluant Bokassa devra
rester à six pas, en effectuant une légère inclinaison de
la tête en avant. » Pour lui répondre, les Centrafricains
devront utiliser le « oui, Majesté impériale ». Le texte
précise même : « Si la situation impose vraiment une
réponse négative, éviter d'émettre un non brutal. » Jean-
Bedel ne supporte pas qu'on lui dise non. Un mot qui
ne doit même pas exister dans la bouche d'une femme.

Le nouveau Napoléon d'Afrique a 56 ans. Dans le
rôle de Joséphine, Catherine Denguiade n'a que 28 ans.
Elle est la mère du petit Jean-Bedel Junior, qui assiste
sagement, quoique ne pouvant réprimer ses bâillements,

à l'accession de son père à la dignité suprême. Assis sur un grand coussin de velours rouge brodé d'or et vêtu de blanc comme un petit officier, il doit demeurer immobile lors de ce rituel figé dans le temps.

Sa mère arbore une robe de la maison Lanvin, confectionnée en lamé or, rehaussée de pièces du même métal, ainsi que de milliers de sequins. D'or également les broderies, accompagnées de rubis. Leurs deux tenues coûtent à elles seules 217 000 dollars, une somme modeste au fond, rapportée aux 5 millions que pèsent la couronne et le sceptre de Bokassa, ainsi que le diadème et les bijoux de Catherine. La pièce principale de la couronne de Monsieur, modèle plein impérial classique, identique à celle de Napoléon, fait 138 carats, celle ornant le diadème de Catherine, de la forme des couronnes de laurier des Césars, en or massif, en compte 38. Jean-Bedel a demandé que les diamants destinés à Catherine soient d'une pureté inégalée. Le tout a été fondu et serti chez Arthus-Bertrand, le joaillier parisien attitré de Bokassa. Aux oreilles de l'épouse impériale, des solitaires montés de pendentifs qui descendent jusqu'au cou, et que vient achever un diamant taillé en goutte plus gros encore[1]. Sa traîne est portée par ses dames d'honneur, revêtues de robes fuchsia inspirées par les costumes du classique américain *Autant en emporte le vent*.

Avant de pouvoir trôner sur son siège en forme d'aigle géant d'une envergure de près de 10 mètres, Bokassa doit se saisir de la couronne impériale. Répétant le geste de Napoléon, il la pose lui-même sur sa tête. Tout a été millimétré par Olivier Brice, de la maison Michel Tellin, qui a été engagé pour reprendre le rôle d'Isabey. Un couac imprévu se glisse pourtant dans le déroulement des opérations. Bokassa oublie d'ôter les lauriers d'or qu'il porte alors. Dans un geste maladroit, il retire en hâte la couronne impériale, se défait des encombrants lauriers auprès d'un chambellan, avant de placer sa nouvelle coiffe pour la deuxième fois de la journée sur sa tête.

Comme Joséphine devant Napoléon, Catherine vient s'agenouiller aux pieds de l'empereur et recevoir de ses mains son diadème. Un David n'aurait d'autre choix que de peindre un nouveau *Sacre de Napoléon*.

Le pastiche de la cérémonie du 2 décembre 1804 à Notre-Dame est de ce point de vue réussi. Les gestes impériaux, consignés dans de nombreux souvenirs et illustrations, sont fidèlement reproduits. Certains éléments sont venus se rajouter au rituel napoléonien : Bokassa avoua dans une interview qu'il avait été fort influencé dans son choix par deux cérémonies précédentes. Le couronnement du shah d'Iran et le jubilé de la reine Elisabeth d'Angleterre. Les carrosses sont donc la réplique de ceux de Buckingham, et les experts se querellent toujours pour savoir quel élément aurait été importé de Perse. Bokassa tenant beaucoup à la discipline du cortège, il a organisé à quelques jours de la cérémonie des projections des deux événements à sa garde rapprochée, comptant sur chacun pour tenir aussi bien son rôle. Il leur conseille vivement de regarder également le *Napoléon* de Sacha Guitry, afin de parachever leur formation accélérée de parfait bonapartiste. Tous connaissent la partition qu'ils auront à jouer, sauf Catherine, qui a été tenue à l'écart jusque-là.

Pourquoi ce mimétisme ? Sans nul doute faut-il y voir le reflet des goûts de l'ancien militaire Bokassa. Peut-être cet ambitieux capitaine a-t-il voulu recréer, autour de son petit pays peuplé seulement de deux millions d'habitants, l'ancien ensemble de l'Afrique-Equatoriale française qui avait été partagée entre le Tchad, le Gabon, le Congo-Brazzaville et la Centrafrique.

Le transport du couple et de ses invités n'a pas été une mince affaire. Il a fallu se procurer 60 Mercedes expédiées par bateau au Cameroun, et acheminées par

« Le jour où je m'apercevrai qu'on m'idolâtre, je me démolirai », disait Mussolini en 1915.
Il a bien vite oublié certains de ses principes. Pour preuve, cette jeune femme arborant son portrait sur son maillot de bain, en 1923.

© Farabola / Leemage.

© Photo-Re-Pubblic / Leemage.

« Elle me poursuit de son amour, mais jamais je ne pourrai l'aimer. Sa mesquinerie me dégoûte. » Margherita Sarfatti (1880-1961), reine sans couronne du fascisme.

# MUSSOLINI

© Costa / Leemage.

© Fototeca / Leemage.

© Albert Harlingue / Roger-Viollet.

« Si je me trouvais dans un désert, et que la seule femme présente fût Angelica, je préférerais faire la cour à une guenon. » Angelica Balabanof, (1878-1965), véritable « pygmalione » de Benito.

« Dis-moi, qu'est-ce que tu trouves en moi ? Moi, je ne sais pas. Tu es folle, ou tu dois être stupide. » Les premiers contacts entre Mussolini et Clara Petacci (1912-1945) ne présageaient pas de la grande passion qui allait les unir et les déchirer.

« Si tu me repousses, je t'entraîne avec moi sous un tram. » Mussolini avait su trouver les arguments pour demander Rachele Guidi (1890-1979) en mariage.

© Akg Images.

« Les exigences des femmes
en matière de liberté amoureuse :
ce n'est pas vraiment une
revendication prolétarienne,
c'est une revendication bourgeoise. »
Lénine partagera pourtant
sa vie avec une femme mariée,
Inessa Armand (1874-1920),
révolutionnaire, féministe
et prophétesse de l'amour libre.

## LÉNINE

« Ces années (…) m'ont soudée à jamais
à la classe ouvrière. » Nadia Krupskaïa
(1869-1939) n'abandonnera jamais
ni le marxisme ni Lénine, qu'elle épouse
en 1898. Ici, prononçant un discours
sur les bords de la Volga, en 1919.

© Akg Images.

« Elle avait fait fondre mon cœur »,
dira Staline d'Ekaterina Svanidze
(1880-1907), sa première épouse,
son premier déchirement.

« J'ai perdu plus de 10 kg, je dois mettre
des vêtements sous mes jupes car elles
tombent littéralement. J'ai perdu tant
de poids que les gens me disent que
je suis amoureuse. » Nadia Allilouyeva
(1901-1932), seconde épouse de Staline,
eut une vie aussi brève et tragique que celle
qui l'avait précédée dans son cœur.

# SALAZAR

« De ce visage inconnu je ne vois que les yeux.
Les yeux très noirs, triangulaires, intenses. »
Christine Garnier, journaliste française décidée
à écrire une biographie de Salazar, fut séduite
en un regard. Ici, dans les jardins du *Doutor*,
à Lisbonne.

© Coll. part. / DR.

« La nouvelle impératrice, en particulier (…) faisait montre, dans un rôle semblable à celui de Joséphine, de beaucoup de retenue et d'allure. » Valéry Giscard d'Estaing, depuis Paris, remarqua la beauté de Catherine Bokassa. Ici, à un dîner de gala organisé à Bangui en mars 1975, en présence du président français.

## BOKASSA

Le 4 décembre 1977, parée des plus beaux bijoux, Catherine devenait impératrice de la Centrafrique.

© Sipa / Chine nouvelle.

© Akg Images / Ullstein Bild.

« J'en étais devenue amoureuse, après avoir beaucoup entendu parler de lui et avoir lu un grand nombre de ses articles… Mais j'avais beau l'aimer, je ne voulais pas le montrer. » Yang Kaihui (1901-1930), deuxième épouse de Mao, criera son amour pour Zedong devant ses bourreaux.

Lorsqu'elle vit Mao pour la première fois, He Zizhen (1909-1984) le trouva « trop vieux ». Pour lui, elle est son « âme sœur révolutionnaire ». Il fera d'elle sa troisième épouse et une héroïne féminine de la Longue Marche.

© Hulton Archive / Getty Images.

« La contribution de l'homme à l'histoire se borne à une goutte de semence. »
Jiang Qing (1914-1991), quatrième épouse de Mao, avait une vision de l'amour et du pouvoir bien à elle. Ici, avec sa mère, en 1936.

Le 25 janvier 1981, Jiang accusée d'assassinat, répression et complot, lors du procès de la « Bande des quatre ».

© AFP.

« Quel génocide ? » L'ancienne reine du bal Elena
Ceausescu (1916-1989) connaîtra une chute aussi
brutale que son ascension. Ici, en 1978, avec son mari,
examinant la maquette proposée pour la construction
d'une ville futuriste du département de Harghita,
en Roumanie.

CEAUSESCU

© Hulton Archive / APIC / Getty Images.

« J'aimerais tant être auprès de toi, te regarder dans tes chers yeux, et oublier tout le reste. Ton Loup. » Hitler était pour Maria Reiter (1911-1992) un « torrent de passion » parfois difficile à contenir.

© Rue des Archives / Tal.

Angelika Raubal (1908-1931), dite « Geli », sa nièce, la seule « qui sache rire avec les yeux » et puisse le conduire dans des boutiques de chapeaux.

© Roger-Viollet.

« Le vieux monsieur me faisait des compliments. (…) Il ne cessait de me dévorer des yeux. Puis, comme il était tard, je me sauvai. Je refusai son offre de me reconduire à la maison dans sa Mercedes. Tu imagines la tête qu'aurait fait papa ! » Eva Braun (1912-1945), la chère « petite bécasse » d'Hitler, fidèle jusqu'à la fin.

# HITLER

© Time & life pictures / Getty Images.

« J'aime aussi mon époux, mais mon amour pour Hitler est plus fort. Pour lui, je serai prête à offrir ma vie. » Magda Goebbels (1901-1945) avait pour habitude de toujours mettre ses paroles à exécution.

avion sur les bords de l'Oubangui. Les chevaux traînant le carrosse aux allures windsoriennes proviennent du Haras du Pin en Normandie. Leur tolérance à la chaleur en est de fait limitée. On comprend le calvaire de ces chevaux de monte, plus habitués aux reprises de dressage qu'au trait. L'un d'eux s'écroule d'ailleurs en plein milieu de la cérémonie. La trahison du canasson met Bokassa hors de lui. Il commence à quereller Catherine, qui a pris place auprès de lui dans le carrosse : « Papa, c'est un grand jour, ne t'énerve pas aujourd'hui », lui glisse-t-elle. Les seuls mots prononcés durant toute cette journée. Elle sait que seule la flatterie calme les nerfs du nouvel empereur.

Les 3 500 invités accourus de 43 pays vont pouvoir peu après se délecter voracement avec les 240 tonnes de nourriture et de boissons qui ont été préparées par les meilleurs traiteurs de Paris. On lève des verres à la gloire de l'empereur, remplis de Château-Laffitte, ou de Mouton-Rothschild des plus grands millésimes. Pour s'ouvrir l'appétit, la cour de Bangui peut piocher dans les plateaux en argent contenant près d'un quintal de caviar, que deux chefs leur présentent. Pour le dessert, un gâteau vert à 7 étages non identifié est offert, au-dessus duquel sont lâchées 6 colombes en signe de paix pour ce régime incongru.

Autour du palais, 30 000 Banguissois ont revêtu le costume traditionnel teint aux couleurs du parti unique. Le son d'une fanfare surdimensionnée devant répandre des airs de liesse impose la fête dans la capitale. Elle a été envoyée par avion, de la part du président Giscard d'Estaing, dans un appareil du GLAM (Groupement de liaison aérien ministériel). Elle joue les airs préférés de Bokassa, *Lucien tu n'auras pas ma rose* et *Tiens voilà du boudin*.

Le ministre français de la Coopération, Robert Galley, en charge de la politique africaine, apporte le présent de la France. Pour plaire à son ami, Valéry Giscard d'Estaing a mis toutes les chances de son côté. Bokassa reçoit des mains de l'émissaire un authentique sabre de l'époque napoléonienne. Les autres sabres que les soldats centrafricains brandissent lors de la parade ont été prêtés, après de dures négociations, par l'école de Saint-Cyr. La France a aussi dépêché des snipers et la brigade antigang de Marseille dirigée par Georges N'Guyen Van Loc, surnommé par le milieu « le Chinois ».

Avec ce sacre, Jean-Bedel réalise son rêve. Catherine, un interminable cauchemar. « On ne peut pas faire une grande histoire sans sacrifices », avait-il déclaré quelques jours plus tôt aux journalistes pressentant le faste déplacé de la cérémonie. Tout de même, le coût de 20 millions de dollars, dans un pays sous-peuplé comptant seulement 180 kilomètres de routes goudronnées pour une superficie plus grande que celle de la France, et au PIB de 250 millions de dollars, laisse songeur. Certes, la France a mis la main au porte-monnaie. De fait, l'investissement productif ne sera jamais le fort de Bokassa.

*La captive de Berengo*

Qui est donc cette jeune impératrice au regard fixe ? Les yeux mi-clos, elle semble avoir peine à porter son diadème, n'esquisse aucun sourire, n'exprime pas le moindre sentiment en ce jour de sacre.

Née en 1949 au Tchad, Catherine Denguiade est une jeune Banguissoise qui se rend tous les matins à pied au lycée Pie-XII. Bokassa emprunte un matin de 1964 le même chemin. Il est immédiatement ému par sa beauté, la silhouette fine et élancée de la jeune fille de 15 ans, et décide qu'elle sera l'élue de son cœur : « Elle était déjà très belle, grande et très brune de peau[2] », confie-t-il.

Les jours suivants, il s'arrange pour être sur son trajet. Le propos peut sembler étrange dans la bouche d'un homme qui a connu de multiples femmes de tous les horizons, et a déjà convolé une demi-douzaine de fois.

Les goûts de Jean-Bedel étaient éclectiques en matière de femmes. Au sortir de la guerre, il avait épousé la Belge Annette Van Helst, puis une métisse de Bangui, Marguerite Green Boyangua. Son long service en Indochine pendant la guerre d'indépendance, de 1948 à 1954, lui apporta deux femmes : Martine N'Guyen Thi Hue et Jacqueline N'Guyen Thin Than. Puis Astrid Van Erpe, une Française, et Hélène Rachel Lévy, Juive née au Caire, avec qui il semble s'être stabilisé quelque temps. Mais ne pouvant avoir d'enfant, Bokassa s'en détacha, à contrecœur selon ses dires.

Avec Catherine, il apprit certainement à admirer une femme. « Je l'ai dans la peau. Je l'ai toujours eue dans la peau[3] », confiera-t-il à un proche, André Le Meignen. Sa cour est toutefois d'un genre particulier : quelques jours après l'avoir rencontrée, il la fait enlever et séquestrer par des soldats. Jean-Bedel vient ensuite demander la main de Catherine à ses parents, qui s'inclinent devant tant de ferveur : « Quand j'ai fait la connaissance des parents, ça a été pour découvrir que son père était un arrière-cousin éloigné ! Lui ne voulait entendre parler du mariage, mais la mère, une Tchadienne d'origine, n'était pas contre. »

Bokassa n'est pas encore dictateur – il ne le deviendra qu'en 1966, à la faveur d'un coup d'Etat contre son cousin David Dacko –, mais il est déjà chef d'état-major de l'armée. Il n'était pas envisageable pour ces modestes habitants de Bangui de refuser l'offre de cet homme fort et influent, ni de se priver de ses richesses.

Quelques mois plus tard, en juin 1965, Catherine devient sa femme et lui donne son premier enfant, une fille prénommée Reine. Suivront six autres, dont le prince héritier Jean-Bedel Bokassa Junior.

Ce mariage, célébré contre la volonté de la mariée et sous la contrainte physique, n'annonçait pas une vie facile et insouciante pour Catherine. Sa liberté de mouvement pratiquement réduite à néant, elle doit demander la permission à son mari pour chacune de ses sorties. Une de ses amies nous raconte que la future impératrice ne pouvait rien faire sans autorisation : « Elle m'a dit qu'elle viendrait bien assister à ma messe à Damara, un jour, mais que cela ne lui serait pas permis. »

Les visites sont également exclues. En juillet 1973, un chauffeur nouvellement engagé par Bokassa pour conduire son épouse doit subir la fureur de ce mari atteint de jalousie aiguë. La mission principale de l'employé est d'espionner Catherine, charge qu'il n'a apparemment pas complètement intégrée. Il oublie de notifier au chef la visite d'une amie à sa femme. Une amie que Bokassa est loin de porter dans son cœur. La sanction est terrible : il battit le jeune étourdi de sa canne avec une telle force qu'il en mourut.

Bokassa consacre une énergie permanente pour tenter de calmer une jalousie que tout suscite. Son fils Georges témoigne de ce dépit hors de toute rationalité : « Mon père se méfiait de tout le monde. Il soupçonnait tous les hommes, y compris ses propres enfants, de vouloir lui prendre ses femmes. Un jour, à la villa Kolongo, j'ai découvert qu'il m'avait mis moi-même sur écoute[4]. »

La vie de cour est pour Catherine une épreuve renouvelée chaque jour. Seules les incartades de Jean-Bedel lui donnent l'occasion de quelque répit. Il faut dire que depuis leur rencontre, Bokassa a épousé pas moins de huit autres femmes, qui lui donnent de nombreux enfants.

La passion qu'il éprouve pour Catherine semble pourtant assez forte pour qu'il la choisisse comme impératrice officielle. Assez durable pour qu'il s'échine à faire annuler un de ses précédents mariages, célébré par l'Eglise catholique, pour pouvoir faire reconnaître Catherine comme épouse légitime. Il avait en effet épousé Astrid Van Erpe religieusement. Le père Yves Gautier, qui les maria, se souvient des remords du futur empereur : « Quand il est venu avec Astrid pour se préparer au mariage, j'ai fait allusion aux difficultés qu'ils allaient rencontrer. Lui avait 45 ou 50 ans, et elle en avait 17 ! Il a très mal pris mes réflexions ! Mais quand il a divorcé, comme il ne pouvait se remarier religieusement, il a dit : "Ha, si j'avais écouté le père Gautier !" » Bokassa tait pourtant à Catherine la vraie raison de son divorce : « Ce n'est pas lui qui a chassé Astrid, c'est Astrid qui est partie. Il ne lui a jamais pardonné. Pour lui, une femme ne fait pas cela[5] », se souvient encore le père Gautier. A l'inverse de Napoléon cependant, il échoue à faire reconnaître la validité de son divorce par l'Eglise de France, malgré l'envoi d'un évêque à Bangui, comme se le rappelle le père Joseph Wirth, qui défendit le dossier auprès du Saint-Siège : « Comme il refusait de montrer son livret militaire – qui contenait des indications privées –, l'enquête fut arrêtée, le mariage ne fut pas célébré[6]. »

Catherine reste donc une épouse illégitime du point de vue religieux. Peut-être le fait que Bokassa ait embrassé la religion musulmane quelques années plus tôt, pour plaire au Libyen Kadhafi, dessert légèrement son dossier auprès du pape.

Ce n'est hélas pas la seule déconvenue que provoque le choix de Catherine. Celle-ci s'oppose au sacre et refuse presque jusqu'au dernier moment d'être mise sur le devant de la scène. Bokassa songe même à la remplacer. Pour cela, il n'a que l'embarras du choix. Il envisage sérieusement de mettre sur le trône une Roumaine, Gabriella Drimbi, qu'il a épousée un an et demi plus tôt, en avril 1975.

Rendant visite en 1973 à son ami Nicolas Ceausescu, il avait remarqué la beauté de cette danseuse mince, aux longs cheveux blonds et aux yeux bleus, lors d'un spectacle donné à Bucarest. Il était immédiatement entré en pourparlers avec le *Conducator* pour s'emparer de cette nouvelle proie. Les diamants dont il abreuva Ceausescu aidèrent certainement à la négociation. Bokassa ramena Gabriella en Centrafrique quelques mois plus tard. Il tenta de la combler en lui offrant un train de vie luxueux, lui cédant tout d'abord la villa Kolongo.

Gabriella exigea d'abord un mariage grandiose qui la placerait sur un pied d'égalité avec Catherine. Bokassa improvisa une réception en catimini, avec banquet et orchestre, qui joua de nuit, sous la pluie : il voulait éviter les foudres de Catherine. Cette nouvelle vie tourna bientôt la tête de l'ancienne danseuse. « Il lui arrivait d'exiger que l'on rouvre un supermarché en pleine soirée pour acheter un paquet de petits-beurre », se souvient Reine, la fille aînée de Catherine et Jean-Bedel. Elle décrit encore les tensions régnant entre les diverses épouses : « De temps à autre, il nous emmenait chez elle en cachette de ma mère, qui ne supportait pas que nous allions chez d'autres femmes. Gabriella ouvrait sa penderie pleine de bijoux et demandait si Catherine avait les mêmes[7]. »

L'obsession unique de Gabriella est de rivaliser avec la grande Catherine. La vie conjugale avec la belle danseuse n'a de fait rien de reposant, et l'exotisme tourne vite à l'aigre. Lors de disputes, elle n'hésite pas à lui jeter la précieuse vaisselle qu'il lui a offerte à la figure.

Comme Catherine, Gabriella doit elle aussi subir les assauts de jalousie de Bokassa. Plaçant des indicateurs auprès de cette femme pour laquelle il semble avoir eu de véritables sentiments, il apprend à l'automne 1977 que sa chère Gabriella aurait eu trois amants. Identifiés, ils sont arrêtés le 28 septembre et exécutés. Le choix des modalités a de quoi surprendre : ils sont battus à mort à coups de chaîne. Lors de son second procès de 1987, pour lequel il est jugé par le nouveau régime pour ses excès de brutalité, les anciens gardes de Bokassa témoigneront que la fureur de leur chef avait été déclenchée par la découverte de photos obscènes de sa femme. Gabriella fut dès lors confinée dans son luxueux palais, prisonnière de Jean-Bedel.

Entre Catherine et Gabriella, c'est la guerre. Pour se prémunir contre les scènes de jalousie, Bokassa a prévu jusqu'au moindre détail. Il a organisé son palais de Berengo en plusieurs résidences : la principale, qu'il occupe, jouxte celle de Catherine, à une distance suffisante néanmoins pour pouvoir se rendre à une troisième résidence, où sont logées les autres épouses et les maîtresses occasionnelles. Il peut donc rejoindre ces dernières sans susciter le soupçon de Catherine. Celle que les autres épouses envient et veulent égaler n'a-t-elle donc jamais la curiosité d'aller jauger ses rivales ?

« Aucun chauffeur n'accepterait de l'amener aux résidences des autres femmes ! Plutôt démissionner ! Vous êtes fou[8] ! », nous confie horrifié Omer Malenguebou, ancien chauffeur personnel de Catherine.

Bokassa a surtout aménagé sa chambre à coucher pour ses désirs les plus personnels. Daniel Gollety, chargé d'installer un studio d'enregistrement de disques à Berengo, a pu visiter la chambre de l'empereur : « Lit rond hydraulique avec des miroirs au plafond… devant lui un magnétoscope. Il me demande de faire sortir la cassette, coincée dans l'appareil. C'était *La Victoire en chantant*, de Jean-Jacques Annaud. »

Le couple se dispute souvent. Bokassa arguë de leur différence de caractère : « Catherine, c'est la boule de manioc et la banane, et Bokassa, c'est le camembert et le beaujolais », analyse-t-il avec sagacité. Les raisons sont autres : Bokassa a besoin de sentir Catherine sous contrôle en permanence. Puisqu'il passe ses journées au palais présidentiel de la Renaissance, à Bangui, elle doit faire de même. Il lui achète la villa Nasser, une magnifique demeure toute proche. Berengo ou villa Nasser, deux noms pour un même cloître. Bokassa lui interdit formellement de sortir, pendant de longues semaines parfois.

De ces jours entiers où elle reste enfermée, Catherine a appris à observer son entourage par la lucarne. Une nuit, alors qu'elle contemple la cour du palais de Bangui, elle voit débarquer son mari flanqué de plusieurs molosses. Un homme coupable d'elle ne sait trop quelle faute est violemment passé à tabac. Elle ne peut s'empêcher de lâcher ce commentaire : « Ça finira mal. Un jour, nous autres, nous allons payer. » Depuis sa captivité, Catherine perçoit la nature destructrice du régime de son mari. Observant de près Bokassa, elle le voit laisser libre cours à sa soif brutale de sécurité comme de domination. Sa fille Reine témoigne de cette réclusion forcée, et ajoute que Catherine souffre aujourd'hui de claustrophobie, « au point qu'elle ne peut aller voir un film au cinéma ».

Cette femme qui est la première victime de la jalousie de Bokassa sait à certains moments résister au tout-puissant Papa. Son statut de première épouse et son tempérament placide mais obstiné lui permettent de lui tenir tête, voire même de le tempérer, comme en témoigne Reine : « Parfois, ma mère allait voir ses parents. Mais à peine arrivée, elle devait repartir pour la villa Nasser, où Bokassa l'attendait en hurlant. Dans ces cas-là, elle nous faisait entrer dans son aile, fermait les portes à clé, et le laissait hurler dans l'escalier. »

Ses enfants plus grands et envoyés dans des pensionnats suisses, Catherine peut enfin prendre quelques libertés. Le palais impérial de Berengo compte dans ses murs un petit atelier de couture. Appréciant particulièrement les vêtements, elle décide d'en prendre la tête. Il devient son domaine privé, là où elle peut travailler sans pression à confectionner des robes, sans la surveillance étouffante de Jean-Bedel. La production commençant à être importante, Catherine ouvre une boutique de prêt-à-porter à Bangui, donnant aux Centrafricaines l'illusion d'une femme indépendante, l'image d'une femme libre.

## Eros de la jungle

Les ardeurs de Bokassa n'ont pas été diminuées par son accession au pouvoir, bien au contraire. L'ancien capitaine de l'armée française, habitué aux conquêtes exotiques, peut donner libre cours à son tempérament érotomane. Il a jeté son dévolu sur une actrice française qui, selon lui, succombera forcément à ses charmes : Brigitte Bardot. Jacques Duchemin, ancien conseiller de Bokassa et surtout agent du SDECE, nous raconte : « Il avait envoyé un télégramme à "Mademoiselle Brigitte Bardot, artiste lyrique émérite, Boulevard Lannes *via* l'ambassade de l'URSS", parce qu'il n'avait pas l'adresse exacte. Il y disait : "Chère Mademoiselle Bardot, je vous invite tous frais payés à ma cour de Berengo, afin de poursuivre votre combat en faveur de ces chers petits êtres. Vous disposerez d'un tabouret à la cour, vous pourrez converser avec l'impératrice et je pense pour vous à un très beau caillou. » Bokassa avait convoqué l'ambassadeur d'URSS à Bangui pour un service tout à fait diplomatique : "Vous allez me faire le plaisir d'envoyer un télex à votre ambassade à Paris. Ils n'ont que la rue à traverser pour savoir si BB décide de venir." » Insensible à cet appel, l'actrice refusa. Jacques Duchemin proposa une solution de repli stratégique. « Je m'étais rabattu sur Marie Laforêt, mais là j'ai fait un flop parce qu'il ne connaissait même pas son nom. » Il faut dire que, pour loger toutes ses conquêtes, il dispose désormais de deux résidences supplémentaires. Les favorites peuvent tout d'abord aller à Djebel Ouach. Les goûts militaires du chef l'ont conduit à cette maison aux allures de fortin, qu'il a fait doter d'un pont-levis. Elle se situe à l'intérieur du domaine du Golfe, où il possède, tout près, une maison copiant les chalets suisses, ce qui ne manque pas d'étonner les visiteurs de la jungle centrafricaine. Il y a toujours Kolongo, la plus fastueuse de toutes les demeures présidentielles. Elle possède un étang dans lequel on a placé deux caïmans, et, au milieu de ce lac, une cage a été aménagée sur un rocher où l'on a mis un lion.

Les deux résidences accueillent les nouvelles épouses du tout-puissant Jean-Bedel. Lorsqu'il était militaire, il pouvait abandonner son ancienne femme quand il en prenait une nouvelle. Dorénavant, chacune se voit dotée d'un statut et d'un train de vie confortable.

Après Catherine, Bokassa épouse par exemple Marie-Joëlle Eboulia, rencontrée le 16 février 1970 au Gabon. Jean-Bedel est alors à Libreville pour l'ouverture d'un sommet africain tenu par le président Omar Bongo. La jeune fille, en 4e au lycée Léon-Mba, vient lui remettre un bouquet de fleurs. Troublé par le bouquet comme par le minois de celle qui le lui apporte, il fait convoquer le soir même Marie-Joëlle dans ses appartements. A peine franchi le pas de la porte, elle est immédiatement saisie et capturée par les gardes du corps. La lycéenne semble séduite par cette méthode « franche et virile ». On lui permet de retourner chez elle en lui ayant donné au préalable une enveloppe contenant une forte somme d'argent. Elle a pour mission de convaincre sa grand-mère, qui l'élève, de la laisser épouser le président, et semble avoir très envie de retrouver le luxe auquel elle a goûté pendant ces quelques jours auprès de Bokassa. La tutrice oppose un refus catégorique. Lorsque les chauffeurs de Bokassa viennent chercher la jeune fille à bord d'une de ses impressionnantes voitures, elle empêche sa protégée de partir. Bokassa vient alors négocier en personne. Il parvient comme toujours à ses fins, graissant un peu plus la patte à la famille Eboulia et promettant d'épouser Marie-Jo selon le droit coutumier. Un véritable traitement de faveur. Car les idylles de Bokassa sont parfois franchement expéditives. Laissons le père d'Eliane Mayanga nous raconter comment Bokassa, qui fut pourtant son compagnon d'armes en Indochine, « séduisit » sa fille : « Un jour, je vais au lycée Caron récupérer ma fille. Elle n'est pas là : on me dit que les gardes de la sécurité sont venus la prendre. Je la cherche partout, en vain, puis on me dit qu'elle est partie à Berengo. Le lendemain je suis convoqué par Bokassa au palais à Bangui. Il me raconte tout un tas d'histoires, s'excuse vaguement. Moi, je suis fou furieux, indigné, et je le lui dis. Mais Eliane est enceinte[9]. »

Neuf mois plus tard, de cette étreinte forcée naît une fille. Sans gêne aucune, Bokassa se présente à la clinique et déclare au nouveau grand-père : « Tu peux être content, je t'ai donné une petite-fille. » Eliane s'enfuit au Congo-Brazzaville peu de temps après l'accouchement, laissant l'enfant à Bokassa.


Que de chemin parcouru pour Catherine, du lycée Pie-XII jusqu'au trône.

Travelling avant. Depuis Paris, un homme assiste devant son poste de télévision à la scène du sacre. C'est Valéry Giscard d'Estaing. Il est visiblement conquis par la nouvelle impératrice. Suffisamment en tout cas pour confier dans ses Mémoires :

« Les images de Bangui étaient belles. Elles avaient même une certaine dignité. En dépit du caractère carnavalesque des costumes et du carrosse, quelque chose perçait de l'instinct rituel de l'Afrique. La nouvelle impératrice, en particulier, ancienne élève des écoles missionnaires de la brousse, faisait montre, dans un rôle semblable à celui de Joséphine, de beaucoup de retenue et d'allure. L'outil nouveau qu'était encore la télévision à perception directe, intuitive et parfois surprenante, a même fait passer, m'a-t-il semblé, une émotion fugitive au moment où elle a reçu sa couronne[10]. »

Depuis un autre palais, celui de l'Elysée, le destin de Catherine est en train de changer. L'émotion cathodique ressentie par le président français ne sera pas sans suites. Le ver est dans le fruit.

### La reine d'Hardricourt

Catherine aime passer les fêtes de Noël en France. Dans le château que Bokassa a fait aménager dans le Val-d'Oise, à quelques dizaines de kilomètres de Paris, elle trouve une chose qu'elle n'a ni à Berengo ni à Bangui : la liberté de mouvement. Celle aussi de recevoir. Ici, elle a même une certaine emprise sur son mari. Sortie de son atelier de couture, s'il y a un domaine qui est celui de Catherine, c'est bien celui d'Hardricourt.

L'élégant château du XVIIIe siècle acquis par Bokassa à la fin des années 1960 a été décoré dans le plus pur style Empire pour abriter le Bonaparte de Centrafrique. Les aigles et les abeilles d'or sont partout, ornant cheminées, glaces et literie. L'empreinte de Bokassa domine dans le style, mais Catherine est la véritable maîtresse des lieux. Elle est la seule à disposer du statut d'épouse à l'extérieur du pays, la seule à venir en voyage officiel en France. Conjurer l'isolement habituel par toutes sortes de sorties, réceptions et achats compulsifs l'occupe alors entièrement.

Pendant les fêtes de fin d'année, elle prend possession de l'endroit et organise les réjouissances, que Papa soit présent ou retenu pour ses affaires en Afrique. Loin de la captive de Berengo, elle est ici une femme enjouée, rieuse, faisant fi de son statut d'impératrice. Délaissant les honneurs, elle se mêle aux femmes des collaborateurs parisiens de son mari, qu'elle invite en nombre.

L'épouse de son chauffeur particulier, Mme Malenguebou, se souvient de ces instants privilégiés où Catherine se réjouit de petites libertés, cuisinant avec ses domestiques des plats traditionnels : coco et beignets de farine sont alors distribués par le château. Le secret indicible qui unit les deux femmes à cette période : la bière[11]. Mme Malenguebou est en effet chargée d'approvisionner l'impératrice en bière blonde, que Bokassa lui interdit et qu'elle aime particulièrement. Elles discutent alors du pays, des enfants, de leurs études et de toutes sortes de choses bien loin de la politique : « A la fin de la soirée, elle me donnait toujours une enveloppe avec un peu d'argent en me disant de bien gâter les enfants de la part de maman Catherine », nous dit-elle avec un certain respect. C'est cette même considération que décrivent des personnes que nous avons interrogées et qui connaissaient Catherine. Toutes celles qui participaient à ces soirées se souviennent de sa bonne humeur, de ses éclats de rire et de sa voix qui porte.

Elle peut ici profiter des fastes de l'Empire centrafricain et du budget shopping illimité dont elle dispose. Plusieurs fois par semaine, direction Paris et son VIIIe arrondissement, avec un seul désir à assouvir, celui du luxe français.

Son chauffeur particulier, Omer, nous reçoit chez lui, dans le Val-d'Oise où il réside toujours. Sur les murs, pas de portraits de Bokassa, mais un drapeau centrafricain. Omer se souvient des longues heures passées à attendre Catherine devant les élégantes boutiques de l'avenue des Champs-Elysées, dans la Rolls Silver Shadow réservée à ses déplacements.

« Elle pouvait tous les faire un à un le long de l'avenue, tous ! Mais là où l'on passait le plus de temps, c'était chez Vuitton. » Difficile de rester anonyme au vu de la garde que lui impose Bokassa. Préférant la discrétion, elle demande parfois à des amis d'effectuer certains achats à sa place. Elle les invite alors à « garder la monnaie » sur les sommes astronomiques qu'elle leur a confiées.

Un de ses fils, Jean-Charles, se souvient de ces virées déraisonnables où elle pouvait dépenser plus de 100 000 francs en une journée dans les boutiques du faubourg Saint-Honoré. Les achats sont parfois somptueux. Pour l'anniversaire de Jean-Bedel, elle lui offre une montre suisse dont le cadran est entièrement entouré de diamants.

Lorsque Bokassa rejoint Catherine à Hardricourt, il fait montre de plus de souplesse à son égard qu'à l'accoutumée, et lui laisse mener la Cour. Celui qui d'habitude lui impose de sa grosse voix ses volontés comme des diktats minaude et s'adoucit pour obtenir ses faveurs. En France, Jean-Bedel se sent plus à l'aise, moins envié, et moins menacé – son propre gendre a essayé de le tuer avec une grenade en 1976. Il aime retrouver cette patrie qui l'a formé et dont il a fait siens les idéaux. Etre citoyen français sera toujours une fierté pour l'ancien tirailleur africain. Catherine sait tirer avantage de ce relâchement et lui impose des couvre-feu pour ses sorties, qu'il doit âprement négocier.

Contrôlant les horaires, l'impératrice surveille également l'alimentation de son époux. André Le Meignen, invité assidu d'Hardricourt, se souvient de curieuses conversations : « Papa, aujourd'hui je vais vous mettre au régime. Vous boirez de l'eau, lui dit-elle. Mais Bokassa pouvait être un vrai comédien. Pour une goutte de vin, il était prêt à toutes les facéties. Il fit alors mine d'accepter le commandement, et amadoua Catherine d'une voix anormalement douce. On aurait dit un agneau [12]. » Catherine connaît en effet les habitudes de soudard de son mari. A la veille du sacre, elle l'avait retrouvé dans le palais de Berengo ivre mort, une bouteille de Chivas à côté de lui. Sans hésitation, elle s'était saisie de la boisson préférée de son mari, de laquelle il ne se séparait jamais, pas même lors des plus importantes réunions diplomatiques, et l'avait vidée dans l'évier. Au geste, elle ajouta une ferme remontrance : « Un futur empereur ne doit pas se saouler ! »

Bokassa a bien des raisons de vouloir se faire pardonner. Hardricourt fait parfois office de « garçonnière » pour ses amitiés tarifées. Roger Delpey et André Le Meignen assistent un jour à une scène cocasse : lorsqu'ils arrivent au château, s'y trouvent déjà une « mère maquerelle » et l'une de ses jeunes protégées. Bokassa s'isole quelques instants avec la seconde et redescend parmi ses invités une demi-heure après. Face à la mine réjouie et guillerette de l'empereur, André l'interroge :

« Papa, pourquoi êtes-vous si content ? »

— Mais vous savez, elle m'aime. Elles m'aiment toutes ! »

Pour Jean-Bedel, séduire c'est exister. Croyant véritablement recevoir de l'amour de ces femmes qu'il achète plus ou moins directement, ce personnage endurci trouve des moments de détente et de sécurité auprès de ses conquêtes sans cesse renouvelées. Leur présence, peu importe qu'elle soit contrainte, est un besoin vital.

Ses distractions ne l'éloignent pourtant jamais très longtemps de Catherine, dont il reste extrêmement jaloux. Au point qu'il est difficile de l'approcher, même pour ceux qui sont supposés assurer son service.

Lorsque le couple se déplace, c'est un cortège impressionnant qui se lance sur les routes d'Ile-de-France. Omer nous décrit l'organisation toute militaire de ces déplacements. Mercedes 600 pour Bokassa, intérieur en cuir blanc, téléphone, minibar et champagne, tandis que Catherine suit dans une Jaguar ou une Rolls Silver Shadow. Le convoi très spécial est fermé par un autocar transportant les enfants et les nurses.

Un jour, alors qu'ils regagnent l'autre propriété de Bokassa en France, à Romorantin, en Sologne, Catherine demande soudain à s'arrêter dans une boulangerie pour acheter des gâteaux aux enfants. Omer ne sait que faire : doit-il obéir à l'ordre de Catherine ou bien suivre la voiture de tête, qu'il n'a pas le moyen de prévenir ? S'il s'arrête, il désobéit à Bokassa. S'il refuse de s'arrêter, elle se plaindra auprès de Papa, qui le lui fera payer. Ils s'arrêtent finalement devant la boulangerie. Un des hommes est envoyé faire l'achat. Omer attend à l'extérieur de la voiture. Bokassa ne tarde pas à faire demi-tour et à demander une explication : « Tu vas voir, toi ! Je veux savoir ce qui s'est passé ici ! » hurlet-il. Il insulte copieusement Catherine en même temps qu'Omer. Elle demeure silencieuse, et le cortège redémarre, sans le garde resté dans la boulangerie : « Ce qui m'a sauvé, c'est que j'attendais à l'extérieur de la voiture. Tu comprends ? Maman Catherine voulait sortir, je lui ai interdit, et j'ai fermé la porte. Elle attendait dedans, toute seule, avec les portes fermées. S'il nous avait trouvés arrêtés, dans la voiture ensemble… Je préfère ne pas imaginer ! Il serait devenu fou ! », nous confie Omer.

Revenus au château, Catherine reçoit à nouveau une volée de bois vert, mais ne décroche toujours pas le moindre mot. Omer, lui, est pris à part, afin de recevoir une leçon à ne jamais oublier : « Tu ne t'arrêtes jamais quand tu es avec elle, je te l'interdis. » On ne discute pas avec Catherine.

### Valéry, un ami qui vous veut du bien

« Papa, il faut quitter le pouvoir. Tu dois venir ici. Tu dois venir en France. Si ça ne se passe pas bien, tu pourras avoir une deuxième chance. » A l'autre bout du fil, Bokassa tergiverse.

« Je vais aller voir Kadhafi.

— Non, Papa, il ne faut pas aller là-bas, s'inquiète Catherine.

— Si, j'y vais, c'est décidé. »

Plus de compromis. Bokassa sait que ce ne sont pas les mots de Catherine. Il ne connaît que trop celui qui les lui a mis dans la bouche. Fin de l'été 1979, le président français Valéry Giscard d'Estaing convoque « maman Cathy » dans sa villa du XVIe arrondissement de Paris. Il a quelque chose d'important à lui confier. Suffisamment important pour la faire venir depuis Bangui. Suffisamment personnel pour prendre soin d'éviter son bureau de l'Elysée. Le 22 mai, au sommet de Kigali, au Rwanda, le président français avait discuté, le soir, quelques minutes avec le couple Bokassa. Il avait invité Catherine à se rendre à Paris, où son épouse et lui-même, avait-il dit, seraient ravis de la recevoir. L'argument était des plus officiels : couper court aux rumeurs de mésentente entre Valéry Giscard d'Estaing et Jean-Bedel Bokassa.

Catherine s'est exécutée, accompagnée ce jour de Vivianne, secrétaire personnelle de Bokassa, ainsi que de son chauffeur, Omer. Ils assistent à la scène.

Giscard la prévient que « quelque chose va bouger très vite à Bangui ». Il demande à Catherine d'appeler son mari depuis la ligne privée de sa maison, pour l'inciter à renoncer au pouvoir sur-le-champ. Il trouvera un exil confortable en France, sous sa protection. L'heure n'est plus à l'entêtement. Il doit renoncer, s'avouer vaincu. Bokassa croit à un coup de bluff. Il veut forcer le président français à abattre ses cartes, il pense avoir du jeu. Bokassa refuse donc la porte de sortie « honorable » proposée par le chef d'Etat français.

*Opération « Barracuda »*

A peine son avion décolle-t-il de Bangui, le 19 septembre 1979, en direction de la Libye où Kadhafi l'attend, qu'un deuxième avion s'envole de Paris. A son bord, des militaires français. Ils viennent prêter main-forte à la contestation lycéenne qui s'est déclenchée en juin et commence à dégénérer en violentes manifestations. Les esprits se calmant enfin, un rapport d'Amnesty International est publié dans les journaux français du 12 juillet. Il dénonce de manière très opportune les exactions de Bokassa. L'empereur y est décrit comme un tyran sanguinaire qui aurait lui-même écrasé une file de prisonniers au volant d'une Jeep[13]. Les rumeurs de cannibalisme envers ses propres ministres refont surface à cette occasion : le chef de Bokassa affirme avoir cuisiné aux membres du gouvernement un de leurs collègues, n'informant les convives qu'une fois leur assiette finie de la nature du mets. L'opinion française et occidentale est mûre pour voir tomber ce dictateur tropical dont le sacre a été saugrenu. Les passagers de l'avion militaire français ont donc pour mission d'appuyer les rebelles, et de placer au pouvoir le cousin de Bokassa et ancien chef d'Etat David Dacko.

L'opération « Barracuda » vient de commencer. Il ne reste plus que quelques heures à Bokassa pour jouir de son statut d'empereur centrafricain. Pendant que les soldats français font route vers son palais de Berengo, Bokassa profite de la tribune que lui offre Kadhafi : « Depuis la nouvelle orientation de sa politique internationale qui se veut résolument africaine et nationaliste, les puissances impérialistes et néocolonialistes, avec à leur tête la France et les Etats-Unis d'Amérique, ont orchestré et déclenché à travers leurs mass media une violente et basse campagne de dénigrement contre Notre Personne. »

Il sent que quelque chose se trame contre lui. Le coup de fil inquiet de Catherine, qu'il croit dicté par Giscard, ne présageait rien de bon. Voulant flatter son hôte, il va même jusqu'à dire : « Voilà pourquoi, librement, l'Empire centrafricain a décidé d'adopter les idées révolutionnaires de la Jamahiriya arabe libyenne, authentiquement africaine et nationaliste, et qui ont de tous temps fait échec aux visées impérialistes et racistes de la France, des Etats-Unis d'Amérique et de leurs laquais. » Une déclaration d'hostilité sûrement destinée à son « parent », Valéry Giscard d'Estaing.

Qu'a-t-il bien pu arriver à ces deux proches amis qui partageaient leurs chasses ? Quelles rivalités ont donc conduit au conseil sous forme d'ultimatum émanant de Giscard, et à la réponse cinglante et accusatrice de Bokassa ? Surtout, pourquoi Giscard fait-il appeler Catherine auprès de lui, elle qui ne se mêle jamais de politique ?

## Qui va à la chasse...

En mai 1974, lorsque Valéry Giscard d'Estaing est élu président, Bokassa accueille la nouvelle avec des cris de joie. C'est de loin l'homme politique le plus proche de la Centrafrique qu'il pouvait espérer. Lorsqu'il a renversé David Dacko en janvier 1966, Bokassa a envoyé une lettre au général de Gaulle, qu'il admire en tant que soldat et en tant que chef d'Etat. Il se réclame d'ailleurs de sa pensée politique, allant jusqu'à déclarer : « Je suis gaulliste, la Centrafrique est un pays entièrement gaulliste. » Hélas, le Général ne partage que peu cette estime. Recevant sa lettre, il lâche un commentaire acerbe à son conseiller Jacques Foccart : « C'est un couillon, on ne pourra jamais rien faire avec lui [14]. » De fait, de Gaulle attendra trois ans avant de recevoir ce colonel putschiste. Trois années d'humiliation pour Bokassa. La relation n'a guère été plus poussée avec son successeur, Georges Pompidou.

Avec Giscard, cet ami et connaisseur de la Centrafrique, renaît l'espoir d'une collaboration étroite. Enfin un regard et une marque d'estime de l'ancienne patrie, de cette France dont il est toujours citoyen.

L'histoire de la famille du nouveau président français est mêlée à celle de l'ancienne colonie d'Oubangui-Chari. Son père, Edmond Giscard d'Estaing, avait épousé la fille d'un député devenu directeur de la compagnie forestière de Sangha Ouban-gui. Ainsi introduit, il avait ensuite fondé l'UTA, Union des transporteurs africains, première compagnie aérienne reliant la France et ses colonies d'Afrique. Son neveu, François Giscard d'Estaing, cousin de Valéry, était financier dans la zone de l'Afrique française et, depuis 1959, directeur de la banque centrale des Etats de l'Afrique-Equatoriale et du Cameroun (BFCE), héritière des institutions de l'A.-E.F. (Afrique-Equatoriale française). Il devint même conseiller aux finances du premier président tchadien.

Valéry, quant à lui, est venu de nombreuses fois en Centrafrique pour les chasses aux fauves qu'il apprécie par-dessus tout, alors qu'il était ministre des Finances du général de Gaulle. Il connaît bien le pays, y a de nombreux contacts. Il apprécie la rusticité des camps de chasse dans lesquels son guide, Jean Laboureur, le conduit : « Il était très simple, comme toujours quand il venait chez nous. On a bu à la bouteille, en copains. »

La République centrafricaine sera une pièce essentielle du grand jeu africain du nouveau président.

Ce printemps 1974 qui voit arriver Giscard au pouvoir en France est aussi une période de manifestations anti-françaises en Afrique centrale. Les rebelles du Tchad viennent d'enlever l'ethnologue Françoise Claustre, et l'on a dû négocier dans des conditions difficiles. Bokassa a pris part aux négociations contre une forte somme d'argent. La subvention de 20 millions qu'il vient de recevoir étant insuffisante pour faire face aux difficultés financières du moment, il décide tout un train de réformes économiques et nationalise l'ensemble de l'activité pétrochimique du pays. L'Etat s'empare aussi de l'imprimerie, de la librairie Hachette de Bangui et des bureaux de l'Agence France-Presse. Les journalistes sont brièvement incarcérés puis expulsés, et les militaires priés de regagner leur pays. De nombreux conseillers français du président sont renvoyés. Le guide de chasse de Valéry Giscard d'Estaing est lui aussi placé en détention. Le futur président français a dû appeler personnellement Bokassa entre les deux tours de l'élection pour négocier sa libération. Premier contact mémorable entre les deux hommes : lorsqu'il réussit à joindre le président centrafricain, il tombe sur un homme en pleine beuverie, incapable de tenir une conversation sensée. La négociation est remise à plus tard, et c'est quelques jours après son élection que VGE obtient la libération de son guide.

Bokassa a ainsi montré qu'il faudra compter avec ses caprices et ses velléités d'indépendance. Ce premier orage s'étant dissipé rapidement, un avion présidentiel décolle de Bangui, en août 1974, en direction de la France. Atterrissant à l'aéroport de Châteauroux, Bokassa constate avec mécontentement que son escorte de motards est trop faible pour le grand chef d'Etat qu'il est. Il remonte aussitôt dans son avion. Il faudra la visite de son ministre des Affaires étrangères auquel on accorde une double haie d'honneur de gendarmes motorisés, la fermeture de la route entre l'aéroport d'Orly et l'hôtel Intercontinental, ainsi qu'une entrevue avec le président de la République le jour même pour que Bokassa accepte de venir séjourner à nouveau en France. Il est de retour dès le 15 septembre, et reçoit dans son domaine de la Cottencière le nouveau président et son ministre de la Coopération.

Bokassa est immédiatement séduit par Giscard, et entrevoit une collaboration sans nuages avec cet ami du pays. Il a en outre reçu la promesse d'une rapide visite en Centrafrique. C'est chose faite le 5 mars 1975 : Bangui reçoit la première visite officielle d'un chef d'Etat français.

Les premières déclarations de VGE sont enthousiastes : « Salut, terre d'Afrique, salut Africaines et Africains qui êtes les amis de mon cœur, et que je suis venu visiter chaque fois que j'ai pu le faire. Je connais votre gaieté et votre bienveillance. Croyez bien, Monsieur le Président à vie, mon cher parent et ami, que la France ressent profondément cette solidarité envers la Centrafrique qui sous votre autorité s'est engagée dans une action en profondeur de développement économique, culturel et humain. »

Les deux présidents s'envolent ensuite vers Avakaba, pour aller chasser dans l'une des vastes réserves du pays. Giscard goûte moyennement les méthodes de chasse de Bokassa. Lui qui apprécie la solitude et l'ambiance de la brousse voit le président centrafricain expédier la traque à bord d'un Land Rover à partir duquel il s'attaque à des proies faciles. Un témoin se souvient d'avoir vu Bokassa manquer quatre fois une antilope à faible distance, puis, enfin touchée à la patte, l'achever à bout portant. Toute la Cour est présente, prête à applaudir dès le premier coup de feu. Arrivé exténué en Centrafrique, Giscard commet la maladresse d'aller retrouver ses amis Laboureur et la quiétude de leur campement. Bokassa met pourtant tout à sa disposition pour qu'il puisse jouir au mieux du séjour centrafricain. Tout.

Giscard prend néanmoins goût aux manières comme aux domaines de son « parent » Jean-Bedel, puisqu'il vient fréquemment chasser, dès août 1976. Bokassa a prévu de le gâter : à Rafaï, un domaine de chasse naturelle de plus de 700 000 hectares lui est attribué par un décret du ministère de l'Agriculture centrafricain. Dans ce domaine grand comme le département du Finistère, Valéry peut chasser l'éléphant. A peine arrivé sur son lieu de repos, où il a demandé à ne pas être dérangé, le vrombissement de l'avion de Bokassa retentit dans le ciel. Le président débarque à l'improviste et déclare à un Giscard étonné : « Je sais que vous venez pour vos vacances, mais je ne pouvais pas vous laisser arriver dans notre pays sans vous saluer. » Bokassa se plaint cependant très vite à son entourage du manque de remerciements de Giscard, qui ne donne pas un sou pour l'entretien de ces vastes terrains. Faisant tout de même un crochet officiel par Bangui, l'ancien président se souvient aujourd'hui de la personnalité de cet hôte encombrant : « Bokassa était un homme très préemptif. Il savait vous accrocher, et il était difficile de lui échapper. » Pendant le dîner qui est donné en son honneur le 19 août, Giscard marque habilement ses distances : « La coopération de la France vous est acquise autant que vous le souhaitez, dans le respect mutuel de l'indépendance, de la souveraineté et de la dignité de nos deux pays. » Ce Français qu'il tente d'impressionner et satisfaire est décidément bien ingrat.

Il n'empêche que la collaboration entre les deux Etats se fait de plus en plus étroite. Jean-Paul Benoît, directeur de cabinet au ministère de la Coopération (le nouveau nom du ministère des Affaires africaines), se souvient des rapports particuliers entretenus avec le gouvernement de Jean-Bedel Bokassa : « On l'avait constamment sur le dos. Quand il était en France, il téléphonait au ministère deux ou trois fois par jour, pour toutes sortes de problèmes insignifiants. Quand il était à Bangui, il ne s'écoulait pas une semaine sans que nous ayons à résoudre un psychodrame : un jour il séquestrait un militaire, une autre fois il enlevait une blonde… »

Giscard s'est vu arracher un soutien infaillible par Bokassa et lui a donné un chèque en blanc pour sa politique économique, plus motivé par la force des symboles que par l'intérêt bien compris. Car depuis que Bokassa a acquis un pouvoir sans limites à Bangui, c'est une « incroyable gabegie financière » qui s'est amorcée, selon les mots mêmes du ministre de la Coopération. Bokassa croit désormais que la France le soutient contre vents et marées.

Un an plus tard, en août 1977, le chef de l'Etat français reçoit à nouveau les honneurs de la République centrafricaine, qui s'apprête à devenir un empire. Il est reçu en grande pompe à Berengo. A la fin de la réception, Bokassa lève sa flûte de champagne à l'amitié franco-africaine. Il se laisse même aller à un toast qu'il a appris dans l'armée française et conclut son discours en exultant : « Et au nom de Dieu, vive la Coloniale ! »

De fait, la France continue à financer la mise en place d'infrastructures économiques dans cette ancienne colonie bien démunie : François Giscard d'Estaing, devenu président de la BFCE, et ainsi bras financier de Giscard en Afrique, assure les financements pour les usines dont le jeune pays a besoin. Point d'orgue des noces entre les deux chefs d'Etat, le sacre impérial de Bokassa, qui est financé par la France à hauteur de 4 millions de francs.

Ce sont pourtant bien des avions français envoyés par le président de la République française, avec pour mission la destitution de Bokassa, qui atterrissent à Bangui le 20 septembre 1979.

David Dacko a quitté la Centrafrique en juillet sous le prétexte d'aller soigner son diabète dans un hôpital parisien. Rentré en grâce au moment du sacre qu'il a aidé à organiser, il a pris contact avec une équipe de Giscard qui cherchait alors quelqu'un pour remplacer le dispendieux empereur. Lors d'une tournée officielle en janvier 1979, le Premier ministre Henri Maïdou a appris ce projet. Un entrefilet dans *Le Canard enchaîné* en date du 28 mars montre que l'on envisage le putsch pour bientôt. Le journal affirme que « des militaires français étudient une intervention en Centrafrique à moins que Bokassa ne laisse la place à Henri Maïdou ».

Depuis janvier 1979 et la rentrée des classes, les lycéens manifestent. Ils fédèrent de plus en plus de protestataires. Une première répression par les forces armées fait 100 morts. La reprise en main est musclée. La presse internationale maintient la pression sur le régime. De Napoléon, Bokassa devient Néron. Sur proposition de Mobutu, une commission est formée au mois de mai pour vérifier les affirmations des associations de défense des droits de l'homme. Lorsqu'il ne sera plus question de Bokassa à la tête de l'Etat centrafricain, le nombre des morts sera révisé : il y en eut 26 exactement – c'est le nombre retenu lors du procès de Bokassa.

Giscard s'engouffre dans la brèche qui vient d'être ouverte et s'empresse de déclarer que « la France tirera toutes les conclusions que ce rapport appellera ». Dans la foulée, il annule la partie de chasse prévue pour cette année en compagnie de l'empereur à Rafaï. En privé, il déclare à René Journiac, son conseiller, qui évoque un changement radical en Centrafrique : « Il faut commencer à nous y préparer. Il est évident que si Bokassa est reconnu coupable, il devra quitter le pouvoir. Y a-t-il des hommes prêts à le remplacer ? » Le casting peut commencer. Voici donc comment David Dacko se retrouve dans l'avion français qui atterrit à Bangui.

Les choses s'accélèrent le 16 août : la France suspend son aide à l'empire de Bokassa. Le même mois, une réunion de crise se tient sous l'égide du président du Gabon, Omar Bongo, à Franceville. On propose à Bokassa de céder le pouvoir à un conseil de régence où siégerait son premier ministre Henri Maïdou, secondé par le prince héritier Jean-Bedel Junior. La France et son président l'ont trahi. Omar Bongo se souvient de la fureur de son homologue lorsqu'il apprend que son destin est scellé.

Bokassa demande à faire une sieste de trente minutes avant de répondre. Il revient ivre mort :

« Moi, Bokassa Ier, empereur de la Centrafrique, je vous déclare avoir pris bonne note de tout ce qu'avait à me dire Giscard d'Estaing. Alors je rejette en bloc tout ce que par votre truchement il me demande. Je ne démissionnerai pas… Et si d'aventure je le faisais, je demanderais alors, comme pension, 100 000 millions de francs CFA (2 millions de francs français). Parce que je cumule la pension d'un ancien officier de l'armée française, du créateur de l'armée centrafricaine, du premier chef d'état-major de celle-ci, d'un général à la retraite, d'un ancien président de la République, ancien président à vie, d'un maréchal, et enfin d'un ex-empereur. Ce à quoi s'ajoute une pension à verser à chacune de mes femmes, et une pension à chacun de mes enfants. Cela fait au total, attendez que je calcule… 250 000 millions de francs (5 millions de francs français). » Et après une petite pause : « Plus l'eau, l'électricité et le téléphone. »

S'échauffant, il se tourne vers l'émissaire français, René Journiac :

« Toi, on t'aime bien, tu n'es que le conseiller, tu n'y es pour rien. Mais l'autre là, celui qui a changé de nom, Valéry Giscard d'Estaing… c'est quoi ça d'Estaing ? Du français, de l'anglais, de l'allemand ? Où est-il allé chercher ça ? Il ne pouvait pas simplement s'appeler Destin ? Valéry Destin ? En tout cas, l'autre là, il a pris mon argent. Et maintenant il veut que je donne le pouvoir à un conseil de régence ? Il va voir. »

Après le délire, la menace envers le président français se fait plus précise : « Si chez moi, il y a un coup, ou le moindre problème, je dirai tout. Lui, il perdra la prochaine élection. Il verra du Bokassa partout, il ne pourra plus fermer l'œil. Je vous le dis aujourd'hui et j'en suis certain, à cause de moi, il perdra la prochaine élection. »

Menace qui se révélera prophétique. Bokassa lance

des insinuations envers Giscard que les protagonistes ne semblent pas saisir. Il menace de « tout dire » : parle-t-il des domaines de chasse ? Des cadeaux qui sont offerts lors des rencontres entre les deux chefs d'Etat ? L'affaire prend désormais un tour personnel et intime.

Au déclenchement de l'opération « Barracuda », Bokassa se trouve donc chez Kadhafi. Lorsqu'il apprend qu'un coup d'Etat est en cours dans sa capitale, il veut revenir à toute vitesse, mais il est déjà trop tard. Le vendredi 21 septembre, à 5 heures du matin, il arrive à joindre Catherine à Hardricourt et lui annonce son intention de rentrer à Bangui pour rétablir la situation. Elle tente de l'en dissuader et hurle dans le combiné : « C'est de la folie, il ne faut pas faire ça ! » Craint-elle plus son éventuel retour au pouvoir ou son arrestation probable ? Pour Catherine, captive elle aussi, une brèche s'est ouverte. Elle ne compte pas soutenir cet invivable mari.

Depuis la Libye, Bokassa ne sait que faire. Il dispose d'une troupe de 400 soldats qui séjournent sur place afin de s'entraîner. Inconscient, il préfère aller chercher du secours chez son parent, Valéry. A 19 h 50, il est à Evreux et cherche à rencontrer le président français. Immédiatement, des gendarmes et des soldats encerclent l'avion et notifient à l'équipage que personne n'est autorisé à toucher le sol français. Personne ne doit les rejoindre non plus. Un communiqué officiel lui annonce qu'il est « indésirable en France, et que sa présence ne doit être considérée que le temps d'une simple escale technique ». L'empereur déchu est abasourdi. La délégation patiente plusieurs jours sur la base. Des émissaires français apportent des sandwichs à Bokassa et ses compagnons d'infortune qui, pour tuer le temps, jouent à la belote. Les communications sont bloquées. Bokassa se retrouve dans la peau du captif.

On lui propose enfin trois destinations : le Gabon, le

Zaïre, ou la Côte d'Ivoire. Il choisit la dernière. Roger Delpey a interrogé Bokassa sur ses sentiments lors de ses tristes heures à Evreux. Il répond : « J'ai été victime de la plus grande destruction qu'un homme puisse connaître. Je me suis posé la question, et je me la pose encore chaque jour, chaque nuit, chaque heure. Je me demande pourquoi il a aidé à ma déposition. […] Peut-être y a-t-il un intérêt caché derrière cette affaire, mais tôt ou tard on le découvrira. »

Bokassa arrive le lendemain à Abidjan, sans Catherine, à bord d'un DC8 de l'armée française. Il réside tout d'abord dans le quartier paradisiaque des interminables plages de sable blanc, au 5, boulevard de la Corniche. Il loge dans un palais présidentiel que lui a alloué son « père » Félix Houphouët-Boigny, et dispose de réserves d'argent. Le président ivoirien lui donne chaque mois en liquide 100 000 francs, qu'il gaspille en quelques jours. Les occasions de distribuer cet argent sont variées : un jour, allant chercher un colis à la poste centrale d'Abidjan, un attroupement se fait autour de lui. Goûtant ce regain éphémère de popularité, il déclare son amour à la foule qui scande son nom. Le colis récupéré contient un petit aigle doré, ancien symbole de l'empereur, qu'un ami lui a envoyé de France. Enivré, montant sur une table, il exhibe le trophée et déclare son amour à la foule, galvanisée. Il sort ensuite son portefeuille et jette tout l'argent qu'il renferme à la foule. Un autre jour, il s'achète une Rolls, nostalgique de son parc de luxueux bolides. Le président ivoirien n'apprécie que peu ces excentricités, et le relègue dans un quartier plus populaire à Indénié. Une Toyota Cressida remplace la Rolls. Turbulent, il est éloigné lors des visites des chefs d'Etat étrangers.

Catherine finit par le rejoindre, à la fin de novembre 1979. Elle trouve un Jean-Bedel qui s'enivre continuellement. « Papa et Catherine faisaient chambre à part. L'ambiance était horrible », se souvient Jean-Charles, qui accompagne sa mère. Elle vient de séjourner dans une clinique à Paris afin de soigner, officiellement, une dépression nerveuse. Lorsque Bokassa la retrouve, elle est méconnaissable et a perdu 13 kilos. A Paris, elle a entamé le grand ménage des multiples résidences impériales. La vente des objets à Hardricourt et à La Cottencière a commencé. Elle a en outre vidé le compte en banque de Romorantin, qui contenait plusieurs centaines de milliers de francs, et liquidé une partie du parc automobile, racheté par un certain Bernard Tapie. Dans ses bagages, qui bénéficient de la protection diplomatique, elle a réussi à ramener les deux couronnes et le sceptre impérial. Ils seront démontés par un agent de la maison Arthus-Bertrand venu expressément à Abidjan à la demande de Houphouët. Comme les pierres précieuses qui les ornent sont vendues, d'interminables disputes commencent alors à propos du partage de la recette.

A peine Bokassa a-t-il touché le sol ivoirien qu'il lance avec le journaliste français et désormais proche Roger Delpey une grande campagne de représailles médiatiques contre Giscard. Le 10 octobre, en effet, Roger Delpey confie au *Canard enchaîné* les révélations des diamants offerts par Bokassa au président français. L'affaire fait grand bruit, la bombe antigiscardienne a bien éclaté.

Pourtant, lorsque Roger Delpey et son ami André Le Meignen rejoignent Bokassa à Abidjan dans les premiers mois de l'année 1980, ils ne le trouvent guère apaisé par cette vengeance qui s'avère une réussite. Bokassa continue de ruminer une rancune profonde envers Giscard. André Le Meignen nous révèle le contenu d'un entretien avec Bokassa, qu'il questionne sur la persistance de cette haine. Catherine lui aurait dit quelques mois avant sa chute : « Papa, il faut que je te dise quelque chose : je suis la maîtresse de Giscard. »

André Le Meignen nous raconte la suite de l'entretien :

« Il m'a dit lui avoir demandé si elle était devenue folle ou si elle disait bien la vérité, et que Catherine lui avait répondu : "Il est président de la République, il me fait la cour, et me donne de l'argent, je n'ai pas résisté." »

Bokassa continue son récit à André : il aurait immédiatement décroché le téléphone pour joindre le président français et lui demander des explications. Giscard lui aurait dit pour toute réponse : « Ecoutez, Bokassa, je paie votre budget intérieur, je fais ce que je veux », avant de raccrocher. Bokassa affirme avoir appelé de nouveau l'Elysée, menaçant de révéler toute l'affaire s'il n'obtenait pas des excuses ainsi que l'assurance de l'arrêt de cette liaison.

Or l'élection présidentielle de 1981 est proche, Giscard ne peut se permettre un tel scandale. Il n'est pas homme à se laisser menacer impunément. C'est pour Bokassa la cause du retournement de Giscard à son sujet, et l'organisation brutale de sa destitution. S'agit-il d'une construction chimérique de Bokassa, destinée à salir encore un peu plus le président français et la femme qui l'a quitté au bout de quelques semaines passées à Abidjan ?

Dès son arrivée dans la capitale ivoirienne, Catherine marque en effet ses distances avec son mari. Elle fournit un mystérieux certificat médical lui interdisant toute activité sexuelle. Bokassa confie à Roger Delpey : « Elle m'a montré, hier soir, un certificat établi par le chirurgien d'une clinique de Neuilly lui prescrivant de s'abstenir de toute relation sexuelle pendant plusieurs mois. Elle a reconnu que c'était un certificat de complaisance […] rédigé juste avant son départ de France et uniquement destiné à m'être montré[15]. » Le certificat est le coup de grâce : Bokassa n'a plus le droit de posséder physiquement sa femme. Une humiliation intime infligée depuis Paris.

Il rédige à Abidjan, le 10 février 1980, une lettre au

président du Togo, le général Eyadema, lui retraçant la chronologie de sa relation avec Giscard :

« A Kigali, en mai 1979, GISCARD D'ESTAING m'avait demandé avec insistance d'envoyer mon épouse Catherine en France. Peu de temps après son arrivée à Paris, elle a été mise au courant par le président français de ce qui se préparait contre moi : avec interdiction formelle de me prévenir. En contrepartie, elle devait bénéficier de substantiels avantages financiers et de nombreux privilèges [...]. Vous ne pouvez comprendre, vous expliquer cette incroyable négociation que si vous savez que mon épouse est devenue et est la maîtresse de GISCARD D'ESTAING. »

L'existence de ce certificat médical tenu secret circula parmi certains hauts fonctionnaires et membres des services de renseignements français qui enquêtèrent alors sur la véracité de ces rumeurs. Le commandant Patrick Rougelet fut le premier à en mentionner l'existence, à la suite d'une rencontre avec l'un des fils de Bokassa, Georges, qui proposait alors sur la place de Paris des documents sur son père :

« Georges était installé dans une suite de l'hôtel Napoléon, avenue de Friedland. Mon ami militaire et moi, nous nous sommes fait passer pour des agents du Mossad. Nous sommes venus au rendez-vous avec une petite mallette, censée être remplie de billets. Dans la pile de documents de Georges, nous avons réussi à récupérer une lettre à en-tête d'un médecin proche de l'Elysée [16]. »

Personne ne fut en mesure de produire ce document qui, s'il ne prouve pas explicitement l'implication de Giscard, donnerait du crédit au récit de Bokassa. Nous l'avons pourtant sous les yeux. Il est daté de Paris, le 8 novembre 1979. Le praticien, gynécologue-obstétricien, exerce bien dans le 8e arrondissement de Paris. Le médecin y prescrit, à la suite de « traitement entrepris en clinique », de « s'abstenir de toute activité sexuelle ».

Les quelques semaines que Catherine passa auprès de Papa en exil durent mettre les nerfs de celui-ci à rude épreuve. Elle subit lors de ce court séjour à Abidjan les foudres de ce dernier, qui l'accuse de l'avoir trahi et de travailler en sous-main pour son amant élyséen. Au point que Catherine se réfugie rapidement chez Mme Houphouët-Boigny, et quitte bientôt l'Afrique pour la Suisse. Dès lors, Bokassa n'aura de cesse de répéter à qui veut l'entendre cette accusation de « cocufiage » giscardien.

Dans les années 1980, lors de son exil français à Hardricourt, il peste continuellement contre Giscard. Omer, son chauffeur, nous raconte : « Il grommelait tout le temps : "C'est avec Giscard qu'elle vit !" Ah ça, il ne fallait pas prononcer le nom de Giscard ! C'était devenu son obsession. »

A plusieurs occasions, pourtant, Catherine se défend auprès du même homme. Elle lui répète : « Pour Giscard, je te jure Omer, je n'ai rien fait. » Elle ne cessera de clamer l'absurdité de ces prétendues amours élyséennes. Rien ne prouve que Giscard ait succombé à ses charmes, même si Catherine était indéniablement très séduite par les ors du séducteur.

Pour Bokassa, la relation était claire : « La Centrafrique appartenait à d'Estaing, c'était sa maison et moi j'étais comme sa femme [17]. » Les légendes giscardiennes sont parfois bien obscures.

# 6

## Mao, le tigre de ces dames

*« La contribution de l'homme à l'histoire*
*se borne à une goutte de semence. »*

Jiang Qing.

### *La femme sans tête*

*« Une autre nuit sans sommeil.*
*Je ne peux plus supporter cette vie. Je vais aller le*
*retrouver.*
*Mes enfants, mes pauvres enfants, me retiennent.*
*Un lourd fardeau pèse sur mon cœur, d'un côté c'est*
*lui, de l'autre ce sont mes enfants. Je ne peux les quitter*
*ni l'un ni les autres.*
*J'ai envie de pleurer. J'ai vraiment envie de pleurer.*
*J'ai beau essayer de toutes mes forces, je ne parviens*
*pas à cesser de l'aimer. Je n'y parviens pas…*
*Quelle chose étrange que les sentiments humains.*
*San Chun-he m'aime tant et pourtant je ne le regarde*
*même pas.*

*Ah, que je l'aime ! O Ciel, donne-moi donc une réponse parfaite[1] ! »*

Matin du 28 janvier 1930, Changsha. Yang Kaihui se languit de celui qu'elle aime tant et qui est aussi son mari, un jeune guérillero de la province du Hunan nommé Mao Zedong. Cela fait plus de trois ans qu'elle l'attend. Trois ans qu'il l'a quittée pour mener campagne contre Tchang Kaï-chek et son Guomindang, le parti avec lequel il tente de prendre le pouvoir par la force. Tchang était proche du gouvernement soviétique, et avait séjourné en Russie pour rencontrer les dirigeants du Komintern et inspecter leurs écoles militaires. Cela faisait de lui un ennemi du communisme chinois aux yeux de Mao. Il prit alors la tête d'une armée de révolutionnaires, de travailleurs et de paysans afin de le contrer. Les affrontements ont été sanglants, il a été vaincu. Recherché, il a décidé de se réfugier dans les montagnes du Jiangxi. « Mieux vaut rester ici avec les enfants, pour votre sécurité », lui a-t-il dit. Elle l'a écouté à contrecœur.

Ici, un quartier qu'on appelle l'Etang limpide où Mao et Yang Kaihui ont pu s'installer en octobre 1921. Il a alors 28 ans, elle 20. L'endroit est délicieux et doit son nom au vaste étang d'eau douce dans lequel affluent des torrents de boue, sans que l'eau s'en ternisse jamais. Leur maison, adossée à une petite colline, est une bâtisse traditionnelle avec des poutres en bois noir, des murs en briques multicolores, donnant sur un champ de légumes. Kaihui aime ce bonheur simple. Ils ont même de quoi payer des domestiques. Elle est comblée.

Née en 1901, dans la province du Hunan, elle est une enfant délicate et sensible. Sa mère, issue d'un milieu modeste mais cultivé, lui avait transmis sa connaissance des classiques de la littérature traditionnelle. Les onze premières années de son existence, son père parcourt le monde. Il se rend au Japon, en Grande-Bretagne et en Allemagne, afin de s'y perfectionner en matière de philosophie. Nommé professeur de morale à l'université de Pékin en 1918, ce père prodigue accueille un de ses élèves favoris au sein de sa famille, Mao Zedong, alors que celui-ci a tenté sans succès de conquérir la capitale. Kaihui, de huit ans sa cadette, a 17 ans la première fois qu'elle le rencontre. Mao cherche immédiatement à la séduire. Opposée déjà à toute union à laquelle seraient mêlés les rites et les traditions, elle rêve du grand amour, celui qui ne connaît ni loi ni limites. « Je pensais aussi que rechercher délibérément l'amour pouvait aisément et inévitablement mener à la perte du véritable amour, de l'amour sacré, incroyable, suprême, l'amour le plus beau que rien ne peut surpasser[2] ! » Elle juge Mao trop abrupt, mal dégrossi, et refuse ses avances. Elle a trouvé une maxime qu'elle a faite sienne et qu'elle répète comme une formule magique : « Mieux vaut rien que l'imparfait. » Et Mao Zedong n'est pas l'homme parfait qu'elle attend.

Ils sont pourtant plus proches qu'elle ne le croit sur certains points : Mao refuse lui aussi l'idée du mariage. En 1918, à l'époque où il fonde la « Société d'étude des hommes nouveaux », il jure de ne jamais se marier, par horreur du système inhumain d'exploitation qu'est le mariage. Les membres de la Société se détournent donc des choses de l'amour, considérant qu'il y a bien d'autres questions plus importantes. L'année suivante, le jeune Mao nous explique l'origine de son aversion : « Quand j'étais jeune – il a alors 26 ans –, j'ai vu de nombreuses personnes mariées. Je leur demandais pourquoi elles le faisaient. Toutes me répondaient qu'elles en avaient besoin pour leur faire le thé, la cuisine, pour élever les cochons… je leur demandais alors s'il n'aurait pas été plus facile d'avoir un domestique… On me répondait qu'il leur fallait fonder une famille. Tout cela me laissait perplexe. Et encore aujourd'hui, quand vous considérez ce que la société dit à propos du mariage, vous ne trouvez rien en rapport avec l'amour[3]. »

On découvre un Mao presque romantique, préoccupé de donner une plus grande place au sentiment amoureux dans la nouvelle société chinoise. Plus prosaïquement, le mariage n'est à ses yeux « rien d'autre que la satisfaction d'un désir charnel ». Et sur ce dernier point, il est prompt à reconnaître que « les désirs de nourriture et de sexe sont fondamentaux[4] ».

Mao s'accommode assez mal des hésitations de Kaihui, et sait se montrer opiniâtre. Il lui écrit de nombreuses lettres passionnées. Cela ne suffit pas à la convaincre de ses sentiments. En janvier 1920 survient un premier drame dans la vie de cette jeune fille choyée : la mort de son père. Mao séjourne alors pour la deuxième fois à Pékin et passe beaucoup de temps dans la famille Yang. La perte de ce père bien-aimé laisse un grand vide. Il est là pour combler le manque : « Je ne m'attendais pas à avoir beaucoup de chance. J'avais un homme que j'aimais […]. J'en étais devenue amoureuse, après avoir beaucoup entendu parler de lui et avoir lu un grand nombre de ses articles… Mais j'avais beau l'aimer, je ne voulais pas le montrer. J'étais convaincue que l'amour était entre les mains de la nature et que je ne devais pas avoir la présomption de l'exiger, ni de le rechercher… »

Est-ce la séparation tragique avec son père ? Kaihui craint autant d'être abandonnée que de s'engager. « N'eût été un ami qui connaissait ses sentiments et me les révéla – en me disant qu'il était très malheureux à cause de moi –, je ne me serais jamais mariée. » Un sentiment teinté de culpabilité la taraude, et finit par vaincre ses résistances. « Je me dis que je vivais non seulement pour ma mère, mais aussi pour lui… je m'imaginais que s'il venait à mourir […] je le suivrais sans aucun doute et mourrais avec lui ! »

Mao et Kaihui devinrent amants un peu plus tard cette année-là. Cet homme héroïque, ce rebelle, tombé à point nommé dans sa vie ne peut être que celui qu'elle attendait, son Grand Amour. Kaihui vient donc s'installer chez Mao, et ils se marient à la fin de 1920. N'étant plus une demoiselle, elle est renvoyée de l'école[5].

L'idylle est cependant rapidement écornée. Mao ne renonce pas à ses anciennes liaisons et prend même de nouvelles maîtresses. Parmi elles, la cousine de sa femme. Lorsque la douce et évaporée Kaihui l'apprend, elle frappe violemment sa rivale au visage. Kaihui n'est pas une épouse conventionnelle, qui se sentirait tenue par la tradition de subir les incartades de son mari. Ses convictions sont féministes : les femmes sont des êtres humains au même titre que les hommes, pourquoi devraient-elles accepter sans broncher les foucades de leurs conjoints ? « Mes sœurs ! écrit-elle, Nous devons nous battre pour l'égalité des hommes et des femmes et ne devons à aucun prix permettre aux autres de nous traiter en simple accessoire[6]. » Quelle fut sa désillusion en découvrant la tromperie de Mao ? Ni l'un ni l'autre ne fit jamais mention de cet événement. Kaihui ne fit cependant plus de scènes à Mao.

La révolution féministe n'est pas encore au programme, et la vie quotidienne avec Mao est hélas tout ce qu'il y a de traditionnel. Kaihui reste à la maison et s'occupe de leurs enfants, tandis que Mao cavale pour convertir les foules à son communisme. Leur premier fils, Anying, naît en octobre 1922. Le deuxième, Anqing, en novembre 1923. Le dernier, Anlong, en 1927. Au fil des ans, pourtant, le ménage s'est défait, la cause politique est une compagne des plus exclusives, et Kaihui passe au second plan.

En octobre 1928, cela fait un an que Mao est parti. Kaihui ne peut qu'exprimer sa peine dans un poème :

*« Sombre journée, un vent du nord se lève,*
*Un froid dense s'infiltre dans la chair et les os.*
*En pensant à cet homme si loin de moi,*
*Soudain des vagues surgissent du calme.*
*Les pieds blessés sont-ils guéris ?*
*Les vêtements d'hiver sont-ils prêts ?*
*Aucune lettre n'arrive jusqu'ici,*
*Je questionne, mais nul ne répond.*
*Que je voudrais avoir des ailes*
*Pour voler jusqu'à cet homme.*
*Comme je ne puis le voir,*
*Mon chagrin n'a pas de fin[7]. »*

Kaihui se sent délaissée au profit d'une lutte qui hante Mao depuis son plus jeune âge, et pour laquelle elle a mis ses aspirations féministes de côté. Les enfants l'épuisent : « Qui s'occupe de toi, tandis que tu dors seul ? Te sens-tu aussi seul et triste que moi ? » lui écrit-elle. Or, dans son exil, Mao ne dort justement pas seul.

Il avait bien accepté de se marier, mais n'avait pas changé son opinion sur le mariage : une convention bourgeoise oppressive. A cette époque, il rêve de voir « la grande vague de la liberté du mariage et de la liberté de l'amour se répandre sur la Chine ».

Persuader les Chinois, cantonnés depuis de longs siècles à la moralité confucéenne, que la révolution communiste est synonyme de libération sexuelle n'est pas si simple. La majorité des Chinois n'ayant que peu ou rien à perdre n'éprouvent peut-être pas une peur excessive de la collectivisation des moyens de production. Mais aucun d'eux n'est prêt à accepter la collectivisation de leurs femmes. Or, réinventer les rapports entre l'homme et la femme est un élément fondamental de la nouvelle société que Mao veut bâtir. Dans un certain sens, la réforme du mariage qu'il préconise, qui assurerait à tous la liberté d'aimer et surtout de ne pas aimer et offrirait aux femmes la possibilité de divorcer, représente une expérience autrement plus révolutionnaire que la réforme agraire.

Les choses ne se déroulent pas exactement comme prévu : les femmes prirent cet appel à la « liberté » au mot. « Les relations amoureuses entre elles et leurs jeunes amis eurent tendance à augmenter, et des couples se formèrent librement dans les collines[8]. » Ce n'est plus une vague, c'est une déferlante. Et Mao suit le flot : il s'est remarié dans le dos de son épouse avec une jeune femme rencontrée sur la route, en 1928. Kaihui ne peut y croire. Pour garder sa raison autant que sa dignité, elle fait comme si de rien n'était. Elle n'est pas de celles qui, éprises de modernité, divorcent. Elle continue d'espérer le retour de son mari, telle Pénélope travaillant à son ouvrage. La nouvelle la laisse pourtant dévastée. « Tu devrais rester ici avec les enfants, pour votre sécurité », lui avait-il dit… Comment a-t-il pu lui mentir à ce point ?

Changsha est alors gouvernée par Ho Chien, un général nationaliste férocement anticommuniste. Kaihui n'a pourtant jusqu'alors pas été inquiétée. Après tout, elle n'est pas une activiste et semble ne participer en rien aux agissements de son mari. Sa situation, connue de tous, provoque plus la pitié que la défiance. En septembre 1930, Mao est enfin de retour à Changsha. Ce n'est pas l'amour qui l'a ramené en ville, ni la nostalgie de son foyer, mais la guerre : il lance une attaque prolongée sur la ville, entamant un véritable siège. La clémence du général a des limites, que Mao vient de franchir. Kaihui est arrêtée avec son fils aîné, Anying, le 24 octobre, jour des 8 ans du petit garçon. On lui propose un marché : la liberté contre une condamnation publique des agissements de son mari. Elle devra aussi divorcer sur-le-champ. Kaihui n'a jamais supporté qu'on lui dicte sa conduite. Ce chantage n'est pas digne de son Grand

Amour, qui n'existe pourtant plus que dans ses rêves. Elle refuse de renoncer à Mao.

On la conduit dans le « prétoire » improvisé au quartier général de l'armée. Elle est vêtue d'une longue robe bleu foncé qui lui donne un air impérial. Sur son visage, aucun signe de peur ne transparaît. Sur le bureau, on a placé un pinceau et une étiquette sur laquelle est écrit son nom. Après lui avoir posé quelques questions, le juge trace un signe à l'encre rouge. Il vient de signer son arrêt de mort.

Le matin du 14 novembre 1930, le ciel est des plus sombres. Deux mois après que Mao eut conduit son attaque manquée sur Changsha, Kaihui la patiente, la fidèle, est amenée sur un terrain d'exécution à l'extérieur de la ville, porte Liuyang.

Le long du chemin la conduisant au champ d'exécution, elle crie sa loyauté envers Mao. Ce n'est plus du courage, mais du désespoir. Deux bourreaux lui retirent sa robe. Elle a 29 ans, elle avance vers la mort en sous-vêtements, par cette froide journée d'automne. Alors qu'on la promène, entravée, un officier hèle un pousse-pousse et l'y fait monter, tandis que deux soldats courent de chaque côté. Arrivée au lieu d'exécution, elle découvre les tombes des condamnés qui, n'ayant plus de famille pour réclamer leur corps, gisent là pour l'éternité. Mao s'occupera-t-il de son corps ou restera-t-elle dans ce champ ?

Par ordre du gouverneur, Yang Kaihui, épouse de Mao Zedong, est décapitée. La basse besogne accomplie, les membres du peloton d'exécution lui ôtent ses chaussures et les jettent le plus loin possible : une légende dit que, s'ils ne prennent pas cette précaution, le fantôme de leur victime les suivra jusque chez eux pour les hanter. Tandis que les bourreaux mis en appétit par l'exercice déjeunent à la caserne, un garde vient partager sa vision d'angoisse : il croit avoir vu la dépouille de Kaihui bouger, si bien que sept d'entre eux délaissent leur gamelle et partent ausculter ce corps récalcitrant. Dans son agonie, elle a tant souffert que ses doigts ont profondément creusé le sol.

Mao n'a pas assisté à la mort de sa femme. Après l'échec de cette nouvelle tentative guerrière de prise de pouvoir, il avait fui, sans prendre le soin de mettre la mère de ses enfants à l'abri des représailles. Apprenant la nouvelle, il écrit, avec un chagrin qui paraît sincère, quoiqu'un peu tardif : « Dussé-je mourir cent fois, jamais je ne pourrais racheter la mort de Kaihui ! » C'est une fois disparue que Mao songe qu'elle était son Grand Amour. Presque trente ans après sa mort, il exprime sa peine à une amie, Li Shuyi, qui vient de perdre son mari :

*« J'ai perdu mon fier peuplier et vous votre saule ;*
*Le peuplier et le saule s'élancent vers les cieux les plus élevés,*
*Wu Gang, à qui l'on demande ce qu'il a à offrir,*
*Les présente humblement avec du vin de cassier.*
*La déesse solitaire sur la lune déploie ses larges manches*
*Pour danser pour ces bonnes âmes dans le ciel infini.*
*Tout d'un coup arrive la nouvelle de la défaite du Tigre sur la terre*
*Les larmes coulent à flots comme une bolée de pluie renversée. »*

## La marche de l'empereur

*« Fils de porc, œuf de tortue, espèce de bon à rien qui ne pense qu'aux catins ! Je vais t'apprendre, moi, à venir ici en douce pour coucher avec cette petite salope de bourgeoise[9] ! »*

Mai 1937. He Zizhen enrage. Elle s'efforce de frapper le goujat avec tout ce qui lui tombe sous la main. Le garde du corps observe le spectacle, dans un coin. Ce n'est pas la première scène à laquelle il assiste. Mao proteste qu'il est juste entré pour bavarder avec cette Lily. Zizhen ne le croit pas. Elle ne supporte plus ses infidélités. Il a quitté Yang Kaihui pour elle, elle en a été flattée. Mais qu'il ose la tromper, elle, et avec une traînée d'actrice, une comédienne aux tenues affriolantes !

Retournant sa colère sur Lily Wu, elle l'empoigne par les cheveux et lui griffe le visage. Mao n'intervient pas, impavide. Se battre contre des impérialistes soviétiques du Guomindang, oui, mais entre deux femmes, jamais.

« Saleté d'impérialiste ! hurle-t-elle encore. Tout ça, c'est à cause de vous, foutez le camp d'ici ! » Zizhen gifle la journaliste américaine Agnes Smedley, qui a organisé cette rencontre entre Mao et l'actrice. La piquante reporter le lui rend copieusement, Zizhen est sonnée. Elle tombe à genoux. Pas encore vaincue, elle apostrophe aussitôt Mao : « Mais enfin, quelle espèce d'homme es-tu et quelle espèce de communiste ? Tu laisses une saleté d'impérialiste me taper dessus sous ton nez ! » Mao la regarde. Il intime à son garde du corps d'aider sa femme à se relever. Rageuse, celle-ci le fait s'affaler d'un croche-pied. Trois gardes seront nécessaires pour emporter la furie hors des lieux. Mao suit le cortège, tête baissée.

Voilà bientôt dix ans que Mao a quitté Kaihui pour He Zizhen. L'enthousiasme des débuts est passé depuis fort longtemps. C'est dans le repaire d'Agnes Smedley, la journaliste, que la dispute a éclaté. Agnes a invité un couple de compatriotes journalistes à dîner ce soir-là, Edgar Snow accompagné de sa femme Helen[10], ainsi qu'une jeune actrice nommée Lily Wu. Mao s'invite pour le souper. Ils restent ensemble jusque tard dans la nuit à jouer aux cartes. He Zizhen l'a suivi. Leur maison se trouve à peine à 1 500 mètres de là. La scène qu'elle découvre la met hors d'elle. Lily Wu, assise sur le banc à côté de Mao, a délicatement posé sa main sur son genou. Elle dit avoir trop bu de vin et être d'humeur badine. Helen raconte la suite dans son journal : « Mao aussi parut surpris, […] et manifestement amusé. Lui aussi déclara qu'il avait bu trop de vin[11]. » Alors Lily s'aventure à prendre la main de Mao… L'ambiance dans la pièce devient électrique : « Agnes leva révérencieusement vers lui ses grands yeux bleus qui parfois brillaient d'une lueur fanatique. Lily Wu le regardait aussi avec la vénération qu'on voue aux héros[12]… »

Lily Wu est une jeune comédienne divorcée de 26 ans. Alors que la mode communiste impose aux femmes de porter les cheveux très courts, son épaisse chevelure tombant sur ses épaules attire partout le regard. Ses attitudes sont travaillées à l'extrême : elle se meut avec une grâce posée et parle d'une voix sensuelle. Helen Snow l'appelle la « Sarah Bernhardt du cru ». De fait, la jeune femme est vite devenue une starlette. Ses toilettes et ses manières excessives font tourner beaucoup de têtes dans cette région un peu arriérée, et enchantent particulièrement Mao. Zizhen est solide et dévouée, Lily Wu l'évanescente le divertit bien différemment. Il retrouve auprès d'elle l'inspiration poétique qu'il avait connue quelque temps auparavant, auprès de Yang Kaihui. Au cours de leurs longues conversations passionnées, Mao récite des poèmes qu'il dit avoir écrits pour elle. En réalité, il recycle à son intention ceux écrits à la mémoire de son épouse défunte.

He Zizhen est née en 1909. Elle est la fille d'un combattant communiste et intellectuel du riche district de Yongxin, au pied des montagnes, à qui Mao allait rendre fréquemment visite. De sa mère cantonaise, elle a reçu les traits fins et harmonieux du visage, qu'illumine parfois un sourire délicat. Mao a épousé la jeune femme, qui a hérité de son père un tempérament affranchi jusqu'à la limite de l'effronterie, alors qu'elle n'avait que 18 ans. Il a été séduit par bien plus qu'une silhouette gracile et un minois de porcelaine. Zizhen est une révolutionnaire à sa manière : elle rejette depuis toujours le mode de vie traditionnel qui cloître les femmes bien nées, et aspire à connaître un univers plus vaste : le plaisir, la vie. Elève dans une école de mission locale dirigée par des religieuses finlandaises, elle s'est rebellée contre l'éducation pour filles de bonne famille qu'elle y recevait. Les événements vont lui donner l'impulsion manquante : exaltée par l'entrée dans sa ville de l'armée de l'Expédition du Nord au cours de l'été 1926, elle adhère au parti communiste. Voici bientôt la jeune sympathisante chargée d'accueillir les troupes, de discourir en public. La maturité dont elle fait preuve couplée à la fougue de ses 17 ans lui fait grimper les échelons dans le parti. La même année, elle est nommée à la tête du Service des femmes dans le nouveau gouvernement local. Zizhen est devenue une femme de tête. Son émancipation est marquée par un geste symbolique fort : elle coupe sa longue chevelure de femme. Elle est désormais une camarade.

A l'arrivée de Mao, Yuan Wencai, qui a organisé l'attaque en fournissant les communistes en armes et gère à présent les forces de défense sur place, charge la jeune fille de lui servir d'interprète. Mao lance sans attendre l'assaut amoureux. L'opération est un succès : dès le début de 1928, ils sont considérés comme « mariés », même s'il n'y a pas eu la moindre cérémonie officielle. On s'est contenté de donner un somptueux banquet, préparé par Mme Yuan.

A la différence de Kaihui, irrémédiablement éprise de Mao, Zizhen semble l'épouser à contrecœur. Ce n'étaient pas les prétendants qui lui manquaient, et elle trouvait Mao, à 34 ans, « trop vieux [13] ». Surtout, Zizhen convoite en secret un autre garçon, le plus jeune frère de Mao, Zedan. Brillant intellectuellement, Zedan semble lui aussi épris de la camarade Zizhen. Seulement il a un défaut qui occulte toutes ses autres qualités aux yeux de la jeune femme : il n'a pas le charisme d'un leader. Elle éprouve « le besoin de se sentir politiquement protégée dans ce milieu ».

Pour Mao, les choses sont plus claires : les yeux de Zizhen, semblables à une « paire de cristal », lui ont dès la première rencontre signifié qu'elle était son « âme sœur révolutionnaire ». La rencontrer lui donne même une sensation « douce comme le miel ». Il remarque plus que tout ses pommettes hautes qui lui donnent un air raffiné.

Peu après leur mariage, une rumeur vient gâcher la fête. Leur différence d'âge, et les absences répétées de Mao font jaser : Zizhen serait sexuellement insatisfaite. Faut-il voir dans les compotes de pêches sauvages qu'elle concocte perpétuellement une quelconque compensation ? En compagne dévouée, elle ne prête guère attention aux rumeurs, occupée à veiller sur leur seul enfant survivant, Li Min. Avoir perdu trois fils d'affilée l'avait marquée. Zizhen ne s'est pourtant pas muée en ménagère désespérée. Elle a avant tout un esprit bien trempé qui ne tolère pas la demi-mesure, semblable à celui de son mari. « Nous sommes comme le fer et l'acier, lui dit-il après une dispute. A moins que nous n'essayions de composer l'un avec l'autre, nous souffrirons tous les deux [14]. »

Un nouvel enfant viendrait peut-être renforcer le couple. Le régime communiste commence dans la douleur. Mao n'a pas encore la place qu'il veut occuper. Il doit s'élever au-dessus des querelles internes au parti et s'imposer en leader national. En octobre 1934, Zizhen est enceinte. C'est le moment choisi par son mari pour lancer sa Longue Marche, celle qui fera de lui un mythe. Le destin de la révolution chinoise se jouera au fil de ce parcours éprouvant de douze mois, à travers 12 000 kilomètres. Sur les 130 000 hommes de Mao engagés dans ce tour de force, à peine 30 000 reviendront.

Elle est enceinte de cinq mois lorsqu'ils prennent la route. Son état ne lui permet pas longtemps de marcher au côté de Mao. Monter à cheval est devenu trop difficile et trop dangereux. Depuis le mois de décembre, elle évolue péniblement sur une chaise à porteurs. Elle voyage avec les malades privilégiés et une trentaine d'épouses de dirigeants haut placés.

Le 15 février 1935, alors qu'ils arrivent à hauteur d'un petit village appelé Sable Blanc, le travail commence. Abandonnant quelques heures le convoi, Zizhen donne naissance à une fille. Sa belle-sœur, qui l'a assistée, lui montre le nouveau-né enveloppé dans une veste ramassée au hasard. L'armée passe la journée à Sable Blanc, mais Mao ne vient pas la voir. Déjà il faut recommencer à marcher. L'enfant ne survivra probablement pas à l'exercice. Zizhen doit laisser sa fille derrière elle. Elle la confie à une femme qui se chargera de lui trouver une famille d'accueil, contre un peu d'argent et d'opium. Quand elle demande à Zizhen de donner un prénom à sa fille avant de l'abandonner, celle-ci refuse. La douleur est indicible. Ce n'est que quelques jours plus tard, après des kilomètres de route avalés, qu'elle voit enfin Mao. Elle l'informe, en larmes, qu'elle a abandonné la petite : « Tu as eu tout à fait raison, se contente-t-il de répondre, il fallait bien en passer par là. »

Après six mois d'une cadence infernale vers le sud, Zizhen réussit à trouver un exutoire à sa tristesse : l'action. Elle devient infirmière, accompagnant et soignant les blessés avec les moyens du bord. Apporter du réconfort aux siens soulage ses maux. L'éclaircie sera de courte durée. Vers la mi-avril, trois avions du Guomindang apparaissent dans le ciel tombant de la fin de journée. Les mitrailleuses déchirent le ciel. Zizhen court sous les balles pour aider un officier blessé à se mettre à l'abri. L'instant d'après elle baigne dans son sang. Plus d'une douzaine d'éclats d'obus ont entamé le crâne et le dos de l'apprentie infirmière. Un des médecins parvient à extraire un à un les fragments à la pince à épiler. Reste à stopper l'hémorragie. Mao est immédiatement prévenu de son état, mais il se sent « fatigué » et ne se déplace pas. Plein de considération, il lui envoie son médecin personnel et deux de ses porteurs, afin qu'elle soit évacuée. Prenant conscience de la gravité de l'état de sa femme, il lui rend finalement visite trois jours plus tard. Elle a repris connaissance, mais ne peut toujours pas parler. Avec acharnement, Zizhen survit. Mais plusieurs éclats d'obus, dont un dans la tête, sont trop difficiles à retirer. Durant des semaines elle reste à deux doigts de la mort. La suite du voyage fera entrer son courage dans la légende : elle ne cesse de s'évanouir à cause de la douleur, dont seul le paroxysme la rappelle à elle. Elle implore qu'on l'achève. A la fin de la marche forcée, en octobre 1935, He Zizhen, martyre pour la cause, est devenue la première dame de la révolution. Parmi le peuple, on fait le récit de ses souffrances.

En 1937, la vie reprend ses droits sur le corps meurtri de Zizhen. Elle est enceinte à nouveau. Trop, c'est trop ! A 28 ans, elle ne veut plus porter les enfants d'un homme avec lequel elle ne partage plus rien, un homme qui l'a laissée pour morte sur la route. Mais où aller ? Quelques mois de réflexion suffisent à la décider : sur la route elle a failli mourir, sur la route elle renaîtra. Elle annonce à Mao qu'elle le quitte. Au début du mois d'août, elle part. Comme pour s'assurer une distance qui la séparerait suffisamment de lui et éviter toute tentation de retour en arrière, Zizhen se met en route vers Urumqi à 1 600 kilomètres vers l'est. Mao ne compte pas accepter son choix sans réagir. Bien sûr, il n'a rien fait pour la retenir. Pas un mot. Sur place, il lui fait envoyer une boîte de produits de beauté en bois traditionnel, confectionnée par ses gardes du corps, ainsi qu'un couteau à fruits et d'autres objets auxquels elle tient. La nostalgie et le remords sont des armes redoutables pour infléchir une femme.

Elle continue son voyage, sans lui. Elle ne sera pas seule, puisqu'elle porte son enfant. La longue marche de Zizhen la conduit en Union soviétique, où elle peut enfin recevoir un traitement médical pour les éclats d'obus toujours fichés dans son corps. Loin d'une renaissance, le séjour à Moscou n'est qu'une chute vers le désespoir. Le petit garçon dont elle accouche peu après son arrivée est le portrait de son père. Zizhen écrit à Mao pour le lui dire. Il ne répondra pas. L'enfant meurt rapidement de pneumonie. Il ne fêtera pas son premier anniversaire.

Le coup de grâce vient toujours de l'être aimé. Zizhen a pris pour habitude de se réunir avec d'autres Chinois moscovites ne parlant pas le russe pour se faire lire dans leur langue des extraits de la presse soviétique. Un jour, le traducteur lit un article écrit par le cinéaste russe Roman Karmen, qui vient de rencontrer Mao. Karmen raconte que Mao et « sa femme » l'ont raccompagné chez lui, au clair de lune. Sa femme !? A ses mots, quelque chose se brise en elle. Elle subit le sort que Kaihui a connu…

Elle perd l'entrain, bientôt le sommeil, puis l'appétit. Il lui reste encore l'espoir : peut-être Mao retrouvera-t-il ses esprits ? Son état s'aggrave encore lorsqu'elle reçoit une courte lettre de son mari. Le ton n'est pas aux retrouvailles. En une seule phrase lapidaire, il lui annonce la dissolution de leur mariage : « Désormais, nous ne sommes plus que deux camarades [15]. » Zizhen se retrouve abandonnée, hantée par les visages des enfants qu'elle a perdus ; le petit garçon mort, la petite fille abandonnée sur la route. La catatonie devient dépression. Les autorités locales finissent par la faire interner dans un asile d'aliénés. La décision vient-elle de Mao ? Seulement dix ans après, en 1947, il intervient pour qu'elle rentre en Chine. Elle y sera également enfermée. He Zizhen avait trop souffert pour connaître une rémission. Tout le reste de sa vie, elle restera persuadée que les médecins de Mao essaient de l'empoisonner.

## L'amour est bleu comme une pomme

### Le procès d'une traîtresse

« Le juge : Silence !

Jiang Qing : J'ai le droit de vous accuser, moi aussi !

Liao Mosha : Ta gueule, salope !

Le juge : Accusée Jiang Qing, tais-toi immédiatement !

Jiang Qing : Eh bien, moi, je parle ! Qu'est-ce que tu peux y faire [16] ? »

Pékin, novembre 1980. Dans la salle d'audience, on assiste au procès de la « Bande des quatre » qui embrase la Chine. Des cris fusent. Le président du tribunal, agitant sa sonnette, tente désespérément de ramener le calme dans la salle où le pugilat menace. L'accusée Jiang Qing est une coriace. L'un des juges donne un coup de poing sur la table.

Jiang Qing : « Les infractions, c'est vous qui les commettez. […] Vous faites venir tous ces traîtres, ces espions pour témoigner, moi j'en suis fort aise ! »

Liao Mosha, le seul survivant des écrivains qui avaient osé s'en prendre ouvertement à Mao au début des années 1960, vient à la barre. Il accuse Jiang Qing d'avoir persécuté un grand nombre de cadres et de citoyens pékinois. Elle aurait fait arrêter, arguë-t-il, quantité d'innocents : « J'ai grandi dans les rangs du Parti. Je n'ai jamais dévié d'un pouce de la ligne tracée par ma direction, pas un jour de ma vie [...]. Jiang Qing a monté toute une fausse affaire autour de moi, sur de fausses accusations, et j'ai été emprisonné pendant huit ans, puis envoyé en exil à la campagne, en réforme par le travail, pendant trois ans de plus. J'ai été torturé cruellement en prison. » Il éclate en sanglots.

Flanquée de deux femmes policières en uniforme et armées, Jiang Qing ne se départ pas de son sourire narquois. Elle garde la tête haute. Ses yeux vifs parcourent la salle de part en part. Les 880 membres de l'assistance et les 70 hommes de loi sur la scène réunis pour le plus important procès de la Chine moderne ont une certitude : elle se joue d'eux !

Sur son visage se lit tout le mépris qu'elle voue à cette assemblée, autant que la satisfaction d'avoir enfin la possibilité de se venger. Celle qui avait dû attendre trente ans avant de pouvoir régner au côté de Mao et effacer l'image de martyre de la révolution de sa précédente épouse, He Zizhen ; celle qui avait dû rester dans l'ombre à cause de ses détracteurs retrouve enfin les projecteurs, pour sa grande scène finale.

Dès les premiers instants du procès, les juges comprennent qu'ils ont sorti la bête de sa cage et lui ont fourni l'occasion de hurler en direct sur tous les écrans de télévision ! Ils ont offert à l'ancienne actrice Pomme Bleue le plus vaste auditoire dont elle ait jamais rêvé, des dizaines de millions de téléspectateurs qui vont assister à sa toute dernière création : son propre rôle.

Pourtant, les charges retenues contre elle sont accablantes. La clique contre-révolutionnaire de Qing est coupable des crimes suivants : pièges et persécutions à l'encontre des dirigeants du parti et de l'Etat, complot visant à renverser le pouvoir politique, persécutions et répressions à l'encontre d'un grand nombre de cadres et des masses. On parle de 2 600 personnes victimes de persécutions dans les milieux littéraires et artistiques ;

142 000 dans l'enseignement ; 53 000 dans les milieux scientifiques et technologiques ; 500 professeurs en médecine et 13 000 Chinois d'outre-mer. La lecture de l'acte d'accusation dure trois heures. Elle donne la réplique, faisant mine de sortir de la salle. A la fin de l'énoncé, elle s'adresse aux spectateurs : « Regardez-moi ce Wu Faxian [un autre accusé]. Il crève de trouille. Tandis que moi, hein, voyez un peu !... »

Seuls les traits encore fins de son visage olivâtre traduisent le mal-être. Elle ne porte plus les lunettes bombées à monture de plastique qui ne la quittaient pas depuis le début des années 1960, peut-être pour détourner le regard des quelques verrues qui décoraient le bout de son nez.

Le clou du spectacle : l'accusation de tentative d'assassinat du président Mao Zedong.

Jiang Qing naît sous le nom de Luan Shumeng en mars 1914 à Zhucheng, dans la province agricole du Shandong. Son père, Li Dewen, est un fabricant de roues de charrettes. Alcoolique et brutal, son loisir est de battre la mère de Shumeng, qui n'est pas son épouse officielle. A son tour, cette dernière bat sa fille. La future Mme Mao a les pieds bandés, selon la tradition, pour signifier qu'elle n'est pas destinée au travail mais au mariage. Il est dès lors peu hasardeux d'affirmer que son enfance est un enfer. Shumeng n'entendait pas subir ces traitements éternellement, et gagna ses galons de rebelle parmi ses camarades de classe. Elle enleva ses bandes. L'acte fondateur lui valut le surnom épique de « Pieds Libérés [17] ». Bien sûr, les bandes avaient laissé des marques affreuses sur ses chairs, sa démarche était irrémédiablement claudicante.

En 1921, la mère et l'enfant se réfugient chez son grand-père, à Jinan. Shumeng arbore un nouveau pseudonyme et devient Yunhe, « grue dans les nuages ». Mais la mère, une fois sauvée de l'emprise de ce concubin pugnace, a décidé d'à nouveau tenter sa chance avec les hommes. En 1928, elle abandonne la jeune « grue » de 14 ans dans le dénuement. Son âpreté et sa pugnacité apprises sous les coups, et la volonté de ne plus jamais être traitée de bâtarde, alliées à un charisme presque magnétique seront les conditions idéales pour le métier qu'elle se choisit : elle sera actrice.

Elle a des yeux brillants, complétés par une poitrine épanouie pour ses 14 ans. On lui en donnerait facilement 18. Ne perdant pas un millimètre de son mètre soixante-quatre, elle occupe de ses gestes tout l'espace autour d'elle, autant que sa frêle ossature le lui permet. Sa manière de se mouvoir avec souplesse, ses mains délicates aux doigts très fins finissant ses gestes lui confèrent une certaine douceur.

A défaut d'éducation, elle a acquis du bagout, étant même capable d'élégance lorsqu'elle sait ravaler sa morgue. Sa confiance en son pouvoir de séduction, mâtinée d'une colère qu'elle dissimule à peine envers le monde entier, donne un mélange détonnant, arrogant, vaniteux, quoique fragile.

### La fiancée, la comédienne et le maquereau

A l'âge de 15 ans, elle frappe donc à la porte de l'académie des arts dramatiques de Jinan. Elle porte les cheveux longs, comme beaucoup de femmes du sud du pays. Il manquait justement à la troupe des filles aux cheveux longs pour jouer les servantes. Le directeur, enchanté devant cette tignasse, l'engage aussitôt. Or, à peine intégrée, la jeune femme, pour qui l'effronterie n'est pas un rôle de composition, se coupe les cheveux ! Influencée par la « nouvelle vague » des idées modernes à Jinan, elle veut montrer qu'elle est une artiste véritable, au même titre que les hommes, et non une créature.

L'académie ferme malheureusement ses portes deux

ans après l'intégration de la nouvelle recrue, faute de financements. Yunhe doit trouver un nouveau but. N'ayant guère d'autres talents qu'elle-même à exploiter, elle décide de se ranger. La voilà bientôt mariée à un commerçant de la ville. L'union ne tient que quelques mois.

Elle se retrouve seule et sans ressources autres que l'envie de se faire connaître. Or, à Qingdao, le grand port du Shandong, l'ancien directeur de l'académie artistique de Jinan qui l'avait engagée est devenu doyen de l'université. La voici pour la seconde fois devant sa porte. Elle obtient de ce bienfaiteur un petit travail à la bibliothèque universitaire et rencontre Yu Qiwei, responsable de la propagande du parti communiste clandestin. Plus encore que les feux de la rampe, les lumières de la scène politique lui apparaissent comme la voie royale.

Grâce à Qiwei, elle est introduite dans le cercle du Front culturel communiste. Elle réussit à se faire admettre dans la Ligue des gens de théâtre et des écrivains de gauche, grâce à quelques manuscrits, à beaucoup d'enthousiasme, et surtout grâce à de chaleureux remerciements à Qiwei. Car si les sentiments patriotiques de Yunhe sont sincères, ses connaissances politiques sont bien minces : elle ne connaît pas la différence entre le parti communiste et le parti nationaliste. Sa connaissance du marxisme se réduit à quelques grossières formules et des opinions tranchées. « Nous avons raison et ils ont tort[18] », elle n'en sait pas davantage. Ce qui ne l'empêche pas de faire illusion et d'entrer au Parti communiste chinois en 1933.

En guise de voie royale, elle se sent sur une voie de garage. Cette vie de femme d'homme politique de second plan l'ennuie. Son rêve de briller la taraude toujours plus intensément. Plaquant là son amant, elle part pour Shanghai commencer enfin sa carrière d'actrice sous le nom de Lan Ping, « Pomme Bleue ».

Son expérience lui ayant prouvé que les hommes sont le meilleur moyen d'élévation sociale, elle épouse un critique cinématographique appelé Tang Na. A Qingdao, Yu Qiwei lui avait inculqué un sens politique et des idées de gauche. A Shanghai, l'influence culturelle de Tang Na est également déterminante. Il la sort d'un monde purement chinois, l'ouvre au monde, l'initiant à l'art dramatique et au cinéma occidental.

Mais que vaut donc l'avis d'un scribouilleur, si bien vu soit-il ? Elle vise plus haut et a déjà repéré le directeur d'un théâtre très couru, Zhang Min. L'homme est marié. Tang est désemparé, quoique s'étant rendu lui aussi coupable de quelques coups de canif dans le contrat. Le 8 mars 1936, il tente de se donner la mort : « A l'aube, j'ai essayé de m'en aller, dit-elle, mais le pauvre pleurait si fort ! Je n'oublierai jamais son visage pitoyable. »

La scène de séparation ébranle profondément le critique, qui quitte leur appartement lui laissant un mot d'adieu. Il va se suicider. Elle se précipite à sa recherche dans la nuit, lui demande de revenir. Tang la met face à la réalité, il veut des réponses : l'aime-t-elle, oui ou non ? « Mon Dieu ! Avoir un homme en face de moi qui voulait se suicider et qui me tenait ce langage ! » A bout de ressources et pour éviter le pire, Lan Ping capitule : « Je lui ai dit que je l'aimais ! » Le mauvais film à l'eau de rose se termine bientôt, et en 1937 la voici à nouveau sur les routes, abandonnant un Tang Na éploré. « La contribution de l'homme à l'histoire se borne à une goutte de semence [19]. » Vaste programme…

Direction Yanan, la base communiste dans le Nord-Ouest. Nombre de jeunes filles se rendaient à Yanan pour échapper à un mariage arrangé, à l'autorité familiale, pour faire des études, trop chères à Shanghai, ou par simple curiosité. La cité faisait office de pionnière de l'émancipation, une version sinisée de l'esprit de la conquête de l'Ouest américain.

C'est ici que son chemin croise celui de l'homme de la Longue Marche. Pomme Bleue raconte que Mao l'aurait rencontrée parmi les centaines de jeunes communistes et lui aurait offert un billet pour l'institut Marx-Lénine, où il donnait une conférence. Elle serait venue l'applaudir, et, en retour, Mao serait venu le lendemain la voir jouer au théâtre. Il aurait applaudi si fort la performance de la belle que He Zhizhen, à laquelle il était encore marié, en aurait été folle de jalousie.

Plus prosaïquement, Jiang Qing, intriguant parmi les groupes communistes à son arrivée à Yanan, a remarqué un orateur qui se détache des autres. Tous semblent l'écouter. Elle assiste donc à plusieurs de ses discours publics, se faisant elle-même remarquer par des applaudissements de groupie. Pour lui, elle n'est qu'une jolie fille de plus à se pâmer devant sa verve. Mais elle est déterminée à le faire sien. Sa philosophie de séduction est simple : « Le sexe est attirant au début. Mais ce qui compte, à la longue, c'est le pouvoir. » Et Mao oppose peu de résistance.

Le couple commence à se montrer en public. Leur liaison fait immédiatement scandale. Jiang Qing a un passé chargé d'actrice de séries B et de comédienne ratée. Elle a déjà été mariée à quatre reprises, ou en tout cas a vécu avec quatre hommes différents. Si déjà à Shanghai la cosmopolite elle avait défrayé la chronique, à Yanan elle devient une pestiférée. Surtout, celle qu'elle a supplantée suscite une vive compassion.

Une des compagnes de Zizhen lors de la Longue Marche se souvient : « Les élèves de mon école étaient toutes bouleversées. Certaines ont écrit publiquement à Mao, d'autres en secret. Moi, j'ai écrit trois lettres, qui disaient, peu ou prou : président Mao, nous espérons que vous n'allez pas épouser Jiang Qing. Zizhen est très mal portante et vous avez eu cinq ou six enfants ensemble[20]. » Zizhen avait su s'attirer la sympathie du peuple tout entier pour ses souffrances endurées au nom de la cause.

Du côté du parti, les inquiétudes sont sérieuses. Jiang Qing a naguère été emprisonnée par les nationalistes, qui la soupçonnaient d'être une sympathisante communiste, et pour obtenir sa libération, elle avait signé une abjuration, geste que le parti considérait comme une « trahison ». En outre, on murmurait qu'elle avait amadoué ses geôliers en partageant leurs repas, et surtout leur lit. Les rumeurs les plus persistantes l'accusaient d'avoir passé un marché avec le Guomindang pour sortir de prison. Nombre de membres du parti écrivent à Yanan, afin de signaler qu'elle n'est pas l'épouse qui convient au leader.

Le chef en titre du parti, Lo Fu, écrit lui aussi à Mao pour lui faire part de ses réserves et de celles de beaucoup d'autres. Lorsqu'il reçoit cette missive, Mao la déchire aussitôt et lance au messager qui l'a apportée : « Je vais me marier dès demain. Que les gens s'occupent donc de leurs propres affaires[21] ! »

Le lendemain, en effet, il offre un « banquet de noces » à deux douzaines de personnes appartenant à l'élite de Yanan. Lo Fu n'y est pas convié. Ye Zilong, secrétaire et homme de confiance de Mao, l'avertit encore des rumeurs qui circulent dans la ville sur la conduite de Jiang Qing.

En guise de compromis, Mao a décidé que sa nouvelle épouse resterait dans l'ombre, sans responsabilités officielles, assurant son secrétariat privé, comme l'avaient fait Yang Kaihui et He Zizhen avant elle.

Jiang Qing devait donc vaincre à la fois les doutes qu'entretenaient les dirigeants révolutionnaires à son égard, et le mépris instinctif des paysans envers une femme venue de ces grandes villes où l'on vivait et aimait librement. Mais Jiang Qing n'est pas une secrétaire, encore moins une femme au foyer. Cette décision va provoquer chez elle une rancune terrible.

## La vengeance d'une brune

La première à subir la vengeance de Jiang n'est autre que la nounou de sa fille, née en 1940 de son union avec Mao. Après un examen médical et une courte formation, la jeune fille devient la domestique du couple. Une de ses tâches est de laver les cheveux de Mme Mao. L'exercice est des plus périlleux : celle-ci se met en rage si ses cheveux ne sont pas lavés à la perfection. Toute éclaboussure est une bombe à retardement. Un jour de 1943, la domestique est brusquement convoquée devant sa patronne.

« Tu es venue ici armée de poison ! Avoue-le ! » crie Jiang Qing.

Elle est accusée d'avoir empoisonné le lait des Mao, qui vient pourtant de leur propre vache, qui paît dans l'enceinte des services de sécurité. Oui, mais la preuve est accablante : Mme Mao souffre de diarrhées. Après avoir fait interroger le cuisinier, elle a donné au chef de la sécurité l'ordre de faire emprisonner et questionner la nounou. Cette sombre histoire de lait tourné ne restera pas impunie : le soir même, la jeune fille dort dans la prison du Jardin des dattes. Dans la journée, la principale activité des prisonnières est de filer, chaque prisonnière devant produire une telle quantité de fil qu'il leur faut travailler sans lever le nez pour y parvenir. Les soirées sont réservées aux interrogatoires, au cours desquels la jeune fille est abreuvée d'injures : « Pourquoi n'avoues-tu pas, tout simplement, pour en finir, espèce de machine à merde [22] ? » Au bout de neuf mois, la jeune fille est finalement relâchée.

En 1943, Mao peine toujours à s'imposer comme

l'unique leader national. La Longue Marche n'a pas suffi à le débarrasser du Guomindang et de Tchang Kaï-chek. La guerre avec le Japon, qui dure depuis six ans, relaie au second plan ses ambitions personnelles. Que va faire Jiang Qing de ses journées ?

Une carrière d'actrice est désormais hors de question. De fait, les traces de sa carrière passée doivent disparaître pour conforter l'image d'épouse du grand leader. Les copies de ses films, les critiques de ses rôles, les articles sur sa vie de comédienne, tout est peu à peu recherché et brûlé.

Devenir un personnage décoratif est exclu.

Un rôle politique en association avec son mari, voilà ce qu'elle veut.

Souffre-t-elle de dépression ? Ses crises d'hystérie et de paranoïa deviennent-elles trop fréquentes ? A la fin des années 1940, Jiang est peu présente dans l'Histoire. Officiellement, elle est envoyée par Mao faire de longs séjours en Russie pour soigner son « cancer ». Est-ce pour l'éloigner des premiers instants de la République populaire de Chine ?

Mao proclame en effet cette dernière le 1er octobre 1949. Son mari au pouvoir, Jiang Qing obtient le poste de membre du comité directeur de l'industrie cinématographique, rôle bien secondaire à l'aune des ambitions de Mao : l'industrie chinoise doit rattraper le niveau de production d'acier de l'Angleterre en seulement quinze ans, c'est son pari politique, son « Grand Bond en avant », auquel il donne le coup d'envoi en 1958. L'effort est titanesque, mais insuffisant. La main-d'œuvre inexpérimentée produit des biens d'une qualité exécrable tandis que les récoltes pourrissent sur pied. Le « Grand Bond en avant » est un piétinement médiocre. Mao et Jiang perdent de leur pouvoir. Après la Longue Marche, c'est le repli tactique.

Liu Shaoqi le remplace à la tête de l'Etat l'année

suivante. Mao réagit violemment à cette nomination. Jiang prend le désaveu comme une attaque personnelle. Elle va concentrer toute sa haine sur Wang Guangmei, l'épouse du nouveau maître du communisme chinois. Guangmei incarne le rôle de première dame qu'elle convoite depuis toujours. Il lui faut préparer sa vengeance patiemment, savamment, dans l'ombre. Et Jiang maîtrise parfaitement les armes de l'intrigue et l'esprit de cour. Ses talents sont à la mesure de ses démons. La voici soudainement nécessaire à un Mao en difficulté. « Ils me traitent comme un ancêtre disparu », se plaint-il.

Jiang regroupe autour de lui quelques fidèles et de nouveaux venus à la doctrine communiste. Mao les abreuve d'un programme fraîchement bâti pour contrebalancer le pouvoir croissant de Liu. Les membres de cette « Faction de la cour » font un travail de sape considérable et usent de leurs plumes pour répandre leur Bonne Nouvelle. La tournure des événements enthousiasme Jiang Qing, tant elle offre de merveilleuses possibilités destructrices à cette femme consciente qu'il lui faudra abattre Liu et sa femme pour se hisser sur la plus haute marche.

Ces années d'ombre ont appris à Jiang la stratégie de la patience et à avancer ses pions sur l'échiquier. Le prochain pas : occuper une plus grande place aux yeux du peuple.

## L'ascension interdite

Elle décide d'abord de remanier à son goût ce qui se joue alors dans les théâtres. *La Prise du mont du Tigre par la stratégie*, une histoire d'armées communistes combattant les bandits en Mandchourie en 1946, sera son galop d'essai. Après tout, elle est une artiste et une grande comédienne ! Ayant assisté à la représentation, elle passe en coulisse, faisant remarquer à la troupe, en connaisseuse, la nullité de leur prestation. Elle va les faire profiter de ses lumières. De retour chez elle, elle écoute des enregistrements sonores des répétitions durant les repas, avant de se précipiter au théâtre avec de nouvelles idées. Des éclairs de génie, selon elle. « La Haine », décide-t-elle, est un mot clé du texte. Il faut non pas le prononcer mais le hurler, comme on lance une grenade contre un ennemi. Il ne faut pas terminer une phrase musicale en baissant la voix, même si c'est la coutume depuis quelque mille ans. Elle leur montre ensuite comment crier le mot « printemps » pour transmettre sa force politique. Le printemps verra, selon elle, la victoire de son mari, et son élévation sur la plus haute marche de la société. S'adressant enfin à la comédienne principale, elle insiste : « N'oublie jamais que la beauté est moins importante que la volonté et le pouvoir. »

Elle essaie ainsi de réviser certaines pièces modernes. Hélas, les comédiens, auteurs et metteurs en scène sont peu enclins à reconnaître son talent, encore moins à adhérer à ses directives insolites. Leur style, issu de la politique des années 1930, est trop rétrograde à son goût. Les chiens, ils ne savent pas apprécier son art ! Des techniciens de cinéma mènent même une rébellion ouverte contre les œuvres qu'elle tente de développer, en teintant les pellicules de rouge ou d'autres couleurs, les rendant inexploitables.

Mais il en faut plus pour faire lâcher prise à « Pomme Bleue ». Qu'ils le veuillent ou non, c'est elle qui désormais donne le *la* des arts et spectacles du pays. Après tout, le consentement populaire n'est qu'un détail dont elle peut se passer.

Pourquoi, dès lors, se cantonner aux arts ? Si ses atouts de femme ne lui permettent pas d'accéder aux fonctions d'Etat les plus hautes, elle y arrivera comme un homme. Jiang va modeler son comportement sur celui de Mao, poussant le mimétisme très loin. Elle adopte ses attitudes, ses expressions : « Etudie pour être le médecin des hommes », dit-elle à un élève vétérinaire, reprenant la phrase de Mao, qu'il tirait de la maxime de Sun Yat-sen, un des pères fondateurs du Guomindang et le premier président de la république de Chine en 1911. Après un incident violent survenu dans la province du Sichuan, elle paraphrase encore son mari : « Un peu de violence, c'est bien, ne serait-ce que pour s'entraîner[23]. »

Même sa manière de calligraphier est corrigée : à partir des années 1960, ses mouvements gracieux ont fait place à un dessin vigoureux, tranchant, masculin. Mais la transformation n'est pas encore parvenue à son terme.

Il lui faut se débarrasser de son passé sulfureux pour endosser l'habit de première dame du peuple. Jiang Qing redoute constamment que quelqu'un ne révèle la vie dissolue qu'elle a menée par le passé, et les secrets enfouis dans les prisons nationalistes. Ses anciens collègues, amis, amants sont mis hors d'état de nuire – emprisonnés ou exilés. Peu seront graciés de son vivant. Sa tentative de rachat d'une virginité morale est implacable : en août 1966, le crématoire de Pékin est débordé.


*66, année drastique*

Les amis de ses anciens amants ne sont pas plus épargnés. Cette année 1966, Jiang se souvient d'une imprudence commise huit ans plus tôt. En 1958, après une violente dispute avec Mao, elle avait écrit dans un mouvement de colère à un vieil ami cinéaste, lui demandant l'adresse de Tang Na, son ancien mari, qui vivait alors à Paris. Les conséquences de cette lettre, si elle était divulguée, pourraient lui être fatales. La récupérer devint une de ses obsessions. Elle fit arrêter le malheureux cinéaste et plusieurs anciens amis communs. Leurs domiciles furent mis à sac. Le cinéaste mourut sous la torture, avouant vainement qu'il avait détruit la lettre des années auparavant.

L'année 1966 s'annonce comme la plus passionnante de la vie de Jiang. Elle est nommée conseillère culturelle au sein de l'armée. Elle guide à présent une armée de six millions d'hommes en matière d'opéra, de danse, de musique, de livres. Surtout, elle porte dans cette fonction l'uniforme militaire masculin. La voilà enfin à armes égales avec les autres dirigeants. L'habit faisant le moine, elle intervient pendant l'été avec vigueur dans toutes les réunions du comité où elle se présente fièrement comme un soldat. Rien de ce qui l'a précédée dans le monde ne doit subsister. Elle encourage ainsi le pillage des domiciles des intellectuels pour saisir des livres anciens. Jiang effectue sa révolution culturelle à elle, dont elle est l'astre solaire.

Debout à côté de Mao, elle lève faiblement le bras pour répondre aux millions d'applaudissements de ceux qui sont les « masses » pour Mao, et le « public » pour elle. Ces bains de foule la galvanisent. Le 8 juillet, Mao annonce à sa femme son désir de créer un « grand désordre sous le ciel » pour imposer son nouvel ordre. Elle y voit un nouveau départ. Elle incite les jeunes à se révolter contre les fonctionnaires, à prendre le pouvoir. La révolution culturelle est lancée.

Au cours de ce long été torride, Mao évince Liu Shaoqi du pouvoir, le faisant condamner par *Le Quotidien du peuple*, qui le taxe d'affreux capitaliste. Sitôt fait, il offre à Jiang une responsabilité plus importante encore : elle est nommée chef-adjoint du Groupe de la révolution culturelle, l'organisme dirigeant de la révolution culturelle, qui devient, de fait, le gouvernement secret de l'empereur. Singulière montée en grade. La voilà assise aux côtés des membres du bureau politique gouvernant le pays. Ses malaises et sa léthargie ont disparu comme par enchantement.

Devenue officielle et incontournable, elle va pouvoir laisser libre cours à ce qui la taraude depuis une décennie : se venger de celle qui a pris sa place de première dame, Wang Guangmei.

Aussitôt après l'éviction de Liu Shaoqi, 300 000 personnes sont rassemblées pour un meeting d'humiliations et de violences à l'encontre de Guangmei, son épouse. Femme sophistiquée, celle-ci parle le français, l'anglais et le russe. Elle est même diplômée de physique atomique de l'université de Pékin.

Les accusations retenues contre elle sont sérieuses. Guangmei, l'infâme, aurait porté des robes chinoises traditionnelles colorées lors d'un voyage en Indonésie, et se serait comportée « comme la putain de Sukarno ». Pis encore : elle aurait même porté un collier ! C'est l'affaire du collier de la Reine : « Avant d'aller en Indonésie, elle est venue me voir. A cette époque, j'étais malade à Shanghai. Elle m'a dit qu'elle voulait porter un collier et des robes à fleurs pendant son voyage. Je lui ai dit qu'elle avait le droit d'emporter plusieurs robes, et je lui ai conseillé le noir, mais je lui ai dit qu'en tant que membre du parti communiste, elle devait éviter les colliers[24]… »

L'excentrique a eu l'outrecuidance de lui mentir, elle a promis qu'elle ne porterait pas de collier en Asie du Sud-Est. Jiang pense avoir trouvé le châtiment idéal : il faut retrouver ces robes et l'obliger à les enfiler. S'étant procuré une copie des bandes vidéo du voyage de Guangmei, elle tient la preuve irréfutable de sa perfidie. Ce que le film montre indiscutablement, c'est qu'une nuit à Djakarta, l'épouse du chef de l'Etat a porté un collier. « Bon Dieu, cette femme a porté un collier ! Elle m'a trompée ! » exulte-t-elle. La foule approuve à grands cris.

En tant que femme du leader de la révolution, Jiang Qinq a coutume de se vêtir de manière très conservatrice : pantalon gris perle et tunique assortie sur chemisier de soie blanche. Comme tout le monde, elle porte des sandales de plastique, mais les siennes ont ceci de particulier qu'elles sont blanches, assorties à un sac à main en plastique dont elle ne se sépare que rarement. Ce dénuement affiché la grandit. Mais aucune autre femme ne doit la surpasser. Et si une Occidentale placée à côté d'elle a l'idée d'être plus grande qu'elle, elle n'hésite pas à se moquer de la hauteur de ses talons. Guangmei est allée trop loin.

Liu Shaoqi et Guangmei sont assignés à résidence. Un soir, le téléphone sonne. Guangmei décroche. Leur fille Tingting lui annonce en larmes une horrible nouvelle : sa sœur Pingping a eu un accident de voiture. Le couple se précipite à l'hôpital : c'était un coup monté. Les gardes rouges, à la botte de Jiang, les attendaient. Guangmei est en état de « détention révolutionnaire ». Toute la nuit, ses crimes lui sont lus et relus. Jiang reçoit chaque heure un compte rendu.

Guangmei est ensuite forcée de passer en public une robe traditionnelle visiblement trop petite pour elle, par-dessus ses vêtements capitonnés – la tenue de son prétendu flirt avec Sukarno. On l'affuble également d'une capuche.

« Le procureur : Vous allez mettre cette robe !

Wang : je refuse !

Le procureur : Vous n'avez pas le choix !

Wang : Celle-ci suffit pour recevoir des invités.

Le procureur : Recevoir des invités ? Vous êtes l'accusée ici, aujourd'hui !

Wang : Je ne mettrai pas cette robe. Elle n'est pas présentable.

Le procureur : Alors pourquoi l'avez-vous portée en Indonésie ?

Wang : C'était l'été. […] Je ne la mettrai pas. Vous aurez beau dire.

Le procureur : Je répète. Vous êtes l'accusée ici, aujourd'hui. Si vous n'êtes pas honnête avec nous, attention !

Wang : Même si je dois mourir, tant pis. »

Engoncée dans la robe, elle a l'air boudinée. Jiang jubile. On suspend en outre à son cou deux guirlandes de balles de ping-pong dorées en manière d'un collier de perles. On prit bien sûr soin d'immortaliser l'événement. Guangmei est emprisonnée et torturée. Elle ne sera libérée qu'en 1979. Liu Shaoqi est tué, ainsi que certains de leurs enfants.

Il semble dès lors que rien ne puisse arrêter Jiang Qing dans sa jalousie envers les femmes en mesure de lui faire de l'ombre. L'obsessionnelle Mme Mao va ainsi faire intenter un procès à la femme de l'un de ses anciens maris, Yu Qiwei. Une soirée glaciale de décembre 1966, dans la Grande Salle du peuple, la femme est poussée sur le podium du stade des Travailleurs. Ses cheveux sont défaits, ses bras maintenus dans le dos par un soldat. Jiang Qing se délecte de la scène. Elle s'appelle Fan Jin et était rédactrice du *Pekin Evening News* ainsi qu'adjointe au maire de la capitale. L'un de ses crimes est d'avoir publié, pendant l'époque non maoïste du début des années 1960, un poème qui parlait de nuages et de pluie. Or, dans la littérature chinoise, les deux éléments évoquent souvent les relations sexuelles. Le poème signifiait donc que Jiang était une catin placée dans le lit de Mao.

L'autre crime de Fan Jin, moins connu mais impardonnable pour Jiang, est de lui avoir succédé dans les bras de Yu Qiwei. Nourrissait-elle toujours des sentiments à son égard, ou s'agissait-il simplement de possession et de jalousie ? Fan Jin, elle, lui était restée fidèle jusqu'à sa mort, en 1958. Remariée depuis à un officier aviateur, celui-ci est poussé au divorce tandis que Fan Jin est arrêtée. Elle parla un peu, et en mourut.

Les caprices de Jiang Qing deviennent ainsi loi dans le nouvel Etat communiste.

En 1969, le groupe restreint qui constituait la garde rapprochée de Mao est supprimé, mais il garde sa femme sous la main et en fait son cerbère. Elle ne remplit alors plus aucune fonction administrative. Heureusement, son statut lui offre quelques distractions interdites au peuple : elle passe beaucoup de temps à jouer avec ses animaux de compagnie, dont un singe, et à faire du cheval dans le parc de Beihai, au centre de Pékin. Le soir, séance privée de films étrangers.

Son mode de vie est aussi dispendieux qu'extravagant. Férue de photographie, Madame souhaite immortaliser de belles marines. Elle ordonne alors de faire croiser des navires de guerre le long de la côte, afin d'avoir un sujet adéquat. Sa piscine de Canton doit être chauffée en permanence, même s'il faut pour cela l'alimenter en eau par des conduites spéciales sur plusieurs dizaines de kilomètres. Lorsque Canton est touchée par une brève vague de froid, les employés chargés d'entretenir la chaudière à charbon de sa demeure doivent ramper sous les fenêtres chaque fois qu'ils passent devant son salon, afin que les mouvements de l'extérieur ne perturbent pas sa fragile quiétude. La villa se trouvant à proximité d'un chantier, le génie militaire chargé des travaux a l'interdiction d'utiliser de la dynamite : les explosions pourraient l'effrayer. Il faut continuer le gros œuvre à la pioche. Des avions doivent être disponibles à tout moment pour satisfaire ses envies, comme de faire venir de Pékin à Canton une veste qu'elle a subitement envie de mettre : « Pour que je puisse me reposer convenablement et prendre du plaisir, il est normal de sacrifier les intérêts d'autres gens. »

Au-delà des caprices, Jiang sait comment séduire un

homme comme Mao. Même affublée de la tenue chère aux communistes, elle réussit à se mettre en valeur : une ceinture serrée pour faire ressortir sa taille fine, une casquette militaire inclinée de façon désinvolte pour faire voir une chevelure opulente.

Le charme dure. Des années après leur union, Mao lui dédie un poème à l'érotisme à peine dissimulé :

> *« Les mâts sont secoués par le vent.*
> *Immobiles, les monts de la Tortue et du Serpent.*
> *Projet grandiose, pourtant,*
> *Du nord au sud, un pont va s'élancer*
> *Ouvrant là une voie où était un fossé.*
> *A l'ouest, va s'élever un barrage de pierre*
> *Qui interceptera les nuages et les pluies du mont Wu.*
> *Un lac aux eaux tranquilles montera dans les gorges.*
> *O déesse du mont Wu, si tu es toujours là,*
> *Tu t'émerveilleras des changements de ce monde* [25] *! »*

Si Jiang Qing se démène tant à l'extérieur pour éliminer ses rivales, peut-être est-ce parce qu'elle ne peut rien contre ce qui se passe à l'intérieur de son couple, où les rivales sont légion. Mao multiplie les conquêtes. Longtemps elle a fait semblant de ne rien voir. Tout le monde dans le palais était au courant et semblait désormais se moquer d'elle. Ces infirmières de malheur ! Si seulement elle pouvait en attraper une ou deux, elle leur ferait passer l'envie…

## La jalousie

Mao passe la nuit de son soixante-cinquième anniversaire au lit, tandis que plusieurs membres du Premier Groupe le représentent au banquet donné en son honneur, raconte son médecin personnel.

« Je devais comme de coutume lui faire mon rapport

aussitôt après. C'était un somptueux festin, et les innombrables toasts portés à la santé de Mao furent aussi extravagants que les mets. Je bus tellement que j'allai me coucher sans faire mon rapport à Mao. Li Yinquiao me tira du sommeil peu après : nous partions immédiatement pour Pékin[26]. » Pourquoi ce départ précipité ?

Jiang Qing s'est réveillée au cours de la nuit ; elle veut un verre d'eau et un autre comprimé de somnifère. Comme l'infirmière ne répond pas à son appel, Jiang Qing va à la salle de garde. L'infirmière ne s'y trouve pas. Cela confirme ses soupçons. Elle se précipite dans la chambre de Mao et découvre la jeune femme dans les bras de son mari.

Pour la première fois de sa vie, Jiang Qing fait une scène de ménage à Mao. Sous le coup de la colère, elle l'accable de reproches, lui rappelant d'autres incidents similaires. La réaction de Mao à la fureur de Jiang Qing ? Il regagne Pékin sur-le-champ, en laissant sa femme cuver sa rage à Canton.

Jiang Qing ne tarde pas à regretter son éclat. Elle envoie un simple mot dans lequel elle cite un passage de la *Pérégrination vers l'Ouest*, le plus populaire des romans chinois anciens, « Mon corps est dans la grotte du rideau d'eau, mais mon cœur te suit là où tu vas[27] ». Mao est ravi de lire ces mots écrits de la main de sa femme. Après tout, n'est-il pas lui aussi le plus grand des héros, dont les actes constituent l'épopée de la Chine moderne ? Lui aussi a traversé mille périls. Une liaison avec une infirmière est bien nécessaire à sa consolation.

« Je ne m'intéresse pas aux femmes », avait-il déclaré à Edgar Snow en 1936. Pourtant, ce n'est pas ce dont se souvient son médecin personnel. « Je n'avais pas tardé à me rendre compte qu'il était au plus haut point préoccupé de sexe. Il s'intéressait beaucoup, par exemple, à la vie sexuelle de Gao Gang », relate-t-il. L'ancien dirigeant de la Mandchourie s'était suicidé après avoir été accusé, en 1954, d'avoir fondé une alliance contre le parti. Au cours de leurs conversations, Mao ne parlait guère des erreurs politiques de Gao Gang. Ce qui le fascinait, en revanche, c'était que Gao aurait eu des relations sexuelles avec plus de cent femmes. Et « il s'intéressait beaucoup aux moyens utilisés par Gao pour attirer de si nombreuses partenaires », commente le médecin. Le Grand Timonier est admiratif : « Il a fait l'amour à deux reprises la nuit même où il s'est suicidé, dit Mao. Peut-on imaginer pareille lubricité ? »

De l'admiration à la pratique, il n'y a qu'un pas. Mao va fonder sa pratique – intensive – de la sexualité sur la doctrine taoïste. Le confucianisme, qui repose sur des règles strictes de séparation des sexes, ne lui correspond plus. Le taoïsme semble bien plus attrayant : il fait de la sexualité un de ses fondamentaux. Le sexe conférerait la force et la longévité, la belle doctrine ! Le Grand Timonier va ainsi théoriser de manière très précise le rôle du sexe dans sa vie et son œuvre politique, avec cependant quelques aménagements personnels, dont le goût est laissé à l'appréciation du lecteur.

Jeunes et novices, les maîtresses de Mao viennent demander conseil auprès de son médecin personnel. Pour les préparer à ce rôle, celui-ci leur fait lire *Le Classique de la voie secrète de la jeune fille ordinaire*. Les jeunes femmes semblaient prendre plaisir à cet enseignement. Se référant aux prouesses du président, l'une d'elles lui confia un jour : « Tout ce qu'il fait est fantastique, absolument enivrant. »

Beaucoup d'appelées et peu d'élues parviennent jusqu'à la chambre de Mao. Servir au plaisir sexuel du président est un honneur sans pareil, dépassant leurs rêves les plus extravagants. Une sélection rigoureuse est opérée : on s'assure d'abord que les jeunes femmes sont éperdument admiratives devant Mao. Toutes sont issues de familles de paysans pauvres, qui doivent tout au parti communiste et le considèrent comme leur messie.

Pour ces jeunes femmes d'humble origine, quelle promotion ! Passer quelques heures dans la chambre du président est l'expérience la plus inoubliable de leur vie. Pour la majorité des Chinois, apercevoir un instant Mao, impassible, sur la tribune de la place Tiananmen, constitue un privilège rare, un moment presque mystique. Pendant la révolution culturelle, les mangues que Mao offrait aux travailleurs devenaient des objets de culte ; l'eau dans laquelle on avait fait bouillir un morceau de ces fruits était considérée comme un élixir magique. Alors, partager la couche du grand Mao ! Il fallait pourtant avoir le cœur bien accroché. En effet, le président était peu soucieux de son hygiène corporelle. Il ne se brossait jamais les dents, se contentant de se rincer la bouche avec du thé le matin, mâchant les feuilles après avoir bu le liquide. Il avait résisté à tous ceux qui voulaient le faire examiner par un dentiste. Peng Dehuai, cadre du parti et ancien ministre de la Défense, nous donne l'ampleur des dégâts : « On dirait que les dents du président sont recouvertes d'une couche de peinture verte [28]. »

Il ne se lavait pas non plus, estimant que c'était une perte de temps. A la place, ses assistants le frottaient avec des serviettes chaudes et humides chaque soir, tandis qu'il examinait des documents, lisait ou discutait avec quelqu'un. Son médecin observe qu'il ne se lavait pas davantage les organes génitaux. « Je me nettoie dans le corps des femmes », répliquait-il.

Mao n'en est pas moins un homme de goût. Il ne s'intéresse en effet pas également à toutes les jeunes femmes. Son appétence va aux danseuses. Pour s'assurer d'être toujours approvisionné, il charge son secrétaire particulier [29] de recruter des femmes parmi les organisations d'art communiste. Elles resteront chez lui en attendant que la femme du Timonier s'endorme. Puis elles seront conduites en catimini dans ses appartements, et devront filer à l'anglaise à peine troussées. C'est que Mao craint les esclandres de sa femme.

Pour la sélection, tout est prévu. On organise des bals, dans le Grand Hall du Peuple. Une centaine d'invités y dansent le fox-trot, ou des valses. On dit aux filles qu'elles sont choisies pour être des partenaires de bal de Mao. Des membres du parti y voient un si grand honneur qu'ils amènent leurs propres filles, ou sœurs. Mao va même créer sa propre troupe de danseuses, afin de pouvoir se fournir à loisir, la « Troupe d'action culturelle de l'Unité de la garnison centrale ». Le 9 juillet 1953, l'armée reçoit ainsi l'ordre de sélectionner des jeunes femmes dans ses troupes de spectacle. Peng Dehuai, commandant en chef, lance l'opération « sélection des concubines impériales ».

Avec le temps, la nature de ces soirées et le rôle joué par certaines des jeunes filles qui y participaient ne pouvaient d'évidence échapper à personne. Il dansait avec elles jusqu'à 2 heures du matin, avant de rejoindre Mme Mao. Parfois.

L'attirance de Mao envers les jeunes infirmières et autres danseuses l'exaspère. Elle a le loisir de voir les candidates défiler à l'occasion de ces « soirées dansantes ». Jiang Qing, si elle tient son rang en public, n'est pas dupe. Un jour qu'elle peste contre l'une des nouvelles recrues, elle confie au médecin de Mao : « Vous ne connaissez pas le président, docteur. Il a une vie amoureuse très libre. Chez lui, le plaisir physique et l'activité mentale sont séparés, et il y a toujours des femmes prêtes à devenir sa proie. »

Ce ne sont plus des doutes, mais des certitudes qui hantent Jiang. Plusieurs fois depuis l'incident de l'infirmière elle l'a surpris au lit avec d'autres femmes. Elle qui avait toujours été désirée par les hommes qu'elle croisait se sent horriblement humiliée. Elle reste impuissante devant ses infidélités. Un jour, le médecin de Mao la trouve assise sur un banc, en pleurs, au portail de la résidence. « Elle me fit jurer de ne parler à personne de ses larmes. Personne, pas même Staline, dit-elle, ne pouvait sortir vainqueur d'une lutte politique avec son mari, de même aucune femme ne pourrait jamais gagner son cœur. » Sa grande terreur, à mesure que le goût de son mari pour les jeunes filles se dissimulait de moins en moins, était qu'il l'abandonne.

Pendant une des hospitalisations de Jiang Qing, Mao fit la connaissance d'une nouvelle employée du Bureau des affaires confidentielles. Une jeune femme au teint très clair, aux yeux sombres et brillants et aux sourcils finement dessinés, comme il les aime. Celle-ci avait attiré l'attention du président en lui racontant qu'à l'école primaire elle avait pris sa défense alors que des camarades le critiquaient, et qu'elle avait été punie pour cela. On commençait à les voir ensemble à toute heure du jour ou de la nuit. Elle avait même accompagné Mao en déplacement à Shanghai. C'était la première maîtresse qu'il n'essaya pas de lui cacher. Ce fut ce qui la blessa le plus. Fière d'être la concubine de Mao, la gourgandine se montrait chaleureuse et amicale devant la femme du président. Jiang Qing, que l'appétit politique tempérait, donnait le change. Elle avait fini par accepter l'inévitable.

Dans les années 1970, Jiang s'offrit une petite revanche discrète dans le domaine du sexe. Lorsque Mao prit pour maîtresse une nommée Zhang Yufeng, qui était contrôleur de train et qu'il avait connue en voyage, elle se paya d'audace et s'offrit des rencontres éphémères avec un séduisant jeune champion de ping-pong, qui s'en trouva récompensé par un passage éclair au poste de ministre des Sports[30].

Le temps jouait pour elle. Mao vieillissait, Jiang menait grand train. En 1974, elle s'enhardit publiquement : « Pourquoi une femme n'aurait-elle pas des concubins ? » dit-elle devant un auditoire de femmes, cet été-là à Tianjin.

Mao et Jiang avaient des goûts amoureux différents. Mao, vieillissant, ne recherchait pas les filles intelligentes ou connues : il lui suffisait qu'elles fussent jolies et innocentes. Jiang aimait que ses amants ne lui offrent pas que le plaisir physique. Elle choisissait un pianiste ou encore un jeune écrivain prometteur. Jiang va ainsi patiemment gagner la bataille du sexe. Au plus fort de la révolution culturelle, le couple avait depuis longtemps abandonné tous rapports sexuels, mais il ne connaissait pas de faiblesses avec les jeunes femmes qu'il mettait dans son lit. A cette époque, il était obsédé par l'idée de l'impuissance qui le guettait. On lui prescrivit des injections de poudre de bois de cerf. Un médecin roumain, le Dr Lepshinskaya, proposa une méthode plus scientifique dont Mao avait vent. Sa formule, appelée « vitamine H3 », s'injectait quotidiennement. On injecta la formule dans le postérieur présidentiel pendant environ trois mois. « Ne décelant aucun résultat, nous avons mis fin au traitement[31] », précise son médecin.

Mais l'hégémonie de Jiang Qing, conquise au prix d'exactions et de trahisons envers amis et membres influents du parti, pouvait-elle durer ? Au sommet de la hiérarchie chinoise, les querelles politiques font rage. Jiang continue de faire le ménage autour de Mao, et vise encore plus haut. Pourquoi se contenter d'être l'épouse du chef suprême ? Pourquoi ne pas prendre sa succession ?

## Funeste succession

A la mort de Zhou Enlai, le 8 janvier 1976, Jiang Qing attaque la phase finale d'un parcours digne des plus grands stratèges. L'un de ses anciens collaborateurs de 90 ans, voyant que Jiang ne se découvrait pas au chevet du défunt, ne peut se contenir : « Enfin, tu n'as pas encore fait assez de mal aux gens ? Et à la Révolution ? jette-t-il à Jiang, dans l'antichambre où les dirigeants se dispersent. Tu ne te rappelles pas, à Yanan, quand Mao et toi vous êtes venus me voir un soir, me suppliant de vous permettre de vous marier, en disant que tu ne ferais jamais de politique ? » Jiang se tait. « Tu n'es même pas un être humain[32] », conclut le vieux héros, s'étranglant de rage.

Le jugement n'est pas celui d'un sénile. Il est partagé par le peuple, qui voyait dans le Premier ministre défunt un modéré, le membre le plus éminent du gouvernement, et un rempart contre la folie destructrice de Jiang. Des manifestations d'hommage à Zhou Enlai envahissent la ville, revêtant un caractère particulièrement solennel. Mais les années passées en intrigues de couloir à la cour de Mao ont éloigné Jiang du peuple et de ses sentiments.

Sur la place de la porte de la Paix céleste, on griffonne des poèmes contre Jiang Qing : « Mme X, vous êtes vraiment folle. Vous avez l'ambition d'être impératrice/ Prenez ce miroir/ Et regardez de quoi vous avez l'air… / Vous trompez vos supérieurs/ Et abusez vos subordonnés/ Mais pour les gens comme vous/ Les beaux jours ne dureront pas. »

Elle commet l'erreur de faire enlever les couronnes mortuaires et les textes ornant le monument des Héros du Peuple. Résultat : cette manifestation à la mémoire des disparus, passionnée mais sans désordre, tourne à l'émeute et dure quatorze heures, rassemblant au moins 100 000 personnes. Des véhicules sont brûlés et il y a de nombreux blessés et quelques morts.

Elle profite de cette émeute pour faire accuser un autre adversaire politique, Deng Xiaoping : « Deng Xiaoping veut me parquer en enfer ! Il est bien pire que

Khrouchtchev ! Cet homme veut se faire couronner, se proclamer empereur lui-même[33] ! » hurle-t-elle.

Jiang veut empêcher la nomination de Deng comme Premier ministre en remplacement de Zhou Enlai. Elle ferait ainsi d'une pierre deux coups en se débarrassant de Zhou Enlai et de Deng Xiaoping en même temps. Mao, convaincu par les allégations de sa femme, écarte Deng Xiaoping du pouvoir.

Elle passe, semble-t-il, plus de temps dans son ancien appartement, contigu à celui de Mao, qu'elle n'en avait passé depuis des années. Celui-ci, malade, ne sort pratiquement plus de chez lui. L'influence de Jiang en est accrue. Elle l'isole progressivement de ses collaborateurs. Les téléphones sont mis sur écoute, elle examine chaque document devant arriver entre ses mains, et remplace les interprètes qui lui déplaisent.

Zhou mort et Deng écarté, Jiang Qing est confortée dans sa position de successeur de Mao. Celui-ci la légitime par un poème, envoyé au cours de l'été 1976 : « Tu as été maltraitée. Aujourd'hui, nous nous séparons en deux mondes. Que chacun soit en paix. Dans les combats des dix dernières années, j'ai essayé d'atteindre le sommet de la Révolution, mais je n'ai pas réussi. Mais toi, tu pourrais atteindre le sommet[34]. » Plus rien ne peut l'arrêter.

A la mort de Mao, le 9 septembre 1976, Jiang Qing paraît la mieux placée pour lui succéder. Mais elle a deux rivaux : Hua Guofeng, désigné par le leader comme successeur officiel. Et Deng Xiaoping, officiellement en disgrâce, mais qui jouit d'un soutien considérable parmi les militaires. Son premier geste est de s'entretenir avec Hua Guofeng pour lui demander de réunir le Comité permanent du Bureau politique afin d'exclure Deng Xiaoping du parti communiste. Hua refuse. Ce sera la guerre. Jiang fait appel en cachette à son neveu, Mao Yuanxin, qui fait venir à Pékin 10 000 hommes du Nord-Est.

Dans le même temps, les deux factions entament la bataille : Hua Guofeng et Deng Xiaoping mobilisent à leur tour des hommes. Une unité d'infanterie et deux divisions blindées sont déployées près de la Grande Muraille, une autre dans les faubourgs de Pékin. Deux coups d'Etat couvent. La seule question est de savoir lequel sera mûr le premier.

Jiang Qing finit par être arrêtée le soir du 6 octobre. Ses proches collaborateurs l'ont été une heure plus tôt. La réaction du peuple à l'annonce de son incarcération ne se fait pas attendre. On voit surgir une épidémie de caricatures, où le nom de Jiang Qing est écrit non pas avec des traits de pinceaux, mais avec des os de squelette. La veuve de 62 ans est représentée comme une sorcière, tirant la langue, la main gauche agrippée à la vérité, la droite aux mensonges. On la montre devant un miroir, avec une queue de sirène, les lèvres entrouvertes mimant la fellation. On défile dans les rues de Pékin en criant : « Dix mille couteaux dans le corps de Jiang Qing ! »

En 1980 s'ouvre le procès tant attendu de la traîtresse. Pendant l'audience, elle se paie le luxe de quelques petites sorties. Quand le juge commence à l'interroger sur les arrestations de Liu Shaoqi et de Wang Guangmei, elle se lance dans une tirade justifiant leur bien-fondé. Elle s'interrompt au beau milieu de son discours, et demande à être emmenée aux toilettes. Elle disparaît alors derrière la porte des cabinets, s'y enferme et, quinze minutes plus tard, n'en est toujours pas sortie. Les femmes policiers qui l'ont accompagnée s'inquiètent : peut-être a-t-elle mis fin à ses jours ? Finalement, Jiang Qing réapparaît, sans se presser, et est reconduite à sa place[35].

Une fois toutes les attentions concentrées sur elle

par cette entrée remarquée, elle lance au président du tribunal : « Pour-quoi me coupes-tu toujours la parole ? D'ailleurs, c'est la tête que tu voudrais me couper ! »

Sa défense est pour le moins étonnante :

« Je n'ai jamais eu un programme qui me soit propre. Je n'ai fait qu'appliquer et défendre les décisions et les directives du Comité central du Parti. Je n'ai fait qu'appliquer et défendre la ligne révolutionnaire prolétarienne du président Mao. [...] Vous êtes vraiment en train de chercher midi à quatorze heures ! [...]Vous osez amalgamer les meurtriers et ceux qui auraient été leurs victimes ! Or, la victime que vous prétendez être un meurtrier, ne l'oubliez pas, elle a été la femme du président Mao pendant trente-huit ans, jour pour jour ! Et cela sans compter les années où nous nous fréquentions déjà avant notre mariage ! Pendant tout ce temps, nous avons partagé bonheur et malheur ensemble. Durant les années de guerre, moi, j'étais la seule femme à suivre le président Mao au front ! Et vous, où étiez-vous donc cachés à ce moment-là, hein ? »

Devant 36 magistrats et un public de 600 personnes, Jiang Qing est condamnée à mort le 25 janvier 1981. La sentence a été décidée par Deng Xiaoping, qui a pris le pouvoir. On lui laisse deux ans de réflexion : si elle se repent, elle aura la vie sauve. Devant son refus, on transforme sa condamnation en peine de prison à vie. Peut-être le temps fera-t-il revenir cet esprit tourmenté à la raison. Mais Jiang a prévu autre chose, une sortie de scène plus glorieuse. Elle veut un dernier acte tragique. Elle se suicide le 14 mai 1991. Afin de lui ôter toute gloire funèbre, Deng Xiaoping ne fait annoncer sa mort que deux ans plus tard. La sortie de scène s'est faite par les coulisses.

## 7

Elena Ceausescu : luxe, calme et Securitate

> « *Aujourd'hui, la Roumanie est plus connue*
> *à l'Ouest que la tour Eiffel, et plus respectée*
> *que la reine d'Angleterre. Et tout ça, c'est grâce*
> *au Camarade et à moi.* »
>
> Elena Ceausescu.

## *Une dernière seringue pour la route*

Bucarest, jour de Noël 1989[1]. Dans le bâtiment du ministère de la Défense, reconverti sommairement en tribunal, le procureur général lit l'acte d'accusation :

« Crimes contre l'humanité. Ils ont commis des actes incompatibles avec la dignité humaine et la pensée sociale. Ils ont agi d'une manière despotique et criminelle. Ils ont détruit le peuple duquel ils disaient être les leaders. A cause des crimes qu'ils ont commis contre le peuple, je demande, au nom des victimes de ces deux tyrans, la peine de mort pour les deux accusés[2]. »

Peu avant, le procureur avait accusé le couple Nicolae et Elena Ceausescu d'avoir organisé des fêtes somptueuses dans leur maison de vacances. On en connaissait les détails, a-t-il dit : des repas et des habits luxueux venus de l'étranger, « pire qu'au temps de l'ancien roi de Roumanie ». Le procureur rappelle que dans le même temps, à l'extérieur du palais, les gens recevaient une ration de 200 grammes de nourriture par jour.

Il poursuit :

« Chaque honnête citoyen sait bien que nous n'avons pas de médecins, que vous avez tué des enfants et d'autres personnes de la même manière, qu'il n'y a rien à manger, pas d'électricité. »

Le couple est reclus au fond de la salle dépouillée. Deux tables placées en encoignure matérialisent leur statut d'accusés, formant déjà une étroite prison autour d'eux. Elena semble avoir été tirée du lit. Enveloppée dans son épais manteau de peau beige avec fourrure marron au col, un foulard bleu noué à la va-vite autour du cou pour seul ornement, les cheveux vaguement ramassés en chignon. C'est une vieillarde au regard perdu et hagard qui comparaît. L'allure du dictateur déchu reste plus imposante : il est encore en costume trois pièces et dans un élégant manteau noir. Seuls ses traits trahissent la gravité de la situation. Devant eux, sur la table en contreplaqué, un seul objet trône : une enveloppe, placée devant Elena. Elle ne peut s'empêcher d'y jeter un œil et de la toucher, comme pour s'assurer qu'elle est toujours là.

Les accusations se font plus précises : « Qui a ordonné le bain de sang de Timisoara ? » Nicolae refuse de répondre. « Qui a ordonné de tirer sur la foule ? Dites-nous ! » Elena lui murmure : « Oublie-les. Tu vois, il n'y a pas moyen de parler avec ces gens. »

Le procureur poursuit : « A ce qu'on sait, il y a eu 34 victimes. »

Elena se lamente : « Et ils appellent cela un génocide… » Elle hoche la tête, dépitée.

Le procureur tente une déstabilisation de la trop

vindicative camarade Elena : « Personne ne veut plus rien faire pour vous à présent. » Elle chuchote quelque chose à l'oreille de son mari. Le procureur persifle : « Elena a toujours été bavarde, mais elle n'en sait pas plus. J'ai vu qu'elle sait à peine lire correctement, mais elle dit qu'elle est une universitaire. »

Nicolae est là pour la protéger : mettant la main devant son visage, il la sépare symboliquement de ses accusateurs, et l'incite à ne pas répondre. Jetant ensuite les deux mains en avant, il exprime tout le mépris qu'il a pour ce procès « organisé par des traîtres de l'Occident ».

Elena C. : « L'intelligentsia de ce pays entendra de quoi vous nous accusez. »

Le procureur : « Le monde sait déjà ce qui se passe ici. »

Nicolae, levant un doigt accusateur pointé vers ses juges : « Je vous parle en tant que simple citoyen, et je vous dis que je suis le président de la Roumanie. [...] Je suis le président du peuple, je ne parlerai pas avec des provocateurs, et je ne parlerai pas non plus avec les putschistes et les mercenaires. »

Le procureur : « Oui, mais vous payez les mercenaires. »

Elena C. : « C'est incroyable ce qu'ils sont en train d'inventer, c'est incroyable. »

Nicolae C. : « Est-ce possible que nous soyons tant accablés ? »

Un air condescendant souligné par un large sourire de mépris ne le quitte que lorsqu'il regarde Elena. Il la couvre de son regard, tente de la rassurer. Il lui prend souvent la main et la serre quelques instants. Le duel reprend :

Le procureur : « Parlons maintenant de vos comptes en Suisse, monsieur Ceausescu. »

Elena C. : « Des comptes en Suisse ? Donnez-nous des preuves ! »

Nicolae C. : « Nous n'avions pas de comptes en Suisse. Personne n'a ouvert de compte. Cela montre à quel point vous vous trompez. Quelle diffamation, quelles provocations ! C'est un coup d'Etat. »

Jusqu'alors spectatrice, Elena sort maintenant de sa torpeur et menace de la main les juges, comme une mère menace un enfant turbulent d'une correction. Toujours cette enveloppe devant elle, qui n'échappe pas à son attention. Peut-être les numéros des comptes en Suisse ? Une liste des traîtres du régime ? L'étau se resserre. Le procureur se tourne à présent vers Elena :

Le procureur : « Vous avez toujours été prête à parler, une scientifique. Vous étiez l'aide la plus importante, le numéro deux dans le gouvernement. Saviez-vous à propos du génocide de Timisoara ? »

Elena C. : « Quel génocide ? De toute manière, je ne répondrai à aucune question », fait-elle en balayant de la main ces accusations.

Le procureur : « Saviez-vous à propos du génocide, ou bien, en tant que chimiste, ne vous occupiez-vous que des polymères ? Vous, une scientifique, saviez-vous ? »

Devant le mutisme de l'ancienne numéro deux du régime roumain, le magistrat décide de la piquer au vif. Il connaît son talon d'Achille : sa réputation de scientifique. La défense de ce titre dont elle s'était enorgueillie pendant tout le règne est encore plus âpre que la lutte pour sa vie.

Le procureur : « Et qui écrivait vos papiers, Elena ? »

Elena C. : « Une telle impudence ! Je suis membre de l'Académie des sciences. Vous ne pouvez pas me parler de cette manière ! » répond-elle, dans une grammaire approximative.

Le procureur : « C'est-à-dire, qu'en tant que vice-Premier ministre, vous ne saviez pas à propos du géno-cide ? [...] C'est comme cela que vous travailliez avec le peuple et que vous exerciez vos fonctions ! Mais qui a donné l'ordre de tirer ? Répondez à cette question ! »

Elena C. : « Je ne répondrai pas. Je vous ai dit dès le début que je ne répondrai à aucune question. »

Nicolae C. : « Vous, des officiers, vous devriez savoir que le gouvernement ne peut donner l'ordre de tirer. Mais ceux qui ont tué les jeunes gens étaient les terroristes. »

Elena C. : « Les terroristes de la Securitate. »

Le procureur : « Les terroristes de la Securitate ? »

Elena C. : « Oui. »

La fin de l'accusation tourne ouvertement à l'insulte.

Le procureur : « Avez-vous déjà eu une maladie mentale ? »

Cette atteinte à la dignité mentale d'Elena met Nicolae hors de lui. Pour la première fois depuis le début de la joute verbale, il rugit, les yeux injectés de sang.

Nicolae C. : « Quoi ? Qu'est-ce qu'il nous demande ? »

Le procureur : « Si vous avez déjà eu une maladie mentale. »

Elena C. : « Fous-moi la paix ! »

Le procureur : « Cela servirait votre défense. Si vous aviez eu une maladie mentale et que vous l'admettiez, vous ne seriez pas déclarés responsables de vos actes. »

Elena C. : « Comment quelqu'un peut-il nous dire quelque chose comme ça ? Comment quelqu'un peut-il dire quelque chose comme ça ? »

Déjà le temps des conclusions. Nicolae persiste à dénoncer l'illégalité de ce tribunal militaire. A côté de lui, Elena s'est peu à peu décomposée et se tient maintenant complètement immobile, les yeux perdus dans le vague. Elle a compris l'évidence : ils sont désormais impuissants.

Nicolae C. : « Non, nous ne signerons pas. Et je ne reconnais pas non plus la défense. »

Elena C. : « Nous ne signerons aucune déclaration.

Nous parlerons seulement à l'Assemblée nationale, parce que nous avons travaillé dur pour le peuple durant toute notre vie. Nous avons sacrifié toutes nos vies pour le peuple. Et nous ne trahirons pas le peuple ici. »

Le procureur récite sous ses yeux des articles du Code pénal dont elle n'a pas la moindre idée. Tout est complètement absurde à ses yeux… Sauf lui. On l'accuse d'avoir détourné un milliard de dollars… Tout cela est aberrant, vraiment, semble-t-elle penser, alors que les chefs d'accusation sont lentement énumérés. « Pour cela, je demande la peine de mort. » Contemplant la salle et ses adversaires, elle se tourne vers Nicolae : « Regarde-les, nos enfants, c'est nous qui les avons élevés. » La défense capitule[3].

Au garde qui lui noue les mains dans le dos pour l'emmener, elle geint : « Mon enfant, tu me fais mal. » Elle est et reste la mère de ce pays, et de tous ceux qui foulent la terre de Roumanie. Comment ses propres enfants osent-ils lever la main sur leur mère ? Elle tente une dernière fois de se débattre, mais les entraves sont bien serrées. Elle implore ensuite la pitié de ses bourreaux. Des larmes coulent sur le visage de Nicolae. Ils avaient prévu de mourir ensemble.

Le peloton d'exécution est sans visage. Elena prononce encore quelques mots avant d'être fusillée, qui restent aussi célèbres que légendaires. A Nicolae, dans une ultime communion qui marque la fin brutale d'une union de cinquante ans, elle lâche : « Nicule, on nous assassine ? Dans notre Roumanie[4] ? »

Alors que les soldats s'apprêtent à exécuter la sentence, il crie : « Vive la république socialiste de Roumanie libre et indépendante ! » Elena, son foulard recouvrant maintenant son visage, mettant en scène son ultime sacrifice, lance : « N'ai-je pas été une mère pour vous ? Tirez, mes enfants[5] ! »

Dans l'enveloppe qu'elle n'avait cessé de veiller on

découvrit non pas les numéros de ses comptes en Suisse, ou la liste des traîtres au régime, mais une seringue contenant une dose d'insuline. Nicolae était diabétique et insulinodépendant. Jusqu'au bout, elle lui a fourni sa dose. Il n'aurait pu vivre sans elle.

## *Itinéraire d'une camarade délurée*

Bucarest, 13 août 1939. La brunette aux lèvres fines et pincées de 23 ans, Lenuta Petrescu, se prépare pour aller au bal donné au « parc de l'allégresse », le parc Veselie.

Peu encline aux coquetteries des jeunes femmes de l'entre-deux-guerres, Lenuta est une frondeuse. Une fille qui a du bagout. A son grand étonnement, elle est élue reine du bal de la ville sous les yeux de son nouvel amoureux, Nicolae.

La reine du soir est une paysanne originaire de Petresti, petit village de Valachie du Nord, où elle naît le 7 janvier 1916. Lenuta y reçoit une éducation sommaire, interrompue avant l'entrée au collège. A peine quelques bases en lecture et en écriture, parsemées de notions aléatoires en calcul. Séduire, voilà comment masquer ce manque d'éducation dont elle a fait un complexe. Son physique n'est pourtant pas non plus son point fort. Peu importe, Lenuta sait compenser son manque de raffinement par son opiniâtreté, et peut déjà à 23 ans prendre la parole en public et haranguer une foule. La voilà de plus reine du bal. Nicolae est conquis.

Envoyée à la capitale par ses parents dans l'espoir de trouver un travail dans les industries roumaines naissantes, on l'a embauchée dans une usine de textiles. Dès son arrivée, sa personnalité intransigeante alliée à un esprit de rébellion lui a permis de se faire remarquer dans les luttes entre ouvriers et patronat.

Elle se rapproche ainsi peu à peu des cercles d'ouvriers syndiqués, et participe régulièrement à leurs réunions illégales. Depuis 1936 en effet, le Parti communiste roumain est pourchassé par le roi Carol. La guerre d'Espagne a brusquement tendu le climat politique partout en Europe, et la lutte contre les communistes s'intensifie en même temps que la Garde de fer augmente son emprise sur le pays. Le procès et la condamnation à dix ans de prison d'Ana Pauker, figure de proue de la lutte prolétarienne de l'entre-deux-guerres, a initié un climat de persécutions. Les communistes se terrent.

Lenuta rejoint les dissidents en 1937, et prend désormais part à leurs actions subversives, bien que l'on n'en ait aujourd'hui aucune trace. Peut-être parce qu'elle utilise alors le pseudonyme de « Florina[6] ». Ou peut-être parce que ce passé sulfureux est une production de son imagination. Pour s'inventer un destin, elle ne craint pas la mythomanie. Lenuta a compris très tôt qu'il ne suffit pas de vivre sa vie pour exister ; il faut la créer à la mesure de ses ambitions. Elle se rêve en égérie rebelle du socialisme. La nouvelle Ana Pauker, ce sera elle !

Le 1er mai 1939, le roi Carol veut profiter de la Fête du travail pour se rendre populaire auprès des travailleurs et organise un grand défilé. Lenuta y accompagne son frère Martin. Erreur de stratégie. La gauche travailliste y trouve l'occasion de se dresser contre la tyrannie royale et prend en main l'imposant défilé. En tête de cortège, Lenuta crie avec force : « Du pain et de la justice[7] ! »

Un jeune homme croise son regard. Il est immédiatement séduit par cette exaltation un peu brutale, cette fille qui n'a pas froid aux yeux. C'est Nicolae Ceausescu. Il a été libéré de la prison de Doftana quelques mois auparavant, et vit depuis dans la clandestinité. Les agents de la police secrète veillent. Hors de question cependant de manquer la manifestation.

L'histoire officielle veut que Nicolae ait été condamné dès cette époque pour ses prises de position engagées. Il semble en fait que l'apprenti cordonnier de Bucarest n'ait été qu'un prisonnier de droit commun. C'est à Doftana seulement qu'il aurait rencontré des prisonniers communistes et se serait rapproché de ces agitateurs. Comme beaucoup de marginaux, sa participation au mouvement révolutionnaire est empreinte de désœuvrement. Né dans la même région de Valachie que Lenuta le 26 janvier 1918, Nicolae est parti seul trouver du travail à Bucarest à l'âge de 10 ans. En 1939, alors que la guerre est sur le point d'éclater, il n'est encore qu'un tout jeune homme et n'a aucune idée du destin qui l'attend.

Lors de ce printemps 1939 où il rencontre Lenuta, il comprend qu'il partage avec elle l'instabilité du dissident, la détermination de ceux qui veulent changer l'ordre du monde. Désormais, ces deux « orphelins » que la vie a poussés sur les routes décident de lier leur existence pour faire face aux tempêtes à venir.

Les premiers temps de l'idylle sont ainsi marqués par l'incertitude. Nicolae est recherché. Il leur faut chaque jour déjouer les informateurs, déménager souvent, ne faire confiance à personne. A l'automne, il est condamné par contumace à trois ans de prison ferme. Il ne se rendra pas. Le couple, toujours en fuite, est traqué. Capturé en juin 1940 par les séides du maréchal Antonescu, Nicolae passe la guerre interné au camp de Targu Jiu. Là, il fait une rencontre déterminante, celle qui va décider de son avenir politique. Gheorghiu Dej, ancien cheminot, alors chef de « la faction de prison », est enfermé avec lui. Il devient le protégé de ce leader craint autant que respecté. Lorsque l'armée soviétique envahit le pays en août 1944 et impose sa constitution à la Roumanie, Gheorghiu s'est déjà échappé du camp. Il n'a pas oublié son jeune camarade de détention. Proche du pouvoir soviétique nouvellement en place, Dej devient l'homme fort du pays. Nicolae se retrouve propulsé secrétaire de l'Union des Jeunesses communistes, sans avoir jamais eu à tenir un meeting.

Les quatre ans de prison n'ont pas effacé le souvenir de la belle Lenuta qui partagea cette année intense où il se terrait pour échapper à la police. Il doit la retrouver. Elle s'est bâti pendant ces années une réputation de fille facile. Peu importe, les liens tissés alors ne peuvent plus être rompus.

Le 23 décembre 1947, les voilà mari et femme. Lors de la signature du contrat de mariage, l'acte de naissance de la mariée est discrètement retouché, à la demande du prévoyant Nicolae : le prénom de Lenuta, littéralement « la douce », est trop populaire à ses yeux, pas assez respectable. S'il devait occuper un jour de hautes responsabilités, il ne siérait pas au chef que tout le monde appelle sa femme « ma douce ». Lenuta devient donc officiellement Elena.

Avec cette nouvelle identité, Elena se sent comme rajeunie. De fait, elle gagne deux ans à l'état civil : plus âgée que son mari de deux ans, sa date de naissance est modifiée pour la faire apparaître plus jeune que lui. Elena Ceausescu, née le 7 janvier 1919, fait son apparition.

### Sainte Elena de Petresti

*Ce que femme veut…*

Juin 1975, golfe d'Aqaba, sur la mer Rouge. Le couple Ceausescu est l'hôte du roi Hussein de Jordanie, qui les loge dans sa résidence de vacances. C'est la première fois qu'Elena monte sur un yacht. Ce luxe flottant lui sied parfaitement. Lors d'une promenade sur la plage, après le dîner, elle commence à sangloter : « Je veux ce yacht. […] Je ne partirai pas sans lui[8]. » Nicolae trouve l'idée séduisante. Pourquoi ne pas posséder son propre yacht sur la mer Noire ? Quel grand pays communiste serait la Roumanie si elle ne pouvait offrir à son leader une babiole de ce genre ? Il confie immédiatement une mission de la plus haute importance à son interprète : convaincre le roi Hussein de leur céder son bateau. Le lendemain, le couple reçoit un coup de fil d'un roi visiblement embarrassé par l'insistance d'Elena : « Vous devez comprendre que ce yacht est un cadeau que j'ai personnellement fait à Alya [sa fille, princesse de Jordanie]. » Un silence s'installe. La rupture diplomatique est proche. Une conciliation est trouvée : « Mais je vais immédiatement ordonner qu'on en fasse venir un des Etats-Unis. Je propose de le nommer *Amitié*. »

Cela fait maintenant dix ans que son mari occupe la place de numéro un du parti communiste. Les vœux d'Elena sont désormais systématiquement comblés. Même les plus déraisonnables : « Regardons les choses en face, pouvait-elle déclarer avec assurance. Aujourd'hui, la Roumanie est plus connue à l'Ouest que la tour Eiffel, et plus respectée que la reine d'Angleterre. Et tout ça, c'est grâce au Camarade et à moi. »

Lors des voyages diplomatiques du couple, leurs hôtes font tout pour satisfaire sa soif de cadeaux. Elena veut agrandir sa garde-robe ? Les enfants ont besoin d'une nouvelle voiture de sport ? Rien de plus simple, il suffit de solliciter les chancelleries française ou allemande. Car Elena s'est donné des règles de vie strictes : on ne s'habille que français, et l'on ne conduit qu'allemand. « Souviens-toi des Allemands, dit-elle un jour à son mari devant le général Ion Pacepa, alors conseiller personnel de Ceausescu et responsable de la *Securitate*, il t'a suffi de lâcher le mot voiture dans une allusion, et tout le monde nous donna des voitures. Combien on en a eu déjà ? La limousine Mercedes 600 pour le Camarade, la 450 [...], un coupé pour Zoia [la fille du couple], et deux Audi pour Nicu. Et un mobil-home de presque 10 mètres pour servir de bureau roulant au Camarade. »

Toutes ces attentions ne suffisent pas à la combler. Les échanges diplomatiques semblent être un jeu dont elle feint d'être blasée : « Et prends cet idiot d'Hussein, chéri ! Tu ne te souviens pas de l'histoire du yacht ? »

De fait, un an après leur séjour en mer Rouge auprès du roi Hussein, un yacht à l'identique était livré à Istanbul sous bonne garde, et placé dans la base secrète de Mangalia. Aujourd'hui, une agence de voyages offrant un séjour sur les traces du comte Dracula en Roumanie propose dans ses options une inoubliable soirée sur le yacht du *Conducator*.

On est bien loin de l'image de sainte qu'Elena a réussi à bâtir lentement depuis leur avènement.

Au lendemain de l'accession de Ceausescu au poste de secrétaire général du Parti communiste roumain, en mars 1965, le couple décide d'une stratégie politique ambitieuse. Leur pouvoir doit rayonner à tous les niveaux de la société. Ils ont pour cela un plan, une partition qui se joue à quatre mains. Chacun aura son domaine dont il devra se rendre maître : Nicolae veut faire exister la Roumanie sur l'échiquier diplomatique international, Elena veut conquérir une crédibilité intellectuelle.

Les premiers gestes de Ceausescu au pouvoir sont donc destinés à flatter l'esprit d'indépendance des Occidentaux, en montrant son autonomie vis-à-vis du voisin soviétique. Il condamne le protecteur russe en dénonçant comme une « grave erreur » la répression du printemps de Prague, en 1968, alors que les divisions blindées russes envahissent la turbulente République socialiste tchécoslovaque. Poursuivant sur sa lancée, Ceausescu s'allie à la Yougoslavie de Tito, et commence à regarder en direction de l'autre géant communiste, la Chine de Mao Zedong. L'aimable pantin nommé à sa sortie de prison par les nouveaux chefs communistes de Bucarest s'est imposé en peu de temps comme un précieux intermédiaire dans le dialogue Est/Ouest. Il donne l'image d'un leader responsable et respectable, avec lequel il est de bon ton de parler.

A côté de ce « génie des Carpates » trône Elena Ceausescu. Nicolae ayant ouvert un pont vers l'Europe, elle choisit de devenir « grande scientifique de renommée mondiale ». Sa première obsession va être de tordre le cou à l'ancienne « Florina », la jeune gourgandine effrontée et inculte qu'elle a été. Les rumeurs de prostitution qui avaient couru sur la jeune ouvrière de province ne pourraient atteindre une académicienne reconnue. Il lui reste juste à trouver une voie dans laquelle elle pourra briller. Ayant eu dans sa jeunesse quelque expérience de laborantine, c'est par le biais de cette compétence ténue qu'elle va peu à peu se glisser dans les centres du pouvoir.

Complètement effacée lors des premières années au pouvoir de son mari, elle acquiert sa première responsabilité scientifique en 1967, en devenant présidente de la section de chimie au Conseil suprême pour l'économie et le développement soviétique de Roumanie. Commence alors une conquête de titres plus obscurs les uns que les autres, qui n'ont d'autre valeur que le prestige du nom : membre du comité municipal de Bucarest du Parti communiste roumain, présidente du Conseil national des sciences et technologies, qui vient d'être créé par son mari à son intention, etc. Peu importe la fonction, pourvu qu'on ait le titre.

Sous les fonctions pourtant, une réalité : Elena a désormais la main sur toute la planification de l'Etat roumain en matière de recherche scientifique et d'équipement industriel de pointe. Son ombre plane sur tous les instituts de recherche du pays. C'est elle qui donne, en dernière instance, les ordres en ce domaine, allouant personnellement les bourses de recherche, et décidant arbitrairement des carrières. Hélas, la camarade Elena devient rapidement la risée de ses « pairs » : son incompétence est flagrante. Les chimistes qui écrivent ses discours scientifiques y introduisent quelques « fantaisies », le plaisir de la piéger étant trop tentant. Les feuilles qu'elle doit lire en public recèlent en effet bien souvent des formules inventées de toutes pièces. La meilleure blague circulant alors dans les laboratoires de Bucarest reste sa prononciation de la formule du dioxyde de carbone – $CO_2$ – qu'elle lit en faisant toutes les liaisons. Le résultat en roumain est cocasse : ainsi lue, la formule se prononce « codoï », ce qui signifie « queue[9] ». Les railleries n'atteignent pas la blanche Elena, ni n'entravent sa progression politique. C'est une femme bardée de diplômes qui entre en 1973 au gouvernement.

Elle peut donc assister légitimement à toutes les réunions, plus seulement en tant que femme du chef, mais en tant qu'éminente scientifique.

Cela ne suffit pas. Elena veut plus : elle entend être traitée d'égal à égal avec les plus hauts fonctionnaires mondiaux. Poursuivant son plan, elle sait qu'elle doit toucher au sommet de la carrière universitaire avant de pouvoir légitimement prétendre aux plus hautes responsabilités.

Elle envisage donc de devenir professeur. Or, pour ce faire, il faudrait avoir soutenu une thèse de doctorat. Elena est bien incapable de fournir un tel travail, nécessitant des années d'abnégation et de recherches. Elle a tout de même un sujet : depuis qu'elle a travaillé dans une usine textile, elle nourrit une étrange passion pour les polymères. Ces molécules de grandes dimensions découvertes à la fin du XVIIIe siècle entrent en jeu dans la composition des matières plastiques. Elle a conscience de leur rôle crucial dans le développement de l'industrie.

En 1975, la camarade Elena Ceausescu rend ainsi une thèse de doctorat intitulée : « La polymérisation stéréospécifique de l'Isoprène sur la stabilisation des caoutchoucs synthétiques. » Tout le monde attend avec impatience d'assister à la soutenance pour voir la camarade se débrouiller des questions du jury. Les curieux n'auront hélas pas la chance de la voir soutenir son œuvre, puisque lorsqu'ils se présentent à l'université pour l'entendre, ils trouvent porte close. Une pancarte indique que le périlleux exercice s'est déroulé la veille. On apprendra plus tard que cette thèse avait d'abord été refusée pour insuffisance par un éminent professeur de l'université d'Iasi, Christopher Simionescu, avant d'être acceptée par un collègue complaisant de Timisoara, Coriolan Dragulescu, qui saluait quant à lui l'intelligence de l'écrit, et le génie plus grand encore de son auteur. Le premier, très vite rétrogradé, fut interdit de publication et vit son nom disparaître du dictionnaire, alors que le second y faisait son entrée, étant aussitôt propulsé recteur de son université.

Privés du spectacle de voir Elena débattre de son œuvre devant ses pairs, ses collègues et étudiants de l'université trouvèrent néanmoins l'occasion de savourer son travail. Sa thèse avait pour sujet les polymères. « Mère » signifie « pomme » en roumain. Certains crurent ainsi faire de l'esprit en changeant l'intitulé de la thèse en « polypères », littéralement « plusieurs poires ».

La thèse porte immédiatement ses fruits : Elena est nommée présidente du Conseil national de la culture socialiste et de l'éducation en 1975. Reine des poires et ministre de la Culture, oubliée l'ancienne Florina des barricades. La première étape est franchie, mais cela ne suffit pas encore à faire d'elle une véritable icône. Elena ne vise pas la simple reconnaissance intellectuelle, ou l'exercice du pouvoir politique en soi. Elle veut être une femme modèle, le seul modèle de la femme roumaine, respectée, désirée, enviée. La consécration totale, sinon rien.

*L'envol de la blanche colombe*

L'ascension d'Elena a commencé en juin 1971. Leur couple n'avait été jusqu'alors que faiblement mis en scène : d'un côté il y avait Nicolae, meneur patriote et communiste d'une Roumanie régénérée et indépendante, et de l'autre il y avait Elena, symbole du progrès scientifique et industriel. Pourtant, au-delà des titres, son rôle n'est alors qu'honorifique. Elle ne figure à côté de son mari que pour en compléter l'image. Cette période est révolue.

Le 2 juin 1971, le couple présidentiel s'envole pour une grande tournée en Asie, avec pour destination phare la Chine, avant de gagner la Corée du Nord. Le couple est reçu à Pékin par Mao et sa femme, la redoutable Jiang Qing. La rencontre est une véritable révélation pour le leader roumain comme pour son épouse. Chacun y vit une épiphanie politique.

Pendant ce long séjour officiel, les Ceausescu vont écouter attentivement les leçons du Grand Timonier et admirer les hommages qui lui sont rendus par la foule au travers du culte de la personnalité.

Depuis son arrivée au pouvoir, Nicolae a multiplié les bravades et les manifestations d'indépendance face au protecteur russe. Celui-ci a depuis lors refusé de reconnaître son régime. Le couple doit chercher une nouvelle voie pour guider la Roumanie vers la modernité socialiste. C'est donc vers Mao et son ambitieuse politique que Nicolae se tourne.

Pour Elena, le voyage constitue une formation accélérée du bon usage du statut d'épouse de chef communiste. Jiang Qing lui expose son rôle au sein de la république populaire de Chine : elle mène de main de maître la propagande, et sait mettre en avant son image.

Continuant leur visite, le couple apparaît dans les jours suivants à la une des journaux chinois et roumains sur une photographie les représentant en compagnie de Zhou Enlai, sur la place Tiananmen. Elena y applique les conseils de Jiang Qing : gagner en popularité et en audience en se mettant habilement en scène au côté de son mari. Son influence ainsi accrue, elle pourra prétendre mener main dans la main avec Nicolae son pays sur la voie du changement.

Maintenant qu'elle a goûté aux grandes parades populaires et aux séances de louanges publiques que le régime impose à la population, c'est décidé, elle sera désormais de tous les voyages officiels.

De retour à Bucarest le 25 juin, les citoyens roumains sont tout de suite frappés par le changement dans le style d'Elena. Mieux habillée, coiffée avec soin, elle s'adonne plus volontiers aux séances de photographie, et commence une existence distincte de son mari au sein de la propagande.

Dès le 23 août, elle apparaît pour la première fois sur la scène d'un grand meeting. D'abord en retrait, elle esquisse un signe de la main, avant de s'affirmer et de saluer la foule, le regard décidé, la tête haute. Puis le 4 octobre, le quotidien officiel du pays, *Scinteai*, « l'Etincelle », entérine son nouveau statut : elle n'y est, subtilement, plus décrite comme la femme du *Conducator*, mais comme la camarade Elena, « honorable ingénieur, docteur, dirigeante du Conseil national des sciences et technologies ». La tactique est habile : en moins de deux ans elle obtient son premier siège au gouvernement.

### *Révolution culturelle ou sexuelle ?*

Nicolae, lui, a surtout été frappé par l'art avec lequel Mao envisage et domine le sexe faible. La transfiguration de la Roumanie ne peut advenir sans une Femme Nouvelle. Pour Nicolae, « le plus grand honneur des femmes est de donner naissance, de donner la vie et d'élever des enfants. Il ne peut y avoir d'autres objectifs pour une femme que de devenir mère [10] ». La nouveauté est donc toute relative. Il souhaite reproduire ce qu'il a vu en Chine, une femme débarrassée de ses vices et de son comportement sexuel anarchique : là-bas, les femmes ne sont pas fardées, contrairement aux aguicheuses Roumaines qui se truquent à outrance. Les femmes roumaines ont encore la manie de vouloir s'assaisonner avec des parfums français. Celles qui n'ont pas les moyens finissent par empester le parfum bon marché d'importation bulgare. Infamie ! Nicolae veut y mettre un terme. Et puis les Chinoises, elles, sont minces et ne se goinfrent pas.

La tâche n'est pas superficielle : en orientant leur comportement esthétique, Mao a réussi l'impensable, contrôler le comportement sexuel des Chinoises. Le dirigeant chinois a freiné radicalement la natalité, par une politique très intrusive dont les punitions au-delà des deux enfants restent l'exemple le plus marquant.

Nicolae veut une grande nation. Il va donc opter pour la solution la plus littérale : augmenter la population, en accroissant le taux de natalité. Mais les Roumaines sont trop européanisées : elles avortent clandestinement et achètent des contraceptifs à l'étranger ou sur le marché noir. Nicolae et Elena comptent bien racheter une conduite aux Roumaines, purger leurs comportements sexuels des vices que la société capitaliste leur a légués.

Le rythme des rapports sexuels est prescrit par le couple Ceausescu : 3 ou 4 fois par semaine constituent une vie intime « normale ». Les excès sont permis les quelques mois suivant le mariage. Hors de ce contexte, toute fornication abusive est présentée comme ayant des conséquences graves pour la santé (insomnies, nervosité, etc.). Les couples sont spécialement mis en garde contre la pratique du *coïtus interruptus* : on les menace de dysfonctionnements importants, comme l'impuissance[11].

Le 1er octobre 1966, l'un des premiers décrets de Ceausescu au pouvoir avait été dirigé contre les femmes. Il définissait l'avortement comme « un acte grave contre la santé des femmes et qui influe négativement sur la croissance de la population ». Elles sont ramenées à leur rôle premier : procréer. Seules exceptions tolérées, le viol ou l'inceste. Ce décret installe d'emblée le régime de Ceausescu à l'égard des femmes comme l'un des plus répressifs du siècle, semblable à la politique de la Chine ou de l'Allemagne nazie. Les communistes avaient pourtant libéralisé l'IVG en 1957.

Mais les perfides persistent cependant à se faire avorter. Le contrôle s'exerce au début des années 1980 jusque sur le corps de la femme : Ceausescu rend obligatoires des visites sanitaires et gynécologiques fréquentes, où il sera contrôlé qu'elles n'ont pas eu recours à des avortements illégaux. Chaque mois, toute femme est soumise à un contrôle gynécologique obligatoire sur son lieu de travail.

Le régime tient la dragée haute aux femmes du pays, en leur fixant un objectif de vie : donner 4 ou 5 enfants à la patrie.

« Combien d'enfants avez-vous, camarade ? demanda Elena à un jeune politicien, devant le général Ion Pacepa.

— Un, camarade Elena, répondit-il.

— C'est pourquoi notre population n'augmente pas. Vous devriez avoir au moins quatre soldats pour le parti, cher camarade. Ajoutez dix à quinze pour cent de la population à vos estimations, général. En 1984, la Roumanie devrait avoir au moins trente millions d'habitants. J'y veillerai. »

Et l'action ne tarda pas à suivre le mot. Voilà le discours tenu aux adolescentes par leurs professeurs :

« Ne faites plus attention à vos parents rétrogrades. Ne tardez pas à faire l'amour et si vous tombez enceintes, tant mieux, vous rendez service à la patrie. Si cela vous arrive, surtout n'informez pas vos parents, cachez-vous bien, confiez-vous à moi, je vais vous conseiller comment faire pour vous débarrasser du bébé, juste après sa naissance : l'Etat se chargera de lui[12]. » Les orphelinats au pays furent rapidement remplis.

Sous Nicolae, pas le droit au célibat. Des taxes frappant les personnes seules de plus de 25 ans et les couples sans enfants donnent à tous l'envie subite de trouver un partenaire. Ainsi sanctifiée, la femme est avant tout un ventre, principal contributeur de l'effort démographique national. Celles qui refusent ce rôle sont mises hors la loi, avec de funestes conséquences : cinq à dix ans de prison à régime sévère[13].

Lorsqu'un « accident » arrive, difficile de trouver un spécialiste acceptant de prendre des risques et d'interrompre la grossesse. Les dénonciations sont légion, il faut alors procéder à la va-vite, sur une table de cuisine. Pour les désespérées, il reste les aiguilles à tricoter ou les potions concoctées par de vieilles guérisseuses, véritables poisons que l'on avale au petit bonheur la chance. Une pratique non inscrite dans la loi mais courante attend les survivantes : l'interdiction de prodiguer tout soin à la femme qui s'est fait avorter avant qu'elle ne dénonce ses complices.

Ces femmes expropriées de leur intimité se tournent vers celle qui se voulait leur modèle, Elena. Pourquoi ne les aide-t-elle pas ? En tant que patronne de la recherche scientifique et de la planification sanitaire, celle-ci ne peut qu'être à l'origine de toutes ces mesures. Pour l'opinion, elle est coupable. L'amertume des femmes roumaines envers Elena se retrouve dans un triste jeu de mots qui circule alors à Bucarest quand une nouvelle maladie y fait son apparition, le sida. On demande à quoi correspondent les initiales qui forment ce mot, et on répond : « Savant, Ingénieur, Docteur, Académicien », titres dont Elena aime à se parer et qui doivent être énoncés dans cet ordre. Ce trait d'humour désabusé reflète une accusation bien réelle de la population à l'égard de la sainte Elena.

Mais elle fait la sourde oreille aux maux de ses compatriotes. Nicolae continue de répéter que « la Constitution roumaine garantit des droits égaux aux femmes et aux hommes dans tous les domaines d'activité, leur participation active à la vie de l'Etat et à toute la vie politique et sociale du pays ». Sur les timbres, les revues et les tableaux officiels, en effet, la femme s'impose aux yeux de tous en tant que symbole du communisme national. Mais pas n'importe quelle femme : celle du *Conducator*. Mettre en avant son épouse est une manipulation habile de la part de Nicolae : faire accepter ses conceptions rétrogrades de la femme aux Roumaines, tout en affichant à leurs yeux l'image d'une femme libre, intellectuelle et émancipée, la sienne. Les Roumaines ne pardonneront pas à celle qui les a trahies.

Symbole des symboles, Elena incarne le progrès. La délurée Florina est devenue la femme parfaite que les poètes louent :

*« Sois bénie, femme inventive !*
*L'amour de la nation t'enveloppe,*
*Erudite, personnage politique et mère en même temps.*
*Toi, fort modèle à imiter, de charme et de sagesse*
*Qui seras toujours sentie et suivie*
*Sois pour toujours heureuse, toi, éternel symbole*
*Des héroïnes roumaines que tu es devenue*
*Poussée de l'avant aux côtés du héros du pays*
*Tout au long de la grande épopée du peuple roumain ! »*

L'un de ses plus fervents hagiographes, Corneliu Vadim Tudor, ne manque pas de louer ses faits et gestes, au point que certains y voient le signe d'une idylle, tout du moins d'un béguin :

> « *Plus grande femme jamais vue*
> *De toute notre nation*
> *Elle est des cieux l'étoile la plus brillante*
> *Habillée à la mode roumaine*
>
> *C'est Elena Ceausescu*
> *Plus pur est son vibrant dessein*
> *La meilleure mère pour nous sauver*
> *Venant avec un cerveau savant*
>
> *Ses réalisations sont les plus grandes*
> *Et toujours elle vise plus haut, notre Guide*
> *Et pour soutenir notre Chef*
> *Elle se tient fièrement à ses côtés* [14]. »

### De la jalousie…

Forte de la mise en pratique réussie des leçons qu'elle a reçues de Jiang Qing en 1971, Elena a décidé de prendre modèle auprès d'une autre femme de pouvoir afin d'affiner son image : Isabel Perón. Elle fait en 1973 un voyage à Buenos Aires. Fascinée dans un premier temps par la hargne politique de Jiang Qing, elle puise auprès d'Isabel Perón l'image d'une mère pleine de compassion qui manque à son personnage. Elle a été frappée par le destin de cette ancienne danseuse, devenue vice-présidente au côté de son mari lors de l'élection de septembre 1973, puis présidente à la mort de celui-ci huit mois plus tard.

De la même manière, Elena va parcourir la hiérarchie

socialiste, jusqu'à devenir vice-Premier ministre en 1980, le numéro deux du régime. Faire de ces rivales des inspiratrices, voilà la méthode : « Si une prostituée d'un night-club de Caracas peut faire ça, pourquoi pas une femme scientifique[15] ? », ne put-elle s'empêcher de dire quand Isabel a succédé à Juan au pouvoir. En cas de disparition de Nicolae, pense-t-elle comme Isabel Perón succéder à son mari ?

Si elle trouve son inspiration politique chez ces deux femmes emblématiques, peu d'autres femmes trouvent leur salut face à l'impitoyable Elena. La Femme Nouvelle de Roumanie ne tolère aucune concurrente potentielle.

L'ambitieuse diplomatie roumaine est dirigée par un homme d'envergure, Corneliu Manescu. Ministre des Affaires étrangères de 1961 à 1972, cet homme respecté et d'une stature intellectuelle sans mesure avec celle de Ceausescu a épousé une femme très belle, dotée d'une classe et d'une distinction qui ne passent pas inaperçues. Lors d'un voyage en grande pompe en Turquie, le président turc commet un impair inexcusable. Un véritable crime de lèse-majesté envers la camarade Elena. Le contraste entre les deux femmes est frappant : malgré sa garde-robe exagérément onéreuse et abondante, Elena, femme sans goût, n'arrive jamais à briller lors des cérémonies officielles. C'est tout l'inverse de Mme Manescu, dont l'élégante simplicité éclabousse toute la délégation. C'est donc naturellement que le président turc vient la saluer en premier, pensant avoir affaire à la femme du président roumain. Faute qui ne se contentera pas de jeter un froid sur la visite officielle. Le brillant Manescu a été trop loin en exhibant une femme trop belle. De retour en Roumanie quelques jours plus tard, l'impudent est limogé.

Un autre chef de la diplomatie va pâtir de la jalousie irrationnelle d'Elena. Stefan Andrei, en service de 1978 à 1985, marié à une jeune actrice prénommée Violeta. Elena a tout de suite pris en grippe cette « petite poupée peinturlurée » qui aime à se donner de grands airs. Son apparence tout autant que son comportement horripilent Elena. La gourgandine est d'emblée mise sur écoute. Très rapidement, la camarade première dame est au fait des petites infidélités de Violeta, dont l'appétence se porte sur les jeunes hommes athlétiques et les étudiants. Le général Pacepa est chargé de rendre compte de ces écoutes à Elena en personne.

L'affaire revêt une importance toute solennelle : chaque vendredi matin, l'informateur est convoqué dans son bureau. Elle le reçoit installée dans son siège depuis lequel elle fait face à un portrait de Ceausescu à taille réelle. La pièce est garnie des travaux de son mari, ainsi que de ses œuvres complètes en 10 volumes. Malgré cette riche bibliographie, le général Pacepa ne se souvient pas d'avoir vu d'autres livres ni d'autres dossiers autour d'elle : la lecture des autres ne l'intéresse pas.

Sur son bureau, dans des cadres d'or, des photographies d'elle-même lors des moments les plus glorieux de son existence. Aucun papier ne traîne, chaque interlocuteur est prié d'apporter ses propres fichiers pour lui en rendre compte.

Le général Pacepa vient informer Elena sur le dossier Violeta Andrei :

« Montre-moi, dit Elena en guise d'introduction, quoi de neuf à propos de Violeta ? » Le général lui décrit la relation qu'elle entretient avec un jeune étudiant. « Regardez-moi cette coquine ! » s'esclaffe-t-elle avec délectation. Puis elle lâche un commentaire plein de mansuétude mesquine : « Le parti lui a donné un de ses meilleurs hommes comme mari, mais elle relève sa jupe à chaque fois qu'un Tarzan lui décoche un sourire. » Poursuivant par l'écoute d'une cassette attestant de la relation coupable de la jeune actrice, Elena jubile :

« Quand elle vient ici, elle promène toujours le bout de sa langue sur ses lèvres, mais sur la cassette, elle pourrait nous briser les tympans à force de crier et de pleurer[16]. » Stefan Andrei est remplacé par un protégé d'Elena, Ilie Vaduva.

Le cabinet noir d'Elena continue à tourner à plein. Grâce aux écoutes de Pacepa, elle dispose en exclusivité du seul journal à scandale de Roumanie.

Sa nouvelle victime est Gheorge Pana, un de ses ministres. Modeste militant provincial, il excelle dans la rédaction des panégyriques exaltant les hauts faits du couple, mais il a commis une bourde quelconque qui lui a valu une mise à l'écart provisoire. En mal de louanges, Elena l'a fait rappeler et en guise de sa bonne foi elle lui a fait cadeau d'une jolie maison dans le meilleur quartier de Bucarest, qu'elle n'a pas manqué de truffer de micros. Les écoutes ne se révèlent pas aussi prometteuses qu'escompté : son seul défaut demeure d'être marié à une Juive. Mme Pana, qui enseigne le marxisme à l'université, ne commet aucune infidélité et se montre loyale envers le président. Elena joue alors la provocation, et déclare de manière passablement désespérée à Pacepa : « Vous feriez mieux de pousser l'un de vos policiers sous sa jupe. » Puis elle ajoute avec dégoût : « Le fait qu'elle se prétende être la Vierge Marie me rend malade. »

Malgré les vaines tentatives d'Elena, les cornes ne poussent toujours pas sur le front de Pana :

« Est-ce qu'elle a mordu dans la pomme ? s'inquiète-t-elle auprès de Pacepa.

— Pas encore.

— Elle me fatigue. Vous avez trois mois pour lui faire retrousser sa jupe. Trois mois, durant lesquels je veux qu'elle soit enregistrée, photographiée et filmée. Laissez-moi la voir nue sous l'un de vos hommes. La voir tortiller son précieux derrière jusqu'à ce qu'ils atteignent l'orgasme. Trois mois. Vous entendez ? Dans trois mois, je veux voir Pana hors jeu. »

Pacepa n'eut pas à préparer des dossiers uniquement sur les courtisanes roumaines. Car sur la scène internationale sévissent d'autres rivales. Elena possède alors des dossiers sur Indira Gandhi et Golda Meir, s'imaginant donc être en position de concurrence avec elles. La femme du président américain Jimmy Carter est l'objet d'un mépris particulier, dû à une sombre histoire de vison.

Le président américain avait décidé de mener une politique fondée sur des principes éthiques solides. Les chantages et caprices des dictateurs eurent subitement moins d'échos dans la diplomatie américaine. Réclamant comme à son habitude un diplôme universitaire, un des premiers gestes du président Carter fut de refuser à la savante de renommée internationale un doctorat *honoris causa* de l'université de Washington. Ne comprenant pas ce refus éhonté, la camarade éprouva tout de suite de l'aversion pour l'ancien producteur de cacahuètes : « Vous ne pouvez pas me faire croire que M. *Peanut* peut me donner un diplôme de l'Illinois et pas de Washington ! »

Les relations entre la Roumanie et les Etats-Unis de Carter furent définitivement bloquées. La colère et le mépris d'Elena se déversèrent alors sur Mme Carter. Ayant demandé des manteaux de vison, Elena se vit offrir le livre de Jimmy Carter *Why not the best*, ainsi qu'un volume de photographies de la Roumanie prises par satellite.

« Je veux des manteaux de vison, dit-elle au général Pacepa, des manteaux très longs, et des capes. […] Je suis sûre que Mme *Peanut* n'a pas la moindre idée de ce que l'on peut faire d'une peau de vison. Je ne peux espérer tirer d'elle rien d'autre qu'un panier de cacahuètes, n'est-ce pas, mon cher ? »

Nicolae défend sa femme face aux critiques que lui vaut ce menu caprice. Faudrait-il que la femme du puissant chef de l'Etat roumain aille vêtue comme une souillon alors qu'elle dépense son énergie et son temps pour le bien du peuple ?

On a évité de justesse le pugilat avec Mme Carter. On ne peut en revanche rien contre le crêpage de chignon qu'inspira à Elena un match de football.

Alexandru Draghici avait été pendant plus de vingt ans un rival politique pour Nicolae Ceausescu. Leur rivalité éclata aux yeux de tous lors d'un match de football. L'équipe « Dinamo », celle du ministre Alexandru Draghici, affrontait ce jour-là celle de Nicolae Ceausescu, la « CCA ». Elena Ceausescu, tout comme Martha Draghici, l'épouse du ministre, se trouvait dans la tribune d'honneur. Une dispute éclata entre les deux femmes qui s'insultèrent grossièrement. Tous les spectateurs présents regardèrent bientôt les tribunes plus que le terrain [17].

### … à la paranoïa

La paranoïa se propage généralement à l'entourage tout entier du sujet atteint de cette pathologie. Les plus proches ont à pâtir en premier lieu des paniques de ceux qui ont perdu confiance en tout le monde.

Zoia, la fille du couple Ceausescu, n'échappa guère à la règle. Alors qu'elle arrivait à l'âge des premières amours, Elena n'avait eu aucun scrupule à la placer sous surveillance intensive. Elle put ainsi apprendre qu'elle entretenait une relation avec un jeune journaliste de la revue *Lumea*, magazine roumain traitant de politique étrangère. Bien avant que Zoia présente le prétendant à ses parents, Elena possédait un vaste dossier sur lui ainsi que sur sa famille. Il fut disqualifié définitivement pour cause d'origine insignifiante, de parents sans éducation ni style : « Regardez seulement la manière dont ils marchent. Regardez leurs jambes arquées et leur gros postérieur, et leurs pattes de pigeons », disait Elena, étudiant les photographies clandestines et les films réalisés sur les parents du jeune homme.

Le pire restait à venir. Elena découvrit un jour une photographie inconvenante : le malotru osait porter une paire de jeans. « Dégoûtant », fut le verdict, prologue à une haine inexpiable. Le plaçant sur écoute, Elena put nourrir son ressentiment avec les petits mots doux et autres allusions à une sexualité naissante qu'elle put intercepter :

« Je ne veux pas voir ce salaud autour d'elle un seul jour de plus. Je pourrais le tuer comme un moustique. Un accident de voiture, ou quelque chose comme ça. Mais ma fille, farfelue comme elle est, pourrait en faire un drame. Je veux qu'on l'envoie à l'étranger et qu'on l'y laisse pourrir », ordonna-t-elle au fidèle Pacepa. A l'étranger, certes, mais où ? En quelle Sibérie ira croupir ce galant ? En Guinée ? « Vous vous rappelez quand nous étions à Conakry ? L'ambassadeur nous avait parlé d'un technicien dont la tête avait explosé comme un melon. Elle était remplie de larves et de vers. Rappelez-vous, l'ambassadeur a dit que là-bas les insectes pondaient leurs œufs sous la peau de la tête. Je veux un portrait de sa tête ouverte comme un melon », déclare-t-elle à ses services spéciaux. « Mister Blue Jeans » doit disparaître sans laisser de traces, a-t-elle décidé.

La camarade prend cependant bien soin de dissimuler ce comportement tyrannique qui lui est si naturel. Elle soigne son image à l'aide de mises en scène médiatiques : sur les photographies officielles largement distribuées par les institutions omniprésentes, elle apparaît entièrement vêtue de blanc, généralement en tailleur ou autres vêtements stricts, entourée d'enfants et de colombes.

Lors des visites officielles du couple dans des villages

ou des usines, un rituel immuable attend les caméras de télévision : des enfants les accueillent et leur offrent du pain et du sel. Elena les remercie d'une caresse attentionnée. De plus en plus, elle devient sainte Elena, mère de la Patrie roumaine et de ses enfants.

Si ce soin apporté à son image tient à l'intérieur de la Roumanie, elle ne peut contenir ses excentricités lors de ses déplacements à l'étranger.

## Les menus plaisirs d'Elena

Le pouvoir de nuisance d'Elena se manifeste en effet lors des négociations diplomatiques. La camarade profite de ces voyages pour mettre en avant sa délicatesse. Ses menus doivent être obligatoirement rédigés en français. L'effet escompté est simple : montrer son raffinement culinaire et sa familiarité avec la culture et le style français, tandis qu'elle n'y comprend rien.

De la culture parisienne, Elena ne connaît guère que les froufous. Depuis 1974, sa garde-robe doit être exclusivement composée par les vêtements issus de la nouvelle industrie textile que son mari a créée. Ses placards débordent bientôt de créations roumaines, et elle dispose d'une réserve vestimentaire d'un an sous la main. Lassée de cette mode indigène, la camarade commence à tricher en y ajoutant des pièces qu'elle fait venir spécialement de Paris. On imagine le charme qui devait émaner de cette femme d'âge mûr recevant ses proches en deux-pièces lilas en soie orné de motifs floraux, et agrémenté d'escarpins assortis sur ses pieds osseux.

Durant la décennie des années 1970, Elena marque ainsi les esprits à l'étranger, en s'imposant – par ses caprices plus que par ses idées – lors des déplacements officiels de son mari. Grâce aux titres honorifiques qu'elle extorque aux dirigeants étrangers *via* les pressions et pots-de-vin que dispense la diplomatie roumaine, elle acquiert une reconnaissance factice à l'étranger. Seule représentante de la science roumaine, elle incarne le progrès et la légitimité démocratique du pays. Elle impose ainsi aux Roumains une image honorée par le monde entier. Habile procédé qui consiste à être accréditée d'abord hors de son pays, avant de se propulser sur la scène intérieure en leader incontournable.

## Femme des années 1980

Elena a atteint l'objectif qu'elle s'était fixé lors de ses rencontres avec Jiang Qing et Isabel Perón : diriger le pays au côté de son mari. Les années 1980 sont inaugurées par l'avènement de la cogestion du couple Ceausescu.

La première grand-messe nationale célébrant sainte Elena a lieu la semaine de son anniversaire, le 7 janvier 1979. Dès le 6 janvier, le quotidien *Scantea* publie à l'encre rouge un « hommage ardent du parti et du peuple ». C'est la première célébration publique de la femme de Nicolae. L'article donne pour raison à cet hommage la grandeur dont a fait preuve la « militante à la tête de notre parti et illustre homme de science », la fille du peuple Elena. Le même jour, un recueil de ses articles les plus marquants est publié par l'Institut de chimie, dont le titre reste dans la même sobriété : *Hommage de ses collaborateurs*.

Le lendemain, jour de son anniversaire, on célèbre les soixante années de vie et les quarante ans d'activité révolutionnaire de la camarade Elena. Un culte officiel est rendu à la « grande femme intellectuelle ». Elle reçoit l'étoile de la république socialiste de Roumanie de première classe. On récompense ainsi les bienfaits répandus par cette sainte d'un genre nouveau, comme « l'affirmation de la science roumaine », ou bien « l'animation de la société socialiste multilatéralement développée[18] ».

La une de la presse du 7 janvier atteste de son changement de statut : elle est désormais une héroïne. On a choisi une photographie prise lors de la remise de son doctorat *honoris causa* décerné par l'Institut royal de chimie de Londres. Viennent ensuite les télégrammes élogieux envoyés par tout ce que la Roumanie compte d'académies et d'instituts de recherche, même le Conseil national des femmes. A l'intérieur du journal, en troisième page, est publié son curriculum vitae, exposant pompeusement ses 17 doctorats (à la fin de sa vie, elle comptabilisera 74 titres universitaires roumains et internationaux). On rappelle aussi que ses œuvres sont traduites en 19 langues, dont la dernière remplit de bonheur cette chercheuse forcenée et couvre d'honneur le génie roumain : on vient de traduire à Athènes ses œuvres complètes en grec.

Novembre 1979. Une étape de plus est franchie dans l'élaboration du culte de la personnalité d'Elena. Pour la première fois, des éloges publics sont adressés à une femme. Le 12e congrès du PCR remercie la camarade pour son œuvre politique. Les poètes officiels louent la « prodigieuse activité révolutionnaire », ainsi que l'« assise de l'enseignement sur des bases scientifiques » qui sont enfin advenues grâce à elle. Elle produit à l'occasion le premier document programmatique de la science et de l'industrie roumaines : un plan sur cinq ans est décidé, mais ses visions prophétiques distillent des conseils jusqu'à… l'an 2000.

Au début de 1980, elle tient à présent conjointement le sceptre de président à vie qu'a reçu son mari lors de son investiture. L'immense propagande fondée sur son renom de scientifique l'a propulsée en moins de dix ans aux plus hautes responsabilités.

Au-delà du titre, Elena a réussi à créer une rupture

avec les gouvernants roumains traditionnels : c'est sur l'image de sa compétence qu'elle a su s'imposer. Elle donne ainsi l'illusion d'une élite dirigeante recrutée selon son mérite. Sa trajectoire semble alors irrésistible.

Que cache cette avalanche de titres et de reconnaissances ? Une volonté de devenir *Conducator* à la place du *Conducator* ? D'aucuns se demandent alors si Elena serait en mesure de gouverner. En ce début des années 1980, les spéculations sur les capacités d'Elena de concurrencer son mari à la tête de l'Etat vont bon train. La rumeur se fait même plus précise : Elena pourrait former une alliance avec son fils Nicu afin de renverser Nicolae. Espoir né de la misérable condition du peuple qui espérait peut-être plus de douceur de la part de sa Mère ?

Elena n'a pas rédigé de programme politique – elle écrit le moins possible, afin de dissimuler sa grammaire approximative. Ses déclarations publiques de cette période livrent une information précieuse pour tenter de répondre aux rumeurs : « Je ne pourrais pas ne pas rappeler que j'ai eu le grand bonheur de travailler avec mon camarade mari depuis les temps de notre activité illégale. Haut exemple de détermination et de don complet dans la lutte révolutionnaire, il m'a appris la confiance inébranlable dans la justesse de notre cause, et dans la victoire de la classe ouvrière et de notre parti. »

Mère Elena donne un message clair : tant que Nicolae restera en vie, elle se placera derrière lui.

Maintenant qu'elle a atteint au niveau institutionnel la plus haute marche à coté de lui, peut-elle aller encore plus loin sans renverser son mari ?

Elena trouve un habile moyen de continuer son ascension, en se découvrant une voie d'expression propre, une cause : la paix dans le monde. D'Elena la scientifique cherchant à légitimer son installation au pouvoir auprès de Nicolae, on passe au début des années 1980 à une Elena rayonnante en diplomate militante pour la paix.

Au symposium organisé par l'Académie des sciences de Bucarest, en septembre 1981, sur le thème « les scientifiques et la paix », elle dépasse son domaine de compétences en s'exprimant librement sur les armes nucléaires. La voilà antinucléaire farouche, lançant un appel aux intellectuels et à tous les pacifistes du monde pour constituer un comité pour la paix exigeant le démantèlement de ces armes meurtrières. Son initiative ne se limite pas au monde communiste, elle appelle tous les capitalistes à la rejoindre.

L'intervention n'est pas sans effets. En 1982, son titre de femme modèle est remplacé par celui de Mère qui « insuffle et mobilise tous les hommes de sciences et l'ensemble du peuple ».

Dans son édition de janvier 1983, à l'occasion de ses 64 ans, la revue *La Femme* lui consacre une édition spéciale. Nicolae n'y figure pas. C'est la première fois qu'elle a la priorité sur son mari. Dans les pages du journal, on peut apprendre dans un vers inspiré que « la douce énergie qui apparaît dans ses traits est un modèle pour les arts ».

Les dernières années donnent pourtant de plus en plus de raisons de croire à la rumeur décelant sous la montée en puissance d'Elena une future conquête du pouvoir : le culte est alors rendu d'égal à égal entre Nicolae et Elena. Elle reçoit à son tour le titre le plus honorifique de la période communiste : Héros de la patrie. Les professeurs de toutes les écoles de Roumanie doivent même célébrer le culte d'Elena avec leurs élèves, plus que celui de Nicolae.

Enfin, en 1987, à l'occasion de l'anniversaire de la libération de la Roumanie le 23 août 1944, date choisie pour la célébration de la fête nationale, deux photos distinctes du couple sont publiées dans le journal du parti. Elena fait pour la première fois l'éloge de l'armée soviétique qui mit fin au régime fascisant du maréchal Antonescu. Alors que son mari a toujours été critique envers le protecteur russe et soucieux de son indépendance, Elena chante les louanges de l'occupation, qui a « apporté sur ses épaules la révolution ». Elle souligne aussi que les cadres du parti « lui doivent le développement de leur conscience révolutionnaire ». Elle est la seule à pouvoir prendre des initiatives en dehors de son mari, en particulier dans l'épineux domaine de la politique étrangère et du rapport à Moscou.

Cette prise de position marquée n'est pas sans but. Il faut rendre plus énergique le jeu de leur Roumanie sur la scène internationale. Pourquoi ? Pour obtenir un prix Nobel, pardi ! Sa modestie n'ayant pas de limites, elle se sent capable de l'obtenir pour elle ou pour son mari, et dans plusieurs domaines. Jouant la carte de la science au service de la diplomatie et de la paix, elle fait diverses tentatives pour parvenir à ses fins.

La première est l'intrusion de la Roumanie dans le Moyen-Orient compliqué. Ceausescu tente de rétablir le dialogue entre Juifs et Arabes, et se targue d'être le grand ami de Yasser Arafat. Elena, à l'origine de cette tentative disproportionnée au regard des forces et de l'influence de la Roumanie, y voit un bon moyen d'obtenir pour Nicu un prix Nobel de la paix.

Puis ce sont ses positions antinucléaires et pour la réduction du nombre des bombes H qui nourrissent ses espoirs. Mais rien n'y fait. Le jury ne reconnaît toujours pas les mérites d'Elena.

Dans le domaine scientifique, elle tente de faire valoir ses découvertes fracassantes sur les polymères pour être récompensée dans la catégorie chimie. Sans succès.

Elle essaie enfin de mettre en avant la recherche médicale, qu'elle dirige également : les projets les plus farfelus sont financés puis présentés au jury de

Stockholm, dont une improbable nouvelle thérapie anticancéreuse grâce à des extraits d'ail. La Roumanie régénérée de Ceausescu n'obtint jamais la distinction suprême des hommes de science.

## Luxe, calme et Securitate

Peu importe si le monde ne les reconnaît pas à leur mesure, ils se reconnaissent l'un l'autre. Ensemble, ils se sont aménagé une intimité faite de luxe, de calme et de sécurité. Leur maison blanche du boulevard Primaveri, abritée par des sapins, est leur oasis réservée. Entre les hommes de la Securitate qui quadrillent en permanence le quartier, on peut distinguer le dôme doré de l'entrée, dont la brillance et le scintillement ne peuvent échapper aux passants. A l'intérieur, une propreté absolue est de rigueur. Personne ne doit rompre le silence qu'affectionne Nicu. Elena éloigne les fâcheux pour lui : « Elle avait la qualité de flairer ses ennemis de loin comme le font les animaux sauvages dans la forêt », dit Alexandru Barladeanu, économiste et homme politique. Un autre de ses ennemis, l'alcool : Elena s'efforce de limiter la consommation de son époux.

Le style de la demeure est plutôt orientalisant, et chaque recoin est richement décoré. Sur les murs, on a mis des tapis de très grandes dimensions, censés représenter la créativité et le talent humains. D'autres éléments de décors, plus triviaux, ont été choisis par Elena. La trouvaille dont elle est le plus fière : les robinets dorés en forme de cygnes de la salle de bains, qui évoquent les palmipèdes qu'elle aime à nourrir au bord du lac.

Quand l'atmosphère de Bucarest devient trop pesante, ils peuvent s'échapper sur les bords du lac de Snagov, à une trentaine de kilomètres de la capitale, dans cet endroit splendide apprécié de tous les Bucarestois. Ici ils laissent libre cours à leur passion pour la propreté et la pureté. La maison est entièrement faite de marbre blanc, elle aussi, et domine le lac dont les eaux sont filtrées. On s'y réjouit de promenades en yacht. Elena et Nicu jouent aux plaisanciers, tout de blanc vêtus.

Ces terrains de jeux ne préfigurent que timidement ce qui sera à partir de 1984 leur palais présidentiel, ultime signe d'une folie à deux. L'idée première du palais était de réunir les quatre grandes institutions roumaines. La présidence de la République, l'Assemblée nationale, le Conseil des ministres et la Cour suprême pourront maintenant siéger dans ce monument à la gloire du style roumain. Un seul bâtiment, aux dimensions mégalomaniaques, sur lequel Nicolae Ceausescu et sa femme pourraient régner sans partage. Le prétexte à cette construction hors de toute mesure qui reste aujourd'hui la deuxième plus grande du monde – après le Pentagone – fut le tremblement de terre qui ravagea Bucarest en 1977.

Cette destruction sauvage et brutale traumatisa Ceausescu, qui ne supporta pas la vue des milliers de corps ensanglantés gisant sous les décombres. Les médecins auxquels il rendit visite à l'hôpital de la ville furent frappés par l'angoisse émanant du dictateur, qui refusa de serrer la main à quiconque, ainsi que de toucher quoi que ce soit. Il devait se mettre à l'abri d'un tel sort.

Il commande ainsi une étude géologique et sismique de la ville, et choisit cette immense partie couvrant 520 hectares – l'équivalent de trois arrondissements parisiens – comme étant la plus sûre pour abriter sa demeure présidentielle. On expulse 40 000 personnes et 30 églises sont détruites. Un des plus vieux quartiers de Bucarest, datant du XVIIIe siècle, est entièrement rasé. En 1983, les travaux pharaoniques démarrent : 20 000 ouvriers s'y consacrent de jour comme de nuit, sous la direction d'Anka Petrescu. Un an et demi plus tard sort de terre, sur 45 000 mètres carrés au sol, un espace habitable coquet de 350 000 mètres carrés. Enfin, Nicolae a réussi à façonner une demeure selon ses goûts, où les courants d'air ont été bannis, et les microbes traqués.

Comme sa précédente maison, le palais est entièrement construit en marbre de Roumanie, dont il a fallu extraire près d'un million de mètres cubes. Dans ses quartiers privés, Ceausescu et sa femme, de plus en plus obsédés par la propreté, se font construire de nombreuses salles de bains. Toutes sont décorées de manière exubérante. Dans la salle du jacuzzi, les murs sont recouverts de céramiques bleu et blanc aux motifs floraux. Une autre salle ressemblant à des bains turcs est ornée de mosaïques mauves dans le style persan. Avec évidemment une piscine intérieure chauffée et décorée par une gigantesque mosaïque aux couleurs outrancières, représentant des paons et autres oiseaux devant un arc-en-ciel. Depuis ce véritable poste de pilotage, ils vivent en autarcie, se coupant peu à peu du monde, veillant l'un sur l'autre, cajolant leurs névroses respectives.

Dans le style et dans l'organisation du palais, Nicolae a certainement été influencé par l'imposant palais de Buckingham, où il a rendu visite à la reine Elisabeth II. Voulant vendre du matériel militaire à l'armée roumaine, le gouvernement britannique avait invité en grande pompe celui qui faisait figure de résistant dans le monde communiste, et l'avait logé chez la reine. Nicolae n'avait cependant pas totalement assimilé le protocole royal. Premièrement, il amena un goûteur à la table de la reine. Puis, craignant toute contamination bactérienne, il refusa de lui serrer la main, bien que ses gardes du corps aient toujours à portée de main des flacons de solution alcoolique pour qu'il puisse se désinfecter.

La névrose de Nicule ne connaît plus de freins. Un groupe de jeunes élèves pionniers étant un jour venu leur remettre à lui et sa femme un bouquet de fleurs, deux d'entre eux ont eu la chance d'être choisis pour être embrassés publiquement par le couple. Précaution d'usage, tous les élèves ont dû subir un contrôle médical complet afin de déterminer lesquels pourraient être embrassés sans risques.

La paranoïa d'Elena, elle, ne connaît plus de limites. Le docteur Schekter est son médecin personnel depuis les années 1970. Un jour, en sortant de la résidence du couple, il confie au ministre de la Santé ses doutes sur la santé mentale de la camarade : « Il faudrait une expertise psychiatrique », avoue-t-il. Le lendemain, le bon docteur Schekter est retrouvé suicidé, ayant chu de la fenêtre de son bureau de l'hôpital de Bucarest.

Elena croule désormais sous les honneurs. Epouse, mère, ingénieur, héroïne, sainte Elena est devenue l'incarnation de l'Homme Nouveau exalté par les doctrines totalitaires. Elle n'est cependant pas apaisée, et ses angoisses ont pris le pas sur toute autre préoccupation. La peur qu'elle reporte sur son entourage masque complètement la nature réelle du danger qui point à l'automne 1989.

Le régime communiste de Roumanie est alors le seul îlot de stabilité de toute la zone se situant par-delà le rideau de fer. La *perestroïka* russe et le mouvement amorcé par *Solidarność* depuis Dantzig ont conduit à la déliquescence du bloc de l'Est. Tout autour de Ceausescu les régimes tombent, les frontières s'ouvrent, la RDA vit ses derniers instants.

Depuis le 9 décembre, des heurts survenus lors d'une manifestation à Timisoara, à la frontière hongroise, ont dégénéré et amené une répression disproportionnée. L'événement filtre par le biais des anciens pays communistes libérés. Les agences de presse yougoslaves, hongroises et allemandes reçoivent des images des victimes allongées sur le sol, reprises dans le monde entier. L'indignation est à son comble, on parle de milliers de morts. Le Génie des Carpates prend la situation au sérieux et dénonce dans ses discours les mystérieux casseurs et les hooligans menant la révolte. Il juge néanmoins judicieux de quitter le pays et de partir à Téhéran au prétexte d'importants contrats commerciaux à signer avec la république islamique d'Iran.

A son retour deux jours plus tard, le 21 décembre, le mouvement est loin d'être calmé. La contestation a gagné la capitale, et toutes les tentatives de la police pour contenir les foules sont considérées comme des provocations. Le peuple a senti le dictateur hésiter et compte bien profiter de cette faiblesse. Le jour même, les époux Ceausescu sont à la tribune sur l'imposante place du Comité central, pour un discours censé calmer les esprits. Quelques orateurs se sont précipités à la tribune à tour de rôle pour persuader la foule que tout va bien. Mais les manifestants continuent à converger vers cette place centrale de Bucarest.

Ceausescu prend finalement la parole à 12 h 30 pour conclure le défilé de tribuns. Dès le début de son discours, la confusion se propage. Les gens courent, crient : pour la première fois, le discours du *Conducator* n'est pas écouté religieusement. Peu habitué aux interruptions, Ceausescu stoppe net son discours et reste bouche bée devant ce spectacle inattendu. Son regard devient fixe et traduit l'incompréhension la plus profonde. Depuis le début, sa femme a l'air absente. Contrairement à son habitude, où l'enthousiasme peut se lire sur son visage, et où elle applaudit à tout rompre au rythme des paroles de Nicule, elle est inquiète, en retrait.

Lorsque son mari est interrompu par la cohue, la sérénité la quitte définitivement. L'affolement a gagné à leur tour les occupants de la tribune. On entend des crépitements depuis la place. Les agitateurs, bien décidés à semer le trouble par tous les moyens, ont lancé des pétards. Les citoyens roumains, qui ont tous en tête les enregistrements de Timisoara où l'on entend de manière semblable les armes automatiques crépiter, cèdent définitivement à la panique. Derrière le micro, Ceausescu ne sait que faire. Un de ses conseillers lui glisse « *Vine Secu* », voulant signifier que la Securitate est prête à intervenir. Ceausescu ne montre aucune réaction. Elena reprend le mot, la gorge serrée par la peur. Enfin Nicule réagit, il se retourne vers elle et lui fait répéter, interdit : « *Vine Secu* », reprend-elle, obsessionnelle. Il a compris que cela est inutile. Il la coupe : « Mais non, hé. » La foule est désormais hors de contrôle. Un objet atterrit sur le balcon. Ceausescu sort alors de son effarement et commence à hurler dans le micro pendant de longs instants : « Allô, allô, camarades, retournez calmement à vos places. » Elena s'approche du micro et lance à ses enfants massés à ses pieds : « Restez calmes », sur un ton d'institutrice dépassée. Les insultes fusent.

Les « enfants » ont décidé de tuer le père, et la mère avec. Les images sont diffusées en direct à la télévision, à l'inverse des consignes explicites de Ceausescu. Habile propagandiste, il a toujours fait décaler de quelques minutes ses discours au cas où de tels événements se produiraient. Mais la télévision n'est déjà plus entre ses mains et le discours a été suivi en direct. Toute la Roumanie a appris que Ceausescu ne dictait plus rien au peuple.

Dans son bureau, il organise d'urgence une réunion de crise, cherchant un moyen de faire levier sur la foule. Les militaires, les membres de la police secrète et même les anciens proches mis au placard depuis des années se réunissent une dernière fois au palais. Il cherche jusqu'à attirer les poètes de cour qui rédigent en temps normaux ses louanges et celles de sa femme, pour qu'ils rappellent la gloire et la renommée du Héros de la Patrie. Mais ceux-ci ont été les premiers à fuir. A la tombée de la nuit, il reçoit une dernière fois la visite de ses enfants et de ses frères. Ils passent la nuit à tenter d'organiser la contre-attaque.

A l'aube, l'état-major de la Securitate reçoit du général Iulian Vlad l'ordre de ne plus tirer sur la foule. Lorsqu'il se réveille ce 22 décembre, Ceausescu a perdu tout pouvoir. Impuissant, il déclare l'état de guerre, mais n'a pas le temps de signer le décret l'instaurant légalement. En ville, au même moment, les rangs des manifestants sont grossis par les ouvriers qui ont cessé le travail.

A 9 h 30, il apprend le « suicide » de son ministre de la Défense, le fidèle Vasile Milea. Ultime tentative, il reçoit les attachés militaires des protecteurs russe et chinois. Les suzerains ne protègent plus leur vassal, il est lâché. La foule s'est rassemblée à nouveau à l'endroit où le dictateur a vacillé. Environ 100 000 personnes font face au Comité central.

A 12 heures, Nicolae et sa femme embarquent dans un hélicoptère. Ils se posent à 30 kilomètres de là, à Targoviste. Ils sont immédiatement arrêtés par les soldats mutinés. La fuite à Varennes aérienne aura tourné court. Avec un plein d'hélicoptère ils pouvaient aisément quitter le pays et trouver refuge dans un pays allié. Mais lequel ? Les Soviétiques l'avaient lâché lors du dernier entretien durant la matinée, les démocraties populaires s'étaient effondrées, ses alliés évanouis. Pourquoi ne pas utiliser alors les kilomètres entiers de galeries souterraines qu'il avait fait creuser sous la ville pour abriter leur fuite ?

Dès 14 h 30, Ion Iliescu apparaît à la télévision comme le libérateur de la Roumanie, et annonce la fin d'une répression que Ceausescu avait été bien incapable d'organiser. Deux jours plus tard, le nouvel homme fort, Iliescu, instaure par décret un tribunal militaire d'exception chargé de juger Elena et Nicolae.

Ils sont main dans la main, acculés dans cette salle

de tribunal, face à une accusation sans visage, sans nom. Nicule ne comprend pas comment on peut ainsi leur manquer de respect et calomnier la mère de tous, l'idéologue, la scientifique, la première dame enfin, la reine du bal qu'il a élue depuis 1939. « Ils ne te méritent pas », lui répétait-elle souvent quand il devait faire face à ses détracteurs. Personne ne le mérite, sauf elle.

La condamnation à mort est prononcée, le poteau d'exécution dressé. Le procureur leur dit, ironique, qu'ils auraient dû rester en Iran plutôt que de revenir. A l'injure, ils répondent par un rire de défi. Nicolae et Elena rient : « Nous n'allons pas à l'étranger. Ici, c'est notre maison », lâche-t-elle, avant de quitter la scène, définitivement.

# 8

## Un Führer nommé Désir

> « *En politique, il faut avoir l'appui des femmes ;*
> *les hommes vous suivent tout seuls.* »

Adolf Hitler.

### L'éducation sentimentale

#### Au nom de la rose

« *Les femmes disent toujours qu'elles veulent se faire belles pour l'homme qu'elles aiment, puis elles font tout le contraire de ce qui pourrait lui plaire. Elles mettent tout en œuvre pour le conquérir, ensuite elles ne sont plus que les esclaves de la mode et ne cherchent à rendre jalouses que leurs petites amies[1].* »

Hitler a une idée très arrêtée de la séduction féminine. De là à dire qu'il n'est pas tout à fait à l'aise avec l'autre sexe, il n'y a qu'un pas, que l'on franchit aisément en s'intéressant aux conquêtes féminines de ce froid lapin. Comment cet homme idéal pour les jeunes femmes allemandes dans les années 1930 peut-il en arriver à un constat si définitif, si désabusé, que nourrit une pointe d'aigreur ?

Linz, aux confins de l'Allemagne et de l'Autriche, 1905. Hitler a 16 ans. Sa carrière de séducteur ne commence guère brillamment. Il s'imagine depuis trois ans une histoire d'amour avec Stefanie Isak, une camarade du lycée. Ses méthodes sont alors rudimentaires : le jeune Adolf, futur chef militaire du IIIe Reich, s'initie aux approches indirectes. Voulant apparaître comme par surprise sur les lieux de promenade de son égérie juvénile, il repère soigneusement ses déplacements, l'observe et tente d'établir ainsi le contact.

L'ami d'enfance d'Hitler, August Kubizek, est aux premières loges pour observer les manœuvres sentimentales du lycéen de Linz. Adolf le tire un jour par le bras et lui demande ce qu'il pense de cette jeune fille blonde et mince marchant sur la Landstrasse bras dessus bras dessous avec sa mère. Pour Adolf, tout est déjà clair : « Tu dois savoir, je suis amoureux d'elle [2]. »

Stefanie attire en effet le regard et les convoitises. L'air distingué, grande et mince, sa belle chevelure épaisse est coiffée en chignon. Ses yeux sont brillants et expressifs. Elle est exceptionnellement bien habillée, et son allure indique qu'elle est d'une famille comme il faut. Hitler, à cette époque, s'habille lui aussi de manière plutôt léchée. Canne noire à pommeau d'ivoire, chapeau noir à large bord, chemise blanche, gants noirs en cuir, et pardessus noir doublé de soie. Une sorte d'Arsène Lupin des bords de la Schmiedtoreck, la rivière de Linz, où la jeune fille vient se promener chaque jour, à 17 heures, avec sa mère.

Bien qu'il soit là inconditionnellement pour l'admirer, Hitler ne la salue pas et ose seulement échanger quelques regards. Bientôt, un jeune homme vient se joindre à la promenade, à la grande irritation du lointain admirateur. Kubizek lui apprend qu'il s'agit du frère de la belle Stefanie, le voilà rassuré. Mais Adolf ne rentre toujours pas en contact avec elle. Il la regarde plus longuement, et il lui arrive maintenant de répondre par un sourire à cet admirateur tenace. Lorsqu'il reçoit cette maigre récompense, « tout devient, dans le monde, bon et beau, et bien ordonné ». Hitler est alors heureux, vraiment heureux. A l'inverse, lorsqu'elle l'ignore, il est plongé dans le désarroi, prêt à se détruire, et le monde avec.

Il est déjà un enthousiaste de Wagner ; elle est sa Walkyrie, qu'il pare de toutes les vertus. Il lui écrit d'innombrables poèmes, dont un « hymne à l'aimée », qu'il lit à son ami seulement. Il la décrit comme une « demoiselle de haute naissance, dans une toge de velours bleu foncé gracieuse, chevauchant un destrier blanc par-dessus les prairies fleurissantes, la chevelure détachée, retombant en vagues dorées sur ses épaules ». Avec elle tout est pur, et Hitler se sent envahi d'une « joie radieuse ». Lorsqu'il lit ces quelques vers, son visage de poète timide brille d'extase.

Il commence à faire des plans qui sont centrés sur elle, et, il en est persuadé, lorsqu'il la connaîtra enfin, elle saura toutes les pensées dont il est habité : « Les êtres humains extraordinaires se comprennent par intuition. » Lui demandant ironiquement si ses pensées peuvent vraiment être transmises par de simples regards furtifs, Kubizek s'entend répondre férocement : « Bien sûr que c'est possible ! Ces choses ne peuvent être expliquées. Ce qui est en moi est aussi en Stefanie. »

Comment son ami ose-t-il douter de la puissance de leurs sentiments ? Hitler est furieux. Il lui hurle qu'il ne comprend tout simplement pas, qu'il ne peut pas comprendre le vrai sens d'un amour extraordinaire.

Elle ne peut que l'aimer, il en est certain. Hitler n'hésite pas à interpréter les signes de désintérêt évident à son égard comme une « diversion délibérée pour dissimuler ses propres sentiments impétueux ». Déjà en amour, il interprète le monde à l'aune de ses propres velléités. Mais il refuse toujours de l'aborder. Que lui dirait-il ? « Bonjour, je m'appelle Adolf Hitler, je n'ai pas de profession »… Cela lui paraît absurde.

Il remet son projet à une échéance lointaine : lorsqu'il sera devenu un peintre académique. Il est persuadé que Stefanie n'a d'autre désir que d'attendre jusqu'à ce qu'il revienne lui demander sa main.

Pour conquérir sa belle, Adolf devra franchir une épreuve insurmontable. Kubizek remarque que la jeune fille aime danser. Une Walkyrie valsant dans une salle de bal au bras d'un « benêt », tout cela lui semble inimaginable, à lui qui déteste danser. Son ami le pousse à tenter sa chance : « Tu dois prendre des leçons de danse, Adolf. » L'amoureux transi est décontenancé.

La danse devient alors son obsession, et toutes ses conversations tournent désormais autour de cela. Après quelque temps, il en arrive à une conclusion définitive : « Imagine une salle de bal bondée, et imagine que tu es sourd. Tu ne peux pas entendre la musique sur laquelle ces gens s'agitent. Et tu regardes leurs mouvements dépourvus de sens, qui ne mènent nulle part. Ces gens ne t'apparaîtraient-ils pas comme fous ? »

Telle est la conception de la danse pour Adolf Hitler. Un univers auquel il restera totalement hermétique toute sa vie. Devant l'insistance de son ami, une nouvelle fureur se déchaîne : « NON ! NON ! Jamais, je ne danserai, jamais ! Tu comprends ? Stefanie danse uniquement parce qu'elle est forcée par la société, dont elle dépend malheureusement. Une fois qu'elle sera ma femme, elle n'aura pas le moindre désir de danser. »

Naissent ensuite des projets absurdes : il pense dans un premier temps la kidnapper, mais ne sait pas vraiment où l'emmener, ni de quoi vivre ensuite. Puis, il pense au suicide, dans lequel l'accompagnera évidemment Stefanie. Il a déjà tout pensé, et a même dicté sa conduite à Kubizek en tant que seul survivant de cette tragédie hypothétique.

Dernier épisode de cet amour lointain, lors du festival des fleurs de Linz, qui a lieu chaque année au printemps : Stefanie, défilant sur un char, lui offre un bouton de rose. Le monde n'est jamais apparu si beau à Adolf. « Elle m'aime ! Tu as vu ! Elle m'aime ! » Il garde cette fleur dans son casier, comme une relique. Au moment de quitter sa ville, il trouve finalement le courage de lui écrire une lettre dans laquelle il lui annonce solennellement son départ pour la capitale de l'empire d'Autriche où il compte poursuivre ses études de peintre. Nous sommes en 1907.

Jamais pourtant il ne reviendra à Linz, car à Vienne l'attend la vie de bohème.

Stefanie reçoit bien cette lettre, dans laquelle un futur peintre lui propose de l'épouser bientôt…, mais reste interdite car elle ne connaît pas son auteur. Hitler ne l'a pas signée. Elle n'a aucun souvenir de lui, de l'homme qui la suivait patiemment dans les rues de Linz, et ne l'aborda jamais. « Je lui dois le rêve le plus pur de ma vie », dira-t-il. Une confession sincère à propos d'un amour irréel, un fragile édifice de cristal qui ne pouvait souffrir la confrontation avec la réalité, sous peine de se briser en mille morceaux.

Adolf perd sa mère la même année d'un cancer du sein, trois jours avant Noël. Il a alors 18 ans. Celle qui le réconfortait toujours d'un amour et d'une présence inconditionnels l'abandonne. Ainsi font les femmes. Hitler n'aura dès lors de cesse de rechercher la compagnie féminine, de se consoler de ses maux auprès des femmes. Elles ne sont à ses yeux que douceur, les hommes que dureté.

L'apprenti peintre d'avant guerre n'a pas réussi à assumer la sexualité comme une part normale de sa vie d'adulte. Interprétant à la lettre la morale catholique dans laquelle il a été élevé, il la voit comme une chose honteuse, si elle a lieu hors du mariage. Elle ouvre la voie à la prostitution, cet « affront à l'humanité ». N'est-ce pas une misère de voir combien de « jeunes gens faibles de corps et pourris d'esprit sont initiés au mariage par une prostituée de grande ville [3] » ?

Sans pouvoir affirmer qu'Hitler ait été déniaisé par des professionnelles, son ami Kubizek nous raconte comment un jour de l'année 1918, Hitler l'emmena dans le quartier des prostituées à Vienne. Il lui demanda la raison de cette balade badine : « Faut avoir vu ça au moins une fois dans sa vie », répondit Adolf. Ce soldat qui n'avait connu que le front depuis quatre ans a-t-il cédé ? Il faut croire que le « vouloir-vivre » était trop pressant pour l'assidu lecteur de Schopenhauer, et qu'il n'eut pas la patience d'attendre le mariage.

Le Hitler d'après guerre est transfiguré, et sa peur des femmes apprivoisée. C'est ce que constate Emil Maurice, son chauffeur au début des années 1920. Avant même son entrée sur la scène politique, il reçoit de jolies Munichoises dans son modeste appartement de la Thierschstrasse. « Il offrait toujours des fleurs, même quand il n'avait pas le sou. Et nous allions admirer les danseuses de ballet [4]. » Ils vont quelquefois à l'académie contempler des modèles qui posent pour des nus. Hitler s'y sent parfaitement à l'aise. Il a alors quelques relations sans profondeur et sans importance pour lui, persuadé qu'il aura à jouer un rôle politique de premier plan. Point commun entre toutes ? Elles sont très jeunes, d'une beauté juvénile et ont l'air subjuguées par les idées radicales de l'agitateur Hitler.

## Des tutrices bienveillantes

Hitler n'est encore qu'un simple soldat. Il n'est rien, mais il a de l'ambition. Il sait pertinemment que ce ne sont pas les modèles nus croisés dans des ateliers qui l'aideront à la réaliser. Il lui faut désormais s'éduquer, s'introduire dans les salons et assimiler les bonnes manières de la bourgeoisie weimarienne. Il doit apprendre à séduire les foules comme les femmes. Bref, lui manquent encore toutes les qualités nécessaires du chef qu'il a décidé de devenir. Et ce sont justement des femmes qui vont remodeler l'esprit de ce jeune vétéran de l'armée. Des étrangères qui seront pour lui une matrice féminine et auprès desquelles il va puiser l'assurance en lui-même qui lui faisait jusqu'alors défaut.

Ernst Hanfstaengl, un membre des débuts du parti nazi, accompagnait Hitler en tant que chef du service de presse. Observant Hitler de près, il se fit une idée précise de ses méthodes : « Hitler était du type narcissique, pour qui la foule représentait un substitut de la femme qu'il semblait incapable de trouver. Pour lui, parler était une façon de satisfaire une envie violente et épuisante. Du même coup, le phénomène de son éloquence me devint plus compréhensible. Les huit ou dix dernières minutes d'un discours ressemblaient à un orgasme de mots[5]. »

Et les femmes ne restent pas indifférentes à ce déluge verbal. Un article en date du 3 avril 1923 du *Munchener Post* est consacré aux femmes « entichées d'Hitler ». Alors qu'il est le chef depuis seulement deux ans du NSDAP, il a réussi à attirer les regards vers lui et à provoquer de véritables passions chez ses partisans. Il s'agit en fait principalement de partisanes, qui sont littéralement sous le charme de celui qui leur apporte des sensations si fortes.

Ainsi, Leni Riefenstahl, qui s'est toujours prétendue apolitique, nous laisse une impression partagée par de nombreuses autres femmes : « A l'instant même, je me sentis submergée de façon ahurissante par une vision apocalyptique qui ne me quitterait jamais plus : j'eus l'impression très physique que la terre s'ouvrait devant moi, comme une orange soudain fendue par son milieu, et dont jaillirait un jet d'eau immense, si puissant et si violent qu'il atteindrait le sommet du ciel et que la terre en serait secouée dans ses fondements[6]. » Les termes choisis pour décrire la rencontre sont riches de sous-entendus.

Avant de pouvoir « jaillir » sur l'Allemagne, il lui faut privilégier sa formation à la cour des femmes de bonne famille. L'ancienne aristocratie prussienne et la bourgeoisie déçue de Weimar vont offrir de véritables fortunes de manière spontanée à Hitler, en argent, en bijoux et même en objets d'art. Grâce à quoi il peut financer copieusement le parti national-socialiste. L'inventaire du butin de ses meetings est révélateur : un pendentif de platine avec des diamants et une émeraude montée sur une chaîne de platine, un ensemble de bagues avec saphirs et diamants, un solitaire, une bague en or de 18 carats avec des diamants sertis dans de l'argent, une tapisserie de Venise au « gros point » vieille de plusieurs siècles, et un napperon de soie rouge incrusté de broderies d'or venant d'Espagne.

Il rencontre ainsi en mars 1920, à Berlin, une femme qui va changer sa vie. C'est Helen Bechstein, riche épouse de l'héritier des pianos Bechstein, dont le succès a été assuré par les performances célèbres du compositeur Liszt. Elle finance déjà le journal d'un futur compagnon d'Hitler, Dietrich Eckart, *Auf gut Deutsch*. Impressionnée par la force de conviction du fougueux orateur, elle décide de le prendre en main et de lui donner les clés lui permettant de s'ouvrir les portes du grand monde : elle commence par renouveler sa garde-robe. Son uniforme de campagne sera désormais le smoking noir à veste croisée et col garni de satin, le tout avec nœud papillon. Helen lui apprend surtout à choisir ses vêtements selon les circonstances. Jusque-là, il avait l'air d'un paysan autrichien portant les mêmes culottes de peau en toutes occasions. On le voit désormais arborer un costume beige écru, ainsi qu'une cravate et des chaussures de cuir.

Elle l'initie ensuite aux bonnes manières – il gardera de cette époque une galanterie affectée qui le pousse à faire un baisemain à toutes les femmes qui se présentent à lui –, lui apprend à manger du homard en société avec distinction et sans salissures intempestives qui incommoderaient sa nouvelle et bonne compagnie. Helen organise autour de lui des réceptions à l'hôtel *Quatre Saisons* à Munich, dans lesquelles la future intelligentsia de l'extrême droite bavaroise se rencontre. Il peut ainsi s'entraîner à la conversation cordiale, aux dîners en ville. Le considérant comme prêt, elle lui donne pour mission de collecter des fonds en juillet 1921 pour le quotidien que le futur parti nazi (NSDAP) vient de lancer, le *Völkischer Beobachter*, l'« Observateur du peuple ».

Helen ferait bien d'Adolf son beau-fils. Elle envisage de le marier à sa fille Charlotte, qui n'a alors que 17 ans. Il se laisse convaincre. Hélas, cette dernière ne donne pas suite aux avances de l'idole familiale, parce qu'il « ne savait pas embrasser[7] ». Peu importe ce désintérêt, Hitler fera au sein du cercle d'Helen Bechstein une rencontre déterminante. Celle qui fut un court instant sa « Reine ».

## Du côté de chez Wagner

Quelques années avant la Première Guerre mondiale, Winifred Williams est une jeune étudiante anglaise au lycée de Berlin, issue d'une famille d'artistes. Elle commence à se faire remarquer dans les milieux musicaux par ses talents, et rencontre ainsi le couple Bechstein. Fille d'un écrivain et d'une actrice anglaise, Winifred Williams naît en 1897 à Hastings, en Angleterre.

Orpheline à l'âge de 3 ans, elle connaît plusieurs institutions de jeunes filles où sa santé se dégrade rapidement. Un médecin lui conseille le climat plus sec de l'Allemagne. Elle a justement de lointains parents habitant à Berlin. Les époux Klindworth accueillent la jeune fille qu'ils adoptent bientôt. Karl, le mari, a été musicien et a fait partie des amis de Richard Wagner. Il est un familier de ses héritiers de Bayreuth, ville dans laquelle le compositeur avait fait bâtir l'imposante villa Wahnfried. Après une période d'apprentissage musical et politique, elle est présentée à la veuve de Wagner, Cosima, qui n'est autre que la fille de Franz Liszt. Assistant à son premier opéra à l'été 1914, elle rencontre dans ce fief familial le fils du maître, Siegfried. Leur rapprochement est rapide, et en septembre 1915 le mariage est conclu. On ne peut pas vraiment parler de coup de foudre entre eux. Siegfried, en effet, de trente ans son aîné, a les épaules un peu étroites pour porter l'imposant héritage familial. Ayant perdu son père à 14 ans, il mène une existence volage, collectionnant les maîtresses autant que les amants. C'est un mariage de façade, avec pour seule finalité de procurer à la maison Wagner des héritiers. Devoir que remplit parfaitement Winifred, qui donne quatre petits-enfants à une Cosima comblée. Elle gagne ainsi sa place au sein du clan Wagner. C'est cette femme désormais assurée et ce nouveau statut de chef de clan de la famille Wagner qui vont fortement impressionner Hitler. Toute sa jeunesse durant, il a admiré les opéras de Wagner, des œuvres comme *Le Vaisseau fantôme* ou *Les Maîtres chanteurs*. Pour lui, fréquenter un membre de la famille du maître constitue une sorte de reconnaissance ultime.

Friedelind, la fille de Winifred, se souvient que c'est pendant l'une des visites chez les Bechstein à Munich que sa mère « fut contaminée par cette fièvre » du nazisme. On ne connaît rien de la nature de leur relation pendant cette période, et c'est seulement en octobre 1923 qu'ils se montrent officiellement en public à Wahnfried, à l'occasion d'une visite d'Hitler au clan Wagner. Ayant donné un meeting acclamé par des milliers de personnes à Bayreuth la veille au soir, il tient le lendemain à visiter le « sol sacré » sur lequel le compositeur chéri avait fini ses jours. Accueilli par Winifred, Hitler visite la maison, traverse le jardin afin de se recueillir sur la tombe de celui qu'il considère comme le plus grand des Allemands.

Elle est d'ores et déjà sous le charme : Hitler a « de tels yeux », « un tel charisme »… Quelques vieilles tantes teutonnes tatillonnes sont littéralement outrées par la visite de ce jeune paltoquet drôlement vêtu. Friedelind se souvient de la première visite d'Adolf : « Il portait des pantalons de cuir à la bavaroise, d'épaisses chaussettes de laine, une chemise à carreaux rouges et bleus, une courte veste bleue qui pendait sur sa maigre carcasse. Ses pommettes dures saillaient sur des joues pâles et creuses ; il avait les yeux bleus et extraordinairement brillants. Il semblait à demi affamé, mais il avait quelque chose en lui de fanatique[8]. »

Cet accoutrement peu habituel dans les cercles de la haute bourgeoisie n'est cependant pas porté par défaut. Hitler l'a longuement décrit de manière emphatique, et était persuadé qu'il s'agissait du vêtement convenant à un homme libre et sûr de sa masculinité : « Il ne fait aucun doute que les vêtements les plus sains sont des culottes de peau. Des chaussures et des bas de laine. Devoir porter des pantalons longs a toujours été une misère pour moi ; même par une température de moins dix degrés, j'avais l'habitude d'aller me promener en culottes de peau. Elles vous donnent une merveilleuse sensation de liberté. Abandonner mes culottes courtes fut l'un des plus grands sacrifices que j'ai eu à faire. Je ne l'ai fait que par égard pour l'Allemagne du Nord[9]. »

Le 9 novembre 1923, après un discours abreuvé de ses six pintes habituelles, Hitler lance le putsch de la brasserie de Munich. Les nouveaux convertis à l'hitlérisme vont prendre part personnellement aux événements. Faisant défiler ses sections d'assaut dans la ville, Hitler voit la police ouvrir le feu sur lui ainsi que ses hommes. Il est sauvé miraculeusement des balles par le sacrifice d'un de ses secrétaires. L' héroïque aviateur de la Grande Guerre, Hermann Goering, est sévèrement blessé.

Winifred est prise dans l'enthousiasme de cette folle journée : un témoin assure l'avoir vue, surexcitée, monter sur une table à l'auberge *Lieb* – amour – pour faire l'éloge d'Hitler. Malgré l'échec retentissant et l'arrestation de son leader, elle continue à afficher sa sympathie pour son parti, le Parti national-socialiste. « J'admets sans détour que nous sommes sous le charme de cette personnalité, que nous avons été avec lui dans les journées de bonheur, et que nous lui resterons fidèles dans ces jours de détresse », déclare-t-elle à un journal local.

Winifred reste fidèle en effet à son nouveau guide spirituel dont elle apprécie les tirades enflammées, et se montre très attentive, afin de rendre le séjour d'Hitler en prison plus supportable. Elle lui fait parvenir des colis de nourriture, et lui envoie des lettres affectueuses : « Vous savez que vous êtes avec nous par l'esprit[10]. » En outre, elle lui donne le papier et les fournitures nécessaires à la rédaction de ses pensées, qui prendront bientôt la forme d'une confession bouillante et d'un programme politique, *Mein Kampf*. Helen Bechstein prend également soin de lui lors de son séjour en prison, veillant à son divertissement grâce à un phonographe qu'elle lui expédie, accompagné de ses airs préférés : valses, marches militaires, sans oublier une grande partie de l'œuvre de Wagner. En 1924, Hitler ne sort pas en reclus ni en pestiféré de son cachot, bien au contraire. Une berline Mercedes flambant neuve l'attend. Il ne se fatiguera pas à conduire puisqu'elle est livrée avec chauffeur. Helen veille au grain.

La relation entre Hitler et Winifred se fait alors plus étroite, au point de nourrir des rumeurs.

Hitler cherche à mettre la main sur le sanctuaire Wagner, par l'intermédiaire de Winifred, qu'il semble avoir hypnotisée, alors que les relations sont de plus en plus tendues au sein du couple officiel. Son mari lui lance un jour à table, devant des invités qui s'empressent alors de rapporter le bon mot ; « Wini, ne bouffe pas tant[11]. » Plus encore, Siegfried s'emploie à séparer les éventuels amants après sa mort : afin de prévenir la stratégie d'Hitler, il fait rédiger un testament astucieux – sa femme devient légataire universelle, mais si elle se remarie, ce sont les enfants qui recevront le domaine de Bayreuth et l'argent nécessaire à son entretien. Voilà Hitler exclu de la succession. L'idée du mariage, évoquée un temps, s'évapore rapidement : Hitler a fait comprendre très clairement qu'il était marié à l'Allemagne. Il déclare même à sa fervente admiratrice que, si elle veut demeurer sa « reine », il devra rester célibataire. Surtout, Hitler aime ailleurs. Une autre femme occupe ses journées en cette année 1927. Enfin, deux femmes…

## Les suicidées

### Mitzi et le Loup

Bavière, 1927. Voilà longtemps que Maria attend des nouvelles de lui. Depuis leur rencontre il y a un an dans les rues de Berchtesgaden, elle passe ses journées à confectionner des bas à varices dans la boutique de textile de ses parents, espérant chaque jour une visite, un billet de sa part. Herr Wolf possède une résidence alpine non loin de là, dans la campagne environnante, le Berghof. Ses visites sont imprévisibles, comme son comportement. Sera-t-il passionné aujourd'hui, ou fuyant ? Elle relit le billet qu'il lui a glissé lors de leur dernière rencontre : « Ma chère enfant, J'aimerais tant avoir ton gracieux petit minois devant moi pour te dire de vive voix ce que ton fidèle ami ne peut t'écrire[12]. »

Eduqué par ses mères de substitution, Hitler a appris à toucher le cœur des femmes. Il n'en fallait pas plus à la jeune fille de 16 ans pour tomber sous le charme de cet homme si intense, qui sait mêler le désir au romantisme : « Ensuite, j'aimerais tant être auprès de toi, te regarder dans tes chers yeux, et oublier tout le reste. Ton Loup. »

Longtemps elle a imaginé leur premier baiser, qui a été bien au-delà de ses espérances. Hitler l'a emmenée faire une promenade au bord de l'eau. Il s'assoit près d'elle. L'instant se fait intime. Celui qui appliquera plus tard le Blitzkrieg a alors une technique d'approche bien particulière. Il a 37 ans, elle en a 17. Elle se refuse ou feint de se refuser. Les deux options décuplent également-ment le désir d'Adolf : « Il me pressait, il disait "je veux te détruire !", c'était un torrent de passion[13]. » Peut-être un peu trop pour la jeune Maria Reiter. Il l'effraie en même temps qu'il l'attire.

Il lui envoie deux exemplaires de *Mein Kampf* dédicacés pour tenter de la rassurer : « Lis-le d'un bout à l'autre, et, je le crois, tu me comprendras mieux. » Pas sûr que le pamphlet sulfureux apaise la jeune femme. N'ayant aucune envie d'avaler l'indigeste autobiographie, elle ne peut saisir la personnalité cachée de son amoureux. L'incompréhension s'installe.

Maria vit depuis leur rencontre dans une attente permanente. Viendra-t-il aujourd'hui ? Non, toujours pas. Lui enverra-t-il un petit mot ? Non, bien sûr, il est occupé avec d'autres. Du moins le dit-on à Berchtesgaden.

A l'été 1927, une rumeur circulant sur la vie privée

d'Hitler ravive ses espoirs : celle de son futur mariage avec une jeune fille du village. L'intéressée étant encore mineure, cela pourrait conduire Hitler, toujours en sursis, à nouveau en prison. L'affaire est assez sérieuse pour qu'il prenne la peine de démentir dans le journal de propagande du parti nazi, le *Völkischer Beobachter* : « *Les Dernières Nouvelles de Leipzig* prétendent que je vais me fiancer. La nouvelle est, du début à la fin, pure invention. » Hitler ira même jusqu'à envoyer un de ses proches faire attester à Maria par un acte notarié qu'elle n'a pas couché avec lui et qu'aucun mariage n'est envisagé. Douche froide pour Maria. Adieu veaux, vaches, Adolf.

Prise de désarroi, la jeune « Mitzi » se dirige calmement vers la cour de la demeure parentale. Elle trouve une corde à linge, la fixe minutieusement au pilier du porche de la maison. Plutôt mourir que de vivre sans Adolf : Maria se pend après avoir solidement fait le nœud. Elle est décidée à en finir. Au bord de l'asphyxie, elle est sauvée par ses parents.

L'existence doit reprendre ses droits, et si ce n'est par goût, au moins par obligation. Pour oublier, Maria convole rapidement. A 18 ans, la voilà mariée, vivant désormais paisiblement dans cette campagne qu'elle affectionne. La vie continue bon an mal an, mais pas complètement sans Adolf. Elle lui écrit en secret. Lui regimbe à répondre, la tête à ses affaires politiques et ses autres aventures. A Noël 1928, elle lui envoie un cadeau. Hitler fait l'effort de répondre, mais avec une distance marquée :

« Ma chère et charmante enfant,

Ce n'est qu'à la lecture de ta lettre, si émouvante, que j'ai compris combien j'avais eu tort de ne pas t'écrire dès mon retour… Avant d'aborder le contenu de ta dernière lettre, je veux d'abord te remercier du délicieux cadeau dont tu m'as fait la surprise. J'étais vraiment heureux de recevoir ce témoignage de ta tendre amitié à mon égard. Cela me rappellera toujours ton petit visage effronté, et tes yeux. Quant à tes angoisses intimes, sois certaine que tu as toute ma sympathie, mais tu ne devrais pas laisser la moindre tristesse accabler ta jolie petite tête. [...] Quel que soit le bonheur que ton amour me donne, je te demande du fond du cœur, pour ton salut, de continuer à écouter ton père.

Et maintenant, mon très cher trésor, reçois les pensées les plus affectionnées de ton Wolf qui pense à toi sans cesse. Adolf Hitler. »

Maria n'est pas heureuse en ménage et divorce en 1930. Elle a 20 ans. Toujours éprise de son Loup, elle réussit à reprendre contact avec lui. Devenue une femme, elle sait comment fléchir la volonté d'un homme. Elle confie au journaliste Günter Peis que c'est à cette époque qu'ils ont leur premier rapport sexuel. La nuit reste sans lendemain. Mitzi disparaît de la vie d'Hitler, qui aura pour elle une dernière attention à la fin de la guerre : 100 roses rouges envoyées en personne pour cette ancienne amante aux yeux tendres et à la petite tête effrontée.


## Onkle Alf

Les craintes de Mitzi concernant les autres aventures d'Adolf étaient fondées. Depuis l'automne 1927, en effet, il vit avec celle qui est la seule « qui sache rire avec les yeux [14] ». Angelika Raubal, sa nièce de 19 ans, l'a rejoint dans son nouvel appartement de Munich, afin de poursuivre des études de médecine. Peut-être un prétexte pour sortir du giron maternel – son père est mort quand elle avait 2 ans. Sa mère, institutrice au caractère bien trempé, gère en effet la vie de la jeune femme comme si elle était toujours une enfant. La médecine bien vite abandonnée, Geli décide de rester auprès d'oncle Alf.

Leur première rencontre a eu lieu trois ans plus tôt,

en 1924, à la prison de Landsberg où elle a accompagné son frère Leo et sa mère venus lui rendre visite. Elle a alors 16 ans, et il découvre une rondelette et joviale adolescente qui va prendre une place qu'il pensait inexistante dans sa vie intime.

Ils reprennent contact à l'occasion d'un voyage de classe organisé par le professeur d'histoire de Geli, en avril 1927, à Munich. Celui-ci rêvant d'une carrière politique et apprenant que Geli est la nièce du célèbre Hitler, il saisit l'occasion et précipite sa classe dans la ville où son idole réside. Sur place, Angelika est plus séduite par la personnalité de son oncle que par son programme politique, comme en témoigne Alfred Maleta, futur président du Conseil autrichien, qui fait alors partie du voyage : « Elle ne comprenait absolument rien. Pour elle, Hitler était simplement le cher oncle, et seulement par hasard un grand homme politique. »

Logeant lors de la visite scolaire chez Helèn Bechstein, la dévouée bienfaitrice d'Hitler, elle a apprécié le luxe dans lequel il évolue, fréquentant la haute société, et se déplaçant toujours avec chauffeur et gardes du corps. Six mois plus tard, son diplôme d'études secondaires obtenu, elle emménage avec ce cher oncle à Munich.

Angelika n'a pas été entièrement subjuguée par Adolf. Elle a remarqué le chauffeur d'Hitler, Emil Maurice. Celui qui conduit alors la rutilante Mercedes décapotable est un séduisant jeune homme d'origine française, dont le charme marque ceux qui l'approchent. Son regard est son arme principale, tout comme Hitler, mais dans un registre plus mélancolique. Il porte une petite barbe taillée avec soin et sait divertir ses compagnons.

De délicieux déjeuners sur l'herbe égaient alors les journées munichoises de Geli, Adolf et Maurice. On emporte des couvertures de laine à carreaux, des paniers de pique-nique. Maurice sort sa guitare et entonne des chants populaires irlandais. « Nous les filles, nous nous éloignions vers un endroit caché derrière les buissons pour nous baigner… Nous nagions nues et nous nous faisions sécher au soleil. Une fois, une nuée de papillons se posa sur Geli toute nue[15]. »

Pour Geli, ce fut certainement la découverte de sa sensualité, au contact de deux hommes très différents, entre lesquels elle sera bientôt tiraillée.

Pour Hitler également, ces temps bucoliques et joyeux comptent parmi les meilleurs de sa vie : « Je peux me trouver auprès de jeunes femmes qui me laissent de glace. Je n'éprouve rien, ou elles m'agacent en réalité. Mais des filles comme la petite […] Geli, avec elle, je deviens joyeux et vif. Et lorsque j'ai passé une heure à écouter leurs bavardages, si légers soient-ils (il me suffit même de rester auprès d'elle), alors je suis libéré de tout souci, et de toute indolence. »

La rivalité va bientôt perturber le petit groupe. Hitler avait souvent encouragé Emil à prendre femme : « Je viendrai déjeuner chez *vous* tous les jours si tu te maries », lui disait-il. Mais ce « vous » ne signifiait pas à ses yeux le couple formé par sa nièce et son compagnon de route. Encouragé par ce qu'il prend pour une acceptation tacite, Emil se lance, et demande sa main à Angelika. « Pour moi ce ne pouvait être qu'elle », écrit-il. Elle accepte immédiatement. Il faut encore annoncer la bonne nouvelle à oncle Alf. Bienveillant jusque-là, il entre dans une fureur noire et accable son ancien ami. Il interdit ensuite formellement à Geli d'approcher de son prétendant.

Nous sommes à Noël 1927. Voici ce qu'elle envoie à son cher Emil : « J'ai souffert en deux jours plus que jamais auparavant. […] J'ai maintenant le sentiment que ces journées nous ont liés pour toujours. Il y a une chose que nous devons commencer à comprendre, oncle Adolf exige que nous attendions deux ans. Pense donc, Emil, deux années entières où nous ne pourrons

362

nous embrasser que de temps en temps, et toujours sous la surveillance d'OA ! [...] Je ne peux que t'offrir mon amour et t'être fidèle sans condition. Je t'aime si infiniment ! »

Désormais, il dictera les conditions de sa vie quotidienne, comme de sa vie sentimentale. Pour rester à Munich auprès d'Emil, Geli vient de renoncer à son libre arbitre, et de se mettre sous la coupe d'Adolf. « Oncle A est terriblement gentil à présent. J'aimerais bien lui faire un grand plaisir, mais je ne sais pas comment. »

Les fourberies d'Adolf ne se limitent pas au parti : dans son cercle intime aussi, il sait manipuler et exiger de grands sacrifices aux gens qui l'entourent.

Les endroits favoris d'Hitler à Munich deviennent peu à peu ceux de Geli : le Café Heck, et l'Osteria Bavaria, centres nerveux du réseau nazi naissant. Elle devient la coqueluche des futurs dignitaires dans ces lieux où ils se retrouvent. Quand elle est à table avec eux, tout tourne autour d'elle, et Hitler ne cherche plus à monopoliser la conversation. Avec ses façons naturelles, dépourvues de toute coquetterie, elle met par sa seule présence toute la tablée dans la meilleure humeur. « Tout le monde était entiché d'elle », note Heinrich Hoffmann, le photographe attitré d'Hitler.

Geli entraîne son oncle A dans des activités féminines bien à l'opposé de ses préoccupations. Il l'accompagne faire les magasins, la suit dans des boutiques à chapeaux où elle adore aller, la regarde patiemment essayer tous les modèles, et se décider ensuite pour un béret basque [16].

A l'été 1928, six mois après la brouille avec Maurice, il n'est officiellement plus question de l'imprudent chauffeur. Mais Goebbels note dans son journal les rumeurs qui circulent : « Il [se] raconte des choses folles sur le chef. Lui, sa nièce Geli et Maurice. La tragédie qu'est la femme. Faut-il donc se désespérer ? Pourquoi devons-nous tous souffrir à cause de la femme ? Je crois fermement en Hitler. Je comprends tout. Le vrai et le faux [17]. »

Hitler n'est pas homme à laisser circuler de tels ragots et décide de se débarrasser d'Emil, devenu gênant. Il lui annonce brutalement son congé. Or, séduire la nièce de son employeur ne constitue pas un délit aux yeux de la loi : Emil Maurice intente une action en justice envers Hitler. Il reçoit un coquet dédommagement qui, on s'en doute, finit d'agacer complètement l'oncle A, et peut ainsi s'installer à son compte comme horloger. On n'entendit plus guère parler de lui.

Hitler se justifie en disant vouloir empêcher qu'elle ne tombe entre les mains de quelqu'un d'indigne. Il veut surtout éviter qu'elle ne tombe dans d'autres que les siennes. Lucide sur les intentions de son ancien patron, Emil Maurice a compris, peut-être avant lui, de quoi il retourne : « Il l'aimait, mais c'était un amour étrange, inavoué. »

Les relations incestueuses vont se resserrer. Hitler commence à dessiner sa nièce, la prenant pour modèle et la faisant poser nue. Ses dessins ne sont cependant ni datés ni signés par celui qui avait autrefois voulu entrer aux Beaux-Arts de Vienne. Ils pouvaient le compromettre, et il les mit en lieux sûrs sous la surveillance d'un homme discret : Franz Schwartz, trésorier du NSDAP.

Au contact de cette vie facile, Geli va changer ses plans d'avenir : elle décide de se lancer dans la chanson. A partir de 1929, elle prend des cours de chant et se prépare de manière intensive à monter sur scène. Hitler, qui possède de nombreuses relations, convainc le chef d'orchestre Adolf Vogen ainsi que Hans Streck de donner à la débutante des leçons particulières. Geli partage ainsi son temps entre les déplacements avec son oncle, les moments de détente à l'Osteria, ainsi que les cours de chant avec la crème de la scène munichoise. « Elle peut être détournée de toute occupation plus sérieuse par le coiffeur, l'habillement, la danse et le théâtre. Il n'y a que des journaux et des romans qu'elle lit encore volontiers. Et Geli peut lire en même temps les feuilletons dans 12 revues et journaux différents. » Voici comment Hitler lui-même décrit la vie insouciante de sa nièce auprès de lui.

En cette année 1929, il jouit en effet d'un train de vie agréable. Il dispose non seulement des dons de nombreux bienfaiteurs et surtout bienfaitrices, mais de plus il est devenu un auteur à succès, avec son fameux *Mein Kampf*, qui rapporte des droits d'auteur qui lui assurent une existence confortable.

Geli, qui avait loué une petite chambre dans une pension de jeunes filles, au 43, Königinstrasse, emménage définitivement chez son oncle. Le bel et vaste appartement de la place du Prince-Régent accueille une nouvelle sous-locataire qui se loge dans la plus belle chambre. Il s'agit d'une pièce d'angle qui a les faveurs en ce début de XXe siècle. Et pour la décoration, son choix se porte sur un mobilier campagnard, commandé spécialement à Salzbourg. Son nécessaire féminin et sa garde-robe prennent place dans des armoires, des coffres et des commodes rustiques qu'elle agrémente de tentures vert pâle dans une habile association de couleurs.

Puis, elle accroche au mur la pièce maîtresse : une aquarelle signée par le soldat Adolf Hitler, représentant un paysage de Belgique qu'il avait pu admirer lors de son séjour dans les tranchées.

La jeune Viennoise découvre avec plus de plaisir encore le Berghof. Elle peut s'emparer des lieux, jouant à la maîtresse de ce Versailles au rabais d'Hitler. Une petite maison de bois agréable, avec un large toit en auvent et des pièces modestes. Une salle à manger, un petit salon, trois chambres. Les meubles rustiques donnent au logement un caractère de petite bourgeoisie confortable. Une cage dorée avec un canari, un cactus renforcent cette impression[18]. Il y a des croix gammées sur les bibelots. C'est à l'abri des murs de cette résidence isolée sur les sommets qu'Hitler installe la nièce dont il commence à être sérieusement entiché.

Les employés ont pour consigne de satisfaire ses envies de jeune fille en la conduisant aussi souvent qu'elle le veut à Munich, ou même à Vienne, pour acheter les derniers articles de mode. Ce dont elle ne se prive pas. « Elle est ce que j'ai de plus précieux », déclare-t-il à cette époque à Heinrich Hoffmann.

Ils profitent de tous les plaisirs de la popularité, sans en avoir les inconvénients : dans la journée, il se promène au Berghof vêtu de culottes de peau. Le soir, il se rend au théâtre en smoking. Il aime l'emmener à l'opéra entendre les œuvres de Wagner qui le remplissent d'orgueil. Goebbels note dans son journal : « Le chef est là avec sa jolie nièce dont on aimerait presque tomber amoureux. Près de lui pour *L'Or du Rhin*. » Ils finissent ensuite la soirée en compagnie des acteurs au restaurant. « Ma Mercedes surcomprimée ravissait tout le monde », se félicite-t-il.

1930 et 1931 sont les années où le parti nazi connaît sa grande ascension, et commence à peser lourdement dans la vie politique allemande. Hitler sent le pouvoir à portée de sa main ; la tension nerveuse de ce chef agité est alors à son comble. Ce que ses opposants ne savent pas, c'est que pour le moment il connaît le bonheur domestique en compagnie de la « ravissante Geli ». A mesure que les succès électoraux s'enchaînent et que le parti continue sa montée inexorable, Hitler est de plus accaparé par ses activités politiques. Il consacre de moins en moins de temps à Geli. Ses séjours au Berghof, où elle réside, s'espacent. Moins ouvert aux frivolités, Hitler se fait de plus en plus directif.

Il refuse maintenant nombre de ses caprices. Le 15 septembre 1931, les choses semblent se dégrader brutalement. Geli exige d'aller à Vienne, seule, prendre de nouvelles leçons chez un professeur réputé, et sûrement un peu de bon temps. Sans doute aussi pour s'éloigner de la tutelle encombrante de son oncle. Devant le refus obstiné de celui-ci, elle choisit une option radicale.

Le 18 au matin, elle entre avec discrétion dans la chambre personnelle d'Adolf, elle y subtilise un Walter 6,35 millimètres qu'il garde toujours dans une commode, à portée de main. Vers 15 heures, les employés d'Hitler entendent un petit bruit qui n'attire pas leur attention. A 22 heures, on trouve la porte de la chambre de la jeune fille close. Le lendemain matin, n'ayant toujours pas entendu de bruit, on décide de forcer la porte. Hitler quitte Munich lorsqu'un taxi le rattrape à toute allure et lui annonce qu'il doit revenir en ville de toute urgence car un événement grave s'est produit. Au téléphone, on lui dit que quelque chose est arrivé à Geli, sans lui préciser quoi.

Hitler fait alors rugir sa Mercedes pour regagner au plus vite son domicile. Si vite qu'il écope d'une amende après un contrôle de police. Arrivé chez lui, on lui annonce la mort de sa nièce.

Le rapport de police nous renseigne sur le drame. Le docteur Müller, médecin légiste, a constaté que la mort était due à un coup de feu dans les poumons, et que la rigidité cadavérique était survenue depuis plusieurs heures déjà. Il s'agissait d'un tir à bout portant appliqué directement sur le corps, dans l'échancrure de la robe. La balle a pénétré au-dessus du cœur, qui n'a pas été touché ; et l'on pouvait encore la sentir sous la peau, sur le côté gauche du dos. Selon le docteur Müller, il s'agit en tout état de cause d'un suicide. Geli a voulu se tirer une balle en plein cœur, mais a raté sa cible de quelques centimètres. La balle a transpercé dans toute sa longueur son poumon, qui s'est bientôt rempli de sang, et elle est décédée d'une lente asphyxie. Le geste visait la mort instantanée, mais il a provoqué une longue agonie dont elle aurait pu être sauvée. On l'a retrouvée dans sa chemise de nuit bleue, brodée de roses rouges. D'après les témoignages concordants, le bruit de la détonation fut entendu aux alentours de 15 heures. L'autopsie situe le décès entre 17 et 18 heures. Mais personne alors n'a soupçonné le geste de Geli [19].

Car les motifs semblent terriblement futiles. Annie Winter, une des domestiques, se souvient : « Elle m'avait raconté que l'oncle Adolf ne voulait pas qu'elle s'achète une nouvelle robe, et avait refusé de lui offrir un voyage à Vienne ; elle ne s'habillait plus en effet qu'à Vienne ou à Salzbourg. » Une de ses amies à qui elle téléphona en ce jour fatidique confirme la déception quant à la robe, qu'elle lui avait longuement décrite au téléphone, sans toutefois évoquer sa sombre intention.

Un journal local donne quelques indices supplémentaires sur le déroulement des faits :

« Suicide. La police nous communique qu'une étudiante de 23 ans s'est tiré une balle de revolver en plein cœur, à son domicile du quartier de Bogenhausen. [...] Vendredi après-midi, les propriétaires de l'appartement entendirent un cri, mais n'imaginèrent pas qu'il provenait de la chambre de leur locataire. »

Un autre journal, le *Münchener Post*, publie quelques jours plus tard un article qui revient sur ce « cri » entendu par les voisins. Il est fait mention d'une dispute entre Hitler et sa nièce, ce dernier interdisant les fiançailles de Geli avec un homme qu'elle aime. Décrite comme violente, la scène est supposée avoir abouti au meurtre de Geli. Le journal affirme que la défunte avait le nez brisé, et des contusions sur le corps. Cependant, le docteur Müller affirma que ces accusations étaient fausses, et l'on fit témoigner les deux employées qui s'occupèrent de la toilette mortuaire. Elles furent catégoriques. De telles traces n'avaient nullement été remarquées. L'amende d'Hitler fut retenue comme preuve de sa bonne foi : il ne pouvait être sur les lieux au moment fatidique.

Il se lamente de sa condition de veuf : « La femme joue un rôle plus important dans la vie de l'homme qu'on n'est disposé à le reconnaître quand on se passe d'elle. Certes, j'ai surmonté le besoin de posséder physiquement une femme. Mais la valeur pour moi d'une main féminine aimante, se tenant près de mon cœur, et ce que représentait pour moi la sollicitude continue dont elle m'entourait, voilà ce que je remarque maintenant que je l'ai perdue. Le plus grand manque, un vide béant, voilà ce que j'éprouve pourtant quand je m'attable le matin pour le petit déjeuner, ou quand je rentre pour le repas du midi ou du soir, et que je suis proprement seul, très seul [...]. Rien que quand elle était tranquillement assise à côté de moi à faire des mots croisés, j'étais entouré d'un bien-être, que remplace à présent un sentiment glacé de solitude[20]. »

Geli est enterrée à Vienne le 23 septembre 1931. Hitler écrit : « Maintenant on m'a tout pris. Maintenant je suis tout à fait libre, intérieurement et extérieurement. Peut-être devait-il en être ainsi. Maintenant je n'appartiens plus qu'au peuple allemand et à mon devoir. La pauvre Geli, elle a dû se sacrifier pour moi. »

Pourtant, Hitler l'éploré trouve rapidement des ressources pour reprendre son activité frénétique. Le lendemain, il tient un meeting à Hambourg, où il est acclamé par plus de 10 000 sympathisants.

## Eva, en attendant Adolf

### Cent ans de solitude

Berghof, résidence privée d'Hitler. Avril 1935. On frappe à la porte qui sépare la chambre d'Hitler de son bureau. Le Führer n'entend pas. On frappe une nouvelle fois. Toujours rien. Soudain, la porte s'ouvre et elle entre. Elle regarde Döhring, le régisseur du lieu, étonnée, et lui dit : « Eh bien, vous êtes toujours là, vous ? Qu'est-ce que vous faites ici ? » Elle se rapproche de lui, esquissant quelques mots. Pas de réponse. Elle lui parle une deuxième fois ; toujours rien. Et puis tout à coup, il s'emporte : « Te revoilà une fois de plus ?! Mais tu vois bien que j'ai du travail ici, un travail de fou ! Tu viens toujours à des heures parfaitement impossibles, tu n'es d'aucune utilité dans cette pièce pour l'instant[21]. » Elle, furieuse, le visage cramoisi, redresse la tête et dévisage Döhring, puis sort en claquant la porte à faire trembler le chambranle. Et c'est alors que le régisseur découvre la mine du Führer : un sourire cynique exprime sa jouissance. La jeune femme, qui se permet d'entrer dans la chambre d'Hitler sans y être explicitement conviée et qu'il se réjouit de congédier avec orgueil, n'est autre qu'Eva Braun. On sait qu'Hitler savait feindre ses fureurs, surtout dans le cadre de l'intimité. La scène, véritable jeu de couple théâtralisé pour la présence de l'observateur Döhring, n'est pas anodine. Eva est d'un côté la jeune femme qu'il aime à terroriser pour se passer les nerfs, de l'autre, elle est la femme audacieuse qui claque la porte au nez de l'impitoyable chef de l'Etat nazi.

Ce que la scène ne dit pas, c'est qu'une fois la porte refermée, elle s'effondre : « J'ai beau me chanter toujours *Tout va très bien madame la marquise*, cela n'avance pas beaucoup. [...] L'amour a été rayé de son programme. Maintenant qu'il est de retour à Berlin, je me dégèle un peu. Mais il y a des jours, la semaine dernière, où j'ai pleuré chaque nuit en acceptant mon "devoir". J'ai vomi quand je suis restée seule à la maison pour les fêtes de Pâques[22]. »

Depuis le début de l'année 1935, Eva, pourtant toujours rieuse, pleine d'entrain et de rêves, est sombre, mélancolique. Voilà presque six ans qu'elle aime en secret cet homme du tout ou rien, qui l'emporte et la balaie de ses idées, de ses mots. Son mal-être commence à se faire plus présent, physique.

Déjà le jour de son anniversaire, le 6 février, elle laisse ce commentaire amer : « Je viens d'atteindre heureusement mes 23 ans. Que ce soit heureux est une autre question. Pour l'instant, heureuse, très certainement, je ne le suis pas. »

Ses absences interminables, les nuits à l'attendre… Que fait-il de ses nuits ? Pense-t-il à elle ? Alors pourquoi ne vient-il pas ? Il doit lui avoir trouvé une remplaçante. Une jeune modèle… « Mais ce sont les rondeurs qu'il préfère. Si c'est vrai, il aura bien vite fait de lui faire perdre 30 livres, à force de soucis, si elle ne possède pas le talent de grossir dans le malheur[23]. »

La solitude dans laquelle l'a enfermée cette relation devient insupportable. Eva manque cruellement d'affection. Elle cherche un être de substitution à câliner : « Si j'avais seulement un petit chien, alors je ne serais pas aussi seule. » Eva a demandé à Hitler un petit basset pour ses 23 ans. « Et voilà, encore rien. Peut-être l'an prochain, ou encore plus tard. » Temporiser, elle apprend à le faire à force de mauvais coups et de paroles trahies, depuis qu'elle est avec lui. « Surtout, ne pas désespérer, il faut que j'apprenne à être patiente. » Rien ne vient. « Peut-être suis-je ingrate au fond », finit-elle par s'interroger. Se culpabiliser plutôt que de voir l'inconsistance de celui que l'on chérit, dure loi de l'amour à laquelle elle est confrontée quotidiennement.

Le jour de ses 23 ans, plus sombre que jamais, Eva perd tout espoir de bonheur. Et pourtant elle l'aime. Elle l'aime à mesure qu'elle s'étiole. Même les fleurs qu'on lui a offertes en ce jour sentent la mort. Elle achète deux billets de loterie, comme pour convoquer le sort, persuadée que quelque chose de miraculeux va venir la sauver de cette torpeur : « Je ne serai donc jamais riche, il n'y a rien à faire ! » Décidément, tout se délite autour d'elle, et cet hiver munichois qui n'en finit pas.

L'espoir est ce qui est le plus dur à tuer chez une femme amoureuse. Peut-être Hitler la couvrira-t-il de cadeaux. Quelques jours avant, il lui avait fait la surprise de venir ! « Il était là. Mais c'est non pour le petit chien, non pour les armoires bourrées de robes. Il ne m'a même pas demandé si j'avais un souhait pour ma fête. Néanmoins je me suis acheté seule des bijoux. Le collier, les boucles d'oreilles, et l'anneau pour 50 marks. Très joli le tout. Espérons que cela lui plaira. Sinon, il peut me chercher quelque chose lui-même. »

Hitler ne viendra pas. Au moins trouve-t-elle quelque réconfort dans la perspective d'une promenade entre filles avec ses amies et ses sœurs, Gretl, Herta, Ilse, et Mutti, au mont Zugspitze, dans les Alpes bavaroises. Prendre l'air, passer la journée dans la chaleur et la lumière… Mais son fiancé secret ne veut pas entendre parler de telles réjouissances : Hitler refuse qu'elle s'amuse sans lui. C'est non aussi pour le voyage. Et les désirs d'« Alfi » font loi.

Il lui promet de l'installer dans une maisonnette, repousse toujours ses visites. Eva s'en remet à Dieu : « Faites que cela devienne vraiment vrai, et que cela se réalise dans un temps proche. »

Ni Dieu ni Adolf ne semblent écouter ses appels. Peu importe. Si Alfi ne vient pas à Eva, Eva ira à Alfi. Elle projette de le rejoindre dans la capitale. Il lui a pourtant interdit de venir à Berlin. Elle a honte de le présenter à ses amies. Charlie, qui devait l'accompagner, tombe malade : « Peut-être est-ce mieux ainsi. Il arrive parfois qu'Il se comporte de façon grossière, et cela la rendrait encore plus malheureuse. » Nouvelle déception pour Eva, Hitler lui ferme la porte de sa chancellerie. Elle doit rester sa maîtresse munichoise : « Je n'ai pas la permission de lui écrire, ce cahier doit être là pour accepter ma lamentation. » Bâillonnée, elle se sent malheureuse à mort.

Les brèves rencontres sont d'une intensité qui font oublier tout le reste : « Il est venu samedi soir. […] J'ai passé chez lui jusqu'à minuit deux heures merveilleusement belles. »

La vie avec le chancelier d'un Reich sur le pied de guerre ne s'écoule pas de manière prévisible : « Il m'avait promis que je le verrais dimanche, mais bien que j'aie téléphoné et l'aie fait demander à l'Osteria où j'ai laissé un message disant que j'attendais ses nouvelles, il a pris l'avion pour Feldafing (l'aéroport près du Berghof). […] il aurait pu m'en informer. J'attendais chez Hoffmann sur les charbons ardents et j'imaginais à tout moment qu'il allait arriver. »

Hitler ne reviendra pas avant deux semaines, et jusque-là, elle ne sera qu'attente. « Je n'ai plus de tranquillité », constate-t-elle, lucide. Les voies du Führer sont en effet impénétrables, et les journées passent en questionnements stériles pour la pauvre Eva qui s'évertue à rationaliser les humeurs de son impitoyable amant. « Je ne sais pas pourquoi il est fâché avec moi, ce doit être à cause du bal. Mais c'est lui-même qui m'a donné la permission… Pourquoi est-il parti ainsi sans me dire au revoir ? »

Les nerfs de la jeune femme sont mis à rude épreuve. Elle manque de sommeil autant que de distractions. « Maintenant je m'achète à nouveau des comprimés de somnifère, alors je me trouve dans un état de demi-folie et je n'ai plus besoin de penser tellement à ces choses. » Plus qu'un objet de désir, Alfi est devenu une obsession permanente, dont rien ne peut la soulager. « Je ne souhaite qu'une seule chose, devenir très malade, et ne plus entendre parler de lui pendant au moins huit jours. Pourquoi ne m'arrive-t-il rien ? Pourquoi dois-je supporter tout cela ? Ah, si je ne l'avais jamais rencontré [24] ! »

Le 11 mars, c'est le coup de grâce. Eva attend son amoureux pendant trois heures devant l'hôtel Carlton. Elle le voit soudain s'approcher, acheter des fleurs. Alors qu'elle se sent tressaillir, elle aperçoit auprès de lui une actrice d'origine tchèque, la belle Annie Ondra. Il part dîner avec sa conquête. Avec perspicacité, la jeune Eva découvre en ce jour de 1935 ce que les hommes politiques de l'Europe découvriront trop tard : Hitler ne tient pas ses promesses.

Tous les éléments sont donc en place pour que la Pénélope malgré elle décide de faire une sortie fracassante qui fasse prendre conscience à Hitler de ses manquements.

Continuant sa chute, elle note au matin du 28 mai 1935 : « Je viens à l'instant de lui envoyer une lettre décisive pour moi. La prendra-t-il au sérieux ? Bah, nous verrons bien. Si je n'ai pas de réponse avant 10 heures ce soir, je prendrai simplement mes 25 comprimés de somnifère et m'endormirai très doucement. » Est-ce là l'amour fou qu'il lui avait promis ? Trois mois qu'il ne lui a pas envoyé un petit mot ! D'accord, il a eu la tête pleine, ces temps-ci, avec ses problèmes politiques, mais il doit y avoir quand même un répit.

Aux yeux d'Eva, l'épuration des SA, l'assassinat du chancelier autrichien Dollfuss, la préparation d'un accord avec l'Italie de Mussolini sont autant d'excuses d'Alfi pour s'éloigner d'elle. Après tout, « quelques mots gentils chez Hoffmann ou ailleurs ne l'auraient pas distrait outre mesure. Je crains qu'il n'y ait autre chose derrière ».

Eva met en balance ses problèmes sentimentaux et la politique extérieure du Reich, et sait se montrer pour Hitler, elle aussi, un tyran domestique. Par aveuglement, par caprice, par amour, peut-être par inconscience. Plutôt que de le quitter simplement, elle l'accule à reconnaître ses torts, en lui offrant le spectacle de sa propre mort. Ce 28 mai 1935, n'ayant toujours pas de réponse à la lettre qu'elle a envoyée la nuit venue, elle a statué sur la méthode du chantage : « Je me suis décidée pour 20 tablettes. Cette fois-ci il faut que ce soit absolument "sûr comme la mort". Si seulement il faisait téléphoner. »

Pourtant, une voyante lui avait dit un jour : « Le monde entier parlera de toi et de ton amour. »

Quelques heures plus tard, sa sœur Ilse retrouve Eva dans le coma, dans son appartement de Munich. Aide médicale, elle lui administre les premiers soins et appelle son patron, le docteur Levi Marx. C'est pendant son inconscience qu'Ilse arrache les pages du journal que nous venons de lire. Elle les restituera à Eva en ayant pris soin de les recopier au préalable. Ce sont les seules qui seront conservées.

Comment cette jeune femme qui rêve de devenir actrice, joyeuse et légère, a-t-elle pu sombrer ainsi en une année ? Il nous faut revenir au mois de septembre 1929. Le début de la fin.

## La sirène de chez Hoffmann

Septembre 1929, 50, rue Schelling, à Munich, l'atelier du photographe Heinrich Hoffmann. Ce dernier aide Hitler à prendre des poses avantageuses sur ses clichés. C'est un ami chez lequel il passe souvent déjeuner et faire quelques essais de nouvelles attitudes et d'éclairages flatteurs. Eva est l'assistante du maître Hoffmann.

Ce jour-là, le patron entre, accompagné d'un homme « d'un certain âge, avec une moustache bizarre, et un manteau anglais en tissu clair, un grand chapeau de feutre à la main ». Elle les regarde depuis l'escabeau sur lequel elle est perchée, sans se retourner. Elle constate que l'homme l'observe. Il ne la dévisage pas, il lorgne ses jambes. « Ce jour-là, justement, j'avais raccourci ma jupe, et je ne me sentais pas très bien, parce que je n'étais pas tout à fait sûre d'avoir réussi l'ourlet. » L'homme se présente : Herr Wolf.

La jeune femme âgée de 17 ans est née le 6 février 1912 dans une famille typique des faubourgs munichois, relativement modeste sans être pauvre. Son père est plutôt hostile aux nouvelles idées nazies. Sa mère, couturière, est catholique pratiquante. Tous deux forment un couple conservateur. Eva est la benjamine de trois sœurs, le chouchou de la famille, surtout du père. Les filles Braun sont éduquées dans une école religieuse où Eva, peu encline à l'étude, se montre déjà séductrice. On a bien du mal à lui inculquer quelques notions de français, de dactylographie, de comptabilité, et quelques rudiments d'économie domestique afin d'en faire une bonne femme au foyer.

Ilse, l'aînée, montre plus d'intérêt pour l'école, mais Eva compense cela par un charme qu'elle sait utiliser à bon escient : « Elle vécut toute son existence dans le monde des sentiments, et se ferma totalement à l'univers du savoir », se souvient-elle.

Son intérêt se porte plus naturellement sur le sport et la mode, qui sont le centre de sa vie. Elle se voit actrice de cinéma. Elle collectionne les revues, photographies d'acteurs et d'actrices de l'époque, et aime particulièrement les films romantiques. Tous ses proches remarquent très tôt une propension à beaucoup travailler son allure et la justesse de sa mise en plis, qui est presque une obsession.

Après avoir été dévisagée par ce mystérieux quoique élégant Wolf, Eva est envoyée chercher des saucisses et de la bière à la brasserie la plus proche. « J'étais affamée et je dévorai ma saucisse. Je bus 2 doigts de bière par politesse. Le vieux monsieur me faisait des compliments. On parla de musique, d'une pièce jouée au théâtre d'Etat. Il ne cessait de me dévorer des yeux. Puis, comme il était tard, je me sauvai. Je refusai son offre de me reconduire à la maison dans sa Mercedes. Tu imagines la tête qu'aurait faite papa ! » écrit-elle à sa sœur. Avant de partir, Hoffmann la tire dans un coin de la remise et la questionne :

« Tu n'as pas deviné qui est ce monsieur ?

— Non.

— C'est Hitler ! Adolf Hitler !

— Ah… »

En vérité, ce nom ne lui dit rien. Hitler va tâcher de se rendre inoubliable auprès de sa « belle sirène de chez Hoffmann ». A Noël 1929, il lui offre sa première fleur, qu'elle conserva pieusement toute sa vie. Une orchidée jaune.

Il apprécie la candeur de cette jeune employée de vingt-trois ans sa cadette. Elle participe aux séances de photo chez Hoffmann en sa qualité d'assistante, et conserve dans son album une photo où elle sert la main du chef : « Si les gens savaient qu'il me connaît très bien », a-t-elle écrit dessous, de manière suggestive…

Mais Hitler est encore attaché à sa nièce Geli, qui en 1929 habite avec lui à Munich. Les échanges demeurent allusifs et sublimés pendant plusieurs mois. La domestique d'Hitler, Annie Winter, retrouve à la mi-septembre 1931 un billet très explicite venant d'Eva :

« Cher monsieur Hitler, je vous remercie encore une fois pour la merveilleuse invitation au théâtre. Je n'oublierai pas de si tôt cette soirée. Je vous reste très reconnaissante de votre gentillesse. Je compte les heures jusqu'au bonheur de vous revoir. Votre Eva. »

C'est à ce moment que Geli se suicide. Aurait-elle finalement été jalouse de cette nouvelle amoureuse d'Adolf qui commençait à l'accaparer ?

Il paraît évident que M. Wolf et la jeune Eva ne sont pas encore intimes, bien qu'ils se connaissent depuis près de deux ans. Après la perte de sa nièce, Hitler se rapproche de cette jeune fille qui écoute ses tirades religieusement, bien qu'elle confie à une amie qu'elles l'« ennuyaient prodigieusement », et qu'elle doit souvent consulter le dictionnaire pour le comprendre.

Le vide laissé par Geli est donc comblé par Eva, sous le patronage du photographe Hoffmann, qui joue les entremetteurs. « Il lui a pour ainsi dire servi Eva Braun sur un plateau d'argent, jusqu'à ce qu'il morde[25] », note Döhring.

La relation semble ainsi consommée en cette fin d'année 1931, si l'on en croit une amie intime d'Eva, Margarete Mitlstrasser : « Je sais parfaitement qu'ils formaient un couple : quand il venait la voir et qu'elle avait ses règles, le docteur lui donnait quelque chose pour les arrêter. » Margarete sait de quoi elle parle, puisqu'elle va personnellement chercher la médication de la jeune amante. Hitler dicte ainsi sa volonté au corps d'Eva, le temps de ses désirs doit être celui du rythme intime de la jeune femme.

Elle semble assumer parfaitement ce rôle de remplaçante de la défunte, aimant répéter que « la mort de Geli a été pour lui une catastrophe, elle devait être pour lui une femme exceptionnelle ». Pas la moindre trace de jalousie, donc. Au contraire, on voit poindre une certaine imitation, sûrement influencée par les nombreuses photographies, sculptures et peintures de sa nièce dont Hitler s'entoure. Eva la blonde porte une coiffure plus courte, à la manière de Geli, bien sûr avec son inséparable mise en plis crantée.

Les témoignages des domestiques d'Hitler font état de visites plus fréquentes d'Eva avec sa « petite valise pour le lit », à partir de 1932. Celui qui ira jusqu'à déclarer : « les femmes ont une technique : elles sont d'abord très gentilles pour capter la confiance de l'homme, puis elles commencent à tirer les rênes, et, quand elles ont les rênes enfin, solidement, elles font marcher l'homme selon leurs désirs » apprécie la compagnie de cette jeune femme qui n'a bientôt plus d'autre but dans la vie que sa prochaine rencontre avec son Alfi.

Mais la petite ne peut lui être que d'une utilité provisoire, il a déjà un objectif, devenir chancelier du Reich. Pour y parvenir, tous les moyens sont bons, et la gamine est souvent une gêne. Elle lui barre la route, il ne s'intéresse pas assez à elle, lui qui s'entoure des plus belles femmes du cinéma et de la bonne société. Pour Eva, la fille mineure et séduite, c'est un enfer, d'autant plus qu'elle ne peut en parler à personne, Alfi l'interdit.

Elle est sa charmante « bécasse » qu'il peut délaisser aussi longtemps que nécessaire, et qui n'oserait pour rien au monde le contrarier. Pourtant, Hitler va bientôt se retrouver pris au piège par la bécasse.

Le 1er novembre 1932, Eva amorce la stratégie qui fera d'elle la compagne du Führer. A l'instar de Geli, elle tente de se tirer une balle dans le cœur. C'est un suicide parfaitement manqué au point que c'est elle-même qui alerte sa sœur par ses cris. Le médecin n'a aucun mal à extraire la balle, qui s'est logée dans sa gorge. Mais elle a réussi son coup : Hitler apparaît immédiatement après avoir été prévenu. Il sait dorénavant que la passion d'Eva est totale, et accessoirement masochiste.

Surtout, elle lui montre qu'un manque d'attention se paie forcément par la mort, en faisant réapparaître le fantôme de Geli. Ce personnage public n'oublie pas non plus qu'en cette période politique mouvementée – il accédera à la chancellerie moins de deux mois après l'événement – il ne peut donner l'image d'un semeur de mort. On peut donc interpréter diversement ses propos d'amoureux blessé : « A l'avenir je devrai mieux m'occuper d'elle, ne serait-ce que pour éviter qu'elle ne commette encore une *bêtise* de ce genre. » La bêtise est-elle qu'Eva meure, ou que l'affaire entache sa carrière politique ? Candidement, elle a touché Hitler là où cela fait le plus mal : son image si travaillée. Elle a trouvé un moyen pour le garder auprès d'elle. Elle utilisera donc le même stratagème trois ans plus tard, optant cette fois-ci pour les médicaments plutôt que pour l'arme à feu.

Les mêmes causes produisent les mêmes effets : Hitler, désormais chancelier, se montre plein d'attentions pour Eva après sa seconde tentative. Elle est autorisée à rester près de lui en qualité fictive de secrétaire. Au Berghof, même si elle reste toujours hors protocole – selon la volonté du Führer –, elle se conduit dorénavant comme la maîtresse de maison. Là, dans le cercle intime d'Alfi, elle obtient maintenant l'attention et la reconnaissance qu'elle réclamait. Adolf ne transige pas sur un détail : elle est éloignée de la vie politique et de ses collaborateurs, qui ignorent jusqu'à son existence. Son arrivée dans la retraite alpine d'Hitler ne se fait pas sans heurts. La demi-sœur d'Adolf, mère de Geli, la surnomme « la vache stupide ». Elle la fait évincer rapidement.

En mars 1936, Eva et sa sœur quittent l'appartement qu'elles avaient loué près de celui d'Hitler à Munich, sur la place du Prince-Régent. C'est lui-même qui puise dans son épargne pour lui offrir un petit pavillon en banlieue. Il tient pour la première fois sa promesse. La nouvelle demeure d'Eva se trouvait au 12, Wasserbürgerstrasse, dans le faubourg de Bogenhausen. L'aspect de la maison n'a rien de particulièrement frappant, elle est même plutôt laide selon les visiteurs. De construction moderne, cette petite bicoque à deux étages, de béton gris, anonyme, dépouillée, perdue en banlieue, possède néanmoins tout le confort possible de cette période. Son intérieur révèle qu'elle abrite un personnage de haut rang : Hitler a décidé de doter la maison d'un abri anti-aérien tout confort, signe qu'il envisage peut-être d'ores et déjà une guerre. Les puissantes fondations recèlent en effet un vaste abri fermé par une porte blindée, alimenté par un système d'aération performant, un générateur électrique et des armoires contenant des provisions non périssables et de larges réserves de médicaments. Un second tunnel permet de sortir de l'abri même dans l'hypothèse où la demeure serait totalement effondrée. Une attention touchante de la part d'Alfi pour sa dulci-née : une Mercedes avec chauffeur reste à sa disposition devant la maison.

Hitler déclare à Goering, qui le confie à son journal : « Eva est trop jeune, trop inexpérimentée pour être la première dame. Elle est cependant la seule femme de ma vie, et après la guerre, quand je prendrai ma retraite, elle deviendra ma femme. » Peut-être pensait-il à vivre une fin de vie paisible dans ce petit pavillon de banlieue avec sa tendre « bécasse ».

Eva préfère le Berghof. Elle y trouve une petite société sur laquelle elle peut régner au moins fictive-ment. Premier indice de son emprise sur le lieu, elle occupe à table la place à la droite d'Hitler, faisant face à la fenêtre. Au sein de cette étiquette très stricte, elle peut aménager le décor selon ses fantaisies et s'occupe notamment de l'ordonnancement des fleurs. C'est déjà ça. Contrairement aux dîners officiels où elle est tenue d'observer le silence et de jouer à la secrétaire, elle est ici la maîtresse de maison. La tâche est ardue.

Car Adolf impose des manières très rigides à ses invi-tés. Le dîner commence tout d'abord par une formule

rituelle prononcée par le maître d'hôtel, Tony Dantzig :
« Mon Führer est servi. » Puis le secrétaire particulier
d'Hitler, Bormann, lui tient le bras jusqu'à sa chaise,
détail significatif lorsqu'on sait que les deux personnages se détestent cordialement. Le régime alimentaire
d'Hitler paraît à beaucoup quelque peu saugrenu : les
patates au four cuites dans la crème et arrosées d'huile
de lin restent en travers de quelques gorges, et les tisanes
de queues de pomme n'en facilitent pas beaucoup la
digestion.

On a souvent affirmé que la mort de Geli l'avait rendu
brutalement végétarien, ce qui est erroné. Les menus et
les témoins nous confirment qu'Hitler faisait une exception à son régime pour le Leberknöde, plat de viande en
sauce bavarois. De même, il n'a pas totalement arrêté
l'alcool, même s'il regarde avec désapprobation les gens
qui en consomment à sa table. Lui se contente de cidre,
ou de bière brassée spécialement pour lui, à Holzkirch,
contenant seulement 2 degrés d'alcool, ainsi que d'un
petit Fernet-Branca pour digérer. Voire un petit cognac
en cas de rhume. Ses menus à table sont il est vrai généralement végétariens, et il propose à chacun de partager
ses mets non carnés avec lui. Si l'on refuse – et c'est
généralement le cas –, on a droit à un sermon sur la
sauvagerie de l'abattage et de la découpe des animaux.
Enfin, décidément très à cheval sur les manières de
table, Hitler impose à ses invités de finir leurs assiettes
et interdit au maître d'hôtel de débarrasser s'il subsiste
quelque nourriture dans les auges.

De même, il n'aime guère que les femmes présentes
se maquillent, et use alors des mêmes méthodes que
pour fustiger la boucherie. A ces femmes « peintes pour
la guerre », il assène cette plaisanterie : « Si vous saviez,
mesdames, que les rouges à lèvres français sont fabri-
qués avec la graisse des restes de cuisine ! »

Eva n'en fait qu'à sa tête : elle continue à consommer

de l'alcool, de la viande, et à se maquiller. Coquette, elle voue une passion aux chaussures dernier cri. Sa garde-robe est immense, et elle change jusqu'à six fois de tenue par jour. Elle aime voyager en Italie pour se fournir en robes et en chaussures, notamment chez le couturier Ferragamo. Eva tient à jour un catalogue de ses tenues.

Hors de question d'être bien fagotée mais mal peignée ! Elle dispose d'une coiffeuse à domicile qui arrange ses cheveux de manière différente chaque jour. Ce qui lui vaut les mêmes reproches d'Adolf : « Je ne te reconnais pas avec ta nouvelle coiffure ! »

Ses excentricités vestimentaires ne sont pas non plus de son goût : il préférerait qu'elle porte la robe qu'il trouve la plus jolie chaque jour. Alfi ne supporte pas le changement, encore moins chez ses femmes. A quoi bon une telle coquetterie pour être perchée là-haut, sur la montagne, et n'avoir pas le droit d'en sortir ? Peu importe, la soif de reconnaissance d'Eva se satisfait de l'épaisseur de son catalogue. Son univers n'excède pas son dressing.

Elle, qui n'a d'autres passe-temps que le sport en dehors de la mode, a perdu ses rondeurs d'adolescente et possède maintenant un corps svelte. Verdict de l'amant : « Quand je t'ai connue, tu étais rondelette, mais maintenant, tu es sèche comme une sardine. » Elle ne relève pas, étant envers lui « incroyablement peu exigeante », comme le remarque Albert Speer[26].

Alfi se laisse parfois aller à siffloter un de ses airs favoris, la *Donkeyserenade*, mais Eva le coupe en lui affirmant : « C'est faux ! » Protestation d'Alfi : « Mais non, pas du tout ! » Eva, sûre d'elle, n'a pas peur d'aller chercher le disque et de mettre Hitler face à son erreur. « Ah, tu vois bien que tu avais tort ! » s'exclame-t-elle, triomphante. Hitler, furieux et jouant de mauvaise foi, a le toupet de rétorquer : « Sirène, c'est le compositeur qui s'est trompé. » Autre bisbille à propos de la musique : Eva passe un jour un disque américain lorsque Hitler entre dans la pièce, en lâchant : « C'est joli ce que tu passes là ». Eva lui répond alors avec assurance : « Oui, d'ailleurs ton ami Goebbels vient de le faire interdire dans tout le Reich ! »

Plus grave encore, la petite vexation imposée à Adolf par Eva : la compagnie canine. En emménageant au Berghof, elle a enfin reçu l'autorisation d'avoir un chien. Elle a choisi deux petits scottish-terriers dénommés Stasi et Negus. Seulement, le fier berger d'Hitler, la chienne Blondie, a du mal à supporter leur compagnie. Elle est donc reléguée dans la chambre d'Hitler par un jugement définitif d'Eva : « Ta chienne Blondie est un veau. » Piqué, Hitler refuse en représailles de figurer sur une photographie en compagnie des scottish-terriers, et interdit formellement à sa compagne de prendre de tels clichés. Se heurtant à un roc, Hitler parvient parfois, grâce à un joli bijou ou à un autre cadeau de prix, à amadouer Eva. Il s'autorise alors une drôle de requête : « Effie, permets-tu que cette pauvre Blondie vienne auprès de nous pour une demi-heure ? »

Les résidents occasionnels du Berghof peuvent passer quelques moments de détente en compagnie de l'infatigable dirigeant et de sa compagne, notamment le jour de l'An, seule fête conservée durant le régime nazi. Hitler est en frac, à son habitude. Eva a beaucoup fait pour le convaincre de s'habiller avec un peu de goût. « Regarde Mussolini, disait-elle, il a un nouvel uniforme ! Et toi, avec tes casquettes de facteur ! » Elle fait la guerre à ses éternelles cravates sombres et à ses souliers noirs, et insiste auprès des valets pour que ses vêtements soient repassés chaque jour. Elle lui fait constamment des reproches parce que ses cheveux sont mal peignés – sa mèche ne lui plaît pas –, ou parce qu'il s'est coupé en se rasant. Hitler lui répond : « Il y a plus de sang versé en s'égratignant quand on se rase que sur les champs de bataille de toutes les guerres ! »

Ilse Braun, la sœur d'Eva, est invitée au réveillon organisé pour la nouvelle année 1939. Elle découvre Adolf derrière Hitler, un homme qui lui fait le baise-main et l'entretient d'une voix contenue : « Quand il me regardait je sentais des gouttes de sueur descendre entre mes seins. Je n'osais même pas dire merci, moi qui m'étais promis de lui tenir un grand discours. » Le charme hitlérien fait son œuvre : « Les yeux d'Hitler n'étaient pas bleus, mais couleur d'azur, grands, fixant avec intensité, impressionnants, mais toujours immobiles. Et j'étais un peu déçue, m'étant imaginé un homme plus imposant, comme dans les portraits que l'on voyait partout. Il faisait sans cesse des gestes théâtraux avec les mains, des mains très blanches, nerveuses, comme celles d'un musicien, pas très viriles, mais jolies. »

Ilse remarque surtout une abondance de caviar sur la table. Hitler l'apprécie particulièrement. Les plats portent les initiales AH en or, et les couverts sont en or massif. Bien sûr, on ne danse pas. Eva a tenté en vain de l'entraîner dans une valse, un jour où ils étaient seuls. Il ne permet pas une telle distraction. Quand Hitler prend congé, l'ambiance se détend un peu. On se verse un peu plus de champagne et de cognac. Comme il n'y a jamais d'orchestre au Berghof, même pour un réveillon, on joue de l'accordéon. On improvise enfin un jeu de boules à la cave. Car lorsque Hitler disparaissait du champ, on découvrait une autre Eva. Elle redevenait alors drôle, joyeuse, libre.

C'est le dernier jour de l'An en temps de paix que connaîtra le Berghof. Les accords de Munich n'ayant pas amené la paix promise par Hitler, la guerre éclate à la fin de l'été, avec l'invasion de la Pologne. Comme à l'habitude, Eva a été exclue de toute décision politique, et même de toute discussion. Les négociations de 1938 entre Hitler, Chamberlain et Daladier, chefs des gouvernements anglais et français, s'étant poursuivies dans l'appartement privé d'Hitler place du Prince-Régent, Eva peut s'amuser un jour avec une amie en regardant une photo de Chamberlain et Hitler sur l'un des canapés du salon : « Si Chamberlain connaissait l'histoire de ce canapé. »

Lorsqu'il reçoit des invités prestigieux, elle disparaît instantanément du tableau : elle est confinée dans sa chambre et n'a pas l'autorisation d'en sortir. Ainsi lors de la venue de Galeazzo Ciano, ministre des Affaires étrangères italien, en octobre 1936. Comme à son habitude, elle prend plusieurs photos depuis la fenêtre à l'arrivée de la voiture officielle. Le séduisant ministre de Mussolini la remarque alors. Hitler donne instantanément l'ordre de fermer les volets. Qu'à cela ne tienne, elle continue à prendre des clichés avec un zoom. Ce rôle de recluse que l'on dissimule derrière un volet est une petite humiliation de plus pour elle. La mise en scène qu'elle adopte dans son album-photo le démontre : elle fait figurer le cliché qu'elle a pris cachée derrière le rideau avec ce commentaire : « Ordre : fermer la fenêtre ! Ou comment retourner les choses. » Sur la même page figure la photo de Ciano la regardant d'en bas, prise au même instant par le photographe officiel Hoffmann. « Là en haut, il y a quelque chose d'interdit à voir : Moi », ajoute-t-elle joueuse.

## Guerre et Paix

La première année du conflit mondial, Eva a enfin réussi à arracher à Hitler l'aménagement d'un petit appartement dans la chancellerie du Reich, à Berlin. La victoire est amère cependant : elle doit passer par l'entrée du personnel et prendre ses repas seule dans sa chambre. Elle n'a guère le temps de s'y habituer que le jugement tombe : « Eva, tu n'es pas faite pour cette vie mondaine, tu es trop précieuse pour moi, je dois protéger ta pureté. Berlin est la ville du péché. Le monde extérieur est sale et vulgaire. » Nimbée de sa pureté comme de sa solitude, Eva s'en retourne au Berghof compléter son catalogue, et s'imaginer de drôles de scenarii pour l'après-guerre.

Ses rêves de cinéma et de notoriété mondiale se cristallisent alors sur une hypothétique épopée tournée à Hollywood, qui retracerait son amour maudit avec Alfi, que le monde découvrirait après que le Reich aurait triomphé de l'Europe, de l'URSS et des Etats-Unis. Ainsi, elle accéderait au rang d'égérie de ce nouveau monde dominé par l'Allemagne.

Eva se voyant peu inquiétée par le conflit, le régisseur se souvient de ses menus raffinés alors que le reste de la population est soumis au rationnement et se nourrit grâce aux tickets délivrés par le régime. Même au Berghof, tout le monde est rationné, mais Eva ne veut renoncer à rien. Elle continue à demander des oranges, non pas pour les manger, pour les presser, ce qui étonne. La soupe à la tortue reste son plat préféré, entre autres mets exotiques.

Consultant son album-photo souvenir des années de guerre, on comprend l'esprit de cette jeune femme vivant hors de la réalité historique. En 1941, alors que commence l'opération « Barberousse » et qu'Hitler vient de lancer l'extermination programmée des Juifs, Fraülein Braun pose dans des tenues dernier cri, pratique le sport de haute montagne. Tandis que la guerre fait rage sur le front russe et que les camps se remplissent, elle se baigne dans les superbes lacs de Bavière.

Ses relations semblent s'être distendues avec Alfi ces derniers temps. Le régisseur Döhring assure qu'au début de la guerre, Hitler ressentit le besoin de supprimer l'élément féminin de sa vie. Le médecin personnel du couple dira pourtant lors de son interrogatoire par les forces alliées qu'il prescrivit à Hitler à cette époque des stimulants sexuels.

Entretenue volontairement dans le mensonge, Eva n'a plus aucun contact avec l'extérieur, sur ordre du Führer. Elle apprend un jour par un des employés qu'un bombardement a fait plus de 250 morts à Munich. Hitler recourt à une parade de bas étage pour la tranquilliser, lui assurant qu'on a simplement rajouté un zéro par mégarde : « Vous vous êtes trompée, il n'y a eu que 25 morts, c'est ce qu'a dit Bormann. » Les revers de fortune militaires ne peuvent lui être cachés très long-temps. Pressentant le pire, elle interroge les employés qui l'entourent de leur silence : « Vous pensez que cela va bien finir ? »

A la fin de l'année 1942, la réalité la rattrape sou-dain : « Evidemment, je ne répondais pas clairement. Un jour je lui ai dit "une fois de plus, nous n'avons pas atteint l'objectif militaire". Alors elle a été déprimée. Et puis il y a eu Stalingrad ; ça, ça l'a achevée », se sou-vient Döhring.

Après le recul des troupes allemandes en terre sovié-tique, sa sœur Ilse affirme en public que de toute façon la guerre est perdue. Eva n'a d'autre réaction que de lui asséner une gifle. Le monde peut bien s'écrouler, le Berghof demeurera. Pour se consoler, Eva regarde *Autant en emporte le vent*, pourtant interdit dans le Reich.

Son « Zeus Alpin » cache si bien sa petite Effie du monde que même ses collaborateurs les plus proches ne savent rien de leur relation. Goebbels, avec lequel Hitler travaille pourtant quotidiennement depuis vingt ans, ne la mentionne dans son journal qu'à partir du 25 juin 1943 ! « Pendant la pause, j'ai l'occasion de m'entretenir longuement avec Eva Braun. Elle me fait la meilleure impression qui soit. Elle est très cultivée, son jugement sur les questions artistiques est d'une vive clarté, et d'une grande maturité, et elle sera certainement d'un précieux soutien pour le Führer. » L'un des plus proches collaborateurs d'Hitler découvre, à moins de deux ans de la fin de la guerre, celle qui partage sa vie depuis quatorze ans et sa villa du Berghof depuis huit.

Dernier événement heureux avant le cataclysme final : les noces somptueuses de sa sœur Gretl, qui épouse au Berghof le Gruppenführer SS Hermann Fegelein. Elle tient particulièrement à ce que ces noces soient réussies, et avoue de manière suggestive à son amant : « Je voudrais que tout se passe comme si c'était mon propre mariage. » Nous sommes le 3 juin 1944, et les Américains sont prêts à débarquer sur la côte normande. Mais cela, Eva l'ignore superbement. Seule compte en ce jour la vie sentimentale des habitués du Berghof. A la fin de la cérémonie, elle confie à sa cousine, Gertrud Weisker : « Ma petite sœur est à présent une femme mariée, moi, au bout de seize ans je suis toujours la petite amie. »

Les événements vont se précipiter au cours de la dernière année. Peu après la noce, l'opération « Walkyrie » est déclenchée. Le 20 juillet 1944, la mallette piégée du colonel von Stauffenberg manque de décapiter l'empire allemand. Eva apprend la nouvelle alors qu'elle se baigne dans le Königssee. Rentrée précipitamment, elle somme sa gouvernante de préparer ses bagages : « Je pars pour Berlin », lui assure-t-elle. La réponse est inflexible : « Madame, cela ne se peut pas. Le Führer nous a dit que vous deviez rester au Berghof quoi qu'il arrive. » Les intentions d'Hitler ne sauraient être plus claires. Eva sera éloignée jusqu'au bout des affaires sérieuses. Elle lui fait transmettre ce billet : « Mon aimé, je ne suis plus moi-même. Je meurs d'angoisse, je me sens proche de la folie. Ici, le temps est si beau, tout paraît si paisible que j'ai honte… tu sais que je ne vis que pour ton amour. Ton Eva. » Le réveil est brutal, mais Hitler prend soin de rassurer tout de suite sa chère amie : « Ma chère petite bécasse, Je vais bien, ne te fais pas de souci. Je suis peut-être juste un peu fatigué. J'espère pouvoir revenir bientôt et pouvoir me reposer dans tes bras. »

Hitler joint au mot un présent qu'il veut rassurant, l'uniforme qu'il portait le jour de l'attentat. Il lui donne ensuite des nouvelles régulières, au moins une fois par jour, lui interdisant toujours de venir à Berlin. Les choses se gâtent à partir de janvier 1945 : les Soviétiques se rapprochent dangereusement de la capitale, et la ville est en état de siège. Elle désobéit. Son amie Margarete raconte les conditions de son départ : « Elle est partie volontairement pour Berlin assiégée le 7 mars 1945, par le train spécial. [...] Hitler, horrifié, voulut la renvoyer immédiatement. Mais on ne pouvait plus la faire changer d'idée. »

Les carnets d'Albert Speer nous renseignent sur le rôle que joua Eva lors de ces deux mois funestes dans la ville assiégée : « C'était Eva Braun la véritable personnalité capable d'affronter la mort dans ce bunker. » Elle y fait preuve d'un calme admirable et réfléchi. Tandis que tous les autres sont portés par une exaltation héroïque, comme Goebbels, ou cherchent à sauver leur vie comme Bormann, ou sont éteints, comme Hitler, Eva Braun affiche une décontraction presque joyeuse.

Le 18 avril 1945, elle écrit à sa sœur un mot dont la cécité étonne : « Il fait encore frais. Prends soin de ta personne. Je t'ai téléphoné hier soir. Imagine-toi que la couturière me réclame 30 marks pour mon corsage bleu. Elle est complètement folle ! Comment peut-elle oser demander 30 marks pour ce rien ? »

Ou peut-être Eva veut-elle simplement rassurer les siens ? A son amie Herta, elle semble donner le lendemain une version plus réaliste de ce qu'est Berlin assiégée. Après l'avoir félicitée pour son anniversaire, déplorant au passage les mauvaises communications, elle lui confie : « Je suis très heureuse que tu sois décidée à tenir compagnie à Gretl au Berghof. Depuis que l'on a bombardé Traunstein, je ne suis plus si sûre que vous soyez en sûreté. Dieu soit loué, demain, ma mère va vous rejoindre. Je n'ai plus besoin de m'inquiéter. » Le Berghof a été bombardé la veille, son amie et sa mère arriveront alors que le pillage a déjà commencé.

Plus loin, près du bunker dans lequel le groupe de fidèles d'Hitler s'est réfugié, on entend déjà les tirs d'artillerie russe. Les raids aériens sont quotidiens. De l'ouest, de l'est, de partout. Tous manquent terriblement de sommeil, et le confinement pèse sur les esprits comme sur les corps : « Mais je suis très heureuse, très spécialement en ce moment, dans SON voisinage. Il ne se passe pas de jour sans que l'on exige de moi que j'aille me mettre en sûreté au Berghof, mais jusqu'ici, c'est moi qui ai toujours gagné », pérore-t-elle. On entraîne les femmes à tirer au pistolet, au cas où… « Nous sommes devenues de telles championnes qu'aucun homme n'ose nous défier. » L'esprit sportif de Mlle Braun va décidément au-delà de la logique. Ou peut-être est-elle la seule à ne pas souffrir de l'isolement, parce qu'elle a eu des années pour s'y habituer. Alors que le monde tremble, que le bunker s'effrite, elle semble plus sereine que jamais : « Hier, j'ai probablement parlé pour la dernière fois au téléphone. A partir d'aujourd'hui, il n'y a plus de communication au téléphone. Pourtant, je crois dur comme fer que tout ira en s'améliorant. Il a plus d'espoirs que jamais. »

La nouvelle de l'exécution de Mussolini et de sa maîtresse sème encore un peu plus le trouble dans les esprits. Les occupants du bunker sentent qu'ils ne sont plus soutenus par les Allemands et que toute sortie est périlleuse. Eva ne pense qu'à l'homme qu'elle aime : « Pauvre Adolf, tous t'ont quitté, tous t'ont trahi. »

Trois jours plus tard, la prise de conscience semble être advenue : « Chère petite Herta, écrit-elle, ce sont bien les dernières lignes, et aussi le dernier signe de vie de ma part. » Nous sommes le 22 avril, une semaine avant la fin : « Je n'ose pas écrire à Gretl, mais tu dois lui faire comprendre tout cela en prenant bien garde à son état. » Eva prend ses dispositions. Ce petit univers de joaillerie et de choses précieuses qu'elle a méticuleusement réuni doit lui survivre : « Je vais vous envoyer mes bijoux, et je vous prie de les distribuer selon les instructions de mon testament, qui se trouve dans la Wasserbürgerstrasse » – la maison de Munich qu'Hitler lui a offerte. On lui découvre en ces instants tragiques une force qu'on ne lui soupçonnait pas, celle de faire face : « Nous combattrons ici jusqu'à la fin, mais je crains que la fin ne s'approche dangereusement. A quel point je peux souffrir en voyant le Führer, je ne peux le décrire. [...]. Je ne peux pas comprendre que tout cela ait pu arriver. On ne peut plus croire en Dieu. Un homme attend cette lettre. Tout, tout, affection et bonnes choses, pour toi ma fidèle amie. Salue mon père et ma mère... Salue tous les amis, je meurs comme j'ai vécu. Ce n'est pas lourd, tu le sais. Je te salue de tout cœur et je t'embrasse. Votre Eva. »

Enfin, le 23 avril, c'est la dernière lettre adressée à sa sœur qui confirme sa détermination : « Il est évident que nous n'allons pas nous laisser prendre vivants. » Elle lui exprime son intention de porter aux derniers instants le bracelet en or avec la pierre verte que lui offrit Hitler quelque temps après les débuts de leur relation. Le bracelet en diamant, et le pendentif en topaze, cadeaux d'Hitler pour son dernier anniversaire, lui reviennent.

A mesure que les mauvaises nouvelles se succèdent, l'issue devient plus certaine. Le 28 avril 1945, Hitler lance ses deux derniers communiqués : l'un est politique, et haineux : une dernière accusation envers le « judaïsme international ». L'autre est privé et concerne Eva : « Bien que pendant les années de combat j'aie estimé que je ne pouvais assumer la responsabilité d'un mariage, je me suis résolu, peu avant la fin de ma vie, à épouser la femme qui, après de nombreuses années d'une amitié véritable, est venue me rejoindre dans Berlin presque entièrement encerclée afin de partager mon destin. Suivant son propre vœu, elle me suivra dans la mort après être devenue mon épouse. »

La cérémonie se limite au strict minimum. Au soir du 28 avril, un officier d'état civil, que l'on a fait venir des dernières unités encore présentes à Berlin, recueille les consentements des deux époux. Les témoins sont Goebbels et Bormann. L'un la connaît depuis à peine deux ans, et l'autre la déteste cordialement. Au comble de l'émotion, Eva commence à signer de son nom de jeune fille, trace un B qu'elle raye, et appose finalement son nouveau patronyme… Eva Hitler, née Braun. L'encre est à peine sèche qu'Hitler évoque le suicide qu'il prévoit pour le lendemain.

C'est seulement le surlendemain, le 30 avril, vers 15 h 30, que l'histoire d'amour d'Effie et Alfi prend fin. Les derniers occupants entendent un coup de revolver, puis plus rien. Ils ont pris tous deux une capsule d'acide prussique qu'ils croquent, poison à effet immédiat. Hitler s'est simultanément tiré une balle dans la tête, par sûreté.

Dix minutes plus tard, les derniers fidèles ouvrent timidement la porte de leur chambre à coucher du bunker et trouvent le couple étendu. Adolf Hitler est assis sur le côté droit du divan, son buste légèrement penché, la tête inclinée vers l'arrière. Eva est effondrée sur le divan à côté de lui, les yeux fermés. Sur son visage, aucune expression de crainte ou de tristesse. Elle donne l'impression de dormir.

Dans une pièce à côté, une autre femme se prépare à rejoindre le Führer dans la mort. Seule à sa table, elle entame une réussite en peaufinant le scénario de ses dernières heures.

## *Magda, première dame*

Berlin, 27 avril 1945. La ville est en ruine, encerclée depuis longtemps par les Soviétiques qui ont lancé l'assaut. Les combats de rue ont commencé, mettant aux prises les armées triomphantes de Staline et les derniers partisans fanatiques d'Hitler. A l'euphorie soviétique est opposée la rage nazie de détruire, tout espoir est perdu, mais on se bat encore. Dans deux jours, Hitler se donnera la mort, là, dans le bunker du 77, Wilhelmstrasse, enterré à plus de huit mètres sous la « nouvelle chancellerie » du Reich, ultime retranchement du Führer acculé.

Pour l'instant, il se livre à une étrange cérémonie. Il est face à une femme, la regarde longuement. Son visage est agité de mille tics. D'un geste brusque qui surprend l'assistance, il ôte l'insigne en or du parti de sa veste d'uniforme. Aussi vite que le permettent encore ses mains tremblantes, il accroche le petit objet au revers de la veste taillée sur mesure de Magda. Et cette femme qui se contrôlait toujours, blonde glaciale, fond en larmes. L'insigne d'or est la plus haute distinction du parti nazi. Elle est réservée aux membres ayant adhéré avant le putsch de 1923, aux fidèles. Un nombre d'hommes extrêmement réduit l'ont reçu. Quant aux femmes ! Mais la broche même du Führer, celle-là est la plus précieuse de toutes, une relique. Qui est cette femme des derniers instants, assez importante aux yeux du Führer pour mériter pareil traitement ?

« Je suis fière et heureuse, écrit-elle le lendemain matin. Puisse Dieu m'accorder la force d'accomplir l'acte final […]. Le fait que nous puissions finir nos vies avec lui est une bénédiction du destin que nous n'aurions jamais osé espérer[27]. » Par ce geste, Hitler veut donner une ultime récompense à une femme qui a décidé de l'accompagner, elle aussi, jusque dans la mort. En donnant sa propre médaille à Magda, veut-il montrer à tous qu'une relation particulière le liait à cette femme ? Une sorte d'officialisation tardive, pour celle qui est depuis treize ans Mme Goebbels ?

## L'étoile de Magda

Johanna Maria Magdalena Behrend naît le 1er novembre 1901 d'une union illégitime entre Auguste Behrend et Oskar Ritschel. Elle est d'origine très modeste, a même été domestique. Lui est un ingénieur dans la Ruhr, et appartient à la haute bourgeoisie. Ils se marient peu après la naissance de Magda, mais divorcent à peine deux ans plus tard. Le père, incapable d'abandonner sa fille comme de l'élever, sera à demi absent toute sa vie, gardant un œil bienveillant sur elle. Soucieux de lui donner une éducation, il place Magda dans une institution de sœurs à Vilvoorde, dans la banlieue de Bruxelles, où elle reçoit un enseignement strict, en français. Les religieuses inculquent surtout à la jeune fille un contrôle de soi et une contenance qui forgeront son caractère, et sur lesquels elle bâtira son identité.

Sa mère, ne supportant pas la séparation, la rejoint à Bruxelles quelques mois après son arrivée, accompagnée de celui qui va jouer un rôle essentiel dans sa jeune existence. Un homme qui lui est encore inconnu, Richard Friedländer, un Juif peu pratiquant. Il considère Magda comme sa fille, et l'élève avec la chaleur masculine qui lui manquait. C'était un premier pas vers la culture juive, qui l'accueillait en la personne de Richard.

Lorsqu'en août 1914 ils doivent fuir la Belgique après les émeutes antiallemandes ayant suivi la déclaration de guerre, la famille revient vivre à Berlin. Magda est inscrite au lycée progressiste Werner van Siemens. Elle y fait la rencontre d'un jeune homme charismatique et volubile qui attire immédiatement son attention.

Victor Arlosorov a alors 15 ans, et Magda deux de moins. Se liant dans un premier temps d'amitié avec sa sœur, elle va devenir une habituée du foyer de ces Juifs russes ayant immigré de Königsberg. Ce jeune homme pour qui l'allemand est pourtant une langue étrangère s'impose auprès de ses camarades grâce à sa verve et son talent oratoire. Magda est conquise par sa fougue. Victor nourrit une passion pour le sionisme et rêve de faire sa montée vers Eretz Israël. Il organise des réunions où l'on discute dans la bonne humeur et l'enthousiasme. Magda prend part aux débats et collecte même des dons dans leur quartier de Schönberg. Elle se joint au groupe de fidèles qui s'est constitué autour de lui, « Tikvat Zion », « la libération de Sion ». Nous sommes en 1918. Il lui a offert une étoile de David, qu'elle porte autour du cou en signe d'adhésion aux idées de son ami si habité.

A l'automne 1919, Magda est désemparée. Son père, Oskar Ritschel, vient de lui proposer d'intégrer un pensionnat pour jeunes filles où elle apprendrait les manières des dames de la bonne société. Elle hésite entre deux voies : celle des plaisirs simples, qu'elle partage avec Victor, leurs randonnées en montagne, les œuvres de Beethoven, Schubert, et la musique traditionnelle russe que tous savent interpréter chez les Arlosorov. Ou bien parfaire son éducation, nécessaire pour un bon mariage, lui ouvrant la voie de l'aisance à laquelle elle aspire secrètement.

Sa dernière soirée chez les Arlosorov lui apporte la réponse : jamais elle ne serait entièrement intégrée à ce milieu juif. Elle n'est que la spectatrice d'un folklore dont elle n'est irrémédiablement pas membre. De plus, elle n'arrive pas à déclarer son amour à Victor, amour pourtant évident aux yeux de tous. Alors que celui-ci est de plus en plus tenté par un départ pour la Palestine, Magda choisit d'intégrer le pensionnat pour jeunes filles huppées.

C'est le chemin de l'internat qui la met en contact avec ce milieu dont elle rêve déjà. Dans le train bondé qui l'emmène vers Goslar, elle se voit offrir une place en première classe par un homme qui a remarqué ses yeux bleus au milieu de la foule.

## L'inconnu du train express

L'homme se présente d'une courbette, Günther Quandt. Immédiatement, les bonnes manières et l'allure élégante de l'inconnu attisent la curiosité de Magda : costume de tweed bien taillé, sur une chemise au col parfaitement amidonné, que rehaussent des boutons de manchette en or, et un parfum raffiné. Au milieu de ces années difficiles d'inflation et de pénurie d'après guerre, ce style d'homme du monde fait forte impression. Assez en tout cas pour lui pardonner une importante calvitie, qu'il tente de cacher en rabattant une longue mèche sur le devant de son front. Günther est en effet un riche capitaine d'industrie qui a su transformer, malgré la crise économique, l'entreprise familiale de textile dont il a hérité en une imposante compagnie implantée partout en Allemagne. Il est à la tête d'une des toutes premières fortunes du pays.

« J'avais devant moi une apparition extraordinairement belle : yeux bleu clair, une belle chevelure blonde, un visage bien découpé aux traits réguliers, une fine silhouette[28] », écrit-il dans son journal intime. Se sentant courtisée, Magda va mener une conversation enjouée tout le trajet durant. Ils discutent théâtre, voyages, pendant une partie de la nuit : « Le temps passa en un éclair », avoue Günther. Ce veuf qui a perdu sa femme l'année précédente est immédiatement sous le charme. Le train s'arrête enfin en gare de Goslar vers 1 heure du matin. Elle lui fait un aveu : elle se rend dans un pensionnat de jeunes filles. Devant tant d'assurance dans la conversation, autant que devant un physique déjà mûr, Quandt s'était imaginé avoir affaire à une femme. Or Magda est encore loin d'être majeure, puisque âgée seulement de 18 ans. Il est suffisamment séduit pour tenter le diable. Lorsqu'elle descend à Goslar, il s'occupe de ses bagages et a ainsi l'occasion d'apprendre discrètement son adresse.

Il lui écrit qu'il s'arrêtera le surlendemain vers 15 heures à Goslar, pour présenter ses hommages à la directrice de la pension, « en me faisant passer pour un ami de votre père », précise-t-il en homme avisé. Il a alors 38 ans. Magda lui répond sur-le-champ, lui donnant quelques détails pour amadouer la directrice.

Arrivé à Goslar, il se procure un bouquet de magnifiques roses « Maréchal Niel » non pas pour la jeune dame, mais pour sa directrice, et, ainsi armé, va faire sa visite : « En tant qu'ami du père que bien entendu je ne connaissais pas, je fus reçu avec beaucoup d'amabilité », précise-t-il.

Après une discussion d'environ une demi-heure, la directrice fait appeler la pensionnaire : « Nos salutations furent remplies de sentiments contradictoires : compassées comme des personnes qui se connaissent peu ; amicales comme des êtres qui se retrouvent avec plaisir ; cordiales, comme une jeune fille avec un ami de son père. » Cette seconde rencontre va encore un peu plus persuader Quandt qu'il a mis la main sur une femme exceptionnelle. Il va redoubler d'efforts pour la séduire.

Lorsqu'il revient au pensionnat, il emmène toutes les filles dans une pâtisserie très réputée de la ville. Ainsi amadouée, la directrice, qui pense toujours avoir affaire à un proche de la famille, permet que Magda fasse quelques sorties avec le riche industriel. Au volant de sa limousine, ils partent en promenade dans le Harz et échangent bientôt un premier baiser. Les relations s'étoffent vite entre les deux êtres.

Au bout de quelques excursions, Günther propose le mariage. Magda hésite, en femme pragmatique. Doit-elle rester au pensionnat pour parfaire son éducation, ou saisir cette occasion probablement unique ? Elle demande à Quandt un délai de réflexion. Quelques semaines plus tard, elle rend visite à sa mère. Elle ne vient pas chercher conseil, mais annoncer sa décision : « Tu peux faire ce que tu veux, je ne retournerai pas à Goslar. » Elle se permet même une petite effronterie : « D'après toi, qu'ai-je vu du Harz pendant tout ce temps, rien que les chaussures des filles qui marchaient devant moi ? » La claque part immédiatement.

Le jour suivant, Günther entreprend d'amadouer sa future belle-mère : les deux femmes, toujours en froid, sont cordialement invitées à visiter sa somptueuse villa de Babelsberg, dans un quartier très chic de Berlin. Il savoure la bravade de sa jeune fiancée. Décidément, c'est la bonne.

Auguste ne peut qu'être impressionnée par la propriété du nouveau courtisan de Magda : depuis le salon, la vue sur les jardins parfaitement entretenus, au bord du lac, est tellement merveilleuse. Magda, se tenant face à l'immense fenêtre qui monte du sol jusqu'au plafond, ne manque pas l'occasion d'en rajouter : « Maman, ne te fais aucune illusion, si je ne l'aimais pas, je ne l'épouserais pas. »

Le 31 juillet 1920, dans la magnifique demeure de Babelsberg, on célèbre à la fois le trente-neuvième anniversaire de Günther et ses fiançailles avec Magda. Il a laissé pousser pour l'occasion sa mèche de cheveux volée à la calvitie, pour la rabattre de la gauche vers la droite, par-dessus son crâne nu. Magda et sa mère appellent ses longs cheveux « les anchois ». Le hasard veut qu'une bourrasque disperse le tout. Magda, assise en face de son futur époux, en profite pour lui donner son opinion quant à cette fameuse mèche : « Je ne t'épouserai pas tant que tu n'auras pas coupé cette chose. » Le lendemain, jour des fiançailles, il vient prendre le petit déjeuner sans sa mèche, qu'il a coupée lui-même d'un ciseau à ongles durant la nuit.

L'exigence de Günther envers Magda pour finaliser ce mariage est plus contraignante. Elle doit se convertir au protestantisme, la famille étant de la plus ancienne appartenance luthérienne. Magda est donc préparée pendant six mois par un pasteur à la cérémonie. Ce n'est pas tout. Elle a reçu le patronyme de son beau-père, qui sonne typiquement juif. Il lui faut un nom plus décent pour cette Allemagne en voie de radicalisation. Quandt n'en est pas à son premier tour de charme. Il décide de contacter Ritschel, le père de Magda, pour qu'il reconnaisse enfin sa fille. Magnanime autant qu'impressionné par le train de vie et les possessions de l'industriel, il comprend que le nom de Ritschel va s'associer à l'une des plus grandes fortunes du pays. Il accepte donc de reconnaître sa fille alors qu'elle a déjà 19 ans.

Quandt, fort tatillon sur les règles de bienséance, a une idée précise du comportement que doit adopter sa future épouse. Magda entre dans le clan Quandt qui est régi par des règles inflexibles. Celui qui a été pendant dix ans son père de substitution, et qui portait une véritable affection à Magda, n'a pas été invité. Sa mère vient en effet de se séparer de Richard Friedländer, qui devenait trop encombrant. Magda fait ainsi l'impasse sur des pans entiers de sa vie, mais ne ressent aucun état d'âme. Avec cette marque de l'antisémitisme de Quandt, elle entre dans un univers typiquement allemand, hostile aux Juifs, et lié avec les milieux les plus en vue de la république de Weimar. Ce n'est qu'une première étape.

## Quand Magda rencontre Joseph

Une fois encore, Magda, après avoir bu plus que de raison, se plaint auprès de ses amis. Elle leur dit qu'elle n'en peut plus, qu'elle a peur de devenir folle, qu'elle pourrait mourir d'ennui. Ce soir-là, le prince Auguste Wilhelm von Hohenzollern, membre de la famille impériale, est assis près d'elle à la table de la princesse Reuss. Il observe à travers la fumée de sa cigarette les dames qui discutent avec animation. Il a l'impression que l'entourage de cet Hitler devient de plus en plus fréquentable. Voilà pourquoi il s'est joint à eux… Il se penche alors vers Magda, le sourire aux lèvres : « Vous vous ennuyez, chère madame ? Permettez-moi de vous faire une suggestion : rejoignez-nous ! Travaillez pour le parti. Pas un travail laborieux, bien sûr. Qui pourrait bien exiger d'une aussi belle femme qu'elle s'épuise au travail ? Mais une sorte de fonction honorifique, un peu d'aide occasionnelle. Le temps passe alors plus vite, et ainsi, l'ennui disparaît[29]. »

Nous sommes à la fin de 1929. Magda s'est séparée de Günther au début de l'année. L'activité frénétique de son mari n'était guère compensée par le luxueux train de vie que celui-ci lui offrait. Les conversations tournaient de plus en plus autour de son entreprise, ce qui avait le don de l'ennuyer profondément. Le reste l'ennuyait encore plus, et son sens de l'humour s'était émoussé. Lorsqu'elle arrivait à le traîner au théâtre, il s'endormait brutalement. Le prétexte du divorce fut une aventure que Magda entretint avec un jeune étudiant, Ernst, avec lequel elle s'affichait depuis quelque temps. Elle n'hésitait pas à partir en voyage et à fréquenter de luxueux hôtels en compagnie de son jeune amant. Habilement, elle négocie son divorce en produisant des lettres d'admiratrices que Quandt avait reçues alors qu'il était veuf. Le soupçon de l'adultère disparut du verdict et elle reçut même une forte pension de 4 000 marks par mois, assortie d'un appartement vaste et élégant au numéro 3 de la Reichskanzlerplatz à Berlin, ainsi que 50 000 marks pour l'aménagement du nouvel appartement. Elle conservait également auprès d'elle son fils Harald, né en 1921. Gagnante sur toute la ligne, malgré sa faute, Magda a désormais les cartes en main pour continuer sa progression dans la haute société et nouer des amitiés parmi les plus beaux partis.

« Ah les enfants, que tout cela est fade[30] », se lamente-t-elle auprès de sa mère, laquelle comprend alors quel trouble ronge sa fille : « J'ai su tout d'un coup ce qui tourmentait cette jeune femme gâtée, qui était certes ma fille, mais qui m'était pourtant plus énigmatique qu'une inconnue : elle s'ennuyait, et ne savait pas quoi faire d'elle-même[31]. » Magda mène désormais en bâillant sa vie de femme oisive, obsédée par le risque de devenir une jeune dame inutile et frivole.

La proposition du prince de Hohenzollern est peut-être une occasion de rendre sa vie un peu plus palpitante. Elle s'essaie donc à la politique, dans ce parti aux idées radicales et séduisantes, loin du conformisme de la nouvelle classe politique surgie après l'écroulement de l'empire. On lui fait prendre la carte du NSDAP le 1er septembre 1930. Elle est l'adhérent numéro 297442. Elle s'est laissé séduire par ce parti qui utilisait une swastika comme symbole, celui de la sagesse et de l'éternité. Cette jeune femme cultivée en connaît parfaitement la signification. Elle s'est intéressée de très près aux philosophies indiennes, et plus particulièrement à la sagesse bouddhique. Elle y trouve un moyen de relativiser la valeur de la vie humaine. Alors qu'ils font du bateau au large de Capri, elle dit un jour à son père, lui désignant une haute falaise : « Tu vois, papa, c'est comme pour ma vie, lorsque je serai arrivée tout en haut, au sommet, je voudrais pouvoir tomber et disparaître, car j'aurai fait tout ce que je voulais[32]. »

Magda, nouvellement convertie aux idées nazies, devient chef de la cellule Berlin Westend, située dans un quartier assez chic de la capitale. Ce ne sont pas les dames qui constituent son audience, plutôt de petits employés, quelques boutiquiers et les concierges des immeubles élégants du voisinage. L'entrée en fonction de cette femme d'allure aristocratique provoque un tollé. Magda ne sait pas s'attirer la confiance et l'adhésion de ses camarades. Le luxe ostentatoire de ses nombreuses tenues éveille instinctivement la méfiance de ces femmes modestes. Son statut de divorcée à la vie dissolue fait jaser.

Cela cadre bien avec la stratégie du responsable du parti nazi pour Berlin, Joseph Goebbels. Il a choisi en effet la voie du scandale et de la provocation pour attirer l'attention sur son mouvement dans ce bastion socialiste. De ce point de vue, le début de carrière de Magda est réussi. On lui offre après ce premier coup un poste au quartier général du parti où elle met ses connaissances linguistiques au service des archives. C'est à ce moment que Magda assiste pour la première fois au Palais des sports de Berlin à un meeting de l'homme dont on parle dans les salons, Joseph Goebbels.

Malgré un physique peu gracieux – l'orateur est petit, osseux, souffre de surcroît d'une claudication héritée d'une ostéomyélite juvénile, et ne se déplace pas sans un appareil orthopédique –, cet ancien doctorant en philologie de l'université d'Heidelberg capte immédiatement l'esprit de ses auditeurs. Sa voix profonde et résonnante qu'il sait laisser traîner sur les passages les plus acérés et les plus haineux de ses discours lui assure l'adhésion totale des salles dans lesquelles il se produit.

Magda se sent comme envoûtée par le discours vipérin de Joseph, et cherche à faire sa connaissance. Lorsque enfin elle y parvient, il est interloqué par cette personnalité inhabituelle et la convie dans son bureau. Pour pouvoir l'observer plus régulièrement, il l'engage à son service. Il note sobrement dans son journal intime, à la date du 7 novembre 1930 : « Une belle femme répondant au nom de Quandt me constitue de nouvelles archives privées. » Elle confie à sa mère, enthousiaste : « J'ai cru que j'allais brûler sous ce regard qui me paralysait, qui me dévorait presque. »

Sans tarder, elle s'affaire à la tâche confiée par cet homme aux yeux dévorants et au pied bot, l'aidant à trier photos et autres papiers. Le 15 février suivant, Joseph est conquis. Il note triomphalement : « Le soir, Magda Quandt arrive. Et reste très longtemps. Et se révèle être une créature tendre, blonde et ravissante. Tu es ma Reine !… Une belle, belle femme ! Que je vais sans doute beaucoup aimer. Aujourd'hui, je suis presque comme dans un rêve, tellement empli de bonheur rassasié. C'est tout de même une chose splendide que d'aimer une belle femme et d'être aimé par elle. »

Il devient dès lors insatiable, complètement gagné par l'euphorie. Joseph Goebbels est amoureux, et son journal en garde la trace : « Belle soirée de bonheur parfait. C'est une femme splendide qui m'apporte paix et équilibre. Je lui en suis très reconnaissant. Belle Magda ! » La semaine suivante : « C'est une femme ravissante et bonne, et elle m'aime plus que de raison. »

Il a gravement sous-estimé Magda. Elle sait encore que le meilleur moyen de décider un homme à l'engagement, c'est de le quitter. Magda sait se faire désirer.

Le 26 février, elle semble avoir contre-attaqué : « Elle m'écrit un petit mot d'adieu puis s'en va en pleurant. Toujours la même chanson. Je vois à présent à quel point elle est belle, et combien je l'aime. » L'impitoyable Joseph a mordu à l'hameçon. Lui qui mettait en scène son donjuanisme de manière faussement légère souffre de l'absence de sa nouvelle conquête. Elle applique la règle à la lettre : ne pas téléphoner, ne pas répondre aux messages. Le laisser languir. « Cela doit faire à peu près 30 fois que j'appelle chez elle, sans aucune réponse. Je deviens fou ! Je désespère. Les pires cauchemars montent en moi… Pourquoi ne me fait-elle pas signe, cette incertitude est mortelle. Je dois lui parler, advienne que pourra. Je vais déployer aujourd'hui tous les moyens pour y parvenir. La nuit entière, je n'ai été qu'une douleur, un cri. Je voudrais hurler. Mon cœur se déchire dans ma poitrine ! »

L'homme est presque mûr. Un dernier élément manque à l'édifice : le rendre jaloux. La réaction de « l'homme de fer », celui qui a ravi Berlin aux communistes, devant le retour d'un ancien amant éperdu de Magda a de quoi faire sourire. Rageusement il couche sur son journal quelques allusions à d'éphémères maîtresses. Mais le 22 mars, il doit se rendre à l'évidence : « Je n'en aime plus qu'une. »

Magda devient donc l'amante exclusive de Goebbels et apparaît de plus en plus à ses côtés lors de ses sorties en public. C'en était presque trop facile.


## Deux hommes, une femme…

A l'automne 1931, elle va enfin croiser celui dont elle a lu l'autobiographie si attentivement. Après son divorce en effet, les philosophies bouddhiques n'apportant pas la sagesse qu'elle espérait, elle a lu de près toute la littérature radicale qui lui tombait sous la main : *Mein Kampf* lui insuffla l'esprit d'exaltation d'Hitler pour la patrie et la race allemandes.

Elle attendait avec impatience le moment où elle rencontrerait le chef. Cela se produisit enfin, alors qu'Hitler avait installé le siège du parti à Berlin, délaissant sa chère Allemagne du Sud. Il vient de perdre sa Geli, et peut-être a-t-il besoin de prendre ses distances avec la ville de ses débuts, Munich, où l'attend pourtant une amoureuse éperdue, Eva.

Hitler a choisi de loger le NSDAP dans un grand hôtel, le Kaiserhoff, que Magda fréquente de temps à autre. Alors qu'elle y prend un jour le thé avec son fils Harald, elle apprend que le guide est dans l'hôtel. Elle pousse le garçon de dix ans à aller lui rendre hommage. Après avoir exécuté le traditionnel « Heil Hitler » et le salut consacré, Adolf engage la conversation avec l'enfant :

« Comment t'appelles-tu ?

— Harald Quandt.

— Quel âge as-tu ?

— 10 ans.

— Qui donc t'a fait ce bel uniforme ?

— Ma mère.

— Comment te sens-tu dans cet uniforme ? »

Le jeune garçon se redresse de toute sa hauteur et dit : « Deux fois plus fort. » Hitler se tourne alors vers les autres, et dit : « Vous avez entendu ? Deux fois plus fort avec cet uniforme ! » Il dit ensuite au jeune garçon :

« Je trouve très gentil que tu sois venu me voir ; comment se fait-il que tu sois ici ?

— C'est ma mère qui me l'a dit.

— Où est donc ta mère ?

— En bas, dans le hall, elle prend le thé.

— Alors salue bien ta mère de ma part, et n'hésite pas à revenir me voir. »

Quelques dizaines de minutes plus tard, Goebbels

demande au Führer de recevoir à sa table sa compagne et le petit partisan qu'il vient de croiser. Il est tout de suite mis en garde par Goering qui qualifie l'ex-Mme Quandt de « Pompadour ». Hitler s'interroge : est-il convenable de recevoir à sa table une femme alimentant le scandale ? Goering conseille à Hitler de rester attentif : « Il faut être prudent avec une Pompadour. » Va donc pour la nouvelle conquête de ce bouillant docteur Goebbels. Mme Pompadour fit au premier regard une excellente impression. Présent à cette première tablée réunissant Magda et le tribun qu'elle admire tant, Otto Wagener, conseiller économique d'Hitler, raconte : « Je remarquai le plaisir qu'Hitler prenait à son innocente vivacité. Je remarquai également comme les grands yeux de cette femme s'accrochaient au regard d'Hitler. »

Il en arrive en retard à l'Opéra. « Un étroit lien d'amitié et d'admiration avait commencé à se nouer entre Hitler et Frau Quandt », remarque encore Wagener. Le soir, après la représentation, il recueille une confidence du Führer. Depuis la mort de Geli, Hitler pensait « en avoir fini avec le monde ». Les instants passés avec Magda, il les qualifie de « moments divins », et compare ses sentiments à ceux que lui inspirait encore Geli, mais qu'il n'avait « jamais connus avec d'autres femmes ».

Pour lui, il n'est plus question de vie sentimentale, car il a « enterré ses sentiments en même temps que son cercueil ». A sa plus grande surprise, lors de sa rencontre avec cette charmante divorcée, ils sont réapparus de manière totalement inattendue. Ayant retrouvé ses esprits en fin de soirée, Hitler finit par déclarer avec soulagement : « Allons, cela n'aura été qu'une brève rechute. Mais la providence aura été clémente à mon égard[33]. »

Il reparle pourtant plusieurs fois en termes élogieux de cette Magda rencontrée à l'hôtel Kaiserhoff, et confie à ses proches : « Cette femme pourrait jouer un grand rôle dans ma vie, même sans que je sois marié avec elle. Dans mon travail, elle pourrait être la part féminine qui contrebalancerait mes instincts trop masculins. » Ses collaborateurs cherchent en effet une femme pour « établir le contact entre Hitler et la vie », l'accompagner à l'Opéra, au théâtre lors des concerts, prendre le thé avec lui dans des lieux raffinés. Quelques jours à peine après cette première rencontre, Otto Wagener brosse à Magda le portrait de la compagne idéale qui pourrait incarner ce versant féminin d'Hitler. Elle le fixe de ses grands yeux bleus. Magda sent enfin approcher le rôle dont elle a besoin pour remplir sa vie. Lorsqu'il lui déclare en guise de conclusion : « Et vous pourriez être cette femme », elle comprend qu'il y a une condition :

« Mais il faudrait alors que je sois mariée !

— C'est exact, et de préférence avec Goebbels. »

Elle sait ce qui lui reste à faire. Magda assiste au défilé nazi organisé le 17 octobre 1931. Elle annonce aux collaborateurs d'Hitler venus lui faire la proposition qu'elle l'accepte. Bientôt, elle sera mariée avec Goebbels. En moins d'un an d'appartenance au parti, elle va devenir la femme la plus haut placée, la plus mise en avant, et l'une des personnes les plus influentes auprès d'Hitler.

Sa mère tente de l'en dissuader : Goebbels est un homme qui vit pauvrement, et au début des années 1930 il est plutôt un marginal politique dont rien ne laisse présager l'élévation. Elle doute qu'il puisse pourvoir au train de vie auquel Magda est habituée. Car son divorce, avantageux, stipule que la pension dont elle bénéficie sera annulée en cas de remariage. Magda se montre déterminée : « Je suis convaincue qu'il n'existe plus que deux issues possibles pour la conduite politique de l'Allemagne. Soit nous sombrons dans le communisme, soit nous devenons nationaux-socialistes. Si le drapeau rouge venait à flotter sur Berlin, il n'y aurait plus de capitalisme, je perdrais alors la pension que Quandt me verse. Mais si le parti d'Hitler arrive au pouvoir, je serai alors une des premières dames d'Allemagne. » Pour un esprit idéologisé, l'alternative est souvent radicale.

Le mariage a lieu quelques jours avant Noël, dans un lieu inattendu : la propriété de Günther Quandt, le 19 décembre 1931. Le témoin n'est autre qu'Adolf Hitler. Chose étonnante, c'est un pasteur qui célèbre le mariage. Goebbels est pourtant catholique, et Magda une néoprotestante n'accordant aucune espèce d'importance aux rites ou à la forme du culte. Sa tenue pour l'occasion montre une certaine volonté de se démarquer des usages tout en gardant une certaine distinction : une robe de soie noire. Le dais nuptial préfigure la mainmise de l'Etat nazi sur cette union, et sur la vie des Allemands, puisqu'il s'agit d'un drapeau à croix gammée.

La mère de Quandt, présente au mariage, ne cache pas son amertume : « Le repas se distingua par le désordre dans lequel il se déroula. Tous les membres du parti semblaient avoir été prévenus de la fête. En tout cas, il arrivait sans cesse des gens qui voulaient parler à Hitler. Lui, qui ne tenait pas à faire la conversation et tentait d'ennuyer sa voisine et les convives, se levait de table toutes les cinq minutes et allait discuter dans une pièce. »

Le mariage fait grand bruit. Un quotidien va même jusqu'à titrer : « Le petit chef nazi épouse une Juive. » Quelques jours plus tard, au tout début de 1932, Joseph Goebbels s'installe dans l'appartement de son épouse, à proximité de la chancellerie. C'est de là qu'il va mener tambour battant la campagne électorale qui mènera les nazis au pouvoir un an plus tard.

Adolf est souvent présent. Il y est comme chez lui, et peut même se faire servir des mets végétariens spécialement préparés à son intention par Magda. Il a subi récemment une tentative d'empoisonnement et est devenu extrêmement méfiant. C'est donc sa nouvelle égérie qui préparera elle-même la plupart de ses repas.

Hitler va perfectionner ses bonnes manières au contact de l'élégante Mme Goebbels : de cette époque date son goût prononcé pour le caviar. Elle fait écouter des musiques contemporaines au petit cercle, le sortant de son univers wagnérien. Elle achève en quelque sorte de dégrossir ce provincial borné. Le rôle de Magda est complexe : elle est la dernière de ses tutrices bienveillantes en même temps qu'elle joue le rôle de compagne. Lui qui ne transige pourtant jamais sur les cigarettes et la boisson accepte sans mot dire les travers tabagiques et alcooliques de Magda.

Rapidement enceinte, elle accouche de son premier enfant dix mois après le mariage. Sa grossesse n'empêche cependant pas Magda de participer aux initiatives du parti. Deux jours avant la naissance de sa fille Helga le 1er septembre 1932, une réunion importante se tient chez elle. Dans l'appartement de la place de la chancellerie, Hitler, entouré de Goebbels, Goering et Röhm, décide de l'assaut final contre les institutions jugées débiles. Le parti nazi vient en effet de remporter les élections législatives de juillet et est désormais le premier parti d'Allemagne, même si un cordon sanitaire des démocrates l'empêche encore d'accéder à la fonction suprême.

Magda continue sa fonction représentative auprès de Goebbels. Sa mise en avant a un but précis : elle doit être le porte-voix de la politique nationale-socialiste à l'égard des femmes. Et, en même temps, donner un peu plus de lustre à la clique nazie.

Le 16 décembre 1932, elle donne un bal dans le cadre de cette mission nouvelle. La journaliste Bella Fromm y assiste. Elle la décrit en des termes élogieux : « Ce soir au bal, Magda était vraiment belle. Pas de bijoux, à l'exception d'une chaîne de vraies perles autour du cou. Ses cheveux dorés ne sont pas teints, c'est leur vraie couleur. Ses grands yeux scintillants, dont la couleur peut varier du gris acier au bleu foncé, brillent d'une détermination absolue, et d'un orgueil hors du commun[34]. » Un des diplomates présents, André François-Poncet, tempère le portrait : « Je n'ai jamais vu une femme avec des yeux aussi glaçants. »

Mais malgré cette apparente sérénité, les convictions de Magda sont ébranlées. Le parti est ruiné et joue à quitte ou double. Le pouvoir ou rien. Ayant bien compris l'alternative qui se présente à lui, Hitler parle à nouveau de suicide. Les nerfs de Magda deviennent fragiles.

La tension règne chez le couple Goebbels. Un soir, sa mère trouve Magda devant une bouteille de cognac à moitié vide. Ses yeux sont vitreux, et elle parle plus lentement que d'habitude. Elle lui dit boire de l'alcool fort pour soigner un rhume qu'elle a attrapé lors d'un grand ménage. Car elle est obsédée par la propreté. A intervalles réguliers, elle met l'appartement sens dessus dessous, change les meubles de place, accroche les tableaux flatteurs ailleurs, frotte le parquet au balai-brosse et à grand renfort de lessive, comme la plus habile des femmes de ménage. Ce soir-là, elle divague. Regardant sa mère, elle sourit et lève l'index : « J'ai encore vérifié avec attention. Les étoiles ne mentent pas ! 1933 sera l'année de la victoire. »

La veille de Noël, ses nerfs lâchent totalement. Goebbels note dans son journal : « Magda ne se sent pas bien. Fortes douleurs. Stoeckel vient et ordonne son transfert immédiat en clinique… L'année 1932 n'est qu'une succession de catastrophes. Nous devons la faire voler en éclats. Je reste assis jusque tard dans la nuit à ruminer. Tout est si vide et monotone. Lorsque Magda n'est pas là, la maison est comme vide. »

Le lendemain, il est auprès d'elle. Dans le couloir de la clinique, il prépare un arbre de Noël, sur lequel il allume des bougies. Il y accroche les cadeaux de Magda. Puis pousse le tout dans sa chambre, et l'adorable rit et pleure. « Nous restons tous une heure, mais notre cœur est bien lourd », témoigne-t-il.

Le 30 décembre, alors que Goebbels, au Berghof, passe le Nouvel An auprès d'Hitler, Magda fait une fausse couche. Quelques jours plus tard, on diagnostique une septicémie. Elle ne peut plus s'alimenter seule. Goebbels regagne enfin Berlin par le train de nuit. Magda l'a réclamé auprès d'elle. « Cette peur m'a vraiment fait comprendre à quel point j'aime cette femme, et combien j'ai besoin d'elle. » Elle va se rétablir lentement, jusqu'au 30 janvier. Ce jour-là, Goebbels téléphone dans sa chambre pour lui annoncer la nouvelle : Hitler est nommé chancelier ! Lorsqu'elle apprend la nouvelle, elle « saute au plafond ».

Le 2 février, soudainement guérie, elle quitte son lit d'hôpital. Une petite déception attend cependant le couple : Hitler n'a pas nommé Goebbels au gouvernement. Sa réputation d'agitateur haineux l'a desservi, et il est trop infréquentable pour figurer dès à présent dans le gouvernement. Mais des élections sont prévues pour le 5 mars, et il va redoubler de manipulations pour faire triompher son parti. Le 27 février, le Reichstag brûle. La propagande menée par Goebbels réussit : l'opinion est persuadée que l'incendie est l'œuvre des communistes. Le lendemain ils sont arrêtés en masse. Magda, elle, est d'humeur fragile et changeante pendant toute la campagne, trop faible pour prendre part aux coups fumeux de ses acolytes.

La victoire aux élections de mars, où le NSDAP rassemble 44 % des suffrages, donne à Hitler une plus grande marge de manœuvre. Il peut nommer Joseph au gouvernement, et Magda peut enfin jouer le rôle de première dame du régime. D'un physique typiquement « aryen », elle incarne la parfaite Allemande auprès du nouveau Führer. Le 14 mai, jour de la fête des mères, elle prononce un grand discours radiodiffusé, véritable précis d'antiféminisme :

« Les biens les plus sacrés du peuple allemand se décomposaient […]. La valeur de la mère fut elle aussi dégradée, et les errances d'une époque frivole la firent chuter de la haute position qui était la sienne, celle de pilier et de gardienne de la famille. Elle devint une partenaire de l'homme, et son objectif était désormais de l'égaler dans les domaines de la politique, du travail et de la morale, ou même de le dépasser. Aussi, quand se leva dans le peuple un homme porteur d'une nouvelle époque, combattant d'une nouvelle morale et d'un nouvel honneur, comment s'étonner que la femme, et notamment la mère, se soit placée instinctivement à son côté, et qu'après avoir compris la hauteur de ses objectifs intellectuels et moraux, elle en soit devenue la partisane enthousiaste, la combattante fanatique ? »

Elle est nommée présidente d'honneur du Bureau allemand de la mode. Prenant fort au sérieux sa tâche de rendre les Allemandes plus élégantes, elle combat la mode standardisée, indigne de la race supérieure : « Je considère de mon devoir d'avoir aussi belle allure que je le peux. » Les femmes allemandes doivent être aussi belles et élégantes que possible, à faire pâlir les Parisiennes. L'ambition est de taille : « Transformer par mon exemple la femme allemande en un véritable modèle de sa race. »

Son rôle dans le régime se limite pourtant à la parade. Elle doit désormais donner une descendance à l'un des principaux personnages du régime. Une seconde fille naît le 13 avril 1934, Hilde, à la grande déception de Goebbels. Celui-ci, qui n'en est pas à sa première entorse au principe de paternité, refuse d'envoyer des fleurs et d'aller féliciter la mère à l'hôpital. Ce n'est que lorsque Hitler lui rend hommage que le père déçu va voir pour la première fois son enfant et son épouse exténuée. L'année suivante, elle donnera enfin un enfant mâle au docteur Goebbels, Helmut. Puis trois autres filles. Une fois génitrice de six enfants, tous ayant reçu un prénom débutant par la lettre H, Magda peut jouer à nouveau sa partition de mère modèle. En 1937, les enfants sont mis en avant dans un petit film familial intitulé *Victimes du passé*, dans lequel tonton Adolf les câline.

Malgré ses nombreuses grossesses, Magda tient à rester impeccable. Se maquillant et se changeant selon les circonstances de la journée, et plusieurs fois par jour s'il le faut, toutes ses tenues sont faites sur mesure par les grands couturiers de l'époque. Sa coiffure est toujours irréprochable et ses mains soigneusement manucurées. Elle est dans un tel contrôle de soi et de son image qu'elle continua un jour sans sourciller la conversation qu'elle tenait avec ses invités, tandis que la cuisinière à gaz explosait dans la cuisine.

Elle est le parfait négatif de l'image de la brave femme allemande soumise et discrète, refusant tabac et alcool, et portant des vêtements rustiques. Chose étrange, c'est cette femme aux antipodes de son image de la femme parfaite qu'Hitler choisit de mettre en avant. Il l'estime plus que tout.

« Ça se voyait… Hitler était totalement détendu avec elle. C'était l'une des rares dames à qui il demandait des conseils ; il en prenait connaissance et les appliquait peut-être, y compris dans de nombreux domaines concernant la manière de diriger les hommes », observe Herbert Döhring. Jamais le Führer n'avait trouvé femme assez digne pour lui parler de ce qu'il est réellement, de la politique. « Hitler la vénérait, elle l'adulait encore plus », voici résumée toute la force de leur relation. Si digne à ses yeux la belle Magda, qu'il la présente comme « sa première dame ».

Et la « première dame » ne cache pas sa jalousie envers la « bonne amie » d'Adolf, Eva Braun. Elle la qualifie d'« idiote blonde », et celle-ci devient pour elle un sujet de nombreuses plaisanteries. Eva se plaint également de la blonde glaciale : lui ayant fait parvenir des fleurs, « elle m'a fait remercier par sa secrétaire, je trouve cela peu poli de sa part ». Une autre fois, elle est carrément vexée par l'attitude de la femme du docteur Goebbels. Enceinte, celle-ci lui demande de lui relacer ses chaussures, ne pouvant se baisser. Vexée d'une telle requête, Eva tire la sonnette, demande froidement à la bonne de venir lacer les chaussures de Mme Goebbels, et s'en va en faisant entendre son courroux.

Que pense donc Goebbels de cette relation ? En connaît-il la nature ? Son conseiller personnel, Wilfried von Oven, n'est pas dupe : « Ce qu'Hitler appréciait chez Magda, c'était une certaine harmonie intellectuelle. Et c'est la raison pour laquelle ensuite on l'a mariée à Goebbels, à la demande d'Hitler, pour qu'elle reste auprès de lui. »

Hitler écoute les conseils politiques que lui dispense Magda, de la même manière il est le seul que Magda veuille bien écouter. Ainsi, dans les disputes du couple Goebbels, Hitler intervient en personne en qualité d'arbitre, afin d'apaiser et de réconcilier les époux.

Goebbels ne se donne en effet aucune limite en tant que surhomme qu'il est censé être à présent. Et surtout pas dans le domaine intime. Sa famille est une façade, mais dans son esprit elle n'est absolument pas destinée à assouvir ses appétits sexuels. Il multiplie les conquêtes et les aventures, de manière de moins en moins discrète. Un jour où elle prend son petit déjeuner, Magda voit apparaître une jeune femme dans l'appartement. Aucun doute possible, elle sort de la chambre de son époux. Pas de réaction brutale ni d'esclandre devant cette inconnue. Magda l'invite cordialement à sa table, et la fait même raccompagner à la gare par l'un de ses employés. Elle reçoit ensuite de la part d'informateurs plus de détails sur les conquêtes de son mari. Il oublie toute précaution, et un soir va jusqu'à regarder un opéra depuis la loge de sa maîtresse alors que Magda est dans la loge familiale. C'est l'humiliation publique.

Le pire reste l'histoire avec Lisa Baarova. Goebbels s'est entiché sérieusement de cette jeune actrice tchèque. Magda sauve la face et tente de composer. Elle, Joseph et la maîtresse font quelque temps ménage à trois. Elle se justifie auprès de son ex-belle-sœur Ello : « Si je le quitte maintenant, j'aurai perdu mon mari pour toujours. Mais en agissant ainsi, je garde Joseph pour plus tard. Quand il sera vieux, il m'appartiendra tout entier. » Son « mari » représente sans aucun doute sa position dans le régime. Elle garde sa vengeance pour plus tard.

L'un de ses indicateurs en coucheries extraconjugales est le secrétaire d'Etat Karl Hanke. Lorsqu'il met à la disposition de Magda les informations policières dont il dispose, c'en est trop. Elle claque la porte et va se réfugier chez son nouveau « chevalier servant ». Celui-ci n'a pas entrepris ses délations par altruisme. Il propose à Magda de devenir sa femme. Elle y songe sérieusement.

Il est hors de question pour Adolf que sa première dame divorce du ministre de la Propagande. Ce serait le scandale assuré, et l'opportunité pour ses opposants de tourner en ridicule toute sa politique de la famille. Le couple modèle du IIIe Reich est donc sommé de se réconcilier. L'accord est scellé par un contrat. En voici les termes : Goebbels renonce à tout contact avec Baarova, en échange Magda regagne le domicile conjugal. Lisa Baarova se voit interdire le territoire allemand en représailles. Magda obtient de plus un délai de réflexion de deux ans, au bout desquels elle pourra décider de rompre avec celui qui l'a tant humiliée.

Hitler a joué la duplicité. Il sait très bien que la

guerre est proche, et qu'il ne sera plus alors question de divorce. A partir de ce jour, ce n'est plus qu'une relation d'intérêt qui unit les deux époux. Goebbels note dans son journal le 17 février 1939 : « Longue palabre avec Magda. Elle me parle de ses bals, de ses mondanités, et de Dieu sait quoi. Mais cela ne m'intéresse pas. » Elle n'a plus qu'une obsession, rester auprès d'Hitler. Pour cela, il lui faut tenir.

Elle veut passer à l'étape suivante et donner plus encore de sa personne. Voulant participer à l'effort de guerre, elle projette de travailler dans la société d'armement *Telefunken*. La guerre tombe à un mauvais moment pour cette femme exténuée par les épreuves qu'elle vient de traverser. Très affaiblie, psychiquement et physiquement, son corps la trahit. Ses séjours en clinique et en maison de repos se multiplient. Elle y passe des semaines, voire des mois entiers. Les symptômes sont multiples et inexplicables. Des douleurs atroces dans la mâchoire la tourmentent sans qu'elle ait subi aucun traumatisme. Elle endure ensuite une paralysie partielle du visage due au caprice de son nerf facial. Elle fait plusieurs malaises cardiaques, et connaît à plusieurs reprises des états dépressifs qui la rendent méconnaissable. Au bord du gouffre, elle se réfugie dans l'alcool. A la fin de la guerre, elle n'est plus que l'ombre d'elle-même.

Malgré ses troubles, Magda pressent pourtant très tôt la défaite. Dans son esprit tout est lié : la victoire ou la défaite, la survie ou la chute du régime, son sacrifice ou son triomphe.

Le 1er février 1945, Goebbels envisage le pire avec sérénité et confie à son journal intime : « J'annonce au Führer que ma femme est fermement décidée à rester elle aussi à Berlin et se refuse même à confier nos enfants à des tiers. Le Führer ne considère pas que cette attitude soit la bonne, mais il la juge admirable. »

D'une lucidité implacable, Magda s'explique auprès d'Ello : « Nous avons exigé des choses inouïes du peuple allemand, et traité d'autres peuples avec une implacable dureté. Les vainqueurs se vengeront de manière impitoyable. Nous ne pouvons pas nous y soustraire lâchement. Tous les autres ont le droit de continuer à vivre, mais pas nous. »

Magda n'a fait, toute sa vie durant, que jouer à quitte ou double. Et finalement, le sol se dérobe sous ses pieds. Elle en tire les conséquences avec son habituelle rigidité. Elle est décidée à rester auprès d'Adolf jusqu'au bout. Elle rejoint son mari et son maître dans le bunker peu de temps après le début de l'offensive russe sur Berlin.

Le moment qu'elle recherche depuis toujours se produit à la veille de leur sacrifice. Hitler lui remet son insigne d'or du parti, c'est pour elle l'apothéose indépassable d'une vie, la confirmation qu'elle a accompli son devoir avec ferveur et qu'elle a mérité le passage à une autre vie, meilleure. Car son attrait pour les philosophies orientales facilite ses dernières heures, qui mêlent renoncement, sacrifice et espérance de rédemption. Magda s'apprête dès lors à commettre l'impensable, l'infanticide.

Ses six enfants, qui ont égayé les derniers instants du bunker, ne doivent pas connaître d'autre âge que celui du IIIe Reich. Leur nom sera pour eux une malédiction, et Magda refuse qu'ils paient les crimes dont elle et son mari sont coupables. Sa progéniture l'accompagnera dans l'immolation.

Hitler s'est donné la mort le 30 avril. Le lendemain, Magda réunit ses enfants dans la chambre qu'ils occupent depuis bientôt une semaine. Tout habillés de blanc, elle leur fait administrer une piqure de somnifère. Ils dorment bientôt. Magda brise alors lentement et méthodiquement une capsule de cyanure dans la bouche de chacun. Le poison agit instantanément. Puis, attendant que Goebbels accomplisse ses derniers actes en tant que chancelier du Reich, elle s'attable calmement et commence une réussite. Etrange choix d'activité pour attendre la mort. Magda s'obstine à garder son maintien, bien qu'elle pleure à gros bouillons.

Enfin, elle se rend dans le bureau de son mari. Joseph et Magda se tiennent debout, face à face, au milieu de la pièce. Elle lui laisse le soin de l'abattre d'une balle en plein cœur, avant qu'il ne retourne l'arme contre lui. Pour un homme, elle a suivi jusqu'au bout l'engagement qu'elle avait pris quinze ans auparavant. Accompagner Hitler pour le meilleur et pour le pire.

« J'aime aussi mon époux, mais mon amour pour Hitler est plus fort. Pour lui, je serai prête à offrir ma vie. J'ai compris qu'Hitler, hormis Geli, sa nièce, ne pouvait plus aimer une femme, que son seul amour, comme il le dit toujours, était l'Allemagne. Alors, alors seulement, j'ai accepté d'épouser le docteur Goebbels. Désormais, je pourrai être près du Führer. » Et il en fut ainsi.

# Notes

## *Introduction*

1. Les lettres adressées à la chancellerie privée d'Hitler reproduites ici sont publiées en allemand par Henrik Eberle, *Briefe an Hitler, ein Volk schreibt seinem Führer : unbekannte Dokumente aus Moskauer Archiven zum ersten Mal veröffentlicht*, Lübbe, 2007. Traduction de l'auteur. Traduction française : *Le Dossier Hitler. Le dossier secret commandé par Staline*, Paris, Presses de la Cité, 2006.

2. Allan Hall, « Hitler's correspondence revealed », *Dailymail*, 8 octobre 2007.

3. Les lettres anonymes sont éditées dans *Liebesbriefe an Adolf Hitler. Briefe in den Tod : Unveröffentlichte Dokumente aus der Reichskanzlei*, Helmut Ulshöfer, VAS-Verlag für Akademische Schriften, 1996. Traduction de l'auteur.

4. *In* Charlotte Beradt, *Rêver sous le III<sup>e</sup> Reich*, Paris, Payot, « Petite bibliothèque Payot », 2002, traduction de *Das dritte Reich des Traums*, 1966.

5. Les lettres envoyées au Duce sont éditées dans *Caro Duce, Lettere di donne italiane a Mussolini*, Rome, Rizzoli, 1989. Traduction de l'auteur.

# 1. Benito Mussolini, la Duce Vita

1. Quinto Navarra, *Memorie del cameriere di Mussolini*, Milan, Longanesi, 1946. Traduction française, *Valet de chambre chez Mussolini*, trad. par Jean-Marie Rozé, 1949.

2. Pour les citations laudatives de Mussolini, voir Dino Biondi, *Viva il Duce ! Comment se fait un dictateur*, Paris, Robert Laffont, 1969.

3. Enrico Rocca, *Diario degli anni bui,* Gaspari Editore, 2005.

4. Rino Alessi, journaliste, dans le *Giornale del mattino* de Bologne.

5. Guido Mazza, l'un des théoriciens à l'œuvre dans l'élaboration du concept de nouvelle virilité dans le fascisme, *Mussolini e la scrittura*, Rome, Libreria del littorio, 1930.

6. *Le Vol de l'aigle, di Predappio a Roma*, Cecconi, 1933.

7. Autobiographie de 1911 citée par Pierre Milza, *Mussolini*, Paris, Fayard, 1999.

8. Dans *Ma vie rebelle*, écrit en 1938, alors qu'elle est devenue une opposante au régime de Mussolini. Nous utilisons la traduction de Pierre Milza dont la justesse fait référence.

9. Dans Yvon de Begnac, *Taccuini Mussoliniani*, traduction *in* Pierre Milza, *op. cit.*

10. Françoise Liffran, *Margherita Sarfatti*, Paris, Le Seuil, 2009.

11. Dans Margherita Sarfatti, *The Life of Benito Mussolini*, Frederik A. Stokes Company, NY, 1925, traduction de l'auteur.

12. Dans le journal de Clara Petacci, *Mussolini Segreto*, Rizzoli, 2009.

13. *Ibid.*

14. Journal du chauffeur de Mussolini, Ercole Borrato, publié dans le quotidien *Il Piccolo* (Trieste), mars 2008.

15. Clara Petacci, *op. cit.*

16. Conversation surprise par la police, rapportée par Pierre Milza, *op. cit.*

17. Margherita Sarfatti, *Mussolini como lo conoci*, Buenos, Aires Critica, 1945, traduction *in* F. Liffran, *op. cit.*

18. Episode raconté par Rachele Mussolini, *Mussolini sans masques*, propos recueillis par Albert Zarca, Paris, Fayard, 1973.

19. Clara Petacci, *op. cit.*

20. La jeune femme nous livre un document précieux sur sa relation avec Mussolini, dans son journal, *op. cit.*

21. Marco Innocenti, *Edda contro Claretta. Una storia di odio e di amore*, Mursia, 2003. Marco Innocenti est un des meilleurs spécialistes de l'histoire ainsi que de la personnalité de Clara Petacci. Voir encore sur le sujet *Telefoni bianchi, amori neri*, 1999.

22. La veille de sa mort, à Dongo, Clara se confie à Pier-Luigi Delle Stelle, *Claretta. La donna che morì per Mussolini,* Rizzoli, 1982.

## 2. Lénine, le trio rouge

1. Correspondance entre Lénine et sa mère citée par Gérard Walter, *Lénine*, Paris, Marabout, 1950.

2. Extraits des *Mémoires* de Nadia Krupskaïa, traduits par Gérard Walter, *op. cit.*

3. Riches paysans russes.

4. Dans les *Œuvres complètes* de Nadia, citées par Mikhaïl S. Skatkine et Georgy S. Tsovianov, « Nadejda Kroupskaïa », *Perspectives. Revue trimestrielle d'éducation comparée*, Paris, Unesco, Bureau international d'éducation, vol. XXIV, nº 1-2, 1994.

5. Relaté par Charles Rappoport, in *Une vie de révolutionnaire, 1883-1940*, Paris, Maison des sciences de l'homme, 1991.

6. *Souvenirs*, par l'agent de police Lepechinsky, cité par Gérard Walter, *op. cit.*

7. Pour la période de Lénine en Suisse, voir Maurice Pianzola, *Lénine en Suisse*, éditions Librairie Rousseau, Genève, 1952.

8. Dorothea L. Meek, « A Soviet Women's Magazine », *Soviet Studies*, vol. IV, nº 1, juillet 1952.

9. Pour la période parisienne, voir Jean Fréville, *Lénine à Paris*, Paris, Editions sociales, 1968.

10. *In* Michael Pierson, *Lenin's Mistress. The Life of Inessa Armand*, Londres, Random House, 2002.

11. Selon un de ses proches, Gleb Krzhizhanovsky.

12. Les lettres d'Inessa sont tirées d'une récente publication d'une soixantaine de ses lettres à son mari Alexandre et son frère Vladimir. I. F. Armand, *Stat'i, rechi, pis'ma*, Moscou, 1975.

13. Ilya Ehrenbourg (1891-1967), écrivain et journaliste russe d'origine juive. Il fut l'un des premiers à dénoncer les violences inhérentes au début du communisme, puis les exactions de Staline et le massacre des Juifs durant la Seconde Guerre mondiale.

14. *In* Robert Service, *Lenin. A Biography*, Londres, Macmillan Edition, 2000.

15. Angelica Balabanoff, *Ma vie de rebelle*, Paris, Balland, 1981.

16. Carter Elwood, « Lenin and Armand. New Evidence on an Old Affair », *Canadian Slavenic Papers*, mars 2001.

17. Sur la relation entre Lénine et Inessa, voir Bertram D. Wolfe, « Lenin and Inessa Armand », *Slavic Revue*, vol. XXII, n° 1, mars 1963.

18. Pour les souvenirs de Nadia sur Inessa Armand, voir N.K. Krupskaïa, *Pamiati Inessy Armand*, Moscou, 1926.

19. Les quelques lettres de Lénine à Inessa sont publiées dans le cinquième volume des *Leninskii Sbornik*, œuvres complètes, à Moscou.

20. R. Elwood, *Inessa Armand, Revolutionary and Feminist*, Cambridge University Press, 1992, p. 130.

21. Georges Bardawil, *Inès Armand, la deuxième fois que j'entendis parler d'elle,* Paris, J.-C. Lattès, 1983.

22. Clara Zetkin, « Souvenirs sur Lénine, janvier 1924 », *Cahiers du bolchevisme,* n° 28 (1er octobre 1925) et n° 29 (15 octobre 1925).

23. *In* Larissa Vasilieva, *Kremlin Wifes*, New York, Arcade Publishing, 1992.

24. Michael Pearson, *The Sealed Train*, New York, Fontana, 1975.

25. Les derniers écrits d'Inessa Armand sont publiés par Pavel Podliashuk, *Tovarischch Inessa*, Moscou, 1984.

26. P. S. Vinogradskaïa, *Sobytiia I pamiatnye vstrechi*, Moscou, 1968.

27. Angelica Balabanoff, *Impressions of Lenin*, Ann Arbor, University of Michigan Press, 1964.

28. Cité par Marcel Body, « Alexandra Kollontai », *Preuves*, vol. 2, nº 4, avril 1952.

29. Moshé Lewin, « Les derniers mois de la vie de Lénine d'après le journal de ses secrétaires », *Cahiers du monde russe et soviétique*, nº 2, 1967.

30. Les lettres de Staline à ses proches, comme ici Ordjonikidzé, sont archivées au Centre russe de conservation et d'étude des documents en histoire contemporaine, et citées par Simon S. Montefiore, *La Cour du tsar rouge*, Paris, éditions des Syrtes, 2005 (édition poche, 2010, en 2 vol. chez Tempus).

## 3. Staline, amour, gloire et datcha

1. Alexandra « Sashiko » Svanidze-Monoselidze, 1955, archives de Gori, Géorgie, GDMS (Gosudarstvennyi Dom-Muzei Stalina, Gori, Géorgie).

2. Rosamund Richardson, *The Long Shadow*, Londres, 1993. Enregistrement d'un témoignage de Svetlana Allilouyeva, fille de Staline, par l'auteur.

3. Simon Sebag Montefiore, *Young Stalin*, Londres, Phoenix, 2008, interview du cousin de Kato, Ketevan Gelovani, Tbilissi, 2005.

4. Donald Rayfield, « Stalin The Poet », *PN Review,* 44, Manchester, 1984.

5. Anna Nikitin-Geladze, archives au GF IML (Georgian State Filial of Institute of Marxism-Leninism, Tbilissi, Georgia), 8.2.1.9.

6. Lili Marcou, *Vie privée*, Paris, Calmann-Lévy, 1996.

7. Notes de Tatiana, aux Archives d'Etat de Russie d'histoire sociale et politique, RGASPI, cote 558.4.647. Le mot de Staline est archivé sous la cote 558.1.4372.

8. Boris Bazhanov, *Avec Staline dans le Kremlin*, Paris, Editions de France, 1930.

9. Voir Mémoires de Stefania Petrovskaia, RGASPI 558.1.635.1-95 et GAVO (Gosudarstvenny Arkhiv Vologodskoi Oblasti, Vologda, Russia) 108.2.3992 et 108.1.2372, traduction par Simon S. Montefiore, *Young Stalin, op. cit.*

10. Alexandre Orlov, *Secret History of Stalin's Crimes*, Londres, Random House, 1953, repris également dans Svetlana Allilouyeva, *Vingt Lettres à un ami*, Paris, Le Seuil, 1967.

11. RGASPI, lettre de Nadia à Keke Djougachvili du 12 mars 1932.

12. RGASPI 558.11.1550, lettre de Nadia à Staline du 24 septembre 1930.

13. Larissa Vasilieva, *Kremlin Wives*, Londres, Arcade Publishing, 1994, lettre de Nadia Allillouyeva à Anna Radchenko.

14. RGASPI 74.1.429, Journal de E.D. Vorochilova du 21 juin 1954. Voir aussi Svetlana Allilouyeva, *op. cit.*

15. Simon S. Montefiore, *La Cour du tsar rouge, op. cit.*

16. Larissa Vasilieva, *op. cit.*

17. Félix Tchouev, *Conversations avec Molotov, 140 entretiens avec le bras droit de Staline*, Paris, Albin Michel, 1995.

18. Maria Svanidze, Journal intime, juillet à octobre et 23 décembre 1934. Pour les anecdotes sur Staline et Génia, voir Kira Allilouyeva, interview avec Simon S. Montefiore, *La Cour du tsar rouge, op. cit.*

19. Rosamond Richardson, *op. cit.*

## 4. Antonio Salazar, jeux interdits pour un séminariste

1. Les extraits du journal intime de Felismina de Oliveira sont publiés dans Felicia Cabrita, *Os amores de Salazar*, Lisbonne, A Esfera dos Libros, 2007. Les extraits de

journaux intimes à venir des conquêtes de Salazar sont également tirés du livre de Felicia Cabrita.

2. Sur les débuts de Salazar en société, voir Antonio Rosa Casaco, *Salazar na Intimidade*, Lisbonne, Marjay, 1954.

3. Archives nationales portugaises, Torre do Tombo, fonds Antonio Salazar, section « Correspondëncia oficial relativa a Educaçao ».

4. Maria da Conceiçao de Melo Rita, dit « Micas », *Os meus 35 anos com Salazar*, Lisbonne, A Esfera dos Libros, 2007. L'objectivité des jugements de valeur de la jeune femme, qui avait été recueillie enfant par Salazar, est à prendre avec précaution.

5. Sur ce point, Yves Léonard, *Salazarisme et fascisme*, Paris, Chandeigne, 1996.

6. Dialogue rapporté par Franco Nogueira, *Salazar*, Porto, Civilizaçao, 1986.

7. Les documents manuscrits des archives laissés par João de Brito e Cunha (1907-1982) sont étudiés par Rodrigo Ortigao de Oliveira et Lourenço Correia de Matos et seront bientôt édités en portugais.

8. Documents privés de Salazar consultables aux Archives nationales portugaises de Torre do Tombo, fonds Antonio Salazar, section « Papeis pessoais ». Voir l'excellent inventaire du fonds de Maria Madalena Garcia, *Arquivo Salazar : inventário e índices*, Lisbonne, Editorial Estampa, Biblioteca Nacional, 1992.

9. Dans les Archives de Torre do Tombo, 2 « Diarios » nous renseignent au quotidien sur l'emploi du temps de Salazar, du 1er janvier 1933 au 6 septembre 1968.

10. Mercedes de Castro Feijo, « Lettres de Suède : quatorze lettres », *Revista Ocidente*, Lisbonne, 1940.

11. Antonio Ferro, *Salazar, le Portugal et son chef*, Paris, Grasset, 1934.

12. Christine Garnier, *Vacances avec Salazar*, Paris, Grasset, 1952.

13. Marcello Mathias, *Correspondência com Salazar*, Lisbonne, Difel, 1987.

## 5. Bokassa : chroniques de Bangui la coquine

1. Les tenues et bijoux portés par les deux époux le jour du sacre sont longuement décrits par Jean-Barthélemy Bokassa, *Saga Bokassa*, Paris, Jacques-Marie Laffont éditeur, 2009.

2. *In* Roger Delpey, *La Manipulation*, Paris, Jacques Grancher éditeur, 1981.

3. Interview de l'auteur avec André Le Meignen, importateur français en Centrafrique et collaborateur de Bokassa. Ami proche de Roger Delpey, il a été un témoin privilégié de la vie privée de Bokassa et Catherine en France, ainsi que de la période d'exil de Bokassa qui suivra.

4. Stephen Smith et Géraldine Faes, *Bokassa Ier, un empereur français*, Paris, Calmann-Lévy, 2000.

5. Propos recueillis par Emmanuel Blanchard.

6. Jérôme Levie, *Entretien avec le père Joseph Wirth*, Journal de l'aumônerie de l'ENS, numéro de la Pentecôte 2003 (www.eleres.ens.fr/aumonerie/numero_enligne/pentecote03/seneve009.html) cité par Adjo Saabie, *Epouses et concubines de chefs d'Etat africains*, Paris, L'Harmattan, 2008.

7. *In* Stephen Smith, *op. cit.*

8. Entretien de l'auteur avec Omer Malenguebou, cousin de Bokassa et chauffeur attitré de Catherine en France.

9. *In* Stephen Smith, *op. cit.*

10. Valéry Giscard d'Estaing, *Le Pouvoir et la Vie*, Paris, Cie 12, tome 1, 1988, tome 3, 2006.

11. Entretien de l'auteur avec Mme Malenguebou, février 2010.

12. Conversations avec l'auteur.

13. Les membres officiels de la mission de contestation des événements de Bangui, après enquête sur place, sont reçus par Jean-Bedel Bokassa. Lors de cet entretien, ils lui révèlent qu'ils ne retiennent pas sa responsabilité personnelle dans les massacres. Jean-Bedel Bokassa, pour célébrer l'occasion, convoque ministres et corps diplomatique à l'hôtel Oubangui pour une grande fête, à laquelle même des Pygmées furent conviés. Après leur retour à Paris, leur rapport abondera en sens inverse, accusant directement Bokassa.

14. Jacques Foccart, *Foccart parle : entretiens avec Philippe Gaillard*, Paris, Fayard, 1997.

15. Conversation retranscrite dans *La Manipulation*, *op. cit.*

16. Christophe Deloire et Christophe Dubois, *Sexus Politicus*, Paris, Albin Michel, 2006.

17. Dans un dernier entretien filmé, donné à Lionel Chomarat et circulant sur Internet, Bokassa exprime ouvertement ses accusations : « Il venait chez moi tout le temps, en privé, connaissait toute ma famille, déjeunait avec moi. Et pourtant, poursuit-il, c'est lui qui enlèvera ma femme et couchera avec elle jusqu'à l'enceinter. »

## 6. Mao, le tigre de ces dames

1. Yang Kaihui, sans titre, 28 janvier 1930. Jung Chang et Jon Halliday, *Mao, l'histoire inconnue*, Paris, Gallimard, 2007.

2. Yang Kaihui, *20 juin 1929 « Cong liu sui dao ershiba sui »* (De six à vingt-huit ans), traduit par Jung Chang et Jon Halliday, *op. cit.*

3. *In* Stuart R. Schram, *Mao's Road to Power : Revolutionary Writings 1912-1949*, Londres, M.E. Sharpe, 2004. « La question de l'amour. Vieux et jeunes : Fracassons la politique de l'arrangement parental », 25 novembre 1919.

4. Hu Chi-Hsi, « Mao Tsé-toung, la révolution et la question sexuelle », *Revue française de science politique*, 23e année, no 1, 1973.

5. Philip Short, *Mao Tsé-toung*, Paris, Fayard, 2005. Pour plus de détails biographiques sur Yang Kaihui, voir aussi « Lily Xiao Hong Lee », *Biographical Dictionary of Chinese Women. The Twentieth Century 1912-2000*, Armonk, NY, M.E. Sharpe Inc., 2003.

6. « *"Nuquan gaoyu nanquan ?"* (Les droits des femmes au-dessus de ceux des hommes ?) », Yang Kaihui, 1929, publié dans *Hunan dangshi tongxun* (correspondance sur

l'histoire du parti dans le Hunan), périodique, Changsha, 1984, nº 1.

7. Yang Kai-Hui, octobre 1928, « *Ou gan* » (Pensées), in *Hunan dangshi tongxun, op. cit.,* traduction Chang et Halliday, *op. cit.*

8. Mao Dze Dong, *Report from Xunwu*, traduit par Roger R. Thompson, Stanford University Press, Stanford, Californie, 1990.

9. Edgar Snow, « The Divorce of Mao Tse-tung », manuscrit, vers 1956. Traduction Chang et Halliday, *op. cit.*

10. Helen Foster Snow, aussi connue sous le nom de Nym Wales. Elle livre ses souvenirs dans *Inside Red China*, Doran, Doubleday, 1939.

11. Agnes Smedley, « *Battle Hymn of China* », Londres, Gollancz, 1944.

12. Helen Foster Snow, *My China Years : A Memoir*, New York, Morrow, 1984. Traduit par Philip Short, *op. cit.*

13. Interview d'une amie très proche, Zeng Zhi, 24 septembre 1994, traduite dans Philip Short, *op. cit.*

14. Souvenirs donnés par Edgar Snow, *Red Star Over China*, 1937, New York.

15. Roman Karmen, *God v Kitaye (Une année en Chine)*, Moscou, Sovietskii Pisatel, 1941.

16. Chiang, Ch'ing et Horace Hatamen, *Pékin, un procès peut en cacher un autre : les minutes du procès de Jiang Qing, la veuve de Mao*, traduit et présenté par Horace Hatamen, Paris, Christian Bourgois, 1982.

17. Témoignage de Wang Tingshu à Ross Terrill, Taipei, 23 février 1982, in *The White-Boned Demon : A Biography of Madame Mao Zedong*, New York, Morrow, 1984.

18. Roxane Witke, *Camarade Chiang Ch'ing*, Paris, Robert Laffont, 1978 [1977].

19. « *Watashiwa no chugokunin* », Kosuke Wakuta, 176, traduction par Ross Terrill, *op. cit.*

20. Interview de Xie Fei, alors épouse de Liu Shaoqi, 14 septembre 1994, réalisée par Chung et Halliday, *op. cit.*

21. Liu Ying, *Zai lishi de jiliu zhong* (« Dans le raz-de-marée de l'histoire »), Pékin, Zhonggong dangshi chubanshe, 1992.

22. Zhu Zhongli, *Nuhuang meng* (« En rêvant d'être impératrice »), Pékin, Dongfang chubanshe, 1988.

23. *Survey of China Mainland Press*, no 418 : 3.

24. *Joint Publications Research Services,* Red Guards samples, 1er août 1967, traduction Ross Terril, *op. cit.*

25. *La Nage*, écrit par Mao en 1956.

26. *La Vie privée de Mao racontée par son médecin*, Paris, Plon, 2006.

27. Wu Cheng'en, *La Pérégrination vers l'Ouest*, Paris, Gallimard, « Bibliothèque de La Pléiade », 1991.

28. Peng Dehuai, *Peng Dehuai nianpu* (« Chronologie de Peng Dehuai »), Pékin, éditions Wang Yan, Renmin chubanshe, 1998.

29. *Ye Zilong's Memoirs*, 2000, The Press of the Central Archive.

30. Zhuang Zedong était un pongiste chinois né en 1940. Triple champion du monde dans les années 1960, il devint par la suite une personnalité politique, grâce à l'intervention de Jiang Qing.

31. Détails toujours fournis par Li zhisui, le médecin de Mao, *op. cit.*

32. « Shidai piping », *Taipei*, vol. 24 no 7 : 10.

33. *« Issues and Studies »*, *Taipei*, novembre 1977.

34. *Manchester Guardian*, 7 novembre 1976.

35. Rapporté le lendemain par le *Zhengming,* journal de Hongkong.

## 7. Elena Ceausescu : luxe, calme et Securitate

1. D'après la doctrine officielle. Selon Radu Portocala (*L'Exécution des Ceausescu*, Paris, Larousse, 2009), le procès aurait eu lieu en secret trois jours plus tôt, le 22 décembre. Radu Portocala était le journaliste qui traduisait et commentait en direct sur les écrans de télévision français les images du procès et de l'exécution des Ceausescu, diffusées depuis la Roumanie.

2. Nous reproduisons le verbatim du procès.

3. Voir Catherine Durandin, *La Mort des Ceausescu*, Paris, Albin Michel, 1990.

4. Thomas Kunze, *Nicolae Ceausescu, O biografie*, Bucarest, Editions Vremea, 2002. Pour les germanophones, disponible en allemand, chez Christoph Links Verlag, Berlin, 2000.

5. J.-M. Le Breton, *La Fin de Ceausescu*, Paris, L'Harmattan, 1996.

6. « Fise bio-politice din fosta Archiva a CC al P.C.R. » *In* « Dosarele Istoriei » 09/1998, S. 36.

7. Catherine Durandin, *Ceausescu, vérités et mensonges d'un roi communiste,* Paris, Albin Michel, 1990.

8. Ion Mihai Pacepa, *Red Horizons*, Washington, Regnery Publishing, 1987. Le témoignage de Ion Pacepa est presque l'unique source dont nous disposons concernant les conversations privées des époux Ceausescu. Son récit est cependant à prendre avec la plus grande prudence, ce que beaucoup ont oublié de faire : Pacepa, ancien proche collaborateur de Ceausescu, écrit ses Mémoires alors qu'il est passé à l'Ouest depuis neuf ans. Nous ne gardons que les événements ou conversations qui sont historiquement plausibles.

9. L'anecdote est racontée par Radu Portocala, interview avec l'auteur, février 2010.

10. Nicolae Ceausescu, *Discursul lui Nicolae Ceausescu la sedinta plenara a Comitetului Central al Partidului Comunist Român*, 1973.

11. Gail Kligman, *The Politics of Duplicity : Controlling Reproduction in Ceausescu's Romania*, University of California Press, 1998.

12. Despina Tomescu, *La Roumanie de Ceausescu*, Paris, Guy Epaud Editions, 1988.

13. Sur les peines encourues, voir l'article de Baban Adriana, *Women's Sexuality and Reproductive Behavior in Post-Ceausescu Romania : A Psychological Approach*, Princeton University Press, 2000.

14. Par Corneliu Vadim Tudor le 6 janvier 1984.

15. T. Kunze, *op. cit.*

16. Propos relatés par Ion Pacepa, repris par les biographes tels que Thomas Kunze, *op. cit.* Nous n'avons

d'autres preuves de l'événement que le renvoi effectif de Stefan Andrei à la date indiquée par Pacepa.

17. L'épisode est narré par Thomas Kunze, *op. cit.*

18. Cristina Liana Olteanu, *Cultul Elenei Ceauşescu în anii '80*, « Le culte d'Elena dans les années 1980 », à paraître en Roumanie, disponible en roumain en ligne sur le site : http ://www. scritube.com/istorie/Cultul-Elenei-Ceausescu-in-ani22113121813. php. Excellente étude, la première consacrée à Elena Ceausescu. Merci à Radu Portocala pour la patience et l'entrain qu'il a mis à nous traduire l'essai.

# 8. Un Führer nommé Désir

1. Nerin Gun, *L'Amour maudit d'Eva Braun,* Paris, Robert Laffont, 1968.

2. August Kubizek, *The Young Hitler I knew*, Londres, Greenhill Books, 2006, traduction de l'auteur.

3. *Mein Kampf,* 1924.

4. Entretien avec Emil Maurice, *in* Nerin Gun, *op. cit.*

5. Ernst Hanfstaengl, *Hitler, les années obscures*, Paris, éditions Trévise, 1967. Ancien chef du service de presse du parti nazi, il est passé du côté américain à la déclaration de guerre.

6. Meeting 27 février 1932, au Sportspalast de Berlin. *In* Leni Riefenstahl, *Mémoires,* Paris, Grasset, 1997.

7. *In* François Delpla, *Les Tentatrices du diable*, Paris, L'Archipel, 2005.

8. Wagner Friedelind et Cooper Page, *Héritage de feu, souvenirs de Bayreuth,* Paris, Plon, 1947.

9. Martin Bormann, *Hitler's Table Talk, 1941-1944,* Londres, Enigma Book, 2000.

10. Sur les écrits et les faits de Winifried en cette période, Brigitte Hamann, *La Vienne d'Hitler,* Paris, éditions des Syrtes, 2001.

11. Propos fort délicat reporté par Guido Knopp, *Les Femmes d'Hitler*, Paris, Payot, 2004.

12. *In* François Delpla, *op. cit.*

13. Interview au quotidien *Stern* en 1959, citée par Nerin Gun, *op. cit.* Le témoignage de Maria a longtemps été déconsidéré par les historiens, mais les preuves fournies par l'intéressée convainquent aujourd'hui.

14. Ronald Hayman, *Hitler et Geli*, Paris, Plon, 1998.

15. Souvenirs d'Henriette Hofmann, fille du photographe Heinrich Hofmann, qui accompagne souvent le petit groupe dans leurs sorties, *Der Preis der Herrlichkeit*, Berlin, 1995.

16. *Ibid.*

17. Joseph Goebbels, *Journal, 1923-1933*, Paris, Tallandier, 2006. Propos du 19 octobre 1928.

18. Albert Speer, *Au cœur du Troisième Reich*, Paris, Fayard, 1971.

19. Sur la trajectoire tragique de Geli, Anna-Maria Sigmund, *Les Femmes du IIIe Reich*, Paris, J.-C. Lattès, 2004.

20. Propos relatés par Otto Wagener, *Hitler aus nächster Nähe. Aufzeichnungen eines Vertrauten, 1929-1932,* Henry Ashby Turner Jr, Francfort-sur-le-Main, Ullstein, 1978.

21. Nerin Gun, *op. cit.*

22. *Journal*, 29 avril 1935.

23. *Journal*, 10 mai 1935.

24. *Journal*, 11 mars 1935.

25. Herbert Döhring, *Hitler's Private*, interview tirée du film documentaire, citée par Nering Gun, *op. cit.*

26. Cité par Angela Lambert, *The Lost Life of Eva Braun*, Arrow Books, 2008.

27. Lettre de Magda à son fils Harald, 28 avril 1945, citée par Anja Klabunde, *Magda Goebbels,* Paris, Tallandier, 2006.

28. Journal intime de Günther Quandt, non publié, consulté par Anja Klabunde, *op. cit.*

29. Témoignage de la mère de Magda, début année 1930, Auguste Behrend, « *Ma fille, Magda Goebbels* », *Schwäbische Illustrierte*, 26 avril 1952.

30. Cité par Guido Knopp, *op. cit.*

31. Interview donnée au *Schwäbische Illustrierte*, 1er mars 1952, par August Behrend, Mein Tochter.

32. Propos rapportés par sa demi-sœur, Ariane Ritschel, cité par A. Klabunde, *op. cit.*

33. Sur les conversations privées entre Hitler et Wagener

entre 1929 et 1933, voir les Mémoires de ce dernier : *Hitler, Memoirs of a Confident*, New Haven, Yale University Press, 1985.

34. Bella Fromm, *Blood and Banquets. A Berlin Social Diary*, Londres-New York, 1942.

# Remerciements

Merci à Antony Dabila pour sa collaboration à l'élaboration de cet ouvrage.

Sa présence, ses recherches et ses conseils furent des aides incomparables sans lesquelles ce livre n'aurait pas pu voir le jour.

Merci également à Juliette Jacquemin et Angela Fernandes pour leur collaboration,

à Thierry Lentz, Pierre Péan, Radu Portocala et Stéphane Courtois pour leurs pertinents conseils.

# Table des matières

Imprimé en France par

MAURY-IMPRIMEUR
à Malesherbes (Loiret)
en mars 2012

POCKET – 12, avenue d'Italie – 75627 Paris Cedex 13

N° d'impression : 172127
Dépôt légal : février 2012
Suite du premier tirage : mars 2012
S22004/03